"十二五"普通高等教育本科国家级规划教材

中央财经大学会计学科重点系列教材

管理会计学

（第三版）

主　编　孟　焰
副主编　刘俊勇　李　玲
编　写　孟　焰　刘俊勇　李　玲　杨金观
　　　　祁怀锦　潘秀丽　王本哲　武　羿
　　　　白蔚秋　孙丽虹　徐　斌　陈　刚
　　　　白玉芳　卢　闯　王彦超

经济科学出版社

图书在版编目（CIP）数据

管理会计学 / 孟焰主编． —3 版． —北京：经济科学出版社，2015.5（2023.9 重印）
中央财经大学会计学科重点系列教材
ISBN 978 – 7 – 5141 – 5719 – 2

Ⅰ．①管… Ⅱ．①孟… Ⅲ．①管理会计 – 高等学校 – 教材 Ⅳ．①F234.3

中国版本图书馆 CIP 数据核字（2015）第 087695 号

责任编辑：侯晓霞　侯加恒
责任校对：隗立娜
责任印制：李　鹏

管理会计学
（第三版）

主编　孟　焰
副主编　刘俊勇　李　玲

经济科学出版社出版、发行　新华书店经销
社址：北京市海淀区阜成路甲 28 号　邮编：100142
教材分社电话：010 – 88191345　发行部电话：010 – 88191522
网址：www.esp.com.cn
电子邮件：houxiaoxia@ esp.com.cn
天猫网店：经济科学出版社旗舰店
网址：http://jjkxcbs.tmall.com
北京季蜂印刷有限公司印装
710×1000　16 开　28.5 印张　600000 字
2015 年 6 月第 3 版　2023 年 9 月第 4 次印刷
ISBN 978 – 7 – 5141 – 5719 – 2　定价：58.00 元
（图书出现印装问题，本社负责调换。电话：010 – 88191502）
（版权所有　侵权必究　举报电话：010 – 88191586
电子邮箱：dbts@ esp.com.cn）

中央财经大学会计学科重点系列教材编委会

主　任 孟　焰
委　员（按姓氏笔画为序）
王彦超　王淑芳　孙　健　刘俊勇
李　玲　李晓梅　孟　焰　吴　溪
武　羿　宗文龙　林秀香　袁　淳
黄益建　廖冠民　薄仙慧

总　　序

中央财经大学会计学科始建于1952年，是新中国设立最早且影响很大的高级财会人才培养基地之一，具有学士、硕士、博士学位授予权。2007年9月被教育部授予"会计学国家重点学科"，2008年1月被教育部和财政部批准为会计学全国高等学校"特色专业建设点"。中央财经大学会计学院一直注重教学改革工作，拥有国家教学名师和北京市教学名师、国家级优秀教学团队、国家级精品课程、国家级双语教学示范课程、中国大学视频公开课、国家级"十一五"和"十二五"规划教材等教学成果。中央财经大学会计学科自建立以来，一直致力于培养具有创新精神与综合能力的优秀财会人才，为国家的经济建设输送更多、更好的现代财经管理高级人才。

21世纪将是一个以网络化、信息化、数字化、知识化为重要特征的新经济时代，新的社会经济环境对中国会计教育提出的新要求主要表现在以下几个方面：第一，随着经济全球化的趋势和中国加入WTO后，国际经济贸易与交流将会日益频繁，作为国际商业通用语言的会计和经济行为准则之一的会计准则必然走向国际化趋同的道路，而中国会计教育亦必须顺应这一大方向，不断深化改革。第二，在新经济条件下，以知识为基础，以迅速发展的计算机技术、新型通信技术和现代网络技术为代表的信息革命正渗透到社会生活的方方面面，这就必然对未来会计人才的业务素质和知识含量提出更高的要求，作为培养会计人才的会计教育亦将因此而面临新的挑战。第三，会计学是一门经济管理科学，其自身的发展必须适应社会经济发展、科技进步、市场经济运行以及企业经营管理的客观要求。市场经济是一种机遇与风险并存的经济，高新科技的飞速发展更加剧了竞争的激烈性和风险的不确定性，而会计工作必须满足企业进行规划与决策、控制与业绩评价的需要；企业经营管理工作不断得到创新，这就要求未来的会计人才必须具备合理的知识结构和较高的综合素质，能够熟练运用各种规避风险和利用机遇的理论与方法，适应和驾驭各种复杂多变的会计环境，并能够对新的环境或条件做出理智的分析，最终灵活而恰当地解决问题。

由于新的社会经济环境对中国会计教育和会计人才提出了新要求，从而必然要求高等会计教育进行相应的改革，而在高等会计教育改革中，会计教材的改革占有核心的地位。会计学科教材系列体系是否能够科学与完整地反映出会计学科中各主要分支学科之间相互联系、相互制约的特点，能否适应国内外会计学科的发展现状与未来的发展趋势，直接关系到学生所掌握的知识结构和能否适应其未来发展的需要。为此，中央财经大学会计学院成立了由学院和各系的领导成员组成的会计学科重点系列教材编委会，负责组织编写工作。本系列教材自2004年起陆续正式出版并随着社会经济环境及会计改革的变化进行修订与完善，系列教材的书目包括：《会计学基础》、《中级财务会计》、《高级财务会计》、《管理会计学》、《成本会计学》、《财务管理学》、《审计学》、《会计信息系统》。本系列教材适用于普通高等学校和成人高等学校的会计教育，也可作为会计实务工作者的学习参考用书。

我们在编写会计学科重点系列教材过程中，依据我国会计准则、国际会计准则的最新发展，紧密跟踪了国内外会计学的理论与实务发展动态，并参考了国内外有关资料。此外，该系列教材的编写还得到了经济科学出版社和有关单位的大力支持，在此表示感谢。书中存在的问题，热忱欢迎批评指正。

2013年8月

第三版前言

中央财经大学会计学院的《管理会计学》于2007年荣获"国家级精品课程",2009年荣获《管理会计学》"国家级优秀教学团队",管理会计学教学团队中拥有国家级教学名师和北京市教学名师,《产学研合作,打造管理会计学精品课程》教学改革项目于2009年获第六届高等教育国家级教学成果二等奖。2012年本教材被教育部评为第一批"十二五"普通高等教育本科国家级规划教材。《管理会计学》课程在我校从独立设置到现在,已有30余年开发和建设历史,形成了鲜明的特色。

本书在继承国内已有管理会计教材优秀成果的基础上,融合了国外管理会计教材的先进成果。同时,本书的编写也集中体现了我院在管理会计学科建设方面的最新成果。

中央财经大学建校60多年来,会计学科始终走在前列,是国家重点学科,会计学院在发展规划中,确定了四个学科方向,其中包括基于战略管理的管理会计体系建设。近年来,学院积极引进人才,汇集教学学术资源,打造管理会计学科平台,并于2014年成立了中国管理会计研究与发展中心。我院中青年教师在平衡计分卡战略地图、作业成本法、企业业绩评价与激励机制、全面预算管理、战略成本管理、环境管理会计等管理会计前沿领域取得了大量科研成果。同时,我院教师承担了华夏银行管理会计体系设计、中国航天科技集团内部业绩评价体系、北京紫竹药业平衡计分卡战略地图研究、北汽福田汽车行业管理会计应用标杆研究等多项横向科研项目。上述科研成果极大地促进了管理会计课程建设,并在本书相关章节得到了应用。

作为一门应用性极强的课程,我院特别重视理论和实践的有机结合。2005年,我院创建了"中国管理会计发展论坛",旨在加强理论界与实务界的沟通交流,打造"管理会计之家"。我们先后举办了"IT时代的管理会计发展论坛"(北京2005年9月)、"中财·CIMA管理会计国际论坛"(北京2006年3月)、"集中管理,战略协同——2006年中国集团管理创新高峰论坛"(北京2006年9月)、"预算管理与战略执行高层论坛"(北京2007年5月)、"中国管理会计信息化论坛"(北京2008年9月)、"中财·IMA管理会计国际论坛"(北京2008年11月),并自2008年起连续举办了六届中国管理会计论坛暨管理会计实践奖颁奖典礼活动，获奖单位包括神华集团、海尔集团、中兴通讯、沈阳机床、兖矿集团、徐工集团、长安汽车等著名企业。这些活动使我们与众多企业组织建立了良好的合作关系，不但使众多优秀的实务界人士走进校园，而且也为学生实地参观、社会实践和毕业实习提供了大量机会。

在管理会计教学中，我们特别注重时代特征，加强信息技术在管理会计课程中的比重，在现有会计实验室的基础上，我们与全球软件巨头甲骨文（Oracle）公司联合组建了"中央财经大学会计信息化联合实验中心"，共同开发独特的管理会计信息化课程体系；与北京元年软件有限公司共建了"中财—元年管理会计实验室"，面向本科生及其他层次学生开设管理会计信息化实验课程。这些举措可以增强学生对信息技术的理解和掌握，同时可以满足信息化时代企业对复合型会计专业毕业生的需求。

本教材的特色：

1. 内容新颖、理念领先。在理论联系实际的指导思想下，本教材与时俱进，古典与现代相结合，国际经验与国内实践相结合。相对于传统的管理会计教材，本书增加了英国特许管理会计师公会、美国管理会计师协会对管理会计的最新定义，管理会计领域近年来的新发展，如战略地图、平衡计分卡、作业成本法、作业基础预算、项目投资事后审计、业绩评价与激励机制、内部控制与风险管理等内容。

2. 定位准确、体系合理。本课程设计面向本科教学，体系完整，内容翔实，结构合理。管理会计的基本内容包括：（1）管理会计基础：主要有管理会计的总论、成本习性与本量利分析、变动成本法、作业成本法的原理。这部分内容主要介绍了管理会计的基本概念和基本前提，为以后各部分的内容打下基础。（2）规划与决策会计：主要有短期经营决策分析、长期投资决策和全面预算管理。规划与决策会计是管理会计系统中侧重于发挥预测经济前景、实施经济决策职能的最具有能动作用的管理会计子系统。（3）控制与业绩评价会计：主要有成本控制、责任会计、业绩评价与激励机制、内部控制与风险管理。控制与业绩评价会计是保证企业目标顺利实现、战略有效执行的管理会计子系统。本书每章都设有学习目的、正文和思考与练习题。

3. 深入浅出、便于教学。产生于工业时代的管理会计体系运用了许多较深的数学模型，以反映工业时代重视实物资产和金融资产的特点，这体现在本量利分析、变动成本法、决策分析等内容上；进入信息时代后，管理会计所面临的环境发生了很大的变化，如关注战略执行、团队学习和以人为本，因此我们也增加了全面预算管理的副作用、业绩评价和激励机制等内容。本书在安排相关章节时，也尽量遵循由浅入深、循序渐进的原则，以便于读者自学和教师讲授。

本教材各章具体分工如下：第一章（孟焰）、第二章（李玲、杨金观、徐斌）、第三章（李玲、杨金观、陈刚）、第四章（刘俊勇、杨金观、白玉芳、孙丽虹）、第五章（刘俊勇、孟焰）、第六章（陈刚、王本哲、王彦超）、第七章（武羿、祁怀锦、白蔚秋、王彦超）、第八章（刘俊勇、祁怀锦、卢闯）、第九章（潘秀丽、孙丽虹）、

第十章（潘秀丽、白蔚秋）、第十一章（刘俊勇、卢闯）、第十二章（卢闯、潘秀丽、武羿）。初稿完成后，由副主编刘俊勇和李玲进行了初审，最后全书由主编孟焰统一定稿。

本教材第三版的修订，对有关章节的内容进行了适当的修订与调整。本教材可以作为高等院校会计学专业、经济管理类专业开设管理会计学的教材，也可供财务会计人员和经济管理人员自学管理会计时使用。

囿于学识、经验和团队磨合，本书难免会存在不足之处，敬请广大读者朋友不吝赐教。

2015 年 4 月

第二版前言

中央财经大学会计学院的《管理会计学》于 2007 年荣获"国家级精品课程"，2009 年荣获《管理会计学》"国家级优秀教学团队"，管理会计学教学团队中拥有国家级教学名师和北京市教学名师，《产学研合作，打造管理会计学精品课程》教学改革项目于 2009 年获第六届高等教育国家级教学成果二等奖。《管理会计学》课程在我校从独立设置到现在，已有 30 余年开发和建设历史，形成了鲜明的特色。

本书在继承国内已有管理会计教材优秀成果的基础上，融合了国外管理会计教材的先进成果。同时，本书的编写也集中体现了我院在管理会计学科建设方面的最新成果。

中央财经大学建校 60 多年来，会计学科始终走在前列，是国家重点学科，会计学院在发展规划中，确定了四个学科方向，其中包括基于战略管理的管理会计体系建设。近年来，学院积极引进人才，汇集教学学术资源，打造管理会计学科平台。我院中青年教师在平衡计分卡战略地图、作业成本法、企业业绩评价与激励机制、全面预算管理、战略成本管理、环境管理会计等管理会计前沿领域取得了大量科研成果。同时，我院教师承担了华夏银行管理会计体系设计、中国航天科技集团内部业绩评价体系、北京紫竹药业平衡计分卡战略地图研究、北汽福田汽车行业管理会计应用标杆研究等多项横向科研项目。上述科研成果极大地促进了管理会计课程建设，并在本书相关章节得到了应用。

作为一门应用性极强的课程，我院特别重视理论和实践的有机结合。2005 年，我院创建了"中国管理会计发展论坛"，旨在加强理论界与实务界的沟通交流，打造"管理会计之家"。我们先后举办了"IT 时代的管理会计发展论坛"（北京 2005 年 9 月）、"中财·CIMA 管理会计国际论坛"（北京 2006 年 3 月）、"集中管理，战略协同——2006 年中国集团管理创新高峰论坛"（北京 2006 年 9 月）、"预算管理与战略执行高层论坛"（北京 2007 年 5 月）、"中国管理会计信息化论坛"（北京 2008 年 9 月）、"中财·IMA 管理会计国际论坛"（北京 2008 年 11 月），并自 2008 年起连续举办了五届中国管理会计论坛暨管理会计实践奖颁奖典礼活动，获奖单位包括神华集团、海尔集团、中兴通讯、沈阳机床、兖矿集团、徐工集团、长安汽车等著名企业。这些活动使我们与众多企业组织建立了良好的合作关系，不但使众多优秀的实务界人士走进校园，而且也为学生实地参观、社会实践和毕业实习提供了大量机会。

在管理会计教学中，我们特别注重时代特征，加强信息技术在管理会计课程中的比重，在现有会计实验室的基础上，我们与全球软件巨头甲骨文（Oracle）公司联合组建了"中央财经大学会计信息化联合实验中心"，共同开发独特的管理会计信息化课程体系；与北京元年软件有限公司共建了"中财—元年管理会计实验室"，面向本科生及其他层次学生开设管理会计信息化实验课程。这些举措可以增强学生对信息技术的理解和掌握，同时可以满足信息化时代企业对复合型会计专业毕业生的需求。

本教材的特色：

1. 内容新颖、理念领先。在理论联系实际的指导思想下，本教材与时俱进，古典与现代相结合，国际经验与国内实践相结合。相对于传统的管理会计教材，本书增加了英国特许管理会计师公会、美国管理会计师协会对管理会计的最新定义，管理会计领域近年来的新发展，如战略地图、平衡计分卡、作业成本法、作业基础预算、项目投资事后审计、业绩评价与激励机制、内部控制与风险管理等内容。

2. 定位准确、体系合理。本课程设计面向本科教学，体系完整，内容翔实，结构合理。管理会计的基本内容包括：（1）管理会计基础：主要有管理会计的总论、成本习性与本量利分析、变动成本法、作业成本法的原理，这部分内容主要介绍了管理会计的基本概念和基本前提，为以后各部分的内容打下基础；（2）规划与决策会计：主要有短期经营决策分析、长期投资决策和全面预算管理。规划与决策会计是管理会计系统中侧重于发挥预测经济前景、实施经济决策职能的最具有能动作用的管理会计子系统；（3）控制与业绩评价会计：主要有成本控制、责任会计、业绩评价与激励机制、内部控制与风险管理。控制与业绩评价会计是保证企业目标顺利实现、战略有效执行的管理会计子系统。本书每章都包括学习目的、正文和思考与练习题。

3. 深入浅出、便于教学。产生于工业时代的管理会计体系运用了许多较深的数学模型，以反映工业时代重视实物资产和金融资产的特点，这体现在本量利分析、变动成本法、决策分析等内容上；进入信息时代后，管理会计所面临的环境发生了很大的变化，如关注战略执行、团队学习和以人为本，因此我们也增加了全面预算管理的副作用、业绩评价和激励机制等内容。本书在安排相关章节时，也尽量遵循由浅入深、循序渐进的原则，以便于读者自学和教师讲授。

本教材各章具体分工如下：第一章（孟焰）；第二章（李玲、杨金观、徐斌）；第三章（李玲、杨金观、陈刚）；第四章（刘俊勇、杨金观、白玉芳、孙丽虹）；第五章（刘俊勇、孟焰）；第六章（陈刚、王本哲、王彦超）；第七章（武羿、祁怀锦、白蔚秋、王彦超）；第八章（刘俊勇、祁怀锦、卢闯）；第九章（潘秀丽、孙丽虹）；第十章（潘秀丽、白蔚秋）；第十一章（刘俊勇、卢闯）；第十二章（卢闯、潘秀丽、武羿)。初稿完成后,由副主编刘俊勇和李玲进行了初审,最后,全书由主编孟焰统一定稿。

本书可以作为高等院校会计学专业、经济管理类专业开设管理会计学的教材,也可供财务会计人员和经济管理人员自学管理会计时使用。

本书在出版过程中,得到了经济科学出版社侯加恒编审的大力支持,在此深表谢意。

囿于学识、经验和团队磨合,本书难免会存在不足之处,敬请广大读者朋友不吝赐教。

2013 年 7 月

第一版前言

中央财经大学会计学院的《管理会计学》于2007年荣获"国家级精品课程",并于2008年荣获北京市《管理会计学》"国家优秀教学团队"。管理会计学课程在我校从独立设置到现在,已有近30年开发和建设历史,形成了鲜明的特色。

本书在继承国内已有管理会计教材优秀成果的基础上,融合了国外管理会计教材的先进成果。同时,本书的编写也集中体现了我院在管理会计学科建设方面的最新成果。

中央财经大学建校50多年来,会计学科始终走在前列,是国家重点学科,会计学院在发展规划中,确定了四个学科方向,其中包括基于战略管理的管理会计体系建设。近年来,学院积极引进人才,汇集教学学术资源,打造管理会计学科平台。我院中青年教师在平衡计分卡战略地图、作业成本法、企业业绩评价与激励机制、全面预算管理、战略成本管理、环境管理会计等管理会计前沿领域取得了大量科研成果。同时,我院教师承担了华夏银行管理会计体系设计、中国航天科技集团内部业绩评价体系、北京紫竹药业平衡计分卡战略地图研究、北汽福田汽车行业管理会计应用标杆研究等多项横向科研项目。这些科研成果极大地促进了管理会计课程建设,并在本书相关章节得到了阐述。

作为一门应用性极强的课程,我院特别重视理论和实践的有机结合。2005年,我院创建了"中国管理会计发展论坛",旨在加强理论界与实务界的沟通交流、打造"管理会计之家"。我们先后举办了"IT时代的管理会计发展论坛"(北京2005年9月)、"中财·CIMA管理会计国际论坛"(北京2006年3月)、"集中管理,战略协同——2006年中国集团管理创新高峰论坛"(北京2006年9月)、"预算管理与战略执行高层论坛"(北京2007年5月)、"中国管理会计信息化论坛"(北京2008年9月)、"中财·IMA管理会计国际论坛"(北京2008年11月)。这些活动使我院与众多企业组织建立了良好的合作关系,不但使众多优秀的实务界人士走进校园,而且也为学生实地参观、社会实践和毕业实习提供了大量机会。

在管理会计教学中,我们特别注重时代特征,加强信息技术在管理会计课程中的比重,在现有会计实验室的基础上,我院与国内知名集团财务管理厂商浪潮集团共建ERP联合实验室,与北京元年软件有限公司共建"中财—元年管理会计实验室",面向本科生及其他层次学生开设管理会计信息化实验课程。这些举措可以增强学生对信息技术的理解和掌握，同时可以满足信息化时代企业对复合型会计专业毕业生的需求。

本教材的特色：

1. 内容新颖、理念领先。在理论联系实际的指导思想下，本教材与时俱进，古典与现代相结合，国际经验与国内实践相结合。相对于传统的管理会计教材，本书增加了英国特许管理会计师公会、美国管理会计师协会对管理会计的最新定义，管理会计领域近年来的新发展，如战略地图、平衡计分卡、作业成本法、作业基础预算、项目投资事后审计、业绩评价与激励机制、内部控制与风险管理等内容。

2. 定位准确、体系合理。本课程的设计面向本科教学，体系完整、内容翔实、结构合理。管理会计的基本内容包括：（1）管理会计基础：主要有管理会计的总论、成本习性与本量利分析、变动成本法、作业成本法的原理，这部分内容主要介绍了管理会计的基本概念和基本前提，为学习以后各部分内容打下基础；（2）规划与决策会计：主要有短期经营决策分析、长期投资决策和全面预算管理，规划与决策会计是管理会计系统中侧重于发挥预测经济前景、实施经济决策职能的最具有能动作用的管理会计子系统；（3）控制与业绩评价会计：主要有成本控制、责任会计、业绩评价与激励机制、内部控制与风险管理，控制与业绩评价会计是保证企业目标顺利实现、战略有效执行的管理会计子系统。本书每章都包括学习目的、正文和思考与练习题。

3. 深入浅出、便于教学。产生于工业时代的管理会计体系运用了许多较复杂的数学模型，以反映工业时代重视实物资产和金融资产的特点，这体现在本量利分析、变动成本法、决策分析等内容上；进入信息时代后，管理会计所面临的环境发生了很大的变化，比如关注战略执行、团队学习和以人为本，为此我们增加了全面预算管理的副作用、业绩评价和激励机制等内容。本书在安排相关章节时，尽量遵循由浅入深、循序渐进的原则，以便于读者自学和教师讲授。

本教材各章具体分工如下：第一章（孟焰）；第二章（李玲、杨金观、徐斌）；第三章（李玲、杨金观、陈刚）；第四章（刘俊勇、杨金观、白玉芳、孙丽虹）；第五章（刘俊勇、孟焰）；第六章（陈刚、王本哲、王彦超）；第七章（武羿、祁怀锦、白蔚秋、王彦超）；第八章（刘俊勇、祁怀锦、卢闯）；第九章（潘秀丽、孙丽虹）；第十章（潘秀丽、白蔚秋）；第十一章（刘俊勇、卢闯）；第十二章（卢闯、潘秀丽、武羿）。初稿完成后，由副主编刘俊勇和李玲进行了初审，全书最后由主编孟焰统一定稿。

本书可以作为高等院校会计学专业、经济管理类专业开设管理会计学的教材，也可供财务会计人员和经济管理人员自学管理会计时使用。

本书在出版过程中，得到了经济科学出版社侯加恒编审的大力支持，在此深表谢意。

囿于学识、经验和团队磨合，本书难免存在不足之处，敬请广大读者朋友不吝赐教。

2009 年 2 月

目　录

第一章　管理会计概述 ……………………………………………………（1）
　　第一节　管理会计的定义与基本内容 ……………………………………（1）
　　第二节　管理会计的形成与发展 …………………………………………（6）
　　第三节　管理会计的基本理论 ……………………………………………（8）
　　第四节　管理会计师与管理会计的地位 …………………………………（19）
　　思考与练习题 ………………………………………………………………（24）

第二章　成本性态分析 ……………………………………………………（25）
　　第一节　成本概念及基本分类 ……………………………………………（25）
　　第二节　成本性态的意义及其分类 ………………………………………（35）
　　第三节　混合成本及其分解 ………………………………………………（42）
　　第四节　成本预测分析 ……………………………………………………（56）
　　思考与练习题 ………………………………………………………………（61）

第三章　本量利分析 ………………………………………………………（64）
　　第一节　本量利分析概述 …………………………………………………（64）
　　第二节　贡献毛益 …………………………………………………………（68）
　　第三节　经营杠杆 …………………………………………………………（70）
　　第四节　保本点分析 ………………………………………………………（74）
　　第五节　利润预测 …………………………………………………………（85）
　　思考与练习题 ………………………………………………………………（94）

第四章　变动成本法 ………………………………………………………（97）
　　第一节　变动成本法的概念 ………………………………………………（97）
　　第二节　变动成本法与全部成本法的区别 ………………………………（99）

第三节　两种成本计算法计算分期税前净利的差额及变化规律 …………(103)
　　第四节　对两种成本计算法的评价 ……………………………………(109)
　　思考与练习题 ………………………………………………………………(113)

第五章　作业成本法 ……………………………………………………(117)

　　第一节　作业成本法概述 ………………………………………………(117)
　　第二节　作业成本法的基本概念 ………………………………………(121)
　　第三节　作业成本计算的一般程序 ……………………………………(126)
　　第四节　作业成本管理 …………………………………………………(129)
　　思考与练习题 ………………………………………………………………(135)

第六章　短期经营决策 …………………………………………………(139)

　　第一节　经营决策概述 …………………………………………………(139)
　　第二节　决策分析的一般程序 …………………………………………(142)
　　第三节　短期经营决策的基本方法 ……………………………………(144)
　　第四节　产品生产决策 …………………………………………………(155)
　　第五节　定价决策 ………………………………………………………(164)
　　思考与练习题 ………………………………………………………………(171)

第七章　长期投资决策 …………………………………………………(175)

　　第一节　长期投资决策概述 ……………………………………………(175)
　　第二节　长期投资决策需要考虑的重要因素 …………………………(178)
　　第三节　长期投资决策的常用方法 ……………………………………(198)
　　第四节　长期投资决策方法的具体运用 ………………………………(212)
　　第五节　长期投资决策中的敏感性分析 ………………………………(227)
　　思考与练习题 ………………………………………………………………(230)

第八章　全面预算管理 …………………………………………………(233)

　　第一节　全面预算概述 …………………………………………………(233)
　　第二节　全面预算的基本内容和编制原理 ……………………………(238)
　　第三节　预算编制的主要方法 …………………………………………(249)
　　思考与练习题 ………………………………………………………………(256)

第九章　成本控制 …………………………………………………………(258)

　　第一节　成本控制概述 …………………………………………………(258)

第二节　标准成本控制 …………………………………………… (261)
　　第三节　产品功能成本的控制 …………………………………… (280)
　　第四节　质量成本控制 …………………………………………… (283)
　　第五节　存货成本控制 …………………………………………… (288)
　　思考与练习题 ……………………………………………………… (305)

第十章　责任会计 …………………………………………………… (309)
　　第一节　责任会计概述 …………………………………………… (309)
　　第二节　责任中心及其类型 ……………………………………… (314)
　　第三节　责任预算及责任报告 …………………………………… (320)
　　第四节　责任中心的业绩考评 …………………………………… (335)
　　第五节　内部转移价格 …………………………………………… (338)
　　思考与练习题 ……………………………………………………… (341)

第十一章　业绩评价与激励机制 …………………………………… (343)
　　第一节　业绩评价系统 …………………………………………… (343)
　　第二节　典型业绩评价系统 ……………………………………… (346)
　　第三节　业绩评价标准 …………………………………………… (355)
　　第四节　业绩评价方法 …………………………………………… (358)
　　第五节　激励方式 ………………………………………………… (367)
　　第六节　激励方案 ………………………………………………… (370)
　　思考与练习题 ……………………………………………………… (380)

第十二章　内部控制与风险管理 …………………………………… (383)
　　第一节　公司治理 ………………………………………………… (383)
　　第二节　内部控制 ………………………………………………… (394)
　　第三节　风险管理 ………………………………………………… (405)
　　思考与练习题 ……………………………………………………… (424)

附表：
　　复利终值系数表（FVIF 表） …………………………………… (425)
　　复利现值系数表（PVIF 表） …………………………………… (427)
　　年金终值系数表（FVIFA 表） ………………………………… (429)
　　年金现值系数表（PVIFA 表） ………………………………… (431)

主要参考文献 …………………………………………………………… (433)

第一章

管理会计概述

【本章学习目的】

本章重点理解管理会计的定义与基本内容，了解管理会计的形成与发展过程，理解管理会计的基本理论，了解管理会计师与管理会计的地位。通过本章的学习对管理会计有一个较为全面的理解。

第一节 管理会计的定义与基本内容

管理会计是会计学与管理学相互结合的一门综合性学科，是将"管理"与"会计"这两个主题巧妙地融合在一起的一门综合性很强的交叉学科。

自1952年国际会计师联合会（IFAC）年会上正式采用了"管理会计"（Management Accounting）这一专门词汇以来，随着时代的发展，管理会计已发展成为一门有助于加强企业内部经营管理、提高经济效益的重要学科，所以管理会计也被称为内部会计、决策会计。

一、管理会计的定义

一门学科的本质通常以定义的形式来描述该学科的根本属性。管理会计的本质是指它是一种经济管理活动，是经济管理工作的重要组成部分。国内外关于管理会计的定义有以下几种观点。

（一）美国会计学会的定义（AAA，1958）

管理会计是运用适当的技术和概念来处理某个主体的历史的和预期的经济数据，帮助管理当局制订具有适当经济目标的计划，并以实现这些目标做出合理的决策为目的。

（二）国际会计师联合会的定义（IFAC，1988）

管理会计是指在一个组织内部，对管理当局用于规划、评价和控制的信息（财务的和运营的）进行确认、计量、积累、分析、处理、解释和传输的过程，以确保其资源的利用并对它们承担经管责任。

(三) 英国特许管理会计师公会的定义 (CIMA, 2005)

管理会计是运用会计和财务管理的相关原则,用以创造、保护、增加公共部门和私营部门中营利及非营利企业利益相关者的价值。管理会计是管理的重要组成部分。它需要识别、生成、展示、解释和使用相关信息来:

(1) 提供战略决策信息以及制定商业战略;
(2) 计划长期、中期、短期的运营;
(3) 制定资本结构决策并有效融资;
(4) 决定股东和管理层的激励策略;
(5) 为经营决策提供信息;
(6) 控制运营并确保资源的有效利用;
(7) 计量财务和非财务绩效并报告给管理层和其他利益相关者;
(8) 保全有形和无形资产;
(9) 实施公司治理程序,风险管理和内部控制。

(四) 美国管理会计师协会的定义 (IMA, 2008)

管理会计是一门专业学科,在制定和执行组织战略中发挥综合作用。管理会计师是管理团队的成员,工作在组织中的各个层级,是从高层管理者到支持层面的会计与财务专家。管理会计师主要运用他们在会计和财务报告、预算编制、决策支持、风险和业绩管理、内部控制和成本管理方面的知识和经验。

(五) 我国著名管理会计学者李天民教授的定义

管理会计是指通过一系列的专门方法,利用财务会计、统计及其他有关资料与信息进行归纳、整理、计算、对比和分析,使企业内部各级管理人员能据以对各责任单位和整个企业的日常和未来的经济活动进行规划、控制、评价和考核,并帮助企业管理部门做出最优决策的一整套信息系统。

二、管理会计的基本内容

管理会计的基本内容可以分为"规划与决策会计"和"控制与业绩评价会计"两大领域内容。

(一) 规划与决策会计

1. 规划:主要包括全面预算管理体系。规划通常包括计划 (planning) 和预算 (budgeting) 两个部分。计划主要是用文字说明企业未来经济活动的目标和任务,计划在实施之前必须进行全面量化，以便为企业计划执行过程中的资源有效配置提供依据。而预算就是计划的数量说明，是用数字和表格形式把企业经济活动的计划具体地反映出来，作为企业组织、控制和评价经济活动的直接依据。所谓全面预算是指把企业全部经济活动的总体计划，用数量和表格的形式反映出来的一系列文件。即全面预算就是企业总体经营战略规划的具体化和数量化的说明。

2. 决策：主要包括预测分析体系和以短期经营决策、长期投资决策为主的决策分析体系。

（1）预测分析是指用科学的方法预计、推断事物发展的必然性或可能性的过程，该过程是根据过去和现在预计未来，由已知推断未知。企业的经营预测分析是指企业根据现有的经济条件和掌握的历史资料以及经济活动间的内在联系，对生产经营活动未来发展趋势的状况和结果所进行的预计和推断。

（2）短期决策分析通常是指决策产生的效益只涉及 1 年以内的经营业务，并仅对该时期内的收、支、盈、亏产生影响的问题进行的决策分析。

（3）长期投资决策是针对企业为了适应今后若干年生产经营的长远发展需要，以获得更多回报而投入大量资金的经济活动所进行的决策分析。这种投资形成并决定着企业的生产能力，因而这种投资需要的投资额往往较大，投资收支所涉及的期间和投资损益对经营周期损益影响期间均较长。

（二）控制与业绩评价会计

1. 控制：主要包括成本控制体系、内部控制体系、风险管理体系。

（1）成本控制是企业成本管理的中心环节，通常需要根据成本预测、成本决策和成本预算所确定的目标和任务，以及实际经营活动的数据，对生产经营过程中的各项资源耗费、相应降低成本措施的执行等，进行指导、监督、调节和干预，以保证企业成本目标和成本预算任务的完成。企业经营目标的实现与否在很大程度上取决于成本控制的成功与否。

（2）内部控制是企业受其董事会、管理部门和其他员工的影响，目的在于取得经营效果和效率、财务报告的可靠性、遵循适当的法规等目标而提供合理保证的一种控制过程，内部控制主要包括控制环境、风险评估、控制活动、信息沟通、监督五个方面的内容。

（3）风险管理是企业为了实现其经营管理目标与发展战略，而对各种可能发生的风险进行有效的控制与管理，将企业的风险控制在可接受程度内的一个持续改进的过程。

2. 业绩评价：主要包括业绩评价系统和薪酬激励机制。

（1）企业业绩评价系统是企业管理系统的一个相对独立的子系统，其构成要素应包括：评价主体、评价客体、评价目标、评价指标、评价标准、评价方法和评价报告。开展业绩评价的目的是尽可能全面、客观地评价企业的经营管理绩效，引导企业不断提升综合竞争实力，促进企业管理的科学化与规范化。

（2）薪酬激励机制是企业为了理顺委托代理关系和提高企业管理人员与员工工作积极性，以业绩评价为依据，建立起的各种有效的薪酬激励制度。

三、管理会计与财务会计的区别与联系

（一）管理会计与财务会计的主要区别

1. 服务对象方面。

（1）管理会计：内部会计或对内报告会计。管理会计主要是为企业内部各级管理人员提供有效经营和最优化决策的各种管理信息，是为强化企业内部经营管理、提高经济效益服务的，因而管理会计也被称为"内部会计"或"对内报告会计"。

（2）财务会计：外部会计或对外报告会计。财务会计虽然对内、对外都能提供有关企业最基本的会计信息，但财务会计主要是侧重于对企业外界有经济利害关系的团体或个人服务，包括股东和潜在的投资者、财税部门和主管机关、银行及其他债权人、监管部门等，因而财务会计也被称为"外部会计"或"对外报告会计"。

2. 工作重点。

（1）管理会计：经营管理型会计。管理会计的基本内容是规划与决策、控制与业绩评价，其工作重点是在于面向未来，算"活账"，即不仅要反映过去，而且更侧重于利用历史资料来预测前景、参与决策、规划未来、控制和评价企业的各项经济活动，因而管理会计属于"经营管理型"会计。

（2）财务会计：报账型会计。财务会计的工作重点是面向过去，即对会计要素的确认、计量和报告，算"呆账"，即单纯地提供历史信息和解释信息，因而财务会计属于"报账型"会计。

3. 约束依据。

（1）管理会计：不受会计准则和会计制度的约束。管理会计的工作程序不受会计准则或统一会计制度的约束，只服从管理者对企业的规划与决策、控制与业绩评价的需要。

（2）财务会计：必须受会计准则和会计制度的约束。财务会计由于其工作重点是对会计要素的确认、计量和报告，因此必须严格遵守企业会计准则以及政府有关会计法规的约束。

4. 时间跨度。

（1）管理会计：具有时间弹性。管理会计编制的内部报告在时间跨度上具有较大的弹性，可以短到小时、半天、一天，长到数年，主要取决于管理者对企业内部经

营管理的需要。

（2）财务会计：缺乏时间弹性。财务会计在时间跨度上缺乏弹性，必须按月、季、半年度和年度编制财务报告。

5. 会计主体。

（1）管理会计：各责任单位。管理会计主要是以企业内部的各责任单位为会计主体，并对各责任单位和整个企业的日常经济活动进行规划、决策、控制与业绩评价。

（2）财务会计：整个企业。财务会计主要是以整个企业为会计主体，通过对会计要素的确认、计量和报告，反映整个企业的财务状况和经营成果。

6. 会计程序。

（1）管理会计：无固定的格式。管理会计的具体业务处理程序一般不固定，有较大的选择自由，通常也不涉及填制凭证和复式记账的问题，内部报告不定期编制，也无一定格式，可根据管理者的需要自行设计。

（2）财务会计：有固定的格式。财务会计的具体业务处理程序比较固定，并具有强制性，凭证、账簿和报表有规定的格式，报表需要按月度、季度、年度定期编制。

7. 会计方法。

（1）管理会计：灵活多样。管理会计根据企业内部经营管理的实际需要，对企业的经营管理活动进行规划、决策、控制与业绩评价，在一定期间内采用的专门方法可以灵活多样，以便为企业的管理者提供不同的备选方案。

（2）财务会计：较为规范。财务会计为了真实反映企业的财务状况和经营成果，在一定期间内一般只能采用同一种会计处理方法，以便保持会计信息的连续性和可比性。

8. 行为影响。

（1）管理会计：较为重视行为科学对人的行为影响。管理会计较为重视行为科学的领导与激励理论对人的行为影响，以人为本开展管理会计的各项活动，特别关注业绩报告和薪酬激励机制对企业员工日常行为的影响。

（2）财务会计：不太重视行为科学对人的行为影响。财务会计最关心企业发生的各项经济活动对企业财务状况和经营成果的影响，十分重视对会计要素的确认、计量和报告，不十分关心行为科学对员工日常行为的影响。

9. 数据的精确程度。

（1）管理会计：只需求得近似值。管理会计的工作重点是面向未来，而未来的不确定因素较多，因此管理会计所提供的数据不要求绝对精确，一般能计算出近似值即可。

（2）财务会计：力求准确。财务会计的工作重点是反映过去，通常都是已经发生的经济业务,因此财务会计所提供的数据需要力求准确,一般要计算到小数点后两位。

10. 信息特征。

(1) 管理会计:灵活提供不公开的、不具有法律责任的管理信息。管理会计由于其工作重点是对企业内部的经营管理工作进行规划、决策、控制与业绩评价,因此根据管理者的实际需要,管理会计一般通过编制内部报告来提供有选择的、部分的和特定的管理信息,内部报告一般不对外公开发表,也不具有法律责任。

(2) 财务会计:全面提供公开的、具有法律责任的会计信息。财务会计必须按照会计准则和政府监管部门的要求,提供连续、系统、综合的会计信息,编制的财务报告需要对外公开发表,并具有法律责任。

(二) 管理会计与财务会计的主要联系

1. 两者的目标相同。财务会计和管理会计虽然具有上述不同点,但两者通过对外和对内提供各种会计信息和管理信息,目标都是为了加强企业的经营管理工作和提高企业的经济效益。

2. 两者使用的信息资料基本相同并具有互补性。财务会计通过对企业日常发生的经济业务所对应的会计要素进行确认、计量和报告,其所形成的会计信息资料是管理会计进行规划、决策、控制与业绩评价所使用的主要信息来源;而管理会计所形成的各种信息资料,又可以作为财务会计报告中的补充资料,例如上市公司公布的年度财务报告中,往往会涉及企业的发展战略、业绩评价和薪酬激励计划资料、内部控制、财务预算和盈利预测数据等。

第二节 管理会计的形成与发展

一、管理会计的形成

从西方会计发展史来看,早期的管理会计在20世纪20年代就开始萌芽,以泰罗(F. W. Taylor) 的科学管理学说为基础而形成、发展起来的"标准成本制度"、"预算控制"、"差异分析"等是管理会计的雏形,它们在提高企业的生产效率和工作效率方面曾做出过很大贡献。第二次世界大战以后,随着现代科学技术的迅速发展和大规模应用于生产,使社会生产力水平得到大幅度提高,社会化大生产促使资本主义企业进一步集中,企业的规模越来越大,跨国公司大量涌现,生产经营日趋复杂,市场竞争亦日趋激烈。面对这些客观现实的社会经济环境,迫切要求实现企业管理现代化,而如何利用会计信息来提高企业内部经营管理水平和提高企业的经济效益,则成为西方会计界普遍关心的课题。为此，西方会计界在充分吸收现代管理会计科学的各种方法和技术的基础上，将自 20 世纪 20 年代以来发展起来的一些专门用来提高企业内部经营管理和经济效益的会计方法，如"标准成本"、"差异分析"、"预算管理"、"本量利分析"、"经营决策"、"投资决策"、"成本预测与控制"、"全面预算"、"责任会计制度"、"存货分析"、"数量分析"等加以系统化的总结，使其形成了一套企业内部会计体系或对内报告会计体系，并在 1952 年国际会计师联合会（IFAC）年会上正式采用了"管理会计"（Management Accounting）这一专门词汇来加以统称，由此标志着现代管理会计正式形成，自此现代会计分为财务会计和管理会计两大分支。

二、管理会计的发展

管理会计在 20 世纪 50 年代初期正式形成后，其发展大致经历了以下几个阶段：

（一）20 世纪 50 年代至 60 年代初：成本的计算与控制

管理会计在 20 世纪 50 年代初形成后，在 50 年代和 60 年代初，西方管理会计的主要任务就是要解决成本会计所面临的如何正确地确定产品成本以及如何降低成本、提高经济效益等问题。因为当时的产品生产主要是依靠手工来进行，因此直接人工就自然作为分配制造费用的基础。在这一时期采用的管理会计方法主要有预算编制、责任会计制度、成本差异分析、机会成本、业绩评价、内部转移价格的制定等，并且西方的一些管理会计学者还为上述方法建立了数学分析模型。

（二）20 世纪 60 年代中后期：数学模型的应用

到 20 世纪 60 年代中后期，新技术如电子计算机开始广泛应用于制造业，使产品在质与量上都得到了很大提高，世界市场开始趋向于激烈竞争，因而对企业内部的管理与控制提出了更高的要求。新技术的发展不仅对产品的生产工艺与程序产生了积极的影响，而且对企业内部的信息处理也产生了实质性影响；由于大量的会计软件得到了开发，经理们通过使用电脑就可以比以往更快更多地获取企业经营管理的各方面信息。在这种情况下，西方国家的管理会计学者们开始将 20 世纪 60 年代建立发展起来的数学模型不断加以深化，不仅建立起更多的数学分析模型，而且还广泛涉及了在风险和不确定情况下的复杂数学分析模型，如线性和非线性规划模型、概率统计分析模型等。

（三）20 世纪 70 年代至 80 年代初：信息经济学、组织行为学、代理人理论等相关学科的引入

在 20 世纪 70 年代，西方会计学者开始将信息经济学、组织行为学、代理人理

论等相关学科引入到管理会计研究中，使管理会计的研究与应用领域进一步拓宽。

（四）20世纪80年代中后期：反思与尝试变革

随着以计算机技术为代表的高科技的发展和现代管理会计自进入20世纪80年代中期后开始遭遇到各种各样的问题，集中表现在西方会计界的一些学者和实务工作者对管理会计的知识体系，特别是对教科书中的内容与实践相脱节的问题提出了许多批评意见，西方会计界开始对管理会计的理论与实践进行了反思，并对原有传统管理会计的知识体系开始着手进行了一些尝试性的创新与变革，以适应当今社会经济和科学技术发展的需要。

（五）20世纪90年代之后：创新与变革

进入20世纪90年代之后，管理会计的创新与变革，不仅体现在对原有的管理会计知识体系进行了改造，而且还产生了管理会计的一些分支学科和研究领域，其内容主要有：作业成本计算法，平衡记分卡业绩评价系统，经济增加值，战略地图，战略管理会计，适时制生产系统，制造资源计划，质量成本管理会计，代理人理论，组织行为学、信息经济学等相关科学在管理会计中的应用，人力资源管理会计，智力资本管理会计，增值管理会计，社会责任管理会计，环境管理会计、资本成本管理会计，国际管理会计等。

总的来看，进入20世纪90年代以来，管理会计作为一门独立的学科，新的研究与应用领域层出不穷，随着社会经济的发展和科学技术的日新月异，管理会计在加强企业内部经营管理和提高企业经济效益方面的作用已日益加大。

第三节　管理会计的基本理论

一、西方国家开展的管理会计规范化

规范是指人们约定俗成的做法或明文规定的标准，而将其系统和科学地进行归纳、总结、修订与完善，从而形成一系列被人们所公认并自觉加以执行的标准，这一过程和其产生的结果则可称之为规范化。任何一门学科是否能够规范化，会很大程度地影响着人们对该学科的深入研究和在实践中的推广应用。

财务会计与管理会计共同构成了现代会计的两大分支，而就两者的规范化来看，财务会计规范化的必要性不仅已为世界各国会计界所共识，并且规范化的形式基本上都是通过制定具体的会计准则来对财务会计信息的确认、计量、记录和报告等一系列过程进行规范。特别是美、英等西方国家的会计准则制定机构以及国际会计准

则委员会还通过发布"财务会计概念公告"等专门文件来规范财务会计的一些基本理论问题,如财务报表的目标、会计信息的质量特征、财务报表要素的概念、财务报表项目的确认与计量标准、财务报表的表述方式,等等。而对这些基本财务会计理论问题进行规范的目的,是为了将其用于指导财务报表的编制和会计准则的制定与修订工作。

与财务会计规范化形成鲜明对照的是,管理会计作为一门被誉为能够加强企业内部经营管理和提高企业经济效益的学科,由于不同的企业所面临的内部和外部环境不同,企业各自经营的特点不同,管理会计在不同的企业适用程度也不同,因此与财务会计相比,管理会计的规范化具有相当大的难度,但是西方会计界还是在管理会计规范化方面进行了有益的尝试。从目前西方国家对管理会计规范化的经验来看,主要是由管理会计专业机构以制定和发布管理会计的公告或指南的形式对管理会计进行规范化。例如,美国管理会计师协会发布的《管理会计公告》,美国会计学会管理会计委员会发布的《管理会计理论结构》,英国特许管理会计师公会发布的《管理会计正式术语》,加拿大管理会计师协会发布的《管理会计指南》,国际会计师联合会发布的《管理会计概念公告》,等等。这些公告、指南的基本内容一般都包括管理会计的定义、目标、基本概念、要素、基本内容、主要方法及举例说明等,而发布这些公告、指南的目的都是通过建立起一整套为人们所共同理解的概念与方法体系,来指导、协调管理会计的实务工作,并作为管理会计的发展基础及其应用效果的检验尺度。

以下是国际会计师联合会和美、英等西方国家的会计界对管理会计规范的主要内容。

(一)国际会计师联合会颁布的《管理会计概念公告》

1988年4月,国际会计师联合会的常设分会财务和管理会计委员会发表了第一份国际管理会计实务征求意见稿《管理会计概念公告》,提出管理会计实务应以管理会计概念为基础。该文献共分为三个部分:

第一部分:引言

引言提出,《管理会计概念公告》由财务和管理会计委员会编制,旨在促进管理会计的发展和运用,它大大发展了《国际管理会计公告序言》所表述的管理会计定义和范围,认为管理会计可定义为:管理会计是在一个组织内,管理部门用于对规划、评价和控制的财务和经营信息所进行的确认、计量、收集、分析、编报、解释和传输的一系列过程,以确保其资财的使用和对资财的经管责任。

第二部分:为何需要管理会计概念

该部分提出,由于管理会计要为规划、评价和控制任何经济组织的战略、策略和经营及其内部的沟通提供重要信息,因此需要有一个能够被人们普遍理解的概念体系,以便将其作为研究管理会计实务和技术的基础,以及测试其适用性的准绳。这些概念还应成为指导任何组织的管理会计人员履行其职责并参与管理过程的理论体系。

第三部分：管理会计的基本概念

该部分提出了以下六个管理会计基本概念：

（1）经管责任（Accountability）。管理会计系统需要确认和计量完成了什么、应该完成什么、应由谁来完成，借以明确各生产经营环节有关人员的责任。

（2）可控性（Controllability）。管理会计需要确认管理当局所制定的战略目标以及各责任层次应完成的目标，是否都是它们所能够影响的因素或活动。

（3）可靠性（Reliability）。管理会计提供的信息必须具有足以使人们信赖的质量。

（4）增量性（Increment）。管理会计提供的信息应能够清晰、明了地反映出某一特定决策的差量收入和差量成本。

（5）相互依赖性（Interdependency）。随着经营活动的日趋复杂，管理会计必须利用同它相互依赖的其他部门所能够提供的信息，如市场营销、生产、人事、采购、财务等，以确保能够传输全面信息。

（6）相关性（Relevance）。若管理会计概念有助于提高赖以决策的信息质量，即说明它具有相关性。相关性概念所必须具备的主要标准是"有用性"和"及时性"。

（二）美国管理会计师协会颁布的《管理会计公告》和美国会计学会管理会计委员会的《管理会计理论结构》

美国管理会计协会的前身，美国全国会计师协会在1969年成立了管理会计实务委员会（MAP），该委员会的两项职责是：（1）对财务会计准则委员会（FASB）、政府会计准则委员会（GASB）、证券交易管理委员会（SEC）和国际会计准则委员会（IASC）等准则制定团体所提出的各种会计和财务报告问题，表明全国会计师协会的正式态度。（2）为全国会计师协会的成员和广大企业界对有关管理会计的概念、政策和实务提供权威性的指导原则。

管理会计实务委员会的首批工作之一就是建立管理会计体系，它包括五个方面内容：（1）目标；（2）术语；（3）概念；（4）实务和方法；（5）会计活动的管理。从1980年起，管理会计实务委员会发布了一系列《管理会计公告》，发布这些《公告》的目的是为解决管理会计问题提供指导性原则和建立起管理会计体系；《管理会计公告》的内容主要包括：管理会计的定义、管理会计的目标、管理会计师共同知识体系、管理会计师道德行为准则、管理会计术语、资本成本、服务成本和管理成本的分摊、直接生产成本的定义和计量、企业业绩计量、直接材料成本的定义和计量、信息系统成本的分摊、间接生产成本会计，等等。

此外，美国会计学会（AAA）下属的管理会计委员会在1972年提出一份研究报告，提出管理会计的理论结构及各要素之间的关系可如图1-1所示。

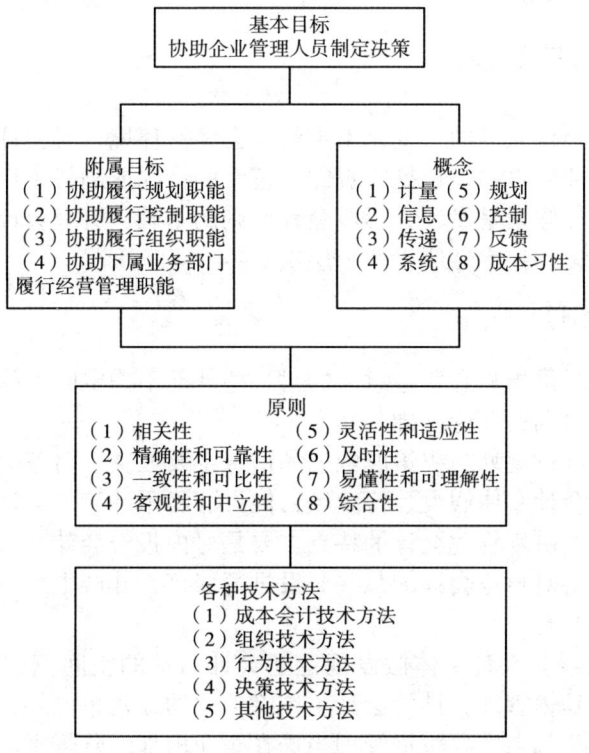

图 1-1 管理会计的理论结构

(三) 英国特许管理会计师公会发布的《管理会计正式术语》

英国特许管理会计师公会的前身，成本和管理会计师协会在 1982 年颁布了《管理会计正式术语》，该协会在其前言中指出：由于管理会计涉及众多的领域，因而有必要对管理会计及相关内容的名词、概念进行统一规范，颁布《管理会计正式术语》的目的在于，通过对名词、概念的规范化，提倡在管理会计理论研究、实际应用和教科书中使用这些规范性的名词、概念，以便增强会计人员与管理部门之间以及会计人员之间的相互沟通，管理会计名词、概念的规范化将有助于促进管理会计职业的发展。

《管理会计正式术语》的内容主要包括：管理会计的定义、管理会计的要素、管理会计的原则、成本要素、成本分配、成本习性、本量利分析、各种预算的概念和编制方法、责任会计、业绩评价、成本控制、作业成本计算法，以及各种短期生产经营决策和长期投资决策的概念和方法，等等。

二、管理会计的假设

会计假设是指会计人员面对变化不定的社会经济环境，对会计领域中存在的某些尚未确知或无法验证的事物，根据客观的、正常的情况或趋势来作出合乎情理的逻辑性推断或命题。会计假设是发展和形成会计原则的基础，管理会计根据其自身的特点可以分为基础性假设和技术性假设两个层次。

（一）基础性假设

基础性假设主要是指具有普遍意义的对一些外部不确定因素的假定性命题，此类假设构成管理会计原则的理论基础。

由于管理会计进行规划与决策所依据的信息主要取决于财务会计，因此财务会计的一些会计假设即会计实体假设、持续经营假设、货币计量、会计期间假设等同样也适用于管理会计，但由于管理会计的特点主要是对内报告会计，采用的方法具有较大的灵活性，因而需要对财务会计的某些假设进行修订，并产生出一些适用于管理会计的基础性假设，主要有：

1. 会计主体假设。会计主体假设规定了会计活动的空间范围，与财务会计的会计主体有所区别的是，管理会计的会计主体除独立的经营单位外，还包括其内部各个责任层次的责任单位，它主要根据管理当局在企业内部经营管理活动中的具体需要而定，具有多样性和灵活性的特点。

2. 持续经营假设。持续经营假设规定了会计活动在时间上的不间断性，对管理会计而言，其所进行的规划与决策、控制与业绩评价活动主要是以财务会计提供的信息为依据，而财务会计取得的会计信息必须以企业在其生产经营期间内不间断地持续经营为前提，因此持续经营假设也同样适用于管理会计。

3. 灵活分期假设。会计期间假设规定了会计活动的时间范围，管理会计与财务会计的会计分期假设有所不同的是，管理会计虽然也需要确定其活动的时间范围，但根据企业内部经营管理的实际需要，在时间跨度上具有很大的弹性，可以短至 1 天、长至数年，灵活地分期来编制内部报告，因而管理会计的会计分期具有较大的灵活性和不确定性。

4. 多种计量单位假设。与财务会计的货币计量假设不同，管理会计在进行规划与决策、控制与业绩评价活动时，其计量单位除货币单位外，还可以使用实物量单位、时间量单位和相对数单位等。多种计量单位的选择，即根据企业内部经营管理的不同需要来选择不同的计量单位，也是管理会计区别于财务会计的一个重要特点。

5. 成本分类多样性假设。与财务会计将企业的总成本简单分为产品生产成本和期间成本不同，管理会计主要是根据企业内部经营管理的需要对成本进行分类，即"为不同的目的而采用不同的成本"，如为了进行本量利分析和实施变动成本法等，需要根据成本习性原理将企业的全部成本划分为变动成本与固定成本；为进行决策分析，根据成本的相关性将成本划分为相关成本和无关成本；以及在实施责任会计制度时，为了对成本中心的责任成本进行有效的控制，根据成本的可控性，将成本分为可控成本与不可控成本；为了实施作业成本计算法，根据成本动因将成本划分为三类，即短期变动成本、长期变动成本和固定成本。成本分类的多样性充分体现了管理会计的"为不同目的而采用不同成本"的特点。

6. 货币时间价值假设。与财务会计的币值不变假设不同的是，管理会计在进行投资决策时，必须要考虑货币的时间价值，特别是在进行长期投资决策时，需要将若干年后取得的投资报酬根据货币时间价值折为现值，以便同原投资额的现值进行比较；反之，为了确定一项投资方案的未来报酬，又需要按货币时间价值计算该项投资额的终值。由此可以看出，管理会计进行长期投资决策分析时，时间因素非常重要，时间越长，币值变动的幅度就越大，因此货币时间价值是保证决策质量的一个重要前提条件。

（二）技术性假设

技术性假设是指应用于某一具体管理会计事项、直接约束和规范个别管理会计程序与方法的应用性命题。

例如，为了应用本量利分析法来预测保本点、目标销售量和目标销售额，规划企业的目标利润和编制利润预算等，就必须假设某些有关因素为不变的常量，否则就无法找出有关变量之间的函数关系；因此，本量利分析法的假设条件是：在一定时间和一定业务量范围内，企业产品的销售单价、单位变动成本、固定成本总额、生产能力和产品品种结构都维持不变。又如，在推行责任会计制度时需要假设：各层次的责任单位能够保持整个企业经营目标的一致性。如果各责任中心都各自为政，只顾及各自的小团体利益，则责任预算指标的分解、落实、执行、考评等就无法正常进行，推行责任会计制度也就成了一句空话。管理会计的技术性假设需要根据各种技术方法的特点和在实践中的应用情况来加以确定，因而技术性假设具有较强的务实性和解决具体问题的针对性。

三、管理会计的目标

管理会计目标是指管理会计活动应达到的境地或标准，它是管理会计职能的具体化。在确立管理会计目标的研究过程中，必须要解决三个问题：（1）管理会计为谁提供信息；（2）管理会计提供何种信息；（3）管理会计如何提供信息。

管理会计目标分为两个层次：第一层次为管理会计的基本目标，即提高企业的经营管理水平和经济效益；第二层次为管理会计的具体目标，即采用各种专门方法向企业内部各级管理人员提供有利于实现管理会计基本目标的各种有用信息，并参与企业的经营管理过程。

四、管理会计的职能

为了实现管理会计的目标,管理会计应具有以下四项职能。

(一) 规划的职能

管理会计的规划职能主要是利用财务会计提供的历史资料和其他有关信息,进行科学的预测与决策,进而对企业未来的经济活动进行规划,通过规划制定出的目标来指导和监督企业未来的经济活动。

(二) 组织的职能

管理会计的组织职能主要是为了实现规划职能所确定的各项目标,设计和制定出合理有效的责任会计制度以及各项具体的会计制度和管理制度,以便对整个企业的人力、物力、财力等有限的资源进行最合理、最优化的配置和使用。

(三) 控制的职能

管理会计的控制职能主要是实现规划职能所确定的各项目标和组织职能所制定出的各项制度,对企业已经发生和未来可能发生的经济活动进行信息的收集、比较和分析,建立起完善的控制体系,以便通过该控制体系对企业日常的经济活动进行有效的控制,确保企业既定目标的实现。

(四) 评价的职能

管理会计的评价职能主要是利用其已经建立起来的业绩评价系统,对企业的各责任单位和每一员工所开展的各项工作进行业绩评价。业绩评价的目的是尽可能全面、客观地评价企业的经营管理效绩,以便为企业实施激励机制提供考评依据,引导企业不断提升综合竞争实力,促进企业管理的科学化与规范化。

五、管理会计的原则

管理会计的原则是管理会计实践的经验总结和管理会计理论的科学概括,它既是管理会计理论体系中的重要组成部分,又是指导管理会计实务的规范。在西方国家,管理会计的原则一般用管理会计信息的质量特征来加以表述;因为管理会计信息的质量特征是管理会计目标的具体化,是从属于管理会计目标的一个理论范畴,它体现了管理会计目标在信息质量方面的要求;并且是评定管理会计信息有用程度的基本标准,包括相关性、可靠性、重要性等内容。

从系统论的角度来看,管理会计的原则可分为基本原则和具体原则两个层次。基本原则即指管理会计的一般原则,对管理会计工作具有普遍的指导意义;具体原则是指根据管理会计的具体内容而制定的,用于指导各项管理会计具体工作的特定原则。管理会计原则的构成内容可用图1-2来列示。

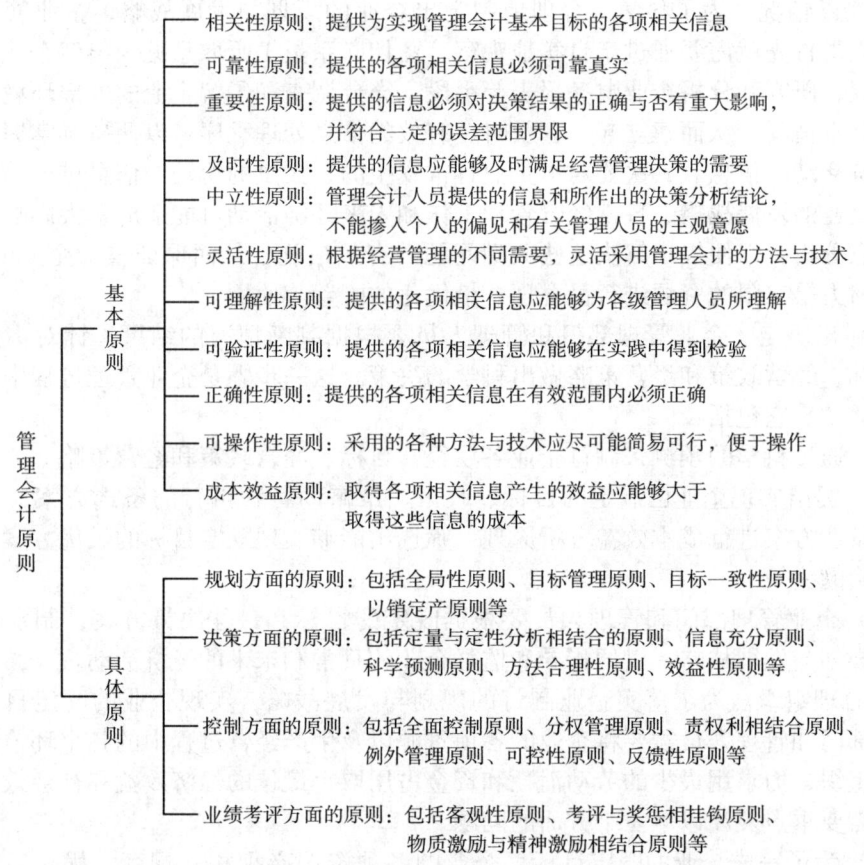

图1-2 管理会计原则的构成内容

六、管理会计的基本程序

(一)企业管理的基本程序

由于管理会计是将"管理"与"会计"这两个主题巧妙地融合在一起的一门综

合性很强的交叉学科，它主要是为企业内部加强经营管理、提高经济效益服务的，因此管理会计的基本程序除了要反映出会计工作的基本特点外，还必须要符合企业管理的一般程序和要求。在企业管理中，通常把管理程序分为"规划"和"控制"两大部分。这两大部分又可以具体分成六个步骤，它们经常在不断地、周而复始地活动，故也称为"企业管理循环"。这六个步骤是：

1. 判断情况。为了科学、合理地制定出企业的规划与发展战略，企业管理部门和管理人员首先就需要通过亲自实地观察、密切联系员工听取意见、出席企业内部的各种会议、研究和分析企业财务报表等手段，充分调查和了解企业的外部环境和企业内部的基本情况，从而建立起一套及时、有效的信息处理程序，以便持续掌握本企业全部经济活动的信息。其次要对本企业日常发生的、大量的纷繁的信息进行筛选，选择出对企业的发展战略、日常经营管理工作和未来经济活动可能造成重大影响的信息进行重点分析，以便提出解决这些关键问题的有效措施，从而保证整个企业的人力、物力、财力等有限的资源进行最合理、最优化的配置与使用。

2. 做出决定。企业管理部门和管理人员要根据判断情况的结果，针对本企业的经营目标、经营政策和经营策略做出科学的决策。这一步骤是企业管理过程中最具创造性的活动。它包括：

(1) 通过科学的预测来制订企业各项经营目标、经营政策和经营策略。

(2) 提出实现企业已制定的目标、政策、策略的各种可行的备选方案，并通过对每一备选方案进行成本效益分析原理，筛选出能够实现既定目标的最优方案，从而做出正确的决策。

(3) 企业管理部门和管理人员要根据既定的目标和最佳决策方案，制定出本出企业的规划与发展战略，以便指导和监督企业的日常和未来的经济活动。

3. 合理组织。为了落实企业制订的规划与发展战略，实现企业的既定目标，企业管理部门和管理人员需要将企业的各项资源以及生产经营过程中的各个环节进行高效率的组织，力求用最少的劳动消耗和资金占用取得最佳的经济效益和社会效益。合理组织需要重点关注以下三个方面的问题。

(1) 为了完成企业的既定目标，企业的各项资源必须相互配套，优化组合，以保证资源的最优配置和优化使用。

(2) 必须能在指定的地点和指定的时间取得各项资源。例如，各种机器设备应按它们的相互关系有条不紊地安装，以保证生产的正常运转；原材料和零配件应按规定的时间送达指定的地点，以保证生产的持续进行；企业全体员工之间必须要相互协调，以保证预期任务的顺利完成。

(3) 在落实企业制定的规划与发展战略过程中，企业最高管理部门还必须判明各个责任单位的目标与整个企业的总目标是否协调一致。

4. 实际执行。根据设定的目标、达到目标的行动方案和规划，以及合理组织的要求，进行各项经济活动。

5. 监督指导。根据设定的目标和制定的规划，对实际执行情况进行监督和指导，如发现问题应及时加以调节和控制，以保证预期目标的实现。有效的监督指导，还需要包括企业当前发生的各种异常情况和生产经营活动的全过程，实行管理上的全方位调控。

6. 衡量绩效。对各责任单位在一定期间所发生的经济活动的实绩和成果进行计量、评价与考核，并结合新一轮的"判断情况"，为今后修订经营目标、经营政策和经营策略所做出的决定进行反馈。衡量绩效时，不仅要对规划的执行情况进行考评，而且要查明各责任单位执行规划所耗用的资源是否在允许的范围之内，以便确定其业绩是否真正既有效率又有效益。

综上所述，我们可以将企业管理的基本程序（或企业管理循环）用图 1-3 列示。

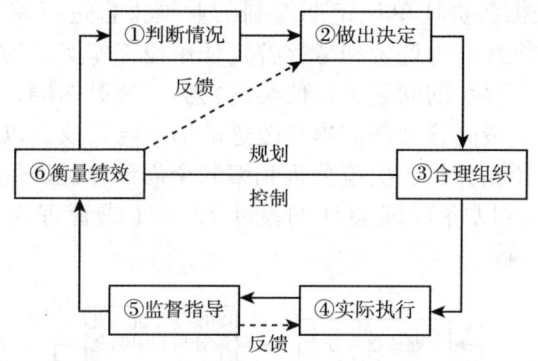

图 1-3　企业管理的基本程序

（二）管理会计的基本程序

由于管理会计主要是为企业内部加强经营管理、提高经济效益服务的，因此，企业管理的基本程序的每个步骤都要求管理会计采取相应的措施与之相配合，从而形成管理会计的基本程序，也称为"管理会计循环"，其情况如下所述：

1. 财务报告分析。企业管理部门为了判断企业的基本情况，就必须要进行调查研究，掌握大量的信息，而企业根据会计准则和会计制度编制的财务报告，全面反映了企业在一定时点和一定期间的财务状况和经营成果，因此企业各级管理人员要想充分、客观地判断企业的基本情况，就必须要对财务报告提供的各种信息进行分析。

2. 预测分析、决策分析和编制全面预算。为了帮助企业管理部门做出正确的决定，管理会计应采用灵活多样的预测分析和决策分析的专门方法，以帮助企业管理人员确定企业的经营目标、经营政策和经营策略；并将预测和决策所确定的目标，通过编制全面预算的方法将企业的整体规划用数字和表格的形式反映出来，作为今后控制经济活动的依据和评价各级责任单位绩效的标准。

3. 建立责任会计制度。为了配合企业管理部门进行合理组织，管理会计应按分权管理的要求，根据责、权、利相结合的原则，建立起责任会计制度；同时必须按企业的具体情况和管理的需要，建立各级责任单位，并将全面预算的综合指标进行层层分解，要求各责任单位编制责任预算，以便对各责任单位的经济活动进行控制与考评。

4. 积累财务成本数据。在企业管理的实际执行阶段，管理会计应采用标准成本制度并结合变动成本法，对全面预算和责任会计的执行情况进行追踪，然后根据本企业内部管理的实际需要，定期编制业绩报告。

5. 调控经济活动。根据各责任单位编制的业绩报告中的实际数与预算数进行对比，发现偏离原定目标和合理组织的要求，及时反馈给有关责任单位，以便调节和控制它们的经济活动。

6. 差异分析。根据各责任单位定期编制的业绩报告进行差异分析，首先，找出发生偏差的原因，并将其作为评价和考核各责任单位工作实绩的依据。其次，指出各责任单位取得的成绩和存在的问题，以便奖优罚劣、奖勤罚懒，激励企业员工的工作积极性；同时还向企业最高管理部门提出改进的措施与建议，以便结合下一轮的财务报告分析，为今后的预测分析、决策分析和编制全面预算提供最新信息。

综上所述，我们可以将管理会计的基本程序（或管理会计循环）用图 1-4 列示。

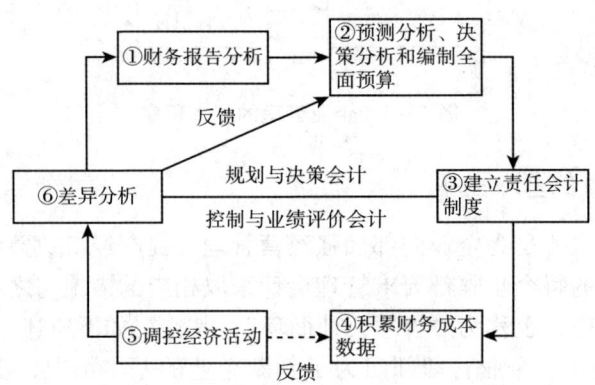

图 1-4　管理会计的基本程序

（三）管理会计信息系统

如果我们将管理会计的基本内容和基本程序归纳在一起，就可以形成一个比较完整的"管理会计信息系统"的示意图，如图 1-5 所示。

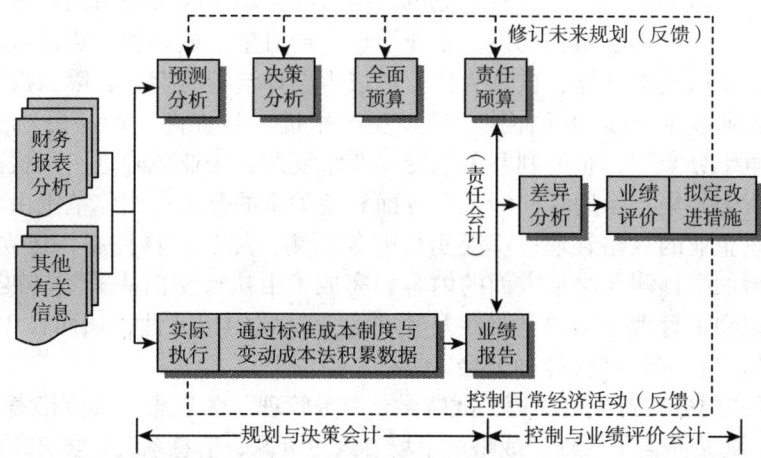

图 1-5 管理会计信息系统

从图 1-5 中不仅可以了解管理会计究竟包括哪些基本内容，而且可以清楚地显示出管理会计是怎样开展工作的。

第四节 管理会计师与管理会计的地位

一、管理会计师

管理会计在 20 世纪 50 年代正式形成后，为了有效地发挥管理会计提高企业内部经营管理水平和经济效益的作用，会计职业发达的英国和美国等西方国家一直致力于管理会计的职业化与专业化，而西方国家的管理会计职业化与专业化又主要体现在成立管理会计专业机构、组织管理会计师资格考试等方面。

1. 管理会计专业机构。西方国家建立管理会计专业机构的目的就是为了指导管理会计的研究与实务，并负责举办管理会计师资格考试以及管理会计师业务培训与管理等，在世界上有较大影响的是英国特许管理师公会和美国管理会计师协会。

（1）英国特许管理会计师公会（The Chartered Institute of Management Accountants，CIMA）。英国特许管理会计师公会成立于 1919 年，是全球最大的国际性管理会计师组织，也是国际会计师联合会（IFAC）的创始成员之一，目前拥有 17 万会员和学员，遍布 170 多个国家和地区。

CIMA 的发展历程浓缩了会计学的发展以及发达工业化国家的会计团体向全世界的辐射和影响过程。CIMA 刚成立时的名称为"成本和劳工会计师公会"（Institute of

Cost and Works Accountants)，当时工业革命的兴起推动了股份公司的发展壮大，大多数发达国家的金融市场已初具规模，企业管理当局对生产成本和存货计价的信息需求不断增长，也是以成本计算、核算为核心的成本会计流行时期。自第二次世界大战结束后，由于企业技术进步明显加快，劳动生产率进一步提高，产品更新换代周期缩短，市场竞争十分激烈，企业利益关系变得非常复杂，企业风险进一步提高，财务管理的重点由资金筹集、运用转向涉及多方面利益关系的分配；工作范围由单一的财务管理转向注重企业的战略管理；广泛实行财务预测，加强预算控制，建立责任中心。而管理会计增加了预测与决策方面的内容，完成了由执行型向决策型转变。CIMA 此时也充分认识到了管理会计的重要性及其在商业领域的相关性，从而在 1986 年正式改名为现在的"特许管理会计师公会"。

CIMA 以"财务支持战略决策，战略融于财务管理"为理念，其资格考试不仅局限于会计内容，而是涵盖了管理、战略、市场、人力资源、信息系统等多方面的商业知识和技能。通过 CIMA 三级认证考试并达到工作经验要求者可获得 CIMA 会员资格，成为特许管理会计师，即 ACMA（Associate of the Chartered Institute of Management Accountants）；而拥有 3 年决策管理高层工作经验的 ACMA 可申请成为特许管理会计师公会资深会员，即 FCMA（Fellow of the Chartered Institute of Management Accountants）。

CIMA 一直以来紧密结合充满活力和挑战的商界需求，坚持不懈地致力于企业财务管理及战略决策的研究和开发，提供了世界上具有权威性的高端财务职业资格认证。CIMA 资格认证不仅为企业衡量和提升财务管理人员素质和业务水平提供依据，也为各行各业的高级财务人员和管理精英提供了一个事业生涯发展和展示实力的平台。

(2) 美国管理会计师协会（Institute of Management Accountants，IMA）。美国管理会计师协会是一家在全球具有重要影响的国际性管理会计师组织。IMA 成立于 1919 年，由美国成本会计师协会（NACA）衍生而来，1991 年更名为管理会计师协会，目前拥有遍布全球的 265 个分会的超过 6.5 万余名会员。

在国际上，作为 COSO 委员会的创始成员及国际会计师联合会（IFAC）的主要成员，IMA 在管理会计、公司内部规划与控制、风险管理等领域均参与到全球最前沿实践。此外，IMA 还在美国财务会计准则委员会（FASB）和美国证券交易委员会（SEC）等组织中起着非常重要的作用。

成为注册管理会计师（Certified Management Accountant，CMA）首先必须通过 CMA 资格证书认证考试，而且还要符合 IMA 订立的学历和道德操行标准。1972 年 IMA 首次开始举办注册管理会计师（CMA）认证考试。CMA 资格证书是一个财务管理综合能力考核的证书，考试涉及商业分析、管理会计与报告、战略管理和商业应用等四大方面内容，考试主要以基础知识、实用知识为主，知识覆盖面很广；具有很强的实用性、可操作性。

CMA 认证的目的在于培育管理会计人员和财务管理人员的知识广度，使其能预测商业的需求及参与策略决策制定。而其考试的内容所包含的知识范围能反映管理会计人员和财务管理人员在现今商业环境所需要的能力。因此，取得 CMA 资格不仅代表其具备完整会计及财务相关领域知识，也表现了具备着高度专业标准与能力来分析企业内部财务报表，协助管理当局掌握状况，参与财务管理与拟定未来策略及执行。

作为全球领先的国际管理会计师组织，IMA 通过其注册管理会计师（CMA）的资格认证、研究与实践、教育与培训、会员社交网络，以及最高的职业道德规范方面，为全球管理会计和财务专业人士提供一个动态发展和交流的平台，从而推动 IMA 会员职业生涯的发展。

二、管理会计的地位

管理会计重在面向未来，履行预测、决策、规划、控制和考核的职能。管理会计职业在西方发达国家已经存在上百年的历史，世界上所有市场经济国家的企业都有一大批管理会计师，在那些设有首席财务官（CFO）制度的企业中，CFO 主要职责之一也是以提高利润为目标，包括成本控制等管理会计业务，财务部门的经理大多也是管理会计师或掌握很高水平的管理会计的方法与技术。

申请加入英国特许管理会计师公会（CIMA）者，一旦取得正式会员资格，持有特许管理会计师证书后，就会有较高的社会地位，并为社会所尊重。因为他们不仅具有广泛的理论知识，而且还具有丰富的实践经验，因而是许多大公司的猎取目标。特许管理会计师在公共服务部门的地位已由 1988 年地方政府财务法令第 113 项条款作出了明确规定，特许管理会计师可以在地方政府机构中担任总财务主任的要职。根据 1985 年《公司法》第 286 项条款的规定，特许管理会计师可以有资格担任公司的财务经理，目前该协会已有一批成员是一些著名大公司的总经理、专管财务的副总经理或财务主任。

CIMA 的认证群体以企业会计和经理为主，在培养他们扎实财务技能的同时，重点提高他们参与经营管理和战略决策的能力，实现"财务支持战略决策，战略融于财务管理"的理念。特许管理会计师通过综合和利用各类数据，为企业的经营和发展提供全面预算、财务分析、绩效评估、风险防范、组织管理和商业策略等诸多方面的重要信息和切实方案。

全球有数以万计的公司聘用 CIMA 的会员和学员，向他们提供多种多样的培训支持；同时，CIMA 也通过权威的知识体系和商业实用性，帮助越来越多的公司提高股东价值，实现企业的可持续发展，并造就了一大批商业精英。根据著名财经猎头机构 Robert Half 的调查报告，CIMA 已经成为世界上最受欢迎的会计职业资格。

美国管理会计师协会（IMA）自 1972 年开始设立注册管理会计师（CMA）资格

证书项目以来,美国已有越来越多的人同时具有注册管理会计师(CMA)和注册会计师(CPA)证书,CMA 已和 CPA 一样得到了社会的公认,备受大公司的青睐。CMA 证书持有者主要是世界各大公司及金融机构的财务主管、财务长、CFO、CEO、成本核算师、理财师、企业管理人员。美国 100 强企业的财务经理几乎都具有 CMA 等专业资格,CMA 证书是 CEO、CFO 强有力的敲门砖,是美国年薪最高的财经专业资格之一。

三、管理会计师应具备的知识体系

1986 年,美国全国会计师协会所属的管理会计实务委员会颁布了第 1D 号管理会计公告:《管理会计师共同知识体系》。颁布该"公告"的目的是:(1)指导高等院校建立培养管理会计师的课程结构;(2)尽可能详细说明管理会计知识体系,以帮助学生们做出选择职业的决策;(3)指导从事实务的管理会计师扩大或更新知识;(4)为全国会计师协会和其他专业性协会提供有关后续教育项目;(5)为审定管理会计资格证书项目(CMA)得以继续发展奠定基础。

该号"公告"将管理会计师应具备的知识体系分为以下三类:

第一类:信息和决策过程的知识:(1)管理决策过程,包括重复性决策程序、非规划性决策程序、战略决策程序;(2)内部报告,包括信息的收集、组织、表达和传递;(3)财务计划的编制和业绩评价,包括预测和预算的编制、分析和评价。

第二类:会计原则和职能的知识:(1)组织的结构和管理,包括会计职能的结构和管理、内部控制、内部审计;(2)会计概念和原则,包括会计的本质和目标,会计实务。

第三类:企业的经营活动知识:(1)企业的主要经营活动,包括财务和投资,项目研究及开发,生产和经营,销售和人力资源;(2)经营环境,包括法律环境,经济环境,道德和社会环境;(3)税务,包括税收政策,税收的结构和种类,税收计划;(4)外部报告,包括报告准则,满足信息使用者的需要;(5)信息系统,包括系统分析和设计,数据库管理,软件应用,技术基础知识和系统分析等。

四、管理会计师的职业道德

管理会计走向职业化,管理会计师就必须对其服务机构、专业团体、公众和其自身履行最高的道德行为准则。为了达到此项目的,美国全国会计师协会于 1982 年颁布了第 1C 号管理会计公告:《管理会计师道德行为准则》(Standards of Ethical Conduct for Management Accountants,SECMA)。该协会认为,遵守这些准则是实现管理会计目标的重要组成部分,管理会计师除自身不得有违背这些准则的行为,还应该追究企业内部其他人员违背这些准则的责任。这些道德行为准则的内容主要包括：

（一）能力

1. 不断提高自身的知识和技能，以保持职业能力应有的专业技术水平。
2. 依据有关的法律、规章制度和技术标准完成自己的职责。
3. 在利用相关和可靠的信息进行恰当分析的基础上，编制完整、清晰的报告和建议书。

（二）保密

1. 除法律规定外，非经授权，不得泄露工作过程中获得的机密信息。
2. 告诫下属对工作中获得的信息应注意其保密性，并监督其行为，以确保信息的保密性。
3. 不得将工作中所获得的机密信息，经由本人或第三者用于获取不道德或非法的利益。

（三）正直

1. 避免出现利益冲突，并对任何潜在的冲突向有关方面提出建议。
2. 不得从事道德上有害于其履行职责的活动。
3. 拒绝接受影响其行动的任何馈赠、赠品、宴请或说情等。
4. 严禁主动或被动地破坏实现企业既合法又合乎道德行为规范的目标。
5. 了解并沟通不利于其作出认真负责的判断或顺利完成工作的某些专业性限制或其他约束性条件。
6. 沟通有利或不利信息，发表赞成或不赞成的职业判断或意见。
7. 不得从事或支持任何有损于职业信誉的活动。

（四）客观

1. 公正和客观地交流信息。
2. 充分披露所有相关的信息，帮助信息的使用者对各项报告、说明书和建议书获得正确的理解。

（五）道德行为冲突的解决

在应用各项道德行为准则时，管理会计师可能会遇到怎样确认非道德行为，或怎样解决不道德行为的问题。对于重大的道德行为问题，管理会计师应遵循企业已经制定的方针政策中的有关条款来解决这些矛盾。如果这些政策仍不能解决道德行为冲突问题，管理会计师应考虑采取如下行动：

1. 和直接主管人员商讨解决有关冲突,如果直接主管人员牵涉到该种道德冲突,则应将问题提交到上一级主管人员;如果问题还得不到满意的解决,再呈交给更高一层的主管人员,直到解决问题为止。如果直接上级主管是总经理或具有相当于总经理的职务,则解决道德行为冲突的权威性机构一般是审计委员会、董事会等。

2. 和一位客观公正的顾问进行缜密的讨论,以澄清有关问题的概念,并确定出可被接受的解决方案。

3. 如果道德行为冲突在经过企业内部所有管理层次努力解决后仍然存在,管理会计师只有向企业组织中的一个合适的管理部门或代理人提交有关资料的备忘录,以待日后处理。如果企业中的某些道德行为冲突涉及法律规定,企业应将这些问题通知给适当的官方权力机构或个人。

思考与练习题

1. 什么是管理会计?其基本内容是什么?
2. 管理会计与财务会计的主要区别与联系是什么?
3. 管理会计是如何形成与发展的?
4. 西方国家如何开展管理会计的规范化?
5. 什么是管理会计的假设?
6. 管理会计的目标是什么?
7. 管理会计有哪些职能?
8. 试说明管理会计的原则及构成内容。
9. 试说明管理会计的基本程序。
10. 西方国家主要有哪些管理会计职业组织,管理会计的地位如何?
11. 试说明在西方国家,管理会计师应具备的知识体系和应遵守的职业道德。

第二章

成本性态分析

【本章学习目的】

本章重点分析了现代管理会计对成本的认识，即成本性态及按成本性态分类。通过本章的学习，理解成本的分类方法；熟悉财务会计和管理会计对成本的不同分类；掌握固定成本和变动成本的概念、特征、分类和性态模型，重点掌握总成本性态模型；熟悉混合成本的概念及其分类；掌握混合成本分解的各种方法；熟悉成本预测的原理，学会运用不同的预测方法进行成本预测。

第一节 成本概念及基本分类

一、成本的概念

"成本"（Cost）是一个使用频率很高的词汇，在会计学、管理学和经济学中，有不同的成本概念。即使在同一领域内，人们对成本的理解也存在着差异。马克思主义的劳动价值论认为，成本是商品价值中用于补偿生产资料转移的价值和保持劳动力再生产所需生活资料的价值。马克思指出："每一个商品 W 的价值，用公式来表示是 $W = C + V + m$。如果我们从这个产品价值中减去剩余价值 m，那么，在商品中剩下的，只是一个在生产要素上耗费的资本价值 $C + V$ 的等价物或补偿价值……对资本家来说，这就是商品的成本价格。"[①] 因此，根据马克思的观点，成本是某利益主体（如资本家）为了某种所得（如剩余价值）而发生的耗费（如耗费生产要素的价值）。人们通常称 $C + V$ 为理论成本。

美国会计学会（AAA）成本概念委员会1951年将成本定义为"为了达到特定目的而发生或应发生的价值牺牲，它可用货币单位加以衡量"，即成本概念不仅指产品成本，而且包括在经营过程中可能发生的预计成本，以及进行预测、决策所需的变动成本、机会成本等。由于有些难以用货币计量的成本无法包括进来，这个概念存在一定的局限性。1957年美国会计师协会（AICPA）名词委员会认为，"成本是指用以取

---

① 《资本论》第三卷，人民出版社，第30页。

得或将能取得资产或劳务而支付的现金、转让的其他资产、给付的报酬或承诺的债务，并以货币衡量的数额。"这一概念将成本界定为获得某种利益而发生的支出，这种支出如果是为了获得某种利益就代表一项成本。20世纪70年代，AICPA所属的会计原则委员会认为，"成本是指在经济活动中所蒙受的牺牲。"80年代，美国财务会计准则委员会（FASB）将成本理解为"经济活动中发生的价值牺牲，即为了消费、储蓄，交换及生产等所放弃的价值"。2003年Ronald W. Hilton在其所著的管理会计学中认为："成本可被定义为：为达到某一目的而做出的牺牲，一般通过为之所放弃的资源来衡量。"

因此，作为一个广义的经济范畴，成本是指人们在经济活动过程中，为达到一定的目的而耗费的各种资源，包括人、财、物、时间、信息、机会等。作为一个价值范畴，成本是为达到一定目的而付出的（或可能付出的）用货币计量的价值牺牲。成本根据它所处的背景及应用环境等不同，可以具有不同的含义。

在财务会计中，成本是根据财务报表的需要定义的，即成本是指取得资产或劳务的支出，它们由会计准则或会计制度来规范，因此可以称之为"报表成本"、"制度成本"或"法定成本"；又由于成本的度量是根据历史成本确定的，因此也称之为"历史成本"。现代西方财务会计学认为，成本是企业为了获取某项资产或达到一定目的而付出的以货币测定的价值牺牲，成本的形成既可以通过直接牺牲一项资产来实现，也可以通过产生某项负债而导致未来付出价值牺牲的方式来实现；而我国有关的财务会计教科书则把成本概括为在一定条件下企业为生产一定产品所发生的各种耗费的货币表现。

在管理会计中，成本一词在不同的情况下有不同的含义。与财务会计强调成本必须是已经发生了的（历史成本）不同，管理会计则特别重视成本形成的原因（目的性）和成本发生的必要性，强调"目的不同，成本不同"。这句话的含义就意味着成本的定义并不是唯一不变的，因为成本费用是由于特定目的而形成的，而运用成本的方式决定了成本计算的方法。实际上，管理会计的这句谚语强调了成本概念及其度量与管理当局决策的相关性，成本可以是过去的、现在的，也可以是将来的。而在企业面临的环境发生巨大变化的今天，许多与企业相关的成本，如：作业成本、质量成本、机会成本、资本成本、边际成本、目标成本、产品生命周期成本等都是管理会计的成本概念。因此，从管理会计角度看，成本是指企业在经济活动中对象化的、以货币表现的、为达到一定目的而应当或可能发生的各种经济资源的价值牺牲或代价。

成本信息在管理会计中具有重要的作用，是企业开展经营决策、制订竞争性策略、改善经营行为、评价经营业绩的基本前提之一。从管理会计角度看，管理人员需求的各种信息绝大部分与成本有关，成本—效益分析是任何一项经济决策都必须开展的。企业管理部门在经营决策和日常控制的各个环节，都必须以成本数据为基础，进行加工、改制和延伸，并适应不同情况进行灵活运用。

为了适应管理上的不同需要，成本可以按照多种不同的标志进行分类，例如按照财务会计的成本报告目的所进行的成本分类和按照管理会计的成本决策目的所进行的成本分类。

二、基于财务会计系统的成本分类

（一）制造成本和非制造成本

GAAP 按照成本功能将成本分为两类，即制造成本和非制造成本。

1. 制造成本（Manufacturing Costs），也称为生产成本，是指企业内发生的所有与产品生产相关的成本，这些成本包括与原材料、人工以及与生产能力有关的成本。根据制造成本的发生方式可以进一步将其分为直接制造成本和间接制造成本。

直接制造成本（Direct Manufacturing Costs），是指可以将成本形成的原因直接追溯至形成这些成本的产品，例如生产产品耗费的原材料、按照工作量支付报酬的工人工资等。

间接制造成本（Indirect Manufacturing Costs），是指很难将成本形成的原因追溯到某一具体的产品中去的那部分成本，原因在于间接制造成本与产品生产能力有一定的关系，而与单位产品生产所发生的原材料以及人工成本却没有具体的关系，例如固定资产的折旧费用、机器保修和保养费用、生产制造车间的管理费用等。

2. 非制造成本（Non-Manufacturing Costs），是指成本的发生与产品的制造没有直接关系的费用支出，具体包括配送成本、销售成本、营销成本、售后服务成本、研究与开发成本、管理成本等。

配送成本（Distribution Costs），涉及把产成品送至客户手中的成本，例如运费以及运输工人的工资等。

销售成本（Selling Costs），涉及销售人员工资和佣金，以及销售部门的其他费用。

营销成本（Marketing Costs），包括广告费和促销费。

售后服务成本（After-sales Costs），包括产品销售以后处理顾客业务、产品质量保证、修理费用以及后续服务和投诉费用等。

研究与开发成本（Research and Development Costs），包括面向市场设计和引进新产品的费用。

管理成本（General and Administrative Costs），包括没有被计入以上任何一类的费用，例如首席执行官的薪酬、法律和会计部门的费用等。

（二）直接成本和间接成本

当成本核算的目的是为计算某种成本的时候，首先必须明确一个重要的成本术语——成本对象（Cost Object），就是成本所计入的对象，例如产品、生产线、网上零售商的货运部门等。

直接成本（Direct Cost），是指仅用于单个成本对象的资源或者活动的成本。一般来说，直接成本包括直接材料和直接人工，如图2-1所示，但是在实际生产过程中也有例外，例如如果某管理人员是被雇用来监督餐桌的生产，那么该管理人员的工资也是生产餐桌的直接成本，说明了管理费用也属于直接成本。

间接成本（Indirect Cost），是指不能直接归集到某一成本计算对象而是由多个成本计算对象进行分担的资源成本。一般来说，生产经营过程中耗用的制造费用、管理费用和营销费用属于间接成本。但是也有例外的情况，例如如果生产产品所耗费的制造费用仅仅是为了生产一种定制产品，那么这种制造费用就属于直接成本而不是间接成本。

（三）生产成本、营销成本和管理成本

在我国财务会计对成本费用的分类中，通常采用成本按其经济用途的划分，即将成本分为生产成本、营销成本和管理成本三大类。

1. 生产成本（Production Cost）。生产成本也称制造成本，它是指为生产（制造）产品或提供劳务而发生的成本。生产成本又可根据其具体的经济用途分为料、工、费三大项目。

（1）直接材料，指在生产中直接用来构成产品主要实体的材料成本。

（2）直接人工，指在生产中直接改变原材料的性质或形态所耗用的人工成本。

（3）制造费用，指在生产过程发生的不能归入直接材料和直接人工两个成本项目的所有其他成本支出。制造费用也称工厂间接费，其包括的内容繁杂，可以进一步细分为：

间接材料，指在生产中耗用，但不易归属于某一特定产品的材料成本，如各种机物料消耗等。

间接人工，指为生产服务而不直接进行产品加工的人工成本，如车间管理人员、技术人员、维修人员等的工资。

其他制造费用，指不属于上述两种的其他各种间接费，如固定资产折旧费、保险费、维护和修理费等。

2. 营销成本。营销成本也称销售费用，指企业为推销产品所发生的一切费用，一般包括广告费、展览费、推销费、运输费、销售人员的差旅费和工资等费用。

3. 管理成本。管理成本指制造成本和推销成本以外的由企业管理部门或各职能科室在进行企业管理时所发生的一切费用，一般包括行政管理部门和职能科室的办公费、邮电费、水电费、管理人员薪金等。

通常将营销成本和管理成本合称为期间成本或期间费用。

上述两种成本分类及其相互关系如图 2-1 所示。

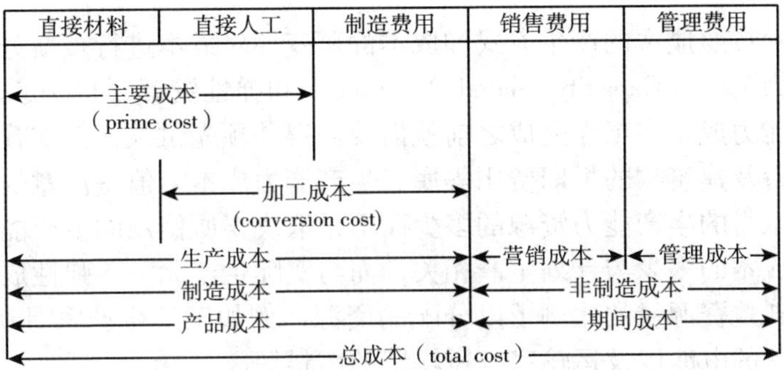

```
| 直接材料 | 直接人工 | 制造费用 | 销售费用 | 管理费用 |
  |←——主要成本——→|
     (prime cost)
          |←————加工成本————→|
                (conversion cost)
  |←——————生产成本——————→|       |←营销成本→|←管理成本→|
  |←——————制造成本——————→|       |←———非制造成本———→|
  |←——————产品成本——————→|       |←———期间成本———→|
  |←————————————————总成本 (total cost)————————————————→|
```

图 2-1　成本按经济用途分类示意图

成本按其经济用途分类，通常被认为是财务会计中对成本的基本分类方法。这种分类具有如下优点：

第一，能清楚地反映产品成本结构，便于与本企业历史资料或同行业数据比较，用来评价和考核目标成本的执行情况，分析成本升降原因，明确经济责任，并提出改进的措施和建议。

第二，这种分类将总成本分为生产成本、营销成本和管理成本三大类，有利于"产品成本"和"期间成本"的划分，贯彻"配比"原则。

第三，这种分类进一步将生产成本划分为料、工、费三大成本项目，有利于直接成本与间接成本的划分，以便根据"谁受益，谁负担"的原则进行成本分配，为正确计算产品成本和期间费用，创造了有利条件。

这种分类虽然具有上述优点，但也存在明显的缺陷，表现在：

第一，它没有同企业的生产能力挂钩，因而不利于企业事先控制产品成本和进一步挖掘企业内部的生产潜力，以达到以最小的劳动耗费获取最大的经济效益的目的。

第二，看不清成本与业务量（产量或销售量）之间的变动关系，因为在这种分类方法下，各种间接成本需要经过多次按用途的集合和分配，才能归属于各种产品，导致产品的产量与成本之间的关系迂回曲折、模糊不清，所以不利于准确分析业务量变动对成本的影响。

三、基于管理会计系统的成本分类

管理会计中的成本概念依据"目的不同，成本不同"的原则，有多种分类方法。

(一) 按成本的可变性:固定成本、变动成本和混合成本

管理会计师按照成本的产生方式和成本的可变性对成本进行重新分类,并将成本定义在生产能力资源(Capacity-related Resource)和弹性资源(Flexible Resource)的基础上。生产能力成本在工作完成之前就需要获得并预先付款,例如管理部门员工的工资、机器设备及建筑物的折旧费用等属于生产能力成本。值得注意的是,生产能力成本取决于所取得的生产能力资源的多少而不是取决于所使用的生产能力的多少。因此,生产能力成本的多少与计划生产相关,而与实际生产无关。弹性成本则是指其成本能够按照所耗费资源量的比例予以分配的资源,例如工厂生产家具所耗费的木料、机器运转所耗费的电能以及运输家具所耗费的燃料等。

在我国,一般把生产能力成本称为固定成本(Fixed Cost),而把弹性成本称为变动成本(Variable Cost),主要原因就在于可突出成本与业务量之间的依存关系,即成本性态(Cost Behavior)。于是,根据成本性态,可将成本划分为变动成本、固定成本和混合成本(Mixed Cost)三大类(本章第二节将详细叙述):

1. 变动成本,指在一定的相关范围内,成本总额与业务量成正比例关系变动的成本。
2. 固定成本,指在一定的相关范围内,成本总额与业务量变动无关的成本。
3. 混合成本,指虽然会随着业务量的变动而变动,但不保持正比例关系的成本。

一般来说,混合成本可以进一步地分解为固定成本和变动成本,因此有时也将成本按照成本性态分为变动成本和固定成本两大类。

表 2-1 列示了直接成本、间接成本与固定成本、变动成本之间的关系。

表 2-1   直接成本、间接成本与固定成本、变动成本的关系

	变动成本	固定成本
直接成本	资源的成本,其中资源的耗用和成本的发生与产品的数量成正比例关系。例如机器使用的燃料成本,家具的木料成本和计件人工工资成本等	资源的成本,该项资源(设备或人工)的耗用是为了特殊的生产经营目的的成本,例如仅用于对某项特殊产品进行定制生产所耗费的经理人员工资
间接成本	资源的成本,其中资源的耗用和成本的发生与产品的数量成正比例关系,但是按照直接成本计量该项成本代价过高。例如制造餐厅桌子的胶水等	资源的成本,该项资源(设备或人工)的耗用是为了一般生产经营目的而发生的成本,生产能力作用于多个成本对象。例如用于储存多种产品的仓库成本

(二) 按成本的时效性:付现成本、沉没成本和重置成本

成本的时效性,是指不同时期发生的成本会对决策分析产生不同影响的特性。按照成本的时效性可将成本分为以下三类:

1. 付现成本，指那些由于未来某项决策所引起的需要立即或于近时期动用现金支付的成本。当企业的货币资金较为紧张时，企业管理当局对付现成本的考虑重于对总成本的考虑，并会选择付现成本最低的方案来代替总成本最低的方案。

例如，某冶金公司因生产急需购进铁矿石 1 000 吨，否则将影响公司的正常生产经营。而该公司目前可供使用的现金严重不足，预计在短期内只能筹集 200 000 元。某供应商可提供 1 000 吨该种矿石，但提出了两个付款方案供该冶金公司选择：

第一方案：每吨价格 550 元，货款 550 000 元须一次付清；

第二方案：每吨价格 600 元，货款 600 000 元可以分 6 个月支付，每月支付 100 000 元。

根据上述情况，该冶金公司的管理当局应选择第二方案。因为第二方案所支付的总成本虽然比第一方案高 50 000 元（600 000 - 550 000），但第二方案的付现成本只需 100 000 元，比第一方案的付现成本 550 000 元低。虽然第二方案需多支付 50 000 元，但可从减少停工损失、确保"持续经营"所得的收益中得到补偿。

测算付现成本不仅有助于企业在资金紧张时做出正确选择，而且有助于长期投资决策方案的正确制订。因为在长期投资决策分析时，现金流量的计算以收付实现制为基础，投资方案未来现金流出的折现额即为付现成本。所以，付现成本是企业决策分析时需要考虑的重要成本因素。

2. 沉没成本，广义上讲，沉没成本是指那些由于过去的决策引起的，并已经在过去支付的成本。也可译作"沉落成本"或"历史成本"；狭义地讲，沉没成本是指过去发生的在一定情况下无法补偿的成本。沉没成本是现在和将来的任何决策都无法改变的，因此与决策分析不存在相关性，在决策分析时可以不予考虑。

例如，某公司 2003 年年初购入一台设备，原价为 80 000 元，估计可用 8 年，到 2008 年年初，累计折旧为 50 000 元，由于技术进步，该设备被淘汰。该设备的账面原值 80 000 元和账面净值 30 000 元均为沉没成本，与未来的决策分析无关。如果要做出购买新设备的决策时，旧设备的变现价值则属于与决策分析相关的成本因素，要予以考虑。如果此时该旧设备的变现价值为 1000 元，那么 1 000 元则是该决策的相关成本。

3. 重置成本。重置成本是指目前从市场上购买同一项原有资产所需支付的成本，也称现行成本。产品的市场价格是经常波动的，因此当一项资产购置一段时间后，从市场上再次购买该资产时的购置成本往往会发生变化。

例如，2006 年大豆的市场价格为 1 500 元/吨，2007 年的市场价格为 2 000 元/吨，2008 年的市场价格为 3 000 元/吨。某粮库从 2006 年起储备了 1 000 吨大豆，由于大豆市场的波动，2008 年该粮库的 1 000 吨大豆的重置成本为 3 000 000 元。

（三）按成本的差异性：差量成本与边际成本

成本的差异性，是指不同备选方案所发生的成本存在差异的特性。它一般包括以下两个成本概念：

1. 差量成本（或称差别成本），指两个被选方案之间预期成本的差异数。例如，某公司生产需用甲种零件 1 000 个，若自制，预期单位变动成本为 50 元，还需分摊固定成本 2 000 元；若从市场购入，预计单价为 54 元，则两方案的差量成本为 2 000 元即 [54×1 000 − （50×1 000 + 2 000）]，此时应选择自制的方案。

差量成本是一个重要的决策指标，在零部件自制或外购、是否接受特殊订货等方案选择中都会被多次使用。

2. 边际成本，指生产量每增加一个单位所增加的成本。经济学研究经济规律也就是研究经济变量相互之间的关系。经济变量分为自变量与因变量，自变量是最初变动的量，因变量是由于自变量变动而引起变动的量。例如，如果研究投入的生产要素和产量之间的关系，可以把生产要素作为自变量，把产量作为因变量。自变量（生产要素）变动量与因变量（产量）变动量之间的关系反映了生产中的某些规律。分析自变量与因变量之间关系的方法被称作边际分析法。

"边际"一词可以理解为"增加"，"边际量"即为"增加量"。自变量每增加一个单位导致的因变量的增加量就是边际量。例如，生产要素（自变量）增加一单位，产量（因变量）增加了两个单位，后一增加量就是边际产量。

例如，有很多长途客运公司都提供从北京开往天津的营运服务，所标票价均为 50 元。一位乘客要求以 30 元的价格上车，被 A 客运公司拒绝却被 B 客运公司接受。哪家公司收益更多呢？当我们考虑是否让这名乘客以 30 元的票价上车时，应该首先考虑其间的边际成本和边际收益。边际成本是增加一名乘客（自变量）所增加的成本（因变量）。每增加这一名乘客，发生的汽车损耗费、汽油费、路桥费及工作人员工资均不增加，可能增加的成本仅仅是发给乘客的食品和饮料，假设这些食品和饮料价值 10 元，边际成本也就是 10 元。边际收益是增加一名乘客（自变量）所增加的收入（因变量），即增加一名乘客所形成 30 元的票价收入。两者之间的差额 20 元则是边际利润。

（四）按成本的排他性：机会成本和实支成本

成本的排他性，是指任何一项成本支出，用于某一方面就不能同时用于另一方面的特性。按照成本的排他性，可将成本分为机会成本和实支成本。

1. 机会成本。现实中每一种资源都具有稀缺性，很多时候只能被用于一个项目中。在互斥的备选方案中，选取某个方案而放弃另外方案，这些被放弃方案的最大收益就构成了选定方案的机会成本，即因选择一个方案而放弃另一个方案所牺牲的利益，而这一利益是特指被放弃方案可能带来的潜在收益。

例如，某公司现有一台设备，既可以加工 A 产品，也可以将其出租。加工 A 产品每年可获净利润 28 万元，将其出租每年可获租金净收入 30 万元。若该公司选择加工 A 产品，应将租金净收入作为机会成本，这样将形成净亏损 2 万元。显然选择加工 A 产品的方案是不可取的；而选择对外出租，其机会成本是 28 万元，可获净利润 2 万元。可见，该公司通过对机会成本的考量，正确地选择了将该设备出租的方案。

机会成本有多种表现形式，有些需要估计、推算来确定，亦称"假计成本"。例如，企业的经营投资可以选择不同的方案，在进行决策分析时，不论是所有者权益资金还是债务资金，都应把利息收入作为机会成本进行考虑。

必须注意的是，如果某项资源只有一项用途，别无选择，那么该项资源的机会成本则为零。

例如，2001 年 7 月，中国和俄罗斯双方签署为期 20 年的《中俄睦邻友好合作条约》，同年 9 月 7 日正式签署《中俄输油管道可行性研究工作总协议》，该协议对双方输油管道走向作出了约定：计划铺设从俄罗斯安加尔斯克到中国大庆的输油管道（安大线），全长 2 400 公里，预计 2005 年投放运营。在该案例中，这条输油管道是专用设备，除了从俄罗斯向中国输送石油外，该管道很难作为其他用途，这条管道的机会成本为零。

牢固树立机会成本观念，有利于决策者在决策时尽可能全面考虑可供选择的行动方案，为有限的资源寻求最佳的用途，最大限度地提高资金使用效益。

2. 实支成本。是指已经实际发生的现金流出，并应计入会计账册的成本，是与机会成本相对应的概念。由于实支成本是已确认为已经实际支付的成本，当前和未来决策均无法改变其数额，故在决策分析过程中一般不予考虑。

（五）按成本的可避免性：可避免成本与不可避免成本

成本的可避性，是指在决策分析过程中，有一部分成本支出的数额随着企业管理当局决策行动的改变而改变的特性。按照成本的可避性，可将成本分为可避免成本和不可避免成本。

1. 可避免成本，指通过企业管理当局的决策行动可以改变其数额的成本。这类成本的发生，与特定决策方案的取舍有密切关系，在决策分析过程中要予以考虑。例如，与某决策方案相联系的变动成本和专用设备，当该方案被放弃时就不会发生，这种变动成本和专用设备支出就是可避免成本，即该成本的发生与否，完全取决于与之相联系的备选方案是否被选定。通常，变动成本和酌量性固定成本都是可避免成本。

2. 不可避免成本，与可避免成本相对应，不可避免成本是指通过企业管理当局的决策行动仍不能改变其支出数额的成本。这类成本的发生，与特定的决策方案的取舍无关，在决策分析过程中一般不予考虑。例如，约束性固定成本主要是为企业提供一定的生产经营能力而发生的，这些生产经营能力一旦形成，不管其利用程度如何，为其提取的固定资产折旧、设备管理人员的工资等费用依旧会发生，当属不可避免成本。

（六）按成本的可递延性：可递延成本与不可递延成本

成本的可递延性，是指企业已选定方案的成本中，有一部分可推迟到以后会计期间再支出的特性。按照成本的可递延性，可将成本分为可递延成本和不可递延成本两类。

1. 可递延成本，是指企业在财力紧张或资源稀缺的情况下，对于选定的方案，如推迟执行，不影响企业生产经营大局，那么与这一方案相关的成本，就称为可递延成本或可延缓成本。例如，被推迟到下一年度的办公楼的修缮支出，被延期至下季度的会议费或广告费支出等。

2. 不可递延成本，与可递延成本相对应，不可递延成本是指对选定的方案，即使在企业财力紧张的情况下，也必须立即支付，否则将对企业的生产经营产生重大影响的支出。与这一方案相关的成本就属于不可递延成本或不可延缓成本。例如，企业的生产线出现严重故障，需要立即进行大修所需的支出；又如，机器设备的折旧费、某种贷款的利息支出等。像该类无论采取哪种方案都无法避免的成本，在经营决策中一般作为不相关成本，不予以考虑。

（七）按成本的可追溯性：专属成本和共同成本

专属成本是指可直接归属某种或某批产品的固定成本。例如，专为某批产品交纳的保险费等。

共同成本是指应由几种或几批产品共同承担的固定成本。例如，生产车间的取暖费等。

（八）按成本的可分性：可分成本和联合成本

可分成本是指联产品或半成品在进一步加工中所需追加的成本，而联合成本则是在进一步加工前所归集的成本。

（九）按成本的相关性：相关成本和无关成本

企业所发生的成本，并非都与某项决策有关，按照其相关性，可将这些成本分为相关成本和无关成本。

1. 相关成本，是指与某一特定决策有关的未来成本。例如，变动成本、付现成本、重置成本、机会成本、边际成本、差量成本、可避免成本、可递延成本、专属成本、可分成本等，都属于相关成本。

相关成本必须同时具有以下两个基本特征：其一，它是一种未来的成本而不是历史成本，像实支成本、沉没成本就不是相关成本；其二，它是一种差别成本。

例如，企业欲购入生产所需重型卡车一辆，若购入 A 汽车厂所产的卡车，成本是 50 万元，若从 B 汽车厂购入，成本为 60 万元，那么，相关成本则为 10 万元（60 万元 – 50 万元）。

相关成本不仅是一个重要的决策成本概念，也是管理当局在进行决策时所必须关注的焦点。判断是否属于相关成本的基本步骤如下：①汇总所有备选方案相关联的全部成本；②剔除其中的沉没成本；③排除各方案之间无任何差别的未来成本；④分析、整理后计算汇相关的总成本。

2. 无关成本，与相关成本相对应，是指过去已经发生，或虽未发生但对未来决策没有任何影响的成本。一般来说，固定成本、沉没成本、实支成本、不可递延成本、不可避免成本、共同成本、联合成本等，均属于无关成本，又叫作非相关成本。

除此之外，按照成本的可溯性，可将其分为专属成本和共同成本。前者是指可直接归属某种或某批产品的固定成本。例如，专为某批产品交纳的保险费等。后者是指应由几种或几批产品共同承担的固定成本。例如，生产车间的取暖费等。按照成本的可分性，还可将成本分为可分成本和联合成本。可分成本是指联产品或半成品在进一步加工中所需追加的成本，而联合成本则是在进一步加工前所归集的成本。

此外，在责任会计中，成本按其可控性还可以分为可控成本和不可控成本。成本的可控性是指责任单位对成本的发生是否可以在事先预计并落实责任、在事中施加影响以及在事后进行考核的性质，以此为标志将成本分为可控成本和不可控成本两类。可控成本是指在一个会计期间内能够合理地为负责该成本的管理人员所能控制的成本。与此相反，即为不可控成本。可见，可控与否是从特定时期和空间范围而言的，这里的特定时期是指会计时期，空间范围是指"责任中心"。这种分类有助于分清各部门责任，确定其相应的责任成本，并考核其工作业绩。

综上所述，管理会计中"目的不同，成本不同"的含义在于成本信息是用于指导决策的，而决策又会限定所需成本的性质，也就限定了计算成本的方法以及成本的价值度量。因此，一种成本信息可能对一种决策目的有作用，而对另外一种决策目的没有丝毫作用。例如，对于责任会计来说，可控成本的度量就与责任范围有密切的关系，不同的责任范围就决定了不同的可控成本；对于产品的决策来说也可以根据决策目标的不同获取不同的相关成本。因此，管理会计上的成本度量实际上是财务会计上的时间假设和空间假设在管理上的拓展，以便更好地进行管理决策。"目的不同，成本不同"不会导致管理会计上的成本混乱。相反，却揭示了管理会计中成本管理的真谛，因此有助于在生产经营决策中加强成本管理。

第二节 成本性态的意义及其分类

一、成本性态的概念

成本性态（Cost Behavior）又称成本习性，是指在一定条件下成本总额对业务量总数之间的依存关系。

成本性态定义中的业务量、成本总额和一定条件分别是指：

业务量是指企业在一定的生产经营期内投入或完成的经营工作量的统称。业务量既可以用绝对数表示，也可以用相对数表示。绝对数又可细分为实物量、价值量和时间量三种形式；相对数可以用百分比或比率等形式反映。在管理会计的分析中，业务量通常是指生产量或销售量。

成本总额是指一定时期内为取得营业收入而发生的各种成本费用，包括制造成本和非制造成本。

一定条件是指一定的时间范围内和一定的业务量变动范围，即相关范围。

成本对业务量的依存关系是客观存在的，从数量上具体研究成本与业务量之间的规律性联系在管理会计体系中具有重要意义。通过成本性态分析，可以从定性和定量两个方面把握成本的各个组成部分与业务量之间的变化规律，这有助于企业正确地进行最优化管理决策，及时采取有效措施，充分挖掘降低成本的潜力，实现最佳经济效益。值得说明的是，财务会计系统仅仅可以提供成本的总额以及各个组成部分，但是却不能够提供成本决策的信息，也就不能够满足生产经营的成本管理需要。

全部成本按成本性态可以分为固定成本、变动成本和混合成本三大类。由于混合成本按照一定的方法亦可最终划分为变动成本部分和固定成本部分，因此有时也可将成本按其性态分为固定成本和变动成本两大类。

二、固定成本

（一）固定成本的概念与基本特征

在企业全部成本中，其成本总额在一定时期和一定业务量范围内，不受业务量增减变动影响而保持不变的部分，称为固定成本。

在会计实务中，固定成本的内容一般包括企业行政管理人员的薪金、办公费、差旅费、广告费、房屋及设备租金、保险费、房产税等不动产税、科研试验费、职工培训费、按直线法计提的固定资产折旧费等。

固定成本具有以下两个特征：

（1）在一定时期和一定业务量范围内，其成本总额保持不变；

（2）单位业务量的固定成本随业务量的增减成反比例变动。

【例 2-1】 三星公司生产甲产品，其生产所需的一台专用设备是从某租赁公司租用的，每年订租约一次，每月需支付租金 50 000 元。假设该专用设备每月的最大生产能力为生产甲产品 4 000 件，当甲产品月产量在 4 000 件以内时，设备月租金总成本不随产量的变动而变动。因而专用设备的月租金是该企业的一项固定成本。

为了便于建立数学模型进行定量分析，现假设甲产品的产量（即业务量）为 x、租金总成本（即固定成本总额）为 a，每件甲产品的租金（即单位固定成本）为 a/x。则甲产品产量在 4 000 件内变动对于租金成本的影响如表 2-2 所示。

表 2-2　　　　　　　　　　固定成本与业务量的关系

月甲产品产量（件）（即业务量 x）	月租金总成本（元）（即固定成本 a）	单位甲产品的租金成本（元）（即单位固定成本 a/x）
1 000	50 000	50
2 000	50 000	25
3 000	50 000	16.67
4 000	50 000	12.5

将表 2-2 中数据在直角坐标图中表示，便可以得出固定成本总额和单位固定成本与业务量之间的数量关系模型，如图 2-2 所示。

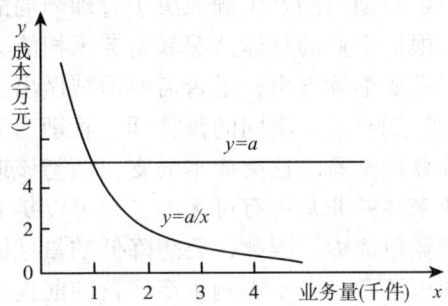

图 2-2　固定成本的性态模型

从图 2-2 可以看到固定资产的基本特征，即固定成本总额不受业务量变动的影响，而在一定的相关范围内保持不变，在图中表现为一条与横轴（业务量）平行的直线；单位固定成本与业务量成反比例变动的特性，在图中表现为一条随着业务量的增加而递减的曲线。

（二）固定成本的分类

在实际工作中，为了寻求降低固定成本的正确途径，固定成本还可以根据其支出额是否可以在一定期间改变而分为约束性固定成本（Committed Fixed Cost）和酌量性固定成本（Discretionary Fixed Cost）两类。

1. 约束性固定成本。是指通过管理当局的决策行动不能改变其数额的那部分固定成本。例如，厂房、机器设备按直线法计提的折旧费、保险费、管理人员薪金、照明费、取暖费等。这类成本是一种提供和维持企业基本生产经营能力而支出的成本，也是企业经营业务必须负担的最低成本，又称经营能力成本。

约束性固定成本具有很强的约束性,其支出额的大小取决于生产经营能力的规模和质量,在一定时期内,企业的生产经营能力一旦形成,与其相联系的成本将在较长时期内继续存在,是管理当局的短期决策行动无法改变的。约束性固定成本的存在体现企业一定的生产经营能力,是企业实现长远目标的基础,通常有较长的预算期,如果稍加削减,势必将影响企业的盈利能力和长远目标。即使业务经营发生中断,该项固定成本仍需保持不变。当前,广泛采取的"资本密集型"的经营方式使企业约束性固定成本的比重呈上升趋势,因此要想降低约束性固定成本,只有从经济合理地利用企业的生产经营能力、通过提高产品的产量等方面入手,以取得更大的经济效益。

2. 酌量性固定成本。是指通过管理当局的决策行动能改变其数额的那部分固定成本。例如,广告宣传费、新产品研究开发费用、职工培训费等。这类成本是企业为完成特定活动而支出的成本,是受管理当局决策行动影响的,可以在不同时期改变其支出的数额,所以又称选择性固定成本。

酌量性固定成本在一定时期内的发生额取决于管理当局的决策行动,一般由管理当局在会计年度开始前,根据企业的具体情况和财务承担能力,对这类成本的各个项目在下一个会计年度是否需要继续支出,是否需要增减做出决定,并编制预算、确定预算额,该预算额只在预算期有效。不同的预算期,管理当局应根据不同情况确定相应的预算额。从某一个预算期来看,这类成本的支出额与该期的业务量水平没有直接关系。这类成本对于企业来说并非是可有可无的,它可以扩大企业产品的销路,提高产品的质量,增强企业的竞争能力。因此,要想降低酌量性固定成本,只有在预算时精打细算、厉行节约、消灭浪费,在不影响生产经营的前提下,尽量减少其支出的绝对额。

三、变动成本

(一) 变动成本的概念与基本特征

在企业的全部成本中,其成本总额在一定的业务量范围内,随着业务量的变动而成正比例变动的部分称为变动成本。

在会计实务中,变动成本的内容一般包括:企业产品生产过程中发生的直接材料、直接人工以及制造费用中随产量成正比例变动的物料用品费、燃料费、动力费、按工作量法计提的固定资产折旧费等。销售费用中按销售量支付的销售佣金、装卸费、包装费等也属于变动成本。

变动成本具有以下两个特征:

(1) 变动成本总额一般随着业务量的变动而成正比例变动,即业务量增长 1 倍,其变动成本总额也相应地增长 1 倍;

(2) 在变动成本总额随着业务量变动成正比例变动的同时,单位变动成本是固定不变的,即它不受业务量变动的影响而保持不变。

【例2-2】 三星公司生产甲产品,生产单位甲产品直接消耗的原材料、人工等的变动成本为100元。

同样,为了便于建立数学模型进行定量分析,现假设甲产品的产量(即业务量)为 x、单位变动成本为 b,甲产品的变动成本总额为 bx。则甲产品产量在一定范围内变动对于成本的影响如表2-3所示。

表2-3　　　　　　　　　　变动成本与业务量的关系

月甲产品产量(件) (即业务量 x)	甲产品变动成本总额 bx	甲产品单位变动成本 b
1 000	100 000	100
2 000	200 000	100
3 000	300 000	100
4 000	400 000	100

将表2-3中数据在直角坐标图中表示,便可以得出变动成本总额和单位变动成本与产量之间的数量关系模型,如图2-3所示。

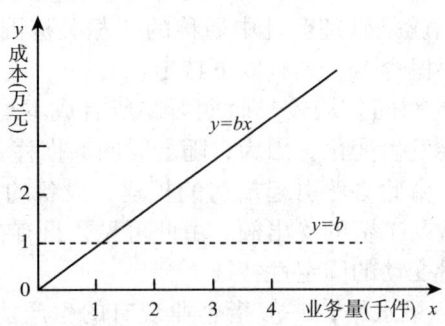

图2-3　变动成本的性态模型

(二) 变动成本的分类

在实际工作中,为了寻求降低变动成本的正确途径,变动成本还可以根据其发生的原因分为技术性变动成本和酌量性变动成本两类。

1. 技术性变动成本。是指在其单位成本受客观因素决定,消耗量由技术因素决定的那部分变动成本。例如,制造成本中主要受到设计方案影响的、单耗相对稳定的外购零部件成本,流水作业的生产工人工资等都属于这类成本。这一类变动成本的降低，必须通过改进设计、改进工艺技术、提高材料综合利用率、提高劳动生产率，以及避免浪费、降低单位消耗等手段来实现。

2. 酌量性变动成本。是指其单位消耗受客观因素决定，单位成本主要受企业管理部门决策影响的那部分变动成本。例如，在保证质量符合要求的前提下，企业可以从不同供货渠道购买到不同价格的某种材料，消耗该材料的成本就属于酌量性变动成本。在分散作业的计件工资制下，由于计件单价受到管理部门决策的制约，使得相关工资成本具有酌量性的特点。这一类变动成本的降低，需要通过采取科学决策、降低材料采购成本或优化劳动组合，以及严格控制开支的手段来实现。

变动成本是因本期制造产品所引起的成本，单位变动成本的高低由于不受业务量变动影响，而能直接反映直接材料、直接人工和变动制造费用的消耗水平。要降低变动成本，主要应通过技术革命或技术革新，降低单位产品内的材料消耗量或工资含量等。

四、固定成本与变动成本的相关范围

（一）固定成本的相关范围

前面在解释什么是固定成本时，明确提到"在一定时期和一定业务量范围内"。这意味着固定成本的发生额不受业务量增减变动的影响，是有条件的。也就是说存在着一定的范围，这个范围就是管理会计中通称的"相关范围"。"相关范围"是正确理解成本性态的一个重要概念，它具有以下特定含义：

1. 它是指某一特定的期间。从较长时期看，所有成本均是可变的，即使是约束性固定成本，其总额也会发生变化。因为，随着时间的推移，企业生产经营能力的规模和质量都将发生变化，由此必然引起厂房的扩建、设备的更新、管理人员的增减，从而改变折旧费、修理费及工资的支出额。由此可见，只有在一定的期间内，企业的某些成本才具有不随产量变动的固定性特征。

2. 它是指特定的业务量水平，一般指企业现有的生产能力水平。因为业务量一旦超过这一水平以后，势必要扩建厂房、增添设备、扩充必要的机构和增加相应的人员，从而使原属于固定成本的折旧费、修理费、管理人员工资等也必须相应增加，甚至在广告宣传方面也可能为此而要追加支出，以便使由于扩大生产能力而增产的产品得以顺利销售出去。很显然，即使在有限期间内具有固定特征的成本，其固定性也是针对某一特定产量范围而言的。如果脱离了一定的"相关范围"，固定成本的"固定性"就不复存在。

假设〖例 2-1〗中，三星公司将每月生产甲产品的生产能力增加到 6 000 件，则此时三星公司就需要再租用一台专用设备，以满足生产需要。因此相应的每月租金就将增加到 100 000 元。图 2-4 可以形象地说明固定成本相关范围的含义。

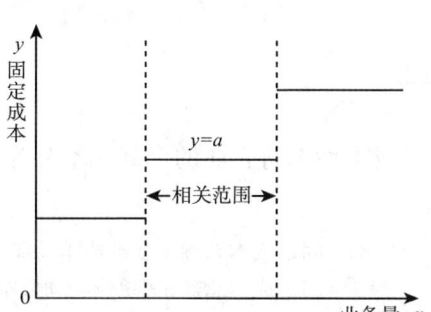

图 2-4 固定成本的相关范围

(二) 变动成本的相关范围

与固定成本相似,变动成本的基本特征也是有条件的,其条件表现在变动成本与业务量之间成正比例变动的关系(即完全的线性关系),通常也只有在一定产量范围内存在。超过这一范围,两者之间就不一定存在正比例关系(即表现为非线性关系)。

例如,化工行业的产品在产量增长的初始阶段(即小批量生产时),单位产品消耗的直接材料和直接人工可能较多,与产量总数的增长不一定呈正比例,变动从而使总变动成本线呈向下弯曲的趋势(即斜率 b 随产量的增加而缩小),形成非线性关系。但当产量增长到某一定范围时,各项材料和人工的消耗就比较稳定,从而使变动成本总额和业务量总数之间呈现出严格的、完全的线性关系,于是这个范围就称为变动成本的"相关范围"。如果产量超出"相关范围"而继续增长,就可能出现一些新的不利因素,促使产品的单位变动成本增高,从而使总变动成本线呈向上弯曲的趋势,又形成非线性关系。

综上所述,可见变动成本总额与业务量之间的线性关系,通常也只存在于一定的"相关范围"内,若超出"相关范围",则表现为非线性的。这些错综复杂的情况可通过图 2-5 加以表示。

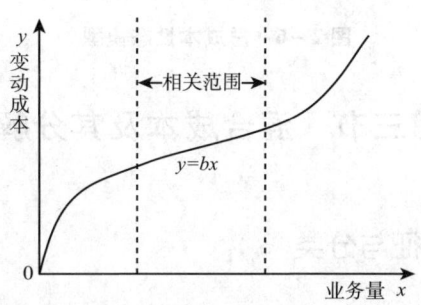

图 2-5 变动成本的相关范围

五、总成本性态模型

管理会计中,根据上述成本性态将企业的全部成本分为变动成本和固定成本两大类。因此,总成本公式是:

$$总成本 = 固定成本总额 + 变动成本总额$$
$$= 固定成本总额 + (单位变动成本 \times 业务量)$$

现假设 y 代表总成本,a 代表固定成本总额,b 代表单位变动成本,x 代表业务量,则上述总成本公式可用下列数学模型表示:

$$y = a + bx$$

上述数学模型是一直线方程式:x 是自变量;y 是因变量;a 是常数,即截距;b 是直线的斜率。

在管理会计定量分析中,这一数学模型很重要,它是混合成本分解、预测分析、决策分析和编制弹性预算的有效工具。总成本性态模型可用以下直角坐标图(见图 2-6)形象地加以表示。

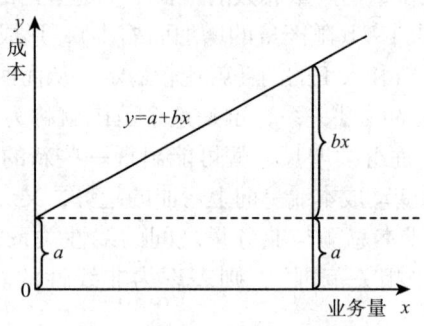

图 2-6 总成本性态模型

第三节 混合成本及其分解

一、混合成本的特征与分类

(一)混合成本的基本特征

根据成本性态,将企业的全部成本划分为变动成本和固定成本两大类,是管理会计开展定量分析的前提条件。但是，在实际工作中，往往会碰到一些成本明细项目同时兼有变动成本和固定成本两种不同的性质。它们既非完全固定不变，也不随业务量成正比例地变动，不能简单地把它们列入固定成本或变动成本。因此，混合成本是指介于固定成本和变动成本之间，其总额既随业务量变动又不成正比例的那部分成本。这类成本的基本特征是，其发生额虽受业务量变动的影响，但其变动的幅度并不与业务量的变动保持严格的比例关系。

（二）混合成本的种类

混合成本的项目比较复杂，通常可将其分为以下四类：

1. 半变动成本（Semi-variable Cost）。半变动成本是指在一定初始基数的基础上随着产量的变动而成正比例变动的成本。这类成本的特点是：通常有一个基数，一般不变，类似于固定成本；但在这个基数之上，随着业务量的增长，成本也相应地成比例增加，这部分的性质又类似于变动成本。

半变动成本在会计实务中是较为普遍存在的一种成本类型，如公用事业费（包括水费、电费、煤气费、电话费、有线电视费等），以及机器设备的维护保养费等。这些提供服务的单位往往定期（如每月）开出账单，一般包括两部分：一部分是基数，属于享受服务单位必须支出的金额，不管当期使用与否都应支付，属于固定成本性质；另一部分则是根据实际耗用量乘以单价来计算的部分，属于变动成本性质。

【例 2 – 3】 某企业与供水单位签订一项供水合同，合同规定水费的计算分两部分：按月支付固定水费 1 000 元。在此基础上，按实际供水量每吨支付水费 1.5 元。假设该企业本月实际耗用水 5 000 吨，共支付水费 8 500 元。这项支出中，其中 1 000 元是不按供水量计算的固定支出，属于固定成本；7 500 元是按照实际耗用量 5 000 吨乘以单价 1.5 元计算得到，属于变动成本。

如果用数学模型表示，设 y 为半变动成本总额，a 为其中的固定成本部分，b 为单位变动成本，x 为业务量。则有：

$$y = a + bx = 1\ 000 + 1.5x = 1\ 000 + 1.5 \times 5\ 000 = 8\ 500\ （元）$$

这一模型用直角坐标图表示，如图 2 – 7 所示。

从图 2 – 7 可以看到，半变动成本的总额虽然随着业务量的增减而有所变动，但不保持严格的正比例关系，其性态模型与总成本性态模型类似。

2. 阶梯式变动成本（Step-variable Cost）。阶梯式变动成本是指其总额会随产量呈阶梯式变动的成本，也称"半固定成本"（Semi-fixed Cost）。这类成本的特点是：在一定业务量范围内的发生额是固定的，但当业务量增长到一定限度，其发生额就突然跳跃到一个新的水平，然后在业务量增长到一定限度内，发生额又保持不变，直到另一个新的跳跃为止。在会计实务中，如企业的化验员、运货员、检验员、保养工、领班等的工资,以及受班次影响的动力费、整车运输费、设备修理费等,都属于这一类。

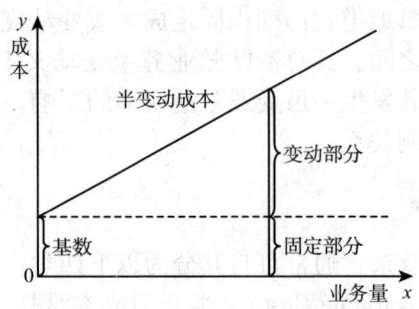

图2-7 半变动成本的性态模型

【例2-4】 假设某企业生产中需用的质量检验员同产品的产量有着直接的关系,根据实践经验,一个检验员每月最多只能检验1 000件产品。这样每增加1 000件,就需要增加一名检验员。假定检验员每人每月的工资为500元,则检验员的工资支出在不同生产水平下呈阶梯式的增长。可用图2-8表示阶梯式变动成本的性态模型。

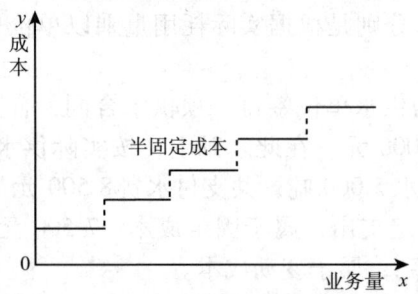

图2-8 阶梯式变动成本的性态模型

阶梯式成本如果用数学公式加以反映,是比较困难的。方法之一,可以利用下列公式表示:

$$y = \begin{cases} a_1 & 0 =< x <= x_1 \\ a_2 & x_1 =< x <= x_2 \\ \cdots & \cdots \\ a_n & x_{n-1} =< x <= x_n \end{cases}$$

式中:y 表示成本,x_1,x_2,$\cdots$,x_n 表示业务量,是属于成本发生跳动时的业务量,而 a_1,a_2,$\cdots$,a_n 则表示相应的成本。

3. 曲线变动成本（Curve-variable Cost）。曲线变动成本是指成本总额与业务量之间表现为非线性关系的成本。这类成本的特点是：通常有一个初始量，一般不变，相当于固定成本；但在这个初始量的基础上，随着业务量的增加，成本也逐步增加，不过两者不成正比例的直线关系，而呈非线性的曲线关系。这种曲线成本又可进一步细分为以下两类：

（1）递减曲线成本（Decrease Progressively Curve Cost）。曲线变动成本中的变动部分，在随着业务量的增加同时，其变化率为递减的，则称为递减曲线成本。例如，企业用于热处理的电炉设备，每班需要预热，因预热而耗电的成本（初始量）属于固定资产性质；至于预热后进行热处理的耗电成本，则随业务量的增加而逐步上升，但两者不成正比例变动，而呈非线性关系，并且成本上升越来越慢，即其上升变化率呈现下降的趋势。这类成本的性态模型如图 2-9 所示。

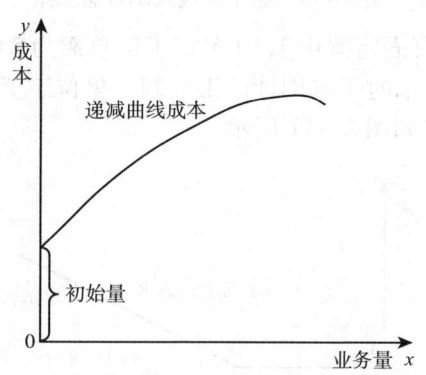

图 2-9　递减曲线成本性态模型

（2）递增曲线成本（Increase Progressively Curve Cost）。曲线变动成本中的变动部分，在随着业务量增加的同时，其变化率为递增的，则称为递增曲线成本。例如，累进计件工资、各种违约金、罚金等，当刚达到约定产量（或约定交货时间）时，成本是固定不变的，属于固定成本性质。但在这个基础上，随着产量（或延迟时间）的增加，计件工资（或违约金，或罚金）就逐步上升，而其上升率是递增的。这类成本的性态模型如图 2-10 所示。

4. 延期变动成本（Delayed-variable Cost）。延期变动成本是指在一定业务量范围内成本总额保持稳定，但超过该一定业务量后，则随业务量按比例增长的成本。例如，企业在正常工作时间（或正常产量）的情况下，对职工所支付的薪金是固定不变的；但当工作时间（或产量）超过规定水准，则需要按加班时间的长短（或超过数量多寡）成比例地支付加班薪金（或超产津贴）。所有为此而支付的人工成本，则属于延期变动成本。这类成本的特点是，在某一时间或产量以下表现为固定成本，超过这一时间或产量即成为变动成本。

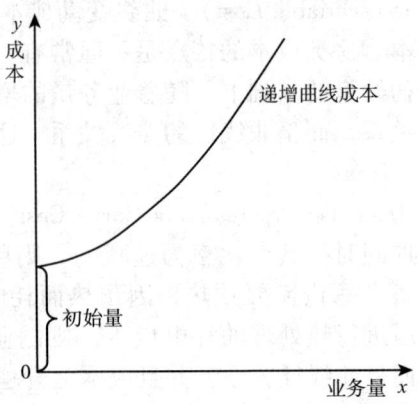

图 2-10　递增曲线成本性态模型

【例 2-5】　某企业有固定搬运工 10 名，工资总额为 5 000 元；当产量超过 3 000 件时，就需雇佣临时工。临时工采用计件工资制，单位工资为每件 0.5 元，则该企业搬运工资的成本性态模型如图 2-11 所示。

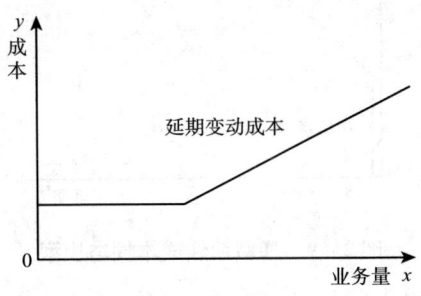

图 2-11　延期变动成本的性态模型

二、混合成本的分解方法

在管理会计中，根据混合成本兼有固定和变动两种不同性质的具体情况，采用一定的专门方法将混合成本分解为固定成本和变动成本，进而把全部成本按其性态划分为固定成本和变动成本两部分，建立总成本性态模型，这是企业经济活动的规划和控制工作得以开展的一个基本前提。常用的混合成本分解方法有数学分解法、账户分析法、合同确认法和技术测定法四种。

（一）数学分解法

数学分解法（Mathematical Analysis Method）也称历史成本分析法，是指根据混合成本在过去一定期间内的成本与业务量的历史数据，采用适当的数学方法加以分解，来确定其中的固定成本总额和单位变动成本的平均值的一种分解方法。实际工作中，最常用的数学分解方法有高低点法、布点图法和回归直线法三种。

1. 高低点法（High-low Points Method）。高低点法是数学分解法中的一种混合成本分解方法，它的计算方法是以一定期间内的最高业务量（高点）的混合成本与最低业务量（低点）的混合成本之差，除以最高业务量与最低业务量之差，先计算出单位变动成本；然后再代入高点或低点的混合成本公式，通过移项，即可分解出混合成本中的固定成本和变动成本各占多少数额。

高低点法的计算原理是：任何一个混合成本项目都包含变动成本和固定成本两种因素，因而它的数学模型同总成本的数学模型类似，也可用直线方程式 $y = a + bx$ 来表示。在混合成本 $y = a + bx$ 的方程式中，根据成本性态，固定成本部分 a 在相关范围内是固定不变的，高低点业务量发生变动对它没有影响，故可以舍去不加考虑。若 b 在相关范围内是个常数，则变动成本总额就随着高低点业务量（x）的变动而变动。因此，上述混合成本公式可改写为：

$$\Delta y = b \cdot \Delta x$$

式中，Δy 代表高低点混合成本之差；Δx 代表高低点业务量之差。移项后的公式如下：

$$b = \frac{\Delta y}{\Delta x}$$

即：

$$单位变动成本 = \frac{高低点成本之差}{高低点业务量之差}$$

然后将 b 的值代入高点或低点的混合成本公式，移项即可求得 a 的值：

$$a = y_{高} - bx_{高}$$

或者

$$a = y_{低} - bx_{低}$$

即

$$固定成本 = 业务量最高点的总成本 - 单位变动成本 \times 最高点业务量$$

或者

$$固定成本 = 业务量最低点的总成本 - 单位变动成本 \times 最低点业务量$$

所以，高低点法的基本步骤是，首先通过计算出高低点的成本之差与高低点的产量之差之比，求得单位变动成本；然后将其代入总成本的方程式中推算出固定成本的数值。

【例2-6】 假设某企业2015年7~12月的维修成本的数据如表2-4所示。

表2-4

月份	7	8	9	10	11	12
业务量（千机器小时）	6	8	4	7	9	5
维修成本（元）	110	115	85	105	120	100

根据表2-4的有关数据，可得出该企业维修成本在相关范围内的变动情况，其最高业务量与最低业务量实际发生的维修成本数据列表如表2-5所示。

表2-5

摘 要	高点（11月）	低点（9月）	差 额
业务量（x）	9千机器小时	4千机器小时	5千机器小时
维修成本（y）	120元	85元	35元

$$b = \frac{\Delta y}{\Delta x} = \frac{35}{5} = 7 \text{（元／千机器小时）}$$

将b值代入高点混合成本公式，并移项：
$$a = y_{高} - bx_{高} = 120 - 7 \times 9 = 57 \text{（元）}$$

将b值代入低点混合成本公式，并移项：
$$a = y_{低} - bx_{低} = 85 - 7 \times 4 = 57 \text{（元）}$$

通过以上计算，可以得到该企业的混合成本（维修成本）。采用高低点法进行分解，其固定成本总额（a）为57元，其余部分就是变动成本总额（$7x$）。

最后，我们把维修成本的上述关系归纳为下列混合成本公式：

混合维修成本（y）= 57 + 7x

值得注意的是，采用高低点法选用的历史成本数据，应能代表该项业务活动的正常情况，不得含有任何不正常状态的成本。此外，通过高低点法分解而求得的混合成本公式（$y = 57 + 7x$），只适用于相关范围内的情况。在本例中只适用于4 000~9 000机器小时的相关范围，超出相关范围就不适用。

在实际工作中，如果混合成本的变动部分与业务量基本上保持正比例关系时，采用高低点法进行分解最为简便。但这种分解法仅仅以高、低两点决定成本性态，因而带有一定偶然性，因此这种方法通常只适用于各期成本变动趋势较稳定的情况。如果各期成本波动较大，仅以高低两点的成本代表所有成本的特性，没有考虑其他数据的影响，其计算结果会有较大的偏差。

2. 散点图法（Scatter Diagram Method）。散点图法是将观察的历史成本数据，在坐标图上作图,绘出各期成本点散布图,并根据目测,在各成本点之间绘出一条反映成本变动趋势的直线,其与纵轴的交点即为固定成本,然后再据此计算单位变动成本。

散点图法可按以下步骤分解混合成本:

(1) 把过去某一期间混合成本的历史数据逐一标明在坐标图上。一般以横轴代表业务量(x),纵轴代表混合成本金额(y)。这样,各个历史成本数据就形成若干个成本点散布在坐标图上,形成散点图。

(2) 通过目测,在各个成本点之间画一条能反映成本变动平均趋势的直线。注意应尽量使画出的这条直线两边的成本点个数相同,而且使各点到直线的距离之和达到最小。

(3) 确定固定成本的平均值。所画出的直线与纵轴的交点即为固定成本。

(4) 计算单位变动成本。在所画出的直线上任取一点产量,即可对应地查出成本的值。这时单位变动成本就可通过 $b = \dfrac{y-a}{x}$ 这一公式求得。

【例 2-7】 根据〖例 2-6〗所给出的数据(表 2-4),绘出散点图如图 2-12 所示。

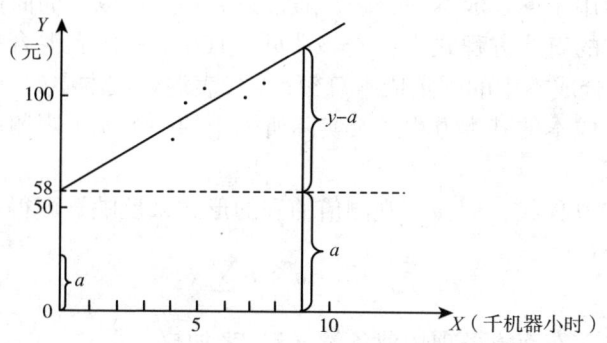

图 2-12 维修成本的布点图

在图 2-12 中,通过目测在 6 个成本点之间画出一条能反映维修成本的平均变动趋势直线,该直线与纵轴相截之处,就是维修成本的固定成本总额(a),在图中,固定成本 $a = 58$ 元。

图上所画出的混合成本平均变动趋势直线的斜率,即 b(单位变动成本)。其计算方法为:

在直线($y = a + bx$)上任取一点,如令 $x = 9$(千机器小时),此时 $y = 120$ 元,则:

$$b = \frac{y-a}{x} = \frac{120-58}{9} = 6.89 \text{(元/千机器小时)}$$

这样，在 a 和 b 值已知的情况下，我们就可把维修成本的公式确定为：
$y = 58 + 6.89x$

与高低点法比较，散点图法的主要优点在于全面考虑已知的所有历史成本数据，排除只由高低两点确定成本带来的偶然性，因而计算结果比高低点法要精确一些。同时，用图示反映成本性态更为直观易于掌握。但由于目测画出的反映成本变动平均趋势的直线，仍带有一定程度的主观随意性，所以还不能十分精确。

3. 回归直线法。回归直线法是根据过去一定期间的业务量（x）和混合成本（y）的历史资料，应用最小平方法原理，算出最能代表 x 与 y 关系的回归直线，借以确定混合成本中固定成本和变动成本的一种成本分解方法。

回归直线法的基本原理：先按散点图法把过去某一期间的混合成本历史数据逐一在坐标图上标明，然后通过目测，在各个成本点之间画一条能反映 x 与 y 关系的平均变动趋势直线。但如前所述，画这种直线时，往往会因人而异，难以确定哪一条较为准确。从数学的观点来看，应选用全部观测数据（即成本点）的误差平方和最小的直线最为准确。这条直线在数理统计中称为"回归直线"。正因为这种方法要使所有成本点的误差的平方和达到最小值，故也称"最小平方法"。

回归直线法运用于混合成本的分解，通常只需要采用以下的简便方法，即：

假设混合成本的直线方程式为：$y = a + bx$，其中，y 代表混合成本总额，x 代表业务量，a 代表混合成本中的固定成本总额，b 代表混合成本中的单位变动成本。

根据上述混合成本的基本方程式及实际所采用的一组 n 个观测值，即可建立回归直线的联立方程式。

先把上述基本方程式，用 n 个观测值的和的形式来反映，即得：

$$\sum y = na + b \sum x \qquad ①$$

再将公式①的左右双方各项用业务量（x）来加权，得：

$$\sum xy = a \sum x + b \sum x^2 \qquad ②$$

把公式①移项化简，即得：

$$a = \frac{\sum y - b \sum x}{n} \qquad ③$$

公式③代入公式②，并移项化简，即得：

$$b = \frac{n \sum xy - \sum x \sum y}{n \sum x^2 - (\sum x)^2} \qquad ④$$

根据公式④和公式③，将有关数据代入，先求 b，后求 a。最终就可把混合成本分解为固定成本和变动成本。

【例 2-8】 根据〖例 2-6〗资料，现采用回归直线法加以分解。

首先，根据该企业 2015 年 7~12 月的维修成本的历史数据进行加工，计算求出 a 和 b 的值所需要的有关数据，如表 2-6 所示。

表 2-6

月份	业务量（x） （千机器小时）	维修成本（y） （千元）	xy	x^2
7	6	110	660	36
8	8	115	920	64
9	4	85	340	15
10	7	105	735	49
11	9	120	1 080	81
12	5	100	500	25
$N=6$	$\sum x = 39$	$\sum y = 635$	$\sum xy = 4\,235$	$\sum x^2 = 271$

其次，根据表 2-6 最后一行的合计数，代入上述采用回归直线法计算 a 和 b 的两个计算公式，分别确定 b 和 a 的值：

$$b = \frac{n\sum xy - \sum x \sum y}{n\sum x^2 - (\sum x)^2} = \frac{6 \times 4\,235 - 39 \times 635}{6 \times 271 - 39^2} = 6.14（元/千机器小时）$$

$$a = \frac{\sum y - b\sum x}{n} = \frac{635 - 6.14 \times 39}{6} = 65.92（元）$$

根据计算得到的 a 和 b 值，该企业维修成本的混合成本公式就可确定为：

$$y = a + bx = 65.92 + 6.14x$$

以上三种数学分解方法，前两种方法得到的都是近似值，只有回归直线法所得到的是较为精确的结果。但这种方法计算工作量较大，掌握起来有一定难度，一般适宜在有先进电算化条件的企业应用。

最后还应注意，上述三种数学分解方法均包含有估计的成分，带有一定程度的假定性，其分解结果均不可能绝对准确，而且要求有相应的历史成本数据为前提。所以，在实际运用时必须考虑运用的条件是否具备，如果条件不具备就应考虑其他的混合成本分解方法。

（二）账户分析法

账户分析法（Account Analysis Approach）也称会计分析法，它是根据各个成本项目及明细项目的账户性质，通过经验判断，把那些与变动成本较为接近的，划归变动成本；把那些与固定成本较为接近的，划归固定成本。至于不易简单地划入变动成本或固定成本的项目，则可通过一定比例将它们分解为变动和固定两部分。例如，燃料及动力成本项目，虽然它不与产量成严格的正比例关系，但其变动毕竟与产量的关系较大，故仍可视为变动成本处理。至于管理费用以及制造费用中的间接人工、固定资产折旧费、设备租金、保险费、不动产税等，因它们基本上与产量的变动关系不显著，均可视为固定成本处理。但是也应考虑不同行业的具体情况，把制造费用中的外部加工费、物料消耗、运输费、低值易耗品摊销等，与产量关系较密切的明细项目单独划出，列入变动成本。

【例2-9】 国安公司某一生产车间生产10 000件甲产品时归集的月全部成本如表2-7所示。

表2-7

账户	原材料	直接人工	燃料与动力	维修费	间接人工	折旧费	行政管理费	合计
全部成本（元）	20 000	24 000	8 000	4 000	4 000	16 000	4 000	80 000

生产10 000件甲产品时的月全部成本

根据表2-7资料采用账户分析法分解如下：

首先，对表2-7中各成本项目进行分析。表中，原材料和直接人工是典型的变动成本；燃料和动力、间接人工、维修费等虽然都会随着产量变动而变动，但不成比例，由于无法得到在其他产量下这些费用的金额，无法对其进行成本性态分析，在此也将其视为变动成本；行政管理费中包括许多杂费，大多与产量无关，可以作为固定成本对待；按直线法计提的折旧费，只与时期相关，与产量无关，也可作为固定成本。

其次，根据对发生的各项费用逐项分析，将该生产的月全部成本分解为"固定成本"和"变动成本"两部分，可编制成本分解表如表2-8所示。

表2-8

账户	项目	10 000件甲产品下的月全部成本（元）	
		变动成本	固定成本
原材料		20 000	
直接人工		24 000	
燃料与动力		8 000	
间接人工		4 000	
维修费		4 000	
折旧费			16 000
行政管理费			4 000
合计		60 000	20 000

最后,根据表 2-8,建立甲产品总成本性态模型 $y = a + bx$,当甲产品产量为 10 000 件时的总成本性态模型为:

$$y = 20\,000 + 6x$$

式中,$a = 20\,000$,$b = 60\,000 \div 10\,000 = 6$。

综上所述,账户分析法虽然比较粗糙,但简便易行。在采用时,应注意要把在会计期间发生的一切不正常的或无效的支出都排除在外。由于这种方法在对成本项目进行归类时需要专业人员的主观判断,不可避免会存在相应的局限性。实务中,企业可以采用对各项目费用的发生额与产量之间的关系进行多期的观测,了解各账户的特性,从中找到基本的规律性,使分解后的成本性态模型的误差尽可能小。

(三)合同确认法

合同确认法(Contract Confirm Approach)是指根据企业与供应单位所签订的各种合同、契约,以及企业内部既定的各种管理和核算制度中所明确规定的费用计算方法,来确定并估算哪些费用属于变动成本,哪些费用属于固定成本的方法。所以,这种方法被适用于有明确计算方法的各种半变动成本,如水费、电费、煤气费、电话费等公用事业费。这些费用账单上的基数即为固定成本,而按耗用量多少计价部分属于变动成本。

由于半变动成本等混合成本都含有固定成本和变动成本两部分,可以用混合成本公式 $y = a + bx$ 来表示,因此在采用合同确认法时,首先就要根据具体情况建立混合成本公式,然后即可据以分别确定固定成本总额和变动成本总额各为多少。

【例 2-10】 假设华安公司与某电力公司在订立合同中规定,华安公司每月需支付电力公司的变压器维持费 800 元,每月用电额度为 60 000 度。在额度内每度电费为 0.30 元,如超额用电,则按正常电价的 5 倍计算。若该公司每月照明用电平均为 2 000 度,另生产甲产品时,平均每件耗电 8 度。根据上述资料,采用合同确认法可以计算确定华安公司在用电额度内以及超额度用电时的固定成本总额和变动成本总额如下:

首先,计算在每月用电额度内生产甲产品的最高产量:

$$\text{用电额度内甲产品的最高产量} = \frac{\text{用电额度} - \text{照明用电量}}{\text{甲产品每件耗电量}}$$

$$= \frac{60\,000 - 2\,000}{8} = 7\,250\,(\text{件})$$

其次,建立电费在额度内的混合成本公式:

在用电额度内的电费混合成本 $(y) = a + bx$
$\qquad\qquad\qquad\qquad\qquad\quad = (800 + 0.3 \times 2\,000) + (0.3 \times 8)x$
$\qquad\qquad\qquad\qquad\qquad\quad = 1\,400 + 2.4x$

上述计算结果表明,若甲产品的产量为 7 250 件以内的电费混合成本中 1 400 元为固定成本总额,每件甲产品的电费成本(即单位变动成本)为 2.4 元,变动成本总额为 2.4 元 × 产量。

最后,建立电费在额度(产量为 7 250 件)以上的混合成本公式:

电费混合成本 (y) = 7 250 件的电费成本 + 产量在 7 250 件以上部分的电费成本

$$= (1\,400 + 2.4 \times 7\,250) + [0.3 \times 5 \times 8 \times (x - 7\,250)]$$
$$= 18\,800 + (12x - 87\,000)$$
$$= -68\,200 + 12x$$

(四)技术测定法

技术测定法(Technique Determine Approach)也称"工程研究法"(Engineering Approach),是根据生产过程中各种材料和人工成本消耗量的技术测定来划分固定成本和变动成本的方法。其基本点就是把材料、工时的投入量和产量进行对比分析,用来确定单位产量的消耗定额,并把与产量有关的部分归集为单位变动成本,与产量无关的部分归集为固定成本。例如,热处理的电炉设备预热过程中的耗电成本(初始量),可通过技术测定,划归为固定成本;至于预热后对零部件进行热处理的耗电成本,则可划归为变动成本。采用这种方法测定的结果虽然比较准确,但工作量很大,特别是对某些制造费用和管理费用的明细项目,分析起来比较困难。因此,该方法通常适用于没有历史成本数据可供参考的企业,或企业已建立了标准成本制度(或已制定了定额成本),有现成的消耗定额资料可作为测定的依据。

三、混合成本的分解目的与任务

混合成本分解的任务取决于混合成本分解的目的,主要目的有三个方面,如表 2-9 所示。

表 2-9　　　　　　　　　　混合成本分解目的与任务

混合成本分解的目的	混合成本分解的任务
(1) 对计划期内的某项混合成本进行预测	根据历史资料计算出混合成本中的固定成本 a 和单位变动成本 b,从而确定出混合成本计算公式:$y = a + bx$
(2) 对某项混合成本预算的实际执行情况进行考核分析	根据历史资料计算出混合成本中的固定成本 a 和单位变动成本 b,确定出混合成本实际发生额中的固定成本部分和变动成本部分
(3) 计算本期产品的变动生产成本,且进行损益计算	

下面结合说明根据混合成本分解的不同目的来完成混合成本分解的任务。

(一) 对计划内某项混合成本进行预测

这项混合成本分解的任务是,根据历史资料计算出混合成本中的固定成本 a 和单位变动成本 b,进而确定出该项混合成本公式 $y = a + bx$。然后在此基础上对计算期内的混合成本进行预测。

【例 2-11】 某企业预计计算期耗用工时 5 500 小时,要求预测计划期内某项混合成本金额应该是多少?

为了预测计划期内混合成本金额,一般应该先根据历史资料,采用高低点法或者其他方法进行计算,求出混合成本的一般公式。这里采用简单的计算方法即高低点法,有关的计算所需要的历史资料如表 2-10 所示。

表 2-10

月份	1	2	3	4	5	6
工时(小时)	6 000	5 000	4 000	3 000	2 000	1 000
混合成本(元)	4 300	3 700	3 000	2 500	1 900	1 300

使用高低点法计算出该项混合成本的单位变动成本 b 和固定成本 a 如下:

$$b = \frac{4\ 300 - 1\ 300}{6\ 000 - 1\ 000} = 0.6 \text{(元/小时)}$$

$a = 4\ 300 - 0.6 \times 6\ 000 = 700$(元)

则混合成本的公式如下:

$y = a + bx = 700 + 0.6x$

已知计划期内耗用工时为 5 500 小时,则计划期该项混合成本的计算如下:

$y = 700 + 0.6 \times 5\ 500 = 4\ 000$(元)

(二) 对某项混合成本预算的实际执行情况进行考核分析

这项混合成本分解的任务是根据历史资料计算出混合成本中的固定成本 a 和单位变动成本 b,进而确定出混合成本实际发生额中的固定成本部分和变动成本部分,在此基础上与预算数进行比较。

假设该项混合成本的实际发生数为 4 300 元,实际耗用工时为 5 600 小时。按照预计混合成本中的固定成本部分和变动成本部分,就可以确定出混合成本实际发生额中的固定成本金额和变动成本金额。计算过程如下:

$$\text{实际固定成本金额} = \text{实际混合成本} \times \frac{\text{预计固定成本部分}}{\text{预计混合成本}}$$

$$= 4\,300 \times \frac{700}{700 + 0.6 \times 5\,600}$$

$$= 731 \text{（元）}$$

$$\text{实际变动成本金额} = \text{实际混合成本} \times \frac{\text{预计变动成本部分}}{\text{预计混合成本}}$$

$$= 4\,300 \times \frac{0.6 \times 5\,600}{700 + 0.6 \times 5\,600}$$

$$= 3\,559 \text{（元）}$$

(三) 计算本期产品的变动生产成本，并且进行损益计算

假设制造费用的实际发生额为 4 300 元，实际耗用工时为 5 600 小时。可以直接根据历史资料确定 $a = 700$ 元，$b = 0.6$ 元/小时，在此基础上计算如下：

固定成本部分 = 700 元，变动成本部分 = 4 300 − 700 = 3 600（元）

根据变动成本部分的数额以及实际耗用工时，可以计算出单位变动成本部分，即：

$$\text{单位变动成本} = \frac{3\,600}{5\,600} = 0.64 \text{（元/小时）}$$

再假设该工厂生产产品的直接材料和直接人工共计 12 000 元，则本期产品变动生产成本总额计算如下：

$$\text{变动生产成本总额} = \text{直接材料} + \text{直接人工} + \text{变动制造费用}$$

$$= 12\,000 + 3\,600 = 15\,600 \text{（元）}$$

在此基础上可以进行损益计算，并考核企业的经营效益。

第四节　成本预测分析

一、成本预测的意义

所谓预测（Forecast）是指根据过去的历史资料和现在所能够取得的信息，按照事物的发展规律，运用科学的方法有目的地预测和推断事物发展的必然性和可能性的过程。简单地说，预测就是根据过去和现在预计未来，或者说根据已知预测未来的过程。对于成本预测来说，就是将预测的原理应用于成本预测，找出成本趋势的内在规律，挖掘成本变化的影响因素，从而为企业的经营决策服务。成本是决定企业经营成果及竞争力的重要因素。在竞争的市场环境下，产品的价格更多地取决于市场，想要在竞争中立于不败之地，并取得理想的经营成果，企业必须加强成本的规划，而成本预测是进行成本规划的前提。

成本预测是根据企业的现时条件和未来的发展目标，利用相关的资料，采取专门的方法对企业未来成本水平及其发展趋势所进行的推测与估算。成本预测是确定目标成本和选择达到目标成本的最佳途径的重要环节，需要综合考虑企业盈利、销售、供应、生产、储备等方面因素的影响，动员企业各个方面挖掘潜力，提出降低消耗、为成本决策和实施成本控制提供信息的过程。总之，成本预测对提高企业的经营管理水平、降低产品成本、增强竞争力和改进经营效果都有重要的意义。

二、成本预测的步骤

成本预测应当以企业的总的经营目标为前提，各部门、单位的成本预测应当相互协调、统一。成本预测应当有序有效地进行，其步骤一般包括：

（一）确定预测对象

在进行预测之前，必须首先确定预测对象，也就是确定预测分析的目的、要求、范围和具体内容。由于不同的预测对象所需要的分析资料不同，所采取的预测方法也有所不同。因此，只有明确预测对象，才能够有针对性地做好各个阶段的预测分析工作。

（二）收集资料

预测分析所需要的资料是进行预测分析的重要依据。要做好经济活动的预测分析工作，必须掌握有关预测对象从过去到现在的经济数据资料和其他信息资料。收集资料是一项重要的工作，预测分析的目的和要求能否达到，在很大程度上取决于资料占有的情况。因此，要想占有大量的资料，必须随时注意资料的收集和积累工作。

（三）检查资料

预测分析必须以正确和真实的资料为依据，才能够得出正确的预测结果。为了保证所用的资料的正确性和真实性，必须对它们进行检查，对于不正确的资料要加以剔除，而对于不完全真实的资料要加以整理和核实，否则不能够作为预测分析的依据。

（四）选择合适的预测方法

预测分析的方法很多，不同的预测方法有各自的优缺点，并且任何一个具体的预测方法必然有一个适应范围，往往单一的预测方法不能够得出最佳的预测结果，需要几个不同的预测方法结合起来进行应用，从而从不同的角度进行预测，综合所有的预测结果，得出最合适的预测结论。

(五)进行预测

在选择的预测方法之后就进行具体的预测,求得预测结果。如果利用几个不同的预测方法进行预测,那么就可能得出几个不同的甚至互相矛盾的预测结果,这就需要综合不同的预测方法对问题进行全盘考虑,最后得出比较合理的预测结论。

(六)检查验证

任何理论预测结果和实际结果之间多少会存在一定的误差,那么对误差的处理就需要经过一定的方法进行计算和验证,并且利用误差估计预测的可靠程度和预测方法的精度,以便为今后的预测总结经验,设计出更加合乎实际情况的预测方法。

三、成本预测的基本方法

进行预测分析所采用的方法多种多样的,总的来说可以分为两大类:即定量分析法(Quantitative Analysis)和定性分析法(Qualitative Analysis)。进行成本预测的方法也有许多种,一般是以企业成本的历史资料为依据进行定量分析。由于各方面因素的不断变化,利用历史资料进行成本预测,选用的历史资料的时期不宜过长,并注意剔除偶然因素的影响。

如果假设总成本的模型为 $y = a + bx$,常用的成本预测定量分析方法有高低点法、加权平均法、回归直线法等。

(一)高低点法

高低点法,是选用一定历史时期内历史资料中业务量最高和最低的两点来确定 a、b 值并进一步确定成本模型,从而按照计划期的预计业务量来进行成本预测。

【例 2-12】 某企业只生产销售甲产品,近 5 年的产量及成本资料如表 2-11 所示。

表 2-11

年 度	产量 (x) (台)	单位变动成本 (b) (元)	固定成本总额 (a) (元)
2011	700	100	5 000
2012	750	90	5 500
2013	500	110	4 500
2014	800	85	6 000
2015	1 000	80	6 500

如果计划期甲产品的产量预计为 1 500 台,采用高低点方法预测计划期的成本。

(1) 首先从上述资料中找到业务量最高与最低的两点,可以发现:
最高产量为 1 000 台,对应的成本为:
y = 6 500 + 80 × 1 000 = 86 500 (元)
最低产量为 500 台,对应的成本为:
y = 4 500 + 110 × 500 = 59 500 (元)
则:

$$b = \frac{\Delta y}{\Delta x} = \frac{86\ 500 - 59\ 500}{1\ 000 - 500} = 54\ (元/台)$$

之后,将 b 值代入高点或低点的成本公式,便得到 a 的值,即:
$a = y_{高} - bx_{高} = 86\ 500 - 54 \times 1\ 000 = 32\ 500$ (元)
或:
$a = y_{低} - bx_{低} = 59\ 500 - 54 \times 500 = 32\ 500$ (元)

(2) 确定成本模型并进行预测。
成本模型可以表示为:
$y = 32\ 500 + 54x$
将计划期预计产量代入成本模型,可以得到成本预测值:
成本预测值 = 32 500 + 54 × 1 500 = 113 500 (元)

高低点法的优点是简单易行,但如果企业相应成本的变化幅度较大,容易出现较大的误差。因此,该方法适合于变动趋势比较平稳的成本项目的预测。

(二) 加权平均法

加权平均法,是根据过去一定时期内的单位变动成本和固定成本总额的历史资料,按照距离计划期的远近分别赋予一定的权数来确定 a、b 的值并进一步确定成本模型的方法。其基本依据和过程为:

若假设总成本的模型为 $y = a + bx$,则:
计划期成本的预测值分别为:

$$a = \sum a_i W_i; \qquad b = \sum b_i W_i$$

从而,可以得到成本模型。对于权数的选择应当注意以下问题:
(1) 由于距离计划期越近,对计划期的影响越大,因此相应的权数应当越大;相反,距离计划期越远,对计划期的影响越小,相应的权数也应当越小。
(2) $\sum W_i = 1$

例如,承〖例 2 - 12〗,如果计划期甲产品的产量预计为 1500 台,采用加权平均方法预测计划期的成本。

(1) 假设各期的权数分别为：$W_1 = 0.04$，$W_2 = 0.06$，$W_3 = 0.1$，$W_4 = 0.3$，$W_5 = 0.5$，则：

$$a = \sum a_i W_i$$
$$= 5\,000 \times 0.04 + 5\,500 \times 0.06 + 4\,500 \times 0.1 + 6\,000 \times 0.3 + 6\,500 \times 0.5$$
$$= 6\,030（元）$$

$$b = \sum b_i W_i$$
$$= 100 \times 0.04 + 90 \times 0.06 + 110 \times 0.1 + 85 \times 0.3 + 80 \times 0.5$$
$$= 85.9（元）$$

(2) 确定成本模型并进行预测。

成本模型为：

$y = 6\,030 + 85.9x$

计划期甲产品的成本预测值为：

$y = 6\,030 + 85.9x$
$= 6\,030 + 85.9 \times 1\,500 = 134\,880$（元）

(三) 回归直线法

回归直线法，是应用最小平方方法原理来确定 a、b 的值并进一步确定成本模型的方法。如前所述，其基本依据和过程为：

若假设总成本的模型为 $y = a + bx$，则：

$$a = \frac{\sum y - b \sum x}{n}$$

$$b = \frac{n \sum xy - \sum x \cdot \sum y}{n \sum x^2 - (\sum x)^2}$$

例如，承〖例 2 - 12〗，如果计划期甲产品的产量预计为 1 500 台，采用回归直线法预测计划期的成本。

1. 确定有关数字并计算 a、b 的值。有关成本资料如表 2 - 12 所示。

表 2 - 12

年 度	产量 (x)（台）	总成本 (y) $y = a + bx$	xy	x^2
2011	700	$5\,000 + 100 \times 700 = 75\,000$	52 500 000	490 000
2012	750	$5\,500 + 90 \times 750 = 73\,000$	54 750 000	562 500
2013	500	$4\,500 + 110 \times 500 = 59\,500$	29 750 000	250 000

续表

年度	产量(x)（台）	总成本(y) $y = a + bx$	xy	x^2
2014	800	$6\,000 + 85 \times 800 = 74\,000$	59 200 000	640 000
2015	1 000	$6\,500 + 80 \times 1\,000 = 86\,500$	86 500 000	1 000 000
$n = 5$	$\sum x = 3\,750$	$\sum y = 368\,000$	$\sum xy = 282\,700\,000$	$\sum x^2 = 2\,942\,500$

$$b = \frac{n\sum xy - \sum x \cdot \sum y}{n\sum x^2 - (\sum x)^2}$$

$$= \frac{5 \times 282\,700\,000 - 3\,750 \times 368\,000}{5 \times 2\,942\,500 - (3\,750)^2}$$

$$\approx 51.54$$

$$a = \frac{\sum y - b \cdot \sum x}{n}$$

$$= \frac{368\,000 - 51.54 \times 3\,750}{5}$$

$$= 34\,945$$

2. 确定成本模型并进行成本预测。

成本模型为：

$y = 34\,945 + 51.54x$

计划期甲产品的成本预测值为：

$y = 34\,945 + 51.54x = 34\,945 + 51.54 \times 1\,500 = 112\,255$（元）

思考与练习题

一、思考题

1. 什么是成本？如何理解成本信息在管理会计中的作用。
2. 成本按经济用途应怎样分类？这种分类有什么优缺点？
3. 什么是成本性态？成本按成本性态应怎样分类？这种分类有什么优越性？
4. 什么是固定成本？如何理解固定成本的特征、分类和性态模型？
5. 什么是变动成本？如何理解变动成本的特征、分类和性态模型？
6. 什么是相关范围？如何理解固定成本和变动成本的相关范围？
7. 什么是混合成本？混合成本的种类有哪些？
8. 对混合成本进行分解的方法有哪些？请逐一给予评价。

9. 成本预测的基本步骤有哪些？常用的成本预测方法有哪些？

二、练习题

【习题一】

［目的］ 通过练习，掌握成本按照经济用途的分类方法。

［资料］ 把下列成本分为生产成本、营销成本和管理成本：

（1）直接人工； （2）销售佣金；
（3）运输车辆折旧费； （4）CEO 工资和红利；
（5）直接材料； （6）产品设计人员工资；
（7）广告费； （8）集团公司房产税；
（9）生产用电费； （10）客户服务成本；
（11）会计人员和用户信用评级人员工资。

【习题二】

［目的］ 通过练习，掌握成本按照成本性态的分类方法。

［资料］ 把下列成本分成固定成本、变动成本和混合成本：

（1）生产监督人员工资； （2）自动化生产耗用的钢铁；
（3）制造家具所用的木料； （4）办公大楼管理人员的工资；
（5）支付给销售人员的工资； （6）广告费；
（7）直接生产工人的计件工资； （8）运输所耗用的汽油；
（9）机器润滑费； （10）机器维修费用。

【习题三】

［目的］ 通过练习，掌握各种混合成本的性态模型图。

［资料］ 某制造企业一年中发生的不同类型的制造费用项目及成本性态情况如表 1 所示。

表 1

序号	制造费用项目	成本性态描述
1	房屋折旧	按照直线法计提
2	一项服务的收费	年基础订购费 50 元，每订购一件加收 2 元手续费，收费最多不超过 350 元
3	版税	每份 0.10 元，最多不超过 5 000 元
4	管理成本	1 个管理人员可以监督 8 个工人的工作，每 3 个管理人员则需要增加 1 名督察，其中每个工人代表 40 小时的工作量，即：工作时间 320 小时以下 1 个管理者，321～640 小时 2 个管理者，641～960 小时 3 个管理者加 1 个督察，依此类推
5	设备折旧	按机器小时计提
6	一项劳务的收费	5 000 件以下收费 400 元，5 001～8 000 件每件收取 0.1 元，8 001～11 000 件每件收取 0.14 元

续表

序号	制造费用项目	成本性态描述
7	存储/运输费用	前 20 吨每吨 15 元，次 20 吨每吨 30 元，再次 20 吨每吨 45 元，以后直至 100 吨都不加收任何费用，100 吨以上每吨收费 45 元
8	外部加工费用	前 2 000 件每件 0.75 元，次 2 000 件每件 0.55 元，以后每件均为 0.35 元

［要求］根据上述资料，在直角坐标图上（横轴代表业务量，纵轴代表发生的成本），为每一项费用绘制出性态模型图。

【习题四】

［目的］通过练习，掌握混合成本的数学分解方法。

［资料］东方公司生产甲产品所发生的某项混合成本今年 1~8 月的产量和该项混合成本的资料如表 2 所示。

表 2

月份	1	2	3	4	5	6	7	8
产量（件）	18	20	19	16	22	25	28	21
混合成本（元）	6 000	6 600	6 500	5 200	7 000	7 900	8 200	6 800

［要求］根据上述资料分别按以下方法将混合成本分解为变动成本和固定成本，并写出混合成本公式：

1. 采用高低点法；
2. 采用散点图法；
3. 采用回归直线法。

【习题五】

［目的］通过练习，掌握总成本公式的应用及成本预测。

［资料］假定东声公司某生产部门今年 12 月发生的总成本为 240 000 元，该月份发生的直接人工工时总额为 20 000 工时，固定成本总额为 60 000 元。若该生产部门预计明年第一季度发生的直接人工工时总额分别为：

1 月　　　　　　　16 000 工时
2 月　　　　　　　14 000 工时
3 月　　　　　　　30 000 工时

［要求］根据上述有关资料，并应用总成本公式来预计该生产部门明年一季度 3 个月的总成本各为多少？

第三章

本量利分析

【本章学习目的】

本章重点理解成本、业务量和利润三者之间的数量关系。通过本章的学习，应掌握本量利分析的意义、数学模型，熟悉本量利分析的基本假设以及主要用途；掌握与本量利分析关联的两个基本概念，即贡献毛益和经营杠杆（率）的概念及其计算；理解保本点分析的重要性，掌握保本点的表现形式以及安全边际（率）的概念和意义，掌握企业产销单一产品或多种产品情况下保本点的计算；掌握保利分析方法和利润的敏感性分析。

第一节 本量利分析概述

一、本量利分析的意义

本量利分析是"成本—业务量—利润分析（Cost-Volumn-Profit Analysis）"的简称，也称 CVP 分析，它是以成本性态分类为基础，研究企业在一定期间内的成本、业务量、利润等变量之间相互关系的一种专门技术方法。

本量利分析作为一种定量分析的方法，早在 1904 年美国就已经出现了有关最原始的本量利关系图的文字记载，1922 年美国哥伦比亚大学的一位会计学教授提出了完整的保本分析理论。20 世纪 50 年代以后，本量利分析技术在西方会计实践中得到广泛应用，其理论日臻完善，成为现代管理会计学的重要组成部分。

二、本量利分析的基本公式

第二章介绍的成本按性态分类实际上明确了成本与业务量（$C-V$）之间的数量关系，若以此为基础进一步扩展和延伸，将利润（P）因素引入，则可确立成本、业务量和利润（$C-V-P$）三者之间的数量依存关系，这种数量关系用数学方程式（模型）来描述，那就是本量利分析的基本公式，即：

$$销售收入总额 - (固定成本总额 + 变动成本总额) = 利润$$

或

$$销售单价 \times 销售量 - (固定成本总额 + 单位变动成本 \times 销售量) = 利润$$

设销售单价为 p，销售量为 x，固定成本总额为 a，单位变动成本为 b，利润为 P。将这些符号代入上述方程式，则为：

$$px - (a + bx) = P \tag{1}$$

公式（1）中的利润，在管理会计中是指未扣除利息和所得税以前的"营业利润"，也就是西方财务会计中所谓的"息税前利润"。至于按销售额的一定百分率计缴的营业税（或销售税）都视作变动成本处理。

另外，在上述本量利分析的基本公式中，涉及五个因素，即 p、a、b、x、P，并将 P 放在等号右边，这种形式有利于确定计划期的预计利润。如果企业待求的数值是利润（P）以外的其他变量，则可通过移项，把待求变量放在等号左边，其他参数放在右边，从而就形成本量利分析基本公式的四个变形方程式如下：

$$预计销售单价 = \frac{固定成本总额 + 单位变动成本 \times 销售量 + 预计利润}{销售量}$$

即

$$p = \frac{a + bx + P}{x} \tag{2}$$

$$预计单位变动成本 = \frac{销售单价 \times 销售量 - 固定成本总额 - 预计利润}{销售量}$$

即

$$b = \frac{px - a - P}{x} \tag{3}$$

$$固定成本总额 = 销售单价 \times 销售量 - 单位变动成本 \times 销售量 - 预计利润$$

即

$$a = px - bx - P \tag{4}$$

$$预计销售量 = \frac{固定成本总额 + 预计利润}{销售单价 - 单位变动成本}$$

即

$$x = \frac{a + P}{p - b} \tag{5}$$

为了说明本量利分析的基本公式及其四个变形方程式的具体应用，现举例如下：

【例 3-1】 某企业本年度只生产和销售甲产品,单价为 10 元/件,单位变动成本为 6 元/件,全年固定成本为 30 000 元,当年生产量为 12 000 件。若当年将生产的甲产品全部对外出售,则该企业预计可获得多少营业利润?

根据上述资料,将有关数据代入公式(1),则:

预计利润 $(P) = px - (a + bx)$
$= 12\,000 \times 10 - (30\,000 + 12\,000 \times 6)$
$= 18\,000$(元)

【例 3-2】 依〖例 3-1〗资料,若该企业明年甲产品的产销量以及成本水平不变,但该企业将该产品的目标利润确定为 30 000 元。为了保证目标利润的实现,该产品明年的售价应定为多少?

由于 a、b、x 数字不变,又给出了目标利润 (P),因此,可将有关数据代入公式(2),即可求得 p 的值:

预计销售单价 $(p) = \dfrac{a + bx + P}{x}$
$= \dfrac{30\,000 + 6 \times 12\,000 + 30\,000}{12\,000}$
$= 11$(元)

【例 3-3】 仍依〖例 3-1〗资料,若该企业明年甲产品的产销量、固定成本总额以及销售单价不变,但该企业将该产品的目标利润确定为 30 000 元。为了保证目标利润的实现,该产品明年的单位变动成本应为多少?

由于 a、p、x 数字不变,又给出了目标利润 (P),因此可将有关数据代入公式(3),即可求得 b 的值:

预计变动成本 $(b) = \dfrac{px - a - P}{x}$
$= \dfrac{10 \times 12\,000 - 30\,000 - 30\,000}{12\,000}$
$= 5$(元)

【例 3-4】 仍依〖例 3-1〗资料,若该企业明年甲产品的产销量、单位变动成本以及销售单价不变,但该企业将该产品的目标利润确定为 30 000 元。为了保证目标利润的实现,该产品明年的固定成本总额应为多少?

由于 b、p、x 数字不变,又给出了目标利润 (P),因此可将有关数据代入公式(4),即可求得 a 的值:

预计固定成本总额 $(a) = px - bx - P$
$= 10 \times 12\,000 - 6 \times 12\,000 - 30\,000$
$= 18\,000$(元)

【例 3-5】 仍依〖例 3-1〗资料,若该企业明年甲产品成本水平、销售单价不变,但该企业将该产品的目标利润确定为 30 000 元。为了保证目标利润的实现,该产品明年的销售量应为多少?

由于 b、p、a 数字不变,又给出了目标利润(P),因此,可将有关数据代入公式(5),即可求得 x 的值:

$$\text{预计销售量}(x) = \frac{a+P}{p-b}$$
$$= \frac{30\ 000 + 30\ 000}{10 - 6}$$
$$= 15\ 000\ (\text{件})$$

三、本量利分析的基本假设

本量利分析所涉及的上述数学模型是基于以下基本假设而确立的。

(一)成本性态分析假设

本量利分析必须在成本性态分析已经完成的基础上进行,即假设本量利分析所涉及的成本因素已经区分为变动成本和固定成本两类,相关的成本性态模型已经形成。

(二)相关范围及线性假设

假定在一定时期和一定的产销业务量范围内,成本水平始终保持不变,即在相关范围内,固定成本总额和单位变动成本均保持不变的特点,并使总成本性态模型表现为线性方程式($y = a + bx$);同时,在相关范围内,单价也保持不变,使得销售收入函数也是一个直线方程式($y = px$)。此外,总成本函数和收入函数均以同一产销业务量为自变量。

这一假设排除了在时间和业务量变动的情况下,各生产要素(原材料、工资等)价格、技术条件、工作效率和生产率以及市场条件变化的可能性。

(三)产销平衡和品种结构不变假设

假设企业只安排一种产品的生产,生产出来的产品均能通过市场实现销售,并且自动实现产销平衡。对于生产多种产品的企业,在总产销量发生变化时,各种产品的销售额在全部产品总销售额中所占比重不变。这种假设可使分析人员将注意力集中于单价、成本以及业务量对利润的影响上。

上述假设是我们在实际工作中运用本量利分析时必须要充分考虑的,要认识到本量利分析本身所具有的局限性，不能盲目照搬本量利分析的现成结论。应该看到企业的经营条件、产品的市场价格、各项生产要素、产品品种结构、技术条件等诸因素是在经常变化的，当运用本量利分析的基本原理时，应根据变化了的条件放松本量利分析的基本假设，及时修正分析结论。

四、本量利分析的用途

本量利分析法具有简便易行的特点，因而易于被广大的企业管理人员所掌握。所以，目前它已作为一种现代管理方法在国内外企业管理中得到广泛的应用，尤其是在规划企业经济活动和确定经营决策等方面具有重要的作用。

本量利分析原理可用于保本点预测、目标销售量或目标销售额的预测、利润预测及利润的敏感性分析、生产决策和定价决策、不确定性分析、经营风险分析、全面预算编制、责任会计与业绩评价等，这些方面的具体运用将在后面的有关章节中详细介绍。

第二节 贡献毛益

一、贡献毛益的意义及计算

贡献毛益（contribution margin）是本量利分析中一个重要概念，也称"边际贡献"、"贡献边际"、"边际利润"、"创利额"等。它是产品销售收入与相应的变动成本之间的差额。

贡献毛益通常有两种表现形式：一是单位概念，称为"单位贡献毛益"（用 cm 表示），是指每种产品的销售单价减去该产品的单位变动成本；二是总括概念，称为"贡献毛益总额"（用 Tcm 表示），是指全部产品的销售收入总额减去全部产品的变动成本总额。

单位贡献毛益的计算公式如下：

$$单位贡献毛益 = 销售单价 - 单位变动成本$$

即

$$cm = p - b$$

单位贡献毛益的性质是反映各种产品的盈利能力，即每增加 1 个单位产品销售可提供的毛益。

贡献毛益总额的计算公式如下：

$$贡献毛益总额 = 销售收入总额 - 变动成本总额$$

即 $\quad Tcm = px - bx$

或者 $\quad Tcm = (p - b)x$

或者 $\quad Tcm = cm \cdot x$

贡献毛益总额的性质是反映它将为企业的营业利润能作出多大贡献。

引入了贡献毛益指标之后,可以将本量利基本关系式改写成:

$$营业利润 = 贡献毛益总额 - 固定成本总额$$

即 $\quad (P) = Tcm - a$

或者 $\quad 营业利润 = 单位贡献毛益 \times 销售量 - 固定成本总额$

即 $\quad (P) = cm \cdot x - a$

【例 3 - 6】 仍以前面本量利分析基本公式的〖例 3 - 1〗资料为例,则甲产品的单位贡献毛益和销售 12 000 件时的贡献毛益总额可计算如下:

单位贡献毛益 $(cm) = p - b = 10 - 6 = 4$(元)

贡献毛益总额 $(Tcm) = px - bx = 10 \times 12\,000 - 6 \times 12\,000 = 48\,000$(元)

或 $\qquad = cm \cdot x = 4 \times 12\,000 = 48\,000$(元)

从上述贡献毛益的计算公式以及〖例 3 - 6〗可以看出,贡献毛益虽然不是企业的营业利润,但它与企业营业利润的形成有着密切的关系。因为贡献毛益首先用来补偿企业的固定成本,只有当贡献毛益补偿固定成本还有剩余时,企业才会实现盈利,否则就可能出现亏损。因此,贡献毛益是一个反映企业盈利能力的指标,也是一个反映能为营业利润作出多大贡献的指标,它在管理会计中是一项很重要的信息指标。例如,由于它是衡量产品盈利能力的重要依据,当企业进行短期经营决策分析时,可以以备选方案能提供最大值的贡献毛益总额作为择优指标。

二、贡献毛益率和变动成本率

贡献毛益率(用 cmR 表示)是指以单位贡献毛益除以销售单价的百分率,或以贡献毛益总额除以销售收入总额的百分率,两者计算结果相同。贡献毛益率是相对数指标,反映每百元销售额中能提供的贡献毛益金额。贡献毛益率的计算公式如下:

$$贡献毛益率\,(cmR) = \frac{单位贡献毛益}{销售单价} \times 100\% = \frac{cm}{p} \times 100\%$$

或者 $\qquad = \frac{贡献毛益总额}{销售收入总额} \times 100\% = \frac{Tcm}{px} \times 100\%$

与贡献毛益率密切相关的指标是变动成本率。所谓变动成本率(用 bR 表示)是指单位变动成本除以销售单价的百分率,或以变动成本总额除以销售收入总额的百分率，两者计算结果相同。变动成本率指标反映每百元销售额中变动成本所占的金额。变动成本率的计算公式如下：

$$变动成本率（bR）=\frac{单位变动成本}{销售单价}\times100\%=\frac{b}{p}\times100\%$$

或者

$$=\frac{变动成本总额}{销售收入总额}\times100\%=\frac{bx}{px}\times100\%$$

由于贡献毛益率和变动成本率都是以销售收入作为100%进行计算的，两者相加之和为100%，所以它们之间的关系属于互补性质，可用公式表示：

$$贡献毛益率（cmR）+变动成本率（bR）=1$$

可见，变动成本率越高，贡献毛益率越低、盈利能力越小；反之，变动成本率越低，贡献毛益率越高，盈利能力越强。对企业的经营决策来说，贡献毛益率或变动成本率，是具有重要作用的导向性指标。

【例3-7】 仍以前面本量利分析基本公式的〖例3-1〗资料为例，则甲产品销售12 000件时的贡献毛益率和变动成本率可计算如下：

$$甲产品的贡献毛益率（cmR）=\frac{单位贡献毛益（cm）}{销售单价（p）}\times100\%=\frac{4}{10}\times100\%=40\%$$

或

$$=\frac{贡献毛益总额（Tcm）}{销售收入总额（px）}\times100\%$$

$$=\frac{(10-6)\times12\ 000}{10\times12\ 000}\times100\%=40\%$$

$$变动成本率（bR）=\frac{单位变动成本（b）}{销售单价（p）}\times100\%=\frac{6}{10}\times100\%=60\%$$

或

$$=\frac{变动成本总额（bx）}{销售收入总额（px）}\times100\%=\frac{6\times12\ 000}{10\times12\ 000}\times100\%=60\%$$

第三节 经营杠杆

一、经营杠杆的含义与意义

根据成本性态分析的原理我们可知，在一定业务量的相关范围内，业务量的增加一般不会改变固定成本总额，但会降低单位固定成本，从而提高单位产品的利润，使利润增长率大于业务量增长率。反之，业务量的减少会提高单位固定成本，从而降低单位产品的利润，使利润下降率也大于业务量下降率。只有当企业不存在固定成本时，即所有成本都是变动的，那么贡献毛益总额正好等于利润，这时的利润变动率就等于业务量变动率。但实际上，由于一般企业都存在固定成本，因此这种利润与业务量同步增减的现象是不可能发生的。因此，在经济生活中，由于企业存在固定成本而出现的主要在销售上有较小幅度变动就会引起利润上有较大幅度变动（即利润变动率大于业务量变动率）的现象，在管理会计中就被称为经营杠杆（Operating Leverage）。经营杠杆能反映企业经营的风险，并帮助管理部门进行科学的预测分析和决策分析，因而它也是本量利分析中另一个重要概念。

二、经营杠杆率的计算

为了便于对经营杠杆进行定量分析，管理会计把利润变动率相当于业务量变动率的倍数，叫作经营杠杆率（the Degree of Operating Leverage，DOL），其计算公式如下：

$$经营杠杆率（DOL）=\frac{利润变动率}{业务量变动率}=\frac{\Delta P/P}{\Delta S/S}$$

式中：ΔP——计划期利润与基期利润的差额；P——基期利润；ΔS——计划期业务量与基期业务量的差额；S——基期业务量。

为了便于实际工作的计算和预测分析，通常将上述公式进一步推导转化为下列公式：

$$经营杠杆率（DOL）=\frac{基期贡献毛益总额}{基期利润}=\frac{Tcm}{P}$$

现举例说明经营杠杆率的计算方法。

【例 3 – 8】 某公司只产销一种产品，且产销平衡，该产品基期产销量为 20 000 件，单位销售价格 5 元，单位变动成本 3 元，固定成本总额为 20 000 元；计划期该产品产销量为 22 000 件，其他条件不变。有关的计算如表 3 – 1 所示。

表 3 – 1

项 目	基 期	计划期	变动额	变动率
销售额	100 000	110 000	+10 000	+10%
变动成本	60 000	66 000	+6 000	+10%
贡献毛益	40 000	44 000	+4 000	+10%
固定成本	20 000	20 000	0	0
利润	20 000	24 000	+4 000	+20%

$$\text{DOL} = \frac{\Delta P/P}{\Delta S/S} = \frac{4\ 000/20\ 000}{10\ 000/100\ 000} = 2\ (倍)$$

或：$$\text{DOL} = \frac{Tcm}{P} = \frac{40\ 000}{20\ 000} = 2\ (倍)$$

三、经营杠杆率的用途

在管理会计中，经营杠杆率主要有以下三个方面的用途。

(一) 反映企业经营风险

尽管市场需求和成本等因素的不确定性是引起企业经营风险的主要原因，而经营杠杆本身并不是利润不稳定的根源。但是，由于利润变动率＝产销量变动率×经营杠杆率。如果企业的 DOL 增加，就意味着该企业在销售量增加时，利润将以 DOL 倍数的幅度增加；反之，当销售量减少时，利润又将以 DOL 倍数的幅度减少。由此可见，经营杠杆率扩大了市场和生产等不确定因素对利润变动的影响，经营杠杆率越大，利润变动越剧烈，企业的经营风险就越大。于是影响经营杠杆率的因素，也就成为影响企业经营风险的因素。可见，经营杠杆率的变动能反映企业经营风险的大小。

影响经营杠杆率的因素主要有固定成本总额和销售量两种。

1. 固定成本总额对经营杠杆率的影响。

从公式

$$\text{DOL} = \frac{Tcm}{P} = \frac{P+a}{P} = 1 + \frac{a}{P}$$

可以看出，只要企业有固定成本 a 存在，经营杠杆率 DOL 就总是大于1，并且 DOL 随着固定成本总额 a 的变动而同方向变动。当利润水平给定时，固定成本越大，经营杠杆率就越大；反之亦然。就〖例 3-8〗来说，如果该公司的固定成本总额由基期 20 000 元降为 10 000 元或升为 30 000 元，则经营杠杆率也会由 2 倍随之降为 $\frac{4}{3}$ 倍或上升为 4 倍。即：

当 $a = 10\ 000$ 元时，$\text{DOL} = \dfrac{40\ 000}{40\ 000 - 10\ 000} = \dfrac{4}{3}$（倍）

当 $a = 30\ 000$ 元时，$\text{DOL} = \dfrac{40\ 000}{40\ 000 - 30\ 000} = 4$（倍）

可见，因此在可实现的销售量的相关范围内降低固定成本总额，不仅可以提高等额利润，而且能够降低企业的经营风险。

2. 产销量对经营杠杆率的影响。

从公式

$$\text{DOL} = \frac{Tcm}{P} = \frac{cm \cdot x}{cm \cdot x - a} = \frac{1}{1 - \dfrac{a}{cm \cdot x}}$$

可以看出，DOL 随着产销量 x 的变动而反方向变动，即当一定相关范围内的固定成本相对稳定时，销售量增加会使经营杠杆率下降，从而使经营风险降低；反之亦然。就〖例 3-8〗来说，当该公司的销售额由基期 100 000 元上升为计划期 110 000 元时，经营杠杆率就由基期的 2 倍下降为计划期 1.83 倍，即：

$$\text{计划期 DOL} = \frac{\text{计划期 } Tcm}{\text{计划期 } P} = \frac{44\,000}{24\,000} = 1.83 \text{（倍）}$$

相反地，如果该公司计划期的销售额由基期 100 000 元下降为 60 000 元，计划期的变动成本总额应为 36 000 元（按原变动成本率 60%），固定成本总额仍为 20 000 元，计划期的贡献毛益总额则为 24 000 元，利润为 4 000 元。此时有：

$$\text{计划期 DOL} = \frac{\text{计划期 } Tcm}{\text{计划期 } P} = \frac{24\,000}{4\,000} = 6 \text{（倍）}$$

以上两种情况充分证明了销售额上升使经营杠杆率下降，经营风险也降低；销售额下降使经营杠杆率上升，从而使经营风险增大。由此可见，充分利用现有生产能力增加产销量，不仅可以增加利润，还可以降低企业的经营风险。

（二）帮助管理者进行预测分析

应用经营杠杆的基本原理，可根据产销量计划增减率，预测计划期的利润，也可以根据计划期的目标利润，测算计划期应达到的产销量增减率。

按经营杠杆率预测计划期利润，其计算公式如下：

$$\text{计划期利润} = \text{基期利润} \times (1 + \text{销售量变动率} \times \text{经营杠杆率})$$

即

$$P' = P(1 + R \cdot \text{DOL})$$

仍依〖例 3-8〗，当该公司的计划期销售量预计增加 30%（即 $R = 30\%$），则计划期利润将是：

$$\text{计划期利润 } P' = \text{基期利润 } P \times (1 + \text{销售量变动率 } R \times \text{经营杠杆率 DOL})$$
$$= 20\,000 \times (1 + 30\% \times 2) = 32\,000 \text{（元）}$$

相反地，如果利用经营杠杆率预测实现目标利润应该达到的销售量变动率时，其计算公式可由上述公式推导得：

$$R = \frac{P' - P}{P} \times \frac{1}{\text{DOL}}$$

即

$$\text{销售量变动率} = \frac{\text{计划期目标利润} - \text{基期利润}}{\text{基期利润}} \times \frac{1}{\text{经营杠杆率}}$$

$$= \text{利润变动率} \times \frac{1}{\text{经营杠杆率}}$$

以〚例 3-8〛来看，当该公司要求计划期目标利润达到 30 000 元（或计划期利润增长 50%）时，则销售量的变动率应为：

$$R = \frac{P' - P}{P} \times \frac{1}{\text{DOL}} = \frac{30\,000 - 20\,000}{20\,000} \times \frac{1}{2} = 25\%$$

或

$$R = \frac{50\%}{2} = 25\%$$

（三）有助于管理者作出正确的经营决策

应用经营杠杆的基本原理，还能帮助企业管理当局作出正确的经营决策。例如，企业引进新设备、采用先进工艺技术等，虽然能够增加花色品种，提高产品的产量和质量，降低单位变动成本，提高贡献毛益率，但会使固定成本总额增加，经营杠杆率增高。因此，只有在该产品处于成长或成熟的发展阶段，市场上能够畅销，销售额呈持续增长的情况下，才宜作出引进新设备、采用先进技术的决策，并随着产销量的增加，可以充分发挥较强的经营杠杆效应，使利润迅速增长。若该产品在市场上已达到或接近饱和阶段，或者市场疲软，销售量不能保持持续增长的势头，甚至还会出现下降趋势时，对于引进新设备、采用先进技术，则应持慎重态度。因为经营杠杆率提高，风险也随之增大；若市场销售量略有下降，将会面临利润大幅度滑坡的风险。

又如，通过降价扩大销售来增加利润，本是企业为了对付竞争而经常采用的营销策略之一，但其效果对不同类型的企业却并不相同。对于技术密集型企业，固定成本总额高，单位变动成本低，经营杠杆的作用大。降价销售后，单位产品利润虽有所降低，但由于销售量的增长，仍可使企业的营业利润大幅度提高。可是，对于劳动密集型的企业来说，单位变动成本高，固定成本总额低，经营杠杆的作用小，采用降价销售，往往不能大幅度提高企业的利润，甚至还会使利润下降。

第四节 保本点分析

一、保本点的含义与意义

"保本点"（Break-even Point, BEP）是企业在这一点上正好处于不盈不亏的状态，也就是"所得"等于"所费"，或"销售收入"等于"销售成本"。也可称为"盈亏临界点"、"损益平衡点"、"够本点"等。

"保本点"在管理会计中是一个十分重要的概念，因为保本是获利的基础，任何一个企业为了预测利润，从而把目标利润确定下来，首先要预测保本点，超过保本点再扩大销售量或增加销售额才谈得上获得利润。第二章中有关成本性态的分析，把企业的全部成本分为固定成本和变动成本两个组成部分，并假定成本、数量、利润存在着函数关系，这就为企业进行保本点的预测分析提供了条件。

二、保本点的表现形式

保本点有两种表现形式：一种是用实物数量表现，称为保本销售量（BE_u），即销售多少数量产品才能够保本，简称"保本量"；另一种是用货币金额来表现，称为保本销售额（BE_d），即销售多少金额的产品才能够保本，简称"保本额"。

三、单一品种产品的保本点分析

如企业产销单一产品，其保本点的测算通常可采用以下三种具体方法：

（一）本量利分析法

第二章中我们已经说明了本量利三者之间的数量关系，揭示了本量利关系的基本公式，即：

$$px - (a + bx) = P$$

式中：p——销售单价；x——销售量；a——固定成本总额；b——单位变动成本；P——利润。

根据上述本量利公式预测保本点，只需假设利润为零，利润为零时企业刚好处于不盈不亏状态，因此设 $P = 0$ 时，上述公式可改写为：

$$px - (a + bx) = 0$$

解该方程式，可求得：

$$x = \frac{a}{p - b}$$

必须指出，上面求得的 x 是有特定含义的，是在利润为零条件下的销售量，即保本销售量（BE_u）。因此，采用本量利分析基本公式确定的保本点为：

$$\text{保本销售量}(BE_u) = \frac{\text{固定成本总额}(a)}{\text{销售单价}(p) - \text{单位变动成本}(b)}$$

$$\text{保本销售额}(BE_d) = \text{销售单价}(p) \times \text{保本销售量}(x)$$

【例3-9】 设华都工厂生产一种产品,该产品每件售价为5元,单位产品变动成本为3元,全厂固定成本总额为5 000元。将有关数据代入上述求保本点的公式:

$$\text{保本销售量}(x) = \frac{a}{p-b} = \frac{5\,000}{5-3} = 2\,500 \text{(件)}$$

$$\text{保本销售额}(px) = 5 \times 2\,500 = 12\,500 \text{(元)}$$

(二)贡献毛益分析法

根据上两章介绍的贡献毛益的实质,即产品提供的贡献毛益不是企业的营业净利,它首先要用来补偿固定成本,如补偿后尚有多余,才能为企业提供净利;反之,若贡献毛益不够补偿固定成本,则会发生亏损。因此,只有当贡献毛益总额等于固定成本总额时,企业才正好处于保本状态。用公式表示如下:

$$\text{贡献毛益总额} = \text{固定成本总额}$$
$$Tcm = a$$
$$cm \cdot x = a$$

式中:cm——单位贡献毛益;Tcm——贡献毛益总额;x——销售量;a——固定成本总额。

因此,

$$\text{保本销售量}(BE_u) = \frac{\text{固定成本总额}}{\text{单位贡献毛益}} = \frac{a}{cm}$$

$$\text{保本销售额}(BE_d) = \frac{\text{固定成本总额}}{\text{贡献毛益率}} = \frac{a}{cm} \cdot p = \frac{a}{\frac{cm}{p}} = \frac{a}{cmR}$$

【例3-10】 依【例3-9】,采用贡献毛益分析法可预测保本点如下:

首先,计算单位贡献毛益(cm)和贡献毛益率(cmR):

$$cm = p - b = 5 - 3 = 2 \text{(元)}$$

$$cmR = \frac{cm}{p} = \frac{2}{5} = 40\%$$

其次,将有关数据代入上述方程式:

$$\text{保本销售量}(BE_u) = \frac{a}{cm} = \frac{5\,000}{2} = 2\,500 \text{(件)}$$

$$\text{保本销售额}(BE_d) = \frac{a}{cmR} = \frac{5\,000}{40\%} = 12\,500 \text{(元)}$$

上述公式计算表明，贡献毛益分析法只不过是公式法以不同的形式加以反映。但是，必须指出，贡献毛益分析法比本量利分析法更为优越，它可以适用于企业同时生产并销售多种产品条件下的保本点预测，而这时本量利分析法就无能为力了。因为产销多种产品时，不同产品由于贡献毛益率各有所异，整个企业的综合保本点只能以货币金额表示，不能用实物量来表示，而且综合保本销售额同产品结构（各产品的销售量在全部产品总销售量中所占的比重）有着直接的联系。因此，只有采用贡献毛益分析法先求出各种产品加权的贡献毛益率合计，然后计算企业全部产品的综合保本销售额，最后再计算出各种产品的保本销售额。

（三）图示法

预测保本点，除以上两种方法外，还可根据有关资料，采用绘制保本图（Break-Even Chart）的方式进行。

保本图实际上就是围绕保本点，将影响企业盈利的有关因素及其相互关系，集中在一张图上，形象而具体地体现出来。通过保本图，可以一目了然地看到有关因素的变动对利润发生怎样的影响，有助于决策者在经营管理工作中提高预见性和主动性。保本图虽具有直观、简明的优点，但因为它依靠目测绘制而成，所以不可能十分准确，通常应与其他方法结合应用。

保本图可根据不同目的及所掌握的不同资料而绘制成不同形式的图形。通常有传统式、贡献毛益式、量利式三种。

1. 传统式保本图。传统式保本图的制作方法如下：

一般以横轴表示销售量，纵轴表示销售收入和成本的金额，在图上画出反映销售总收入、销售总成本递增情况的两条直线，这两条直线的交点就是保本点。

现以〖例3–9〗所给出的资料，绘制传统式保本图如图3–1所示。

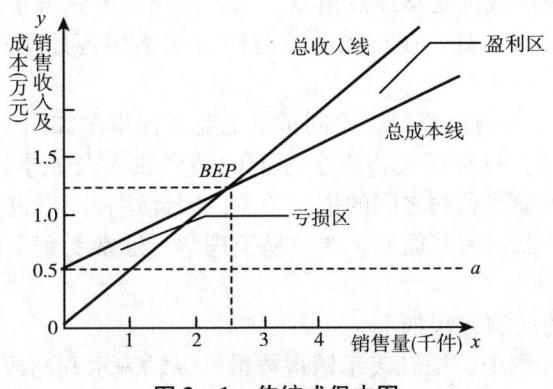

图3–1 传统式保本图

图 3-1 表示，总收入线与总成本线相交的地方就是保本点，它向横轴画垂直线截于 2 500 件，即表示保本销售量为 2 500 件；向纵轴相截于 12 500 元处，即表示保本销售额为 12 500 元。在保本点左下角，介于总收入线与总成本线之间的是亏损区；在保本点右上角，介于总收入线与总成本线之间的是盈利区。从总收入线上任何一点向横轴画一条垂直线，在盈利区被总收入线和总成本线所截的一段，即为该点销售量的利润数额；反之，如在亏损区被两线所截的一段，即为该点销售量的亏损数额。

综上所述，可见图示法不仅能与前两种方法获得同样结果，而且还把成本、销售量与利润之间的依存关系描绘得更为直观、生动。另外，通过保本图还可以帮助我们认识有关因素相互之间的一些规律性联系。

（1）若保本点不变，销售量超过保本点一个单位，即获得一个单位贡献毛益的盈利，销售量越大，能实现的盈利额就越多；反之，销售量低于保本点一个单位，即亏损一个单位贡献毛益，销售量越小，亏损额越大。

（2）若销售量不变，保本点越高，盈利区域就要缩小，亏损区域就要扩大，表示能实现的盈利越小；反之亦然。

（3）若在销售收入既定的情况下，保本点的高低取决于单位变动成本和固定成本总额的多寡。若单位变动成本或固定成本总额越小，保本点也就越低，盈利区域越大；反之，保本点越高，盈利区域越小。

明确上述规律性联系，有助于企业管理当局根据各因素的变化有预见性地采取相应措施，实现扭亏为盈的目标。

2. 贡献毛益式保本图。这种图式可以使人直观地了解贡献毛益的数值，其特点是将总成本置于变动成本线之上，总成本线是一条平行于变动成本线的直线，在该图上能直观地反映贡献毛益、固定成本及利润之间的关系。绘制贡献毛益式保本图时，销售收入线与变动成本线都是从原点出发，二者均与业务量成正比例变化，两条线之间的垂直距离就是贡献毛益，在贡献毛益与固定成本相等处所对应的业务量就是保本点。

现以〖例 3-9〗所给出资料，绘制贡献毛益式保本图如图 3-2 所示。

3. 量利式保本图。这种图式将纵坐标上的销售收入及成本因素均省略，使整个图形仅仅反映销售数量与利润之间的依存关系，因此这种图形也被称为利润图。利润图是一种简化的保本图，因其简明扼要，易于理解，通常受到企业高层管理部门人员的欢迎。

量利式保本图的绘制方法如下：
（1）在直角坐标图中，横轴表示销售数量，纵轴表示利润或亏损；
（2）在纵轴利润等于零的点上画一条水平线，代表损益平衡线；
（3）在纵轴上标上固定成本总额点，该点即为销售量为零时的亏损数；

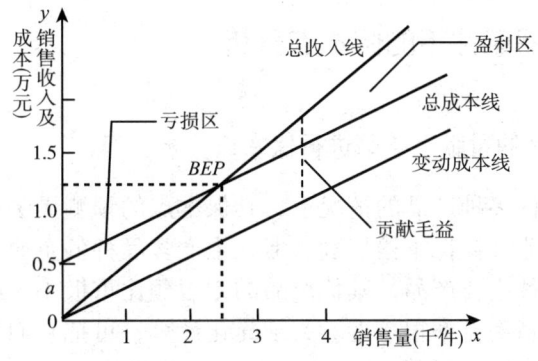

图 3-2 贡献毛益式保本图

（4）在横轴上任取一整数销售量，然后计算在该销售量水平下的损益数，并依此在坐标图中再确定一点，连接该点与固定成本总额点，即可画出利润线；

（5）利润线与损益平衡线的交点即为保本点。

现以〖例 3-9〗所给出资料，绘制量利式保本图如图 3-3 所示。

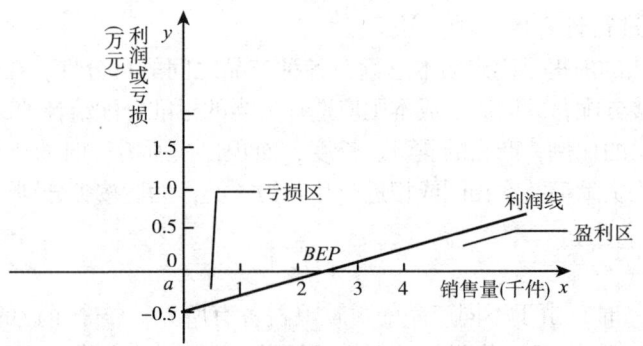

图 3-3 量利式保本图

从图 3-3 中可以看到以下规律性关系：

（1）当销售量为零时，企业的亏损额等于固定成本总额。

（2）当产品的销售价格及成本水平不变时，销售数量越大，利润就越多，或亏损越小；反之，销售数量越小，利润也越少，或亏损越多。

四、多品种产品条件下的保本点分析

（一）按主要产品的贡献毛益率进行保本点分析

当企业生产和销售多种产品的情况下，其保本点的预测无法用实物量表现，而只能用金额来反映，只能计算保本销售额。但在生产多品种的企业中，如果该企业生产的各种产品，只有一种主要产品，其他产品的销售额比重极小，或其他产品的贡献毛益率与主要产品的贡献毛益率很接近。为了简化计算，可把它们视同单一产品，并按主要产品的贡献毛益率进行预测。

采用这种方法进行预测，可能会出现一些误差，但只要我们事先掌握误差的方向和大致的幅度，适当加以调整，则该方法不失为一种简便的方法。

（二）分算法

分算法是指先将固定成本总额分配给各种产品，然后每种产品分别按单一产品保本点的计算方法进行计算的一种方法。

采用这种方法的前提是固定成本总额在各种产品之间的可分性。在分配固定成本时，专属固定成本直接分配，共同固定成本则应选择适当的标准分配给各种产品（例如，可采用销售额或销售量的比例，产品的质量、长度、面积，或所需工时的比例等）。若产品种类过多，则可先将贡献毛益率相同或相近产品归为一类，然后按类分别计算。

（三）加权平均法

产销多种产品时，由于不同产品的贡献毛益各有所异，整个企业的综合保本点只能以货币金额表示，不能用实物量来表示，而且综合保本点销售额同产品的品种结构（各产品的销售额在全部产品总销售额中所占的比重）有着直接的联系。因此，只有采用贡献毛益分析法先求出各种产品加权的贡献毛益率合计，然后计算企业全部产品的综合保本销售额，最后再算出各种产品的保本销售额，其计算步骤与计算公式如下：

（1）预计全部产品总销售额 = $\sum$（各种产品销售单价 × 各种产品预计销售量）

（2）各种产品的销售比重 = $\dfrac{\text{各种产品销售额}}{\text{全部产品总销售额}}$

（3）加权贡献毛益率合计 = $\sum$（各种产品贡献毛益率 × 各种产品销售比重）

（4）综合保本销售额 = $\dfrac{\text{固定成本}}{\text{各种产品加权贡献毛益率合计}}$

（5）各种产品保本销售额 = 综合保本销售额 × 各种产品销售比重

在实际工作中，加权平均法是预测多种产品保本点最常用的方法。

【例 3-11】 环宇公司在计划期内生产和销售甲、乙、丙三种产品，其固定成本总额为 20 160 元。三种产品产销平衡，其销售量、销售单价及单位变动成本的有关资料如表 3-2 所示。

表 3-2

项 目	甲产品	乙产品	丙产品
销售单价（元）	1 000	1 250	3 000
单位变动成本（元）	600	700	2 100
销售量（台）	20	40	60

求环宇公司甲、乙、丙三种产品的保本销售额各为多少？

（1）根据上述资料，确定各种产品的加权贡献毛益率，并编制表 3-3。

表 3-3　　　　　　　　各种产品加权贡献毛益率计算表

摘 要	甲产品	乙产品	丙产品	合计
①销售量	20	40	60	
②销售单价	1 000	1 250	3 000	
③单位变动成本	600	700	2 100	
④单位贡献毛益（②-③）	400	550	900	
⑤贡献毛益率（④÷②）	40%	44%	30%	
⑥销售收入总额（②×①）	20 000	50 000	180 000	250 000
⑦各种产品销售额占全部产品销售额比重（⑥行甲、乙、丙÷合计）	8%	20%	72%	100%
⑧加权贡献毛益率（⑤×⑦）	3.2%	8.8%	21.6%	33.6%

（2）计算企业全部产品的综合保本销售额。

$$综合保本销售额 = \frac{固定成本}{各种产品加权贡献毛益率合计} = \frac{20\ 160}{33.6\%} = 60\ 000（元）$$

（3）把综合保本销售额分解为各产品的保本销售额：

甲产品保本销售额 = 60 000 × 8% = 4 800（元）

乙产品保本销售额 = 60 000 × 20% = 12 000（元）

丙产品保本销售额 = 60 000 × 72% = 43 200（元）

（四）贡献毛益分解法

企业的贡献毛益总额首先用来弥补固定成本，如贡献毛益总额正好等于固定成本总额，那就是保本；若它弥补固定成本后还有多余，才能为企业创利。贡献毛益率的情况同样也是如此，它实质上也包含两个部分：一部分是用来补偿固定成本的，可称之为"贡献毛益保本率"；另一部分是用来创利的，可称之为"贡献毛益创利率"。它们的计算公式如下：

$$贡献毛益保本率 = \frac{固定成本总额}{各种产品贡献毛益总额} = \frac{a}{\sum Tcm}$$

$$贡献毛益创利率 = 1 - 贡献毛益保本率$$

在实际工作中，我们可以利用贡献毛益保本率来预测多种产品的保本销售额，其计算步骤与计算公式如下：

$$综合保本销售额 = 全部产品的销售总额 \times 贡献毛益保本率$$
$$各种产品的保本销售额 = 各该产品的销售额 \times 贡献毛益保本率$$

另外，如果要预测计划期内各种产品按预计销售量出售时，将实现多少利润，则可应用贡献毛益创利率。其计算公式如下：

$$预计全部产品销售实现利润 = 全部产品贡献毛益总额 \times 贡献毛益创利率$$
$$预计各种产品销售实现利润 = 各该产品的贡献毛益总额 \times 贡献毛益创利率$$

【例 3 - 12】 根据〖例 3 - 11〗中有关环宇公司甲、乙、丙三种产品的资料，采用贡献毛益率分解法来预测综合保本销售额及甲、乙、丙三种产品的保本销售额各为多少？若这三种产品在计划期间按预计产量销售，则企业实现的总利润及每种产品所实现的利润各为多少？

（1）计算该公司的贡献毛益保本率和贡献毛益创利率：

$$贡献毛益保本率 = \frac{a}{\sum Tcm} \times 100\%$$

$$= \frac{20\ 160}{400 \times 20 + 550 \times 40 + 900 \times 60} \times 100\% = 24\%$$

贡献毛益创利率 = 1 - 贡献毛益保本率 = 1 - 24% = 76%

（2）利用贡献毛益保本率的数据来预测保本销售额：

$$综合保本销售额 = \sum px \cdot 贡献毛益保本率$$

$$= 250\ 000 \times 24\% = 60\ 000（元）$$

甲产品保本销售额 = 20 000 × 24% = 4 800（元）

乙产品保本销售额 = 50 000 × 24% = 12 000 （元）
丙产品保本销售额 = 180 000 × 24% = 43 200 （元）
（3）利用贡献毛益创利率的数据来预测计划期将实现的利润：

预计全部产品销售实现的利润 = $\sum Tcm$ × 贡献毛益创利率
$$= (400 \times 20 + 550 \times 40 + 900 \times 60) \times 76\%$$
$$= 63\ 840\ （元）$$

预计甲产品销售实现的利润 = 400 × 20 × 76% = 6 080 （元）
预计乙产品销售实现的利润 = 550 × 40 × 76% = 16 720 （元）
预计丙产品销售实现的利润 = 900 × 60 × 76% = 41 040 （元）

五、安全边际的意义及其计算

安全边际（margin of safety）是指实际或预计销售量（或销售额）超过保本销售量（销售额）的差额，该指标表示实际或预计销售量（额）距离保本点的差距。很显然，差距越大，即安全边际数额越大，说明企业的经营也就越安全。

由于保本点有两种表现形式，所以安全边际同样也有两种表示形式：一是用实物数量表现，称为安全边际量（MS_u）；另一种是用货币金额来表现，称为安全边际额（MS_d）。计算公式如下：

安全边际量（MS_u）= 实际或预计销售量（S_u）- 保本销售量（BE_u）
安全边际额（MS_d）= 实际或预计销售额（S_d）- 保本销售额（BE_d）

这种企业的安全程度，还可以用安全边际率（MSR）来表示。

$$安全边际率（MSR）= \frac{安全边际额（量）}{实际（或预计）销售额（量）} \times 100\%$$

可见，安全边际率越高，企业经营越安全。安全边际率为相对数指标，便于不同企业之间进行比较。

【例3-13】 仍依〖例3-9〗资料，假定华都工厂产品的实际销售量为5 000件（或实际销售额为25 000元），则：

安全边际量 = 实际销售量 - 保本销售量 = 5 000 - 2 500 = 2 500 （件）

$$安全边际率 = \frac{安全边际额（量）}{实际（或预计）销售额（量）} \times 100\% = \frac{12\ 500}{25\ 000} \times 100\% = 50\%$$

采用安全边际率评价企业的经营安全程度，在西方一般的标准（经验数据）如表3-4所示。

表 3 – 4

安全边际率	30% 以上	25% ~ 30%	15% ~ 25%	10% ~ 15%	10% 以下
经营安全程度	安全	较安全	不太安全	值得警惕	危险

此外，还有一个相关的指标，即达到保本点的开工率。它是指某产品的开工率要达到什么程度才能保本。其计算公式为：

$$达到保本点的开工率 = \frac{保本销售量}{正常开工的销售量} \times 100\%$$

【例 3 – 14】 仍以〖例 3 – 9〗资料，若华都工厂在正常开工情况下的产品销售量为 7 500 件，则其：

$$达到保本点的开工率 = \frac{2\,500}{7\,500} \times 100\% \approx 33.33\%$$

该项指标说明华都工厂的开工率至少要达到 33.33% 才能保本；若开工超过 33.33% 以上就能实现利润；相反，开工率不到 33.33%，就会发生亏损。

此外，我们还需要弄清楚安全边际率与保本点、销售利润率、经营杠杆率等指标之间的关系。

1. 安全边际率与保本点的关系。由前面的内容可知，安全边际率是实际（或预计）的销售量超过保本点业务量的差额，因此，可推导出安全边际率与保本点的如下关系：

$$保本销售量（BE_u）= 实际（或预计）销售量 \times (1 - 安全边际率)$$
$$= S_u \cdot (1 - MSR)$$
$$保本销售额（BE_d）= 实际（或预计）销售额 \times (1 - 安全边际率)$$
$$= S_d \cdot (1 - MSR)$$

2. 安全边际率与销售利润率的关系。由于只有超过保本点的销售量（即安全边际）才能为企业提供利润。因此，

$$销售利润率 = 贡献毛益率 \times 安全边际率$$

可见，销售利润的高低是由贡献毛益率和安全边际率共同决定的，贡献毛益率与安全边际率都高的企业，必然有着较强的盈利能力；反之亦然。

3. 安全边际率与经营杠杆率的关系。根据前面保本点的相关内容可知，若产品销售超过保本点 1 个单位的业务量，即可获得一个单位贡献毛益的盈利，用公式表示即为：

所以：

$$利润（P）= (实际销售量 - 保本销售量) \times 单位贡献毛益$$
$$= 安全边际量（MS_u）\times 单位贡献毛益（cm）$$

或者 利润（P）=（实际销售额－保本销售额）×贡献毛益率
$$= 安全边际额（MS_d）× 贡献毛益率（cmR）$$

所以 经营杠杆率（DOL）$= \dfrac{贡献毛益总额（Tcm）}{利润（P）} = \dfrac{Tcm}{MS_d \cdot cmR}$

$$= \dfrac{Tcm}{MS_d \cdot \dfrac{Tcm}{px}} = \dfrac{1}{MS_d \cdot \dfrac{Tcm}{px} \cdot \dfrac{1}{Tcm}}$$

$$= \dfrac{1}{MS_d \cdot \dfrac{1}{S_d}} = \dfrac{1}{MSR}$$

可见，经营杠杆率（DOL）与安全边际率（MSR）存在着倒数关系，即企业的经营杠杆率越高，则安全边际率越低，企业的经营风险越大；反之，企业的经营杠杆率越低，则安全边际率越高，企业的经营风险越小。其原因主要是经营杠杆率高的企业，对销售的敏感性大，销售的轻微变动都会导致利润的正向或反向的大幅变动，因此经营风险比较大；而经营杠杆率低的企业，对销售的敏感性小，虽然增加利润的潜力小，但是当销售下降时，其利润大幅下降的风险也较小，所以较为安全。

第五节　利润预测

一、利润预测的意义

利润是企业在一定会计期间进行经营活动的结果，是一项综合性很强的经济指标，企业在一定时期内所有经营运转活动结果的好坏都将体现在该指标上，企业也只有取得利润才能得以生存、发展。因此，企业一定时期内的经营目标往往表现为企业的利润目标，企业应当对利润进行合理的规划和科学的预测，从而更好地实现企业的经营目标。

利润预测是按照企业经营目标的要求，通过对影响利润的各项因素的综合分析，对未来一定时间内可能达到的利润水平和利润的变化趋势所进行的预计和推测。企业通过利润预测来确定未来的经营与发展方向，选择实现未来经营目标的有效途径。

二、目标利润预测

目标利润是企业在未来一定时期内，在利润方面应当达到的目标，是企业管理部门根据本单位在计划期间的实际生产能力、生产技术条件、材料物资供应情况，以及市场预测等因素而提出来的经营成果目标。目标利润预测一般使用的方法有以下几种：

(一) 应用本量利分析的基本公式预测目标利润

按照本量利分析的基本公式来预测目标利润,即:

$$预计利润(P') = (销售单价 \times 销售量)$$
$$- [固定成本总额 + (单位变动成本 \times 销售量)]$$
$$= px - (a + bx)$$

【例 3-15】 企业生产销售 A 产品,销售单价为 50 元,单位变动成本为 30 元,固定成本总额为 2 000 元。本年度的销售量为 500 件,估计明年的销售量将增加为 600 件。确定明年的利润。

根据本量利分析的基本公式,明年的利润为:

$$预计利润 (P') = (销售单价 \times 销售量)$$
$$- [固定成本总额 + (单位变动成本 \times 销售量)]$$
$$= px - (a + bx)$$
$$= (50 \times 600) - [2\,000 + (30 \times 600)]$$
$$= 10\,000 \text{ (元)}$$

(二) 应用贡献毛益的基本概念预测目标利润

根据贡献毛益的基本概念来预测目标利润,可以采用以下公式:

(1) 预计利润 (P') = 贡献毛益总额 - 固定成本总额
$$= (销售单价 \times 销售量 - 单位变动成本 \times 销售量)$$
$$- 固定成本总额$$
$$= (px - bx) - a = Tcm - a$$

(2) 预计利润 (P') = 贡献毛益总额 - 固定成本总额
$$= (单位贡献毛益 \times 销售量) - 固定成本总额$$
$$= cm \cdot x - a$$

(3) 预计利润 (P') = 贡献毛益总额 - 固定成本总额
$$= (销售单价 \times 销售量) \times 贡献毛益率 - 固定成本总额$$
$$= px \cdot cmR - a$$

(4) 预计利润 (P') = 贡献毛益总额 × 贡献毛益创利率
$$= 贡献毛益总额 \times (1 - 贡献毛益保本率)$$
$$= Tcm \cdot \left(1 - \frac{a}{Tcm}\right)$$

承〖例 3-15〗,根据贡献毛益的基本概念,明年的利润为:

(1) 预计利润 (P') = 贡献毛益总额 - 固定成本总额
$$= (销售单价 \times 销售量 - 单位变动成本 \times 销售量)$$

$$-\text{固定成本总额}$$
$$=(50\times600-30\times600)-2\ 000$$
$$=10\ 000\ (元)$$

或：

(2) 预计利润（P'）= 贡献毛益总额 − 固定成本总额
$$=\text{单位贡献毛益}\times\text{销售量}-\text{固定成本总额}$$
$$=(50-30)\times600-2\ 000$$
$$=10\ 000\ (元)$$

或：

(3) 预计利润（P'）= 贡献毛益总额 − 固定成本总额
$$=\text{销售单价}\times\text{销售量}\times\text{贡献毛益率}-\text{固定成本总额}$$
$$=50\times600\times\frac{20}{50}\times100\%-2\ 000$$
$$=10\ 000\ (元)$$

或：

(4) 预计利润（P'）= 贡献毛益总额 × 贡献毛益创利率
$$=\text{贡献毛益总额}\times(1-\text{贡献毛益保本率})$$
$$=20\times600\times[1-2\ 000/(20\times600)]=10\ 000\ (元)$$

(三) 应用经营杠杆的基本概念预测目标利润

应用经营杠杆的基本概念来预测目标利润，其公式为：

$$\text{预计利润}（P'）=\text{基期利润}\times(1+\text{销售增长率}\times\text{经营杠杆率})$$

即
$$=P\cdot(1+R\cdot DOL)$$

承〖例 3 − 15〗，应用经营杠杆来预测目标利润，相应数据为：

基期利润 = $20\times500-2\ 000=8\ 000$（元）

销售增长率 = $\dfrac{600-500}{500}=20\%$

经营杠杆率 = $\dfrac{20\times500}{20\times500-2\ 000}=1.25$

预计利润（P'）= 基期利润 × (1 + 销售增长率 × 经营杠杆率)
$$=8\ 000\times(1+20\%\times1.25)$$
$$=10\ 000\ (元)$$

(四) 应用安全边际的基本概念预测目标利润

应用安全边际的基本概念预测目标利润，可以使用以下公式：

预计利润 $(P') = $ 安全边际量 × 单位贡献毛益 $= MS_U \cdot cm$

预计利润 $(P') = $ 安全边际额 × 贡献毛益率 $= MS_d \cdot cmR$

承〖例 3 – 15〗，应用安全边际来预测目标利润，相应数据为：

保本点销售量 $= \dfrac{2\,000}{50-30} = 100$ （件）

保本点销售额 $= 100 \times 50 = 5\,000$ （元）

安全边际量 $= 600 - 100 = 500$ （件）

安全边际额 $= 600 \times 50 - 5\,000 = 25\,000$ （元）

预计利润 $(P') = $ 安全边际量 × 单位贡献毛益
$= 500 \times 20 = 10\,000$ （元）

或：

预计利润 $(P') = $ 安全边际额 × 贡献毛益率
$= 25\,000 \times (20/50 \times 100\%) = 10\,000$ （元）

三、保利分析

保利分析，是指预测计划期间要在销售、成本等方面达到什么水平，才能保证目标利润得以实现的分析过程。使用的模型主要包括以下两个：

（一）实现税前目标利润的模型

按照本量利分析的基本公式，企业的税前利润可以表示为：

利润 $(P') = $ （销售单价 × 销售量）$-$ [固定成本总额 +（单位变动成本 × 销售量）]
$= px - (a + bx) = Tcm - a$

1. 为实现目标利润应当达到的销售水平。根据上述公式，为实现目标利润应当实现的销售水平可以表示为：

$$目标销售量 = \dfrac{固定成本总额 + 目标利润}{单位贡献毛益}$$

$$目标销售额 = \dfrac{固定成本总额 + 目标利润}{贡献毛益率}$$

【例 3 – 16】 企业销售产品 B，销售单价为 100 元，单位变动成本为 60 元，固定成本总额为 5 000 元。确定的明年的税前目标利润为 12 000 元，分析应当实现的销售水平。

$$目标销售量 = \dfrac{固定成本总额 + 目标利润}{单位贡献毛益} = \dfrac{5\,000 + 12\,000}{100 - 60} = 425 \text{（件）}$$

$$\text{目标销售额} = \frac{\text{固定成本总额} + \text{目标利润}}{\text{贡献毛益率}} = \frac{5\,000 + 12\,000}{(100 - 60)/100} = 42\,500 \text{（元）}$$

2. 为实现目标利润应当达到的销售单价水平。根据上述公式，为实现目标利润应当实现的销售单价可以表示为：

$$\text{目标销售单价} = \frac{\text{固定成本总额} + \text{单位变动成本} \times \text{销售量} + \text{目标利润}}{\text{销售量}}$$

承〖例3-16〗，企业销售产品B，销售量为500件，单位变动成本为60元，固定成本总额为5 000元。确定的明年的目标利润为12 000元，分析应当实现的销售单价水平。

$$\text{目标销售单价} = \frac{\text{固定成本总额} + \text{单位变动成本} \times \text{销售量} + \text{目标利润}}{\text{销售量}}$$

$$= \frac{5\,000 + 60 \times 500 + 12\,000}{500} = 94 \text{（元）}$$

3. 为实现目标利润应当达到的成本水平。以单位变动成本为例，企业为实现目标利润单位变动成本应当达到的水平，可以表示为：

$$\text{目标单位变动成本} = \frac{\text{销售单价} \times \text{销售量} - \text{固定成本总额} - \text{目标利润}}{\text{销售量}}$$

承〖例3-16〗，企业销售产品B，销售量为500件，单价为100元，固定成本总额为5 000元。确定的明年的目标利润为12 000元，分析单位变动成本应当达到的水平。

$$\text{目标单位变动成本} = \frac{\text{销售单价} \times \text{销售量} - \text{固定成本总额} - \text{目标利润}}{\text{销售量}}$$

$$= \frac{100 \times 500 - 5\,000 - 12\,000}{500} = 66 \text{（元）}$$

（二）实现税后目标利润的模型

由于企业的税后利润与税前利润间存在着如下关系：

$$\text{税后利润} = \text{税前利润} \times (1 - \text{税率})$$

因此

$$\text{税前利润} = \frac{\text{税后利润}}{1 - \text{税率}}$$

保利分析的上述一系列公式相应地可改写为：

1. 为实现目标税后利润应当达到的销售水平。为实现目标利润应当实现的销售水平可以表示为：

$$目标销售量 = \frac{固定成本总额 + \dfrac{目标税后利润}{1-税率}}{单位贡献毛益}$$

$$目标销售额 = \frac{固定成本总额 + \dfrac{目标税后利润}{1-税率}}{贡献毛益率}$$

承〖例 3-16〗，企业销售产品 B，销售单价为 100 元，单位变动成本为 60 元，固定成本总额为 5 000 元。确定的明年的目标税后利润为 12 000 元，税率为 40%。分析应当实现的销售水平。

$$目标销售量 = \frac{固定成本总额 + \dfrac{目标税后利润}{1-税率}}{单位贡献毛益}$$

$$= \frac{5\,000 + \dfrac{12\,000}{1-40\%}}{100-60} = 625\ （件）$$

$$目标销售额 = \frac{5\,000 + \dfrac{12\,000}{1-40\%}}{(100-60)/100} = 62\,500\ （元）$$

2. 实现目标税后利润应当达到的销售单价水平。根据上述公式，为实现目标税后利润应当实现的销售单价可以表示为：

$$目标销售单价 = \frac{固定成本总额 + 单位变动成本 \times 销售量 + \dfrac{目标税后利润}{1-税率}}{销售量}$$

3. 实现目标税后利润应当达到的成本水平。以单位变动成本为例，企业为实现目标税后利润单位变动成本应当达到的水平，可以表示为：

$$目标单位变动成本 = \frac{销售单价 \times 销售量 - 固定成本总额 - \dfrac{目标税后利润}{1-税率}}{销售量}$$

四、利润预测中的敏感性分析

影响利润的因素有许多，在现实中这些因素又经常发生变动，而不同的因素对利润的影响是不同的：有些因素增长会导致利润增长，有些因素增长却会导致利润下降；有些因素发生较小的变化，就会导致利润发生很大幅度的变化，有些因素即使发生较大幅度的变化，也不会导致利润发生大幅度的变化。利润的敏感性分析就是研究当制约利润的有关因素发生某种变化时，对利润影响程度的定量分析方法。

（一）有关因素对利润变化的影响程度

1. 各因素对利润的敏感性程度分析的假设。根据本量利分析的公式 $P=(p-b)x-a$ 可知，影响利润的因素有单价 p、单位变动成本 b、销售量 x 和固定成本总额 a。为了分析各因素对利润的敏感性程度，我们提出如下假设：

（1）各因素单独变动。为了反映特定因素对利润的敏感性程度，假设单价 p、单位变动成本 b、销售量 x 和固定成本总额 a 单独变动，相互不受影响。

（2）各因素变动幅度相同。为了比较不同因素变动对利润的影响程度，假设各因素的变动幅度相同，并假设变动幅度都为 1%，即假设单价 p、销售量 x 上升 1%，假设单位变动成本 b、固定成本总额 a 下降 1%。

2. 各因素对利润敏感性程度的度量。为了便于进行量化的分析，我们将某一因素单独变化 1% 后带来的利润变化的百分比定义为该因素的敏感系数。即：

$$某因素的敏感系数 = \frac{该因素变化 1\% 带来的利润变化额}{利润基数}$$

根据本量利分析的公式 $P=(p-b)x-a$，可以得到：

（1）单价的敏感系数（S_1）。单价是通过影响销售收入来影响利润的，且由于价格的变化带来的销售收入的变化额就是利润的变化额。如果价格变化 1%，则利润的增长额为：$px \cdot 1\%$。

因此

$$单价的敏感系数(S_1) = \frac{px \times 1\%}{利润基数(P)} = \frac{px}{P} \times 1\%$$

（2）单位变动成本的敏感系数（S_2）。单位变动成本是通过影响变动成本总额来影响利润的，且由于单位变动成本的变化带来的变动成本总额的变化额就是利润的变化额。如果单位变动成本降低 1%，则利润的增长额为：$bx \times 1\%$。

因此

$$单位变动成本的敏感系数(S_2) = \frac{bx \times 1\%}{利润基数(P)} = \frac{bx}{P} \times 1\%$$

（3）销售量的敏感系数（S_3）。销售量的变化既影响销售收入，又影响变动成本总额，因此销售量最终是通过影响贡献毛益总额来影响利润的，且由于销售量的变化带来的贡献毛益的变化额就是利润的变化额。如果销售量变化 1%，则利润的增长额为：$Tcm \times 1\%$。

因此

$$销售量的敏感系数(S_3) = \frac{Tcm \times 1\%}{利润基数(P)} = \frac{Tcm}{P} \times 1\%$$

(4) 固定成本总额的敏感系数 (S_4)。固定成本总额的变化直接带来利润的变化，固定成本总额的变化额就是利润的变化额。如果固定成本降低1%，则利润的增长额为：$a \cdot 1\%$。

因此

$$固定成本的敏感系数(S_4) = \frac{a \times 1\%}{利润基数(P)} = \frac{a}{P} \times 1\%$$

从上述各因素敏感系数的确定过程及结果可以看出，在假设企业盈利的条件下，各因素的敏感系数间存在以下关系：

(1) 单价的敏感系数最高；

(2) 单价的敏感系数与单位变动成本的敏感系数之差等于销售量的敏感系数，即 $S_1 - S_2 = S_3$；

(3) 销售量的敏感系数与固定成本的敏感系数之差等于1，即 $S_3 - S_4 = 1\%$。

【例3-17】 如果企业基期生产销售产品A，销售单价为100元，单位变动成本为60元，固定成本总额为10 000元，销售量为500件。要求确定各因素的敏感系数。

基期的利润 = $(100 - 60) \times 500 - 10\ 000 = 10\ 000$（元）

单价的敏感系数 $(S_1) = \frac{px}{P} \times 1\% = \frac{100 \times 500}{10\ 000} \times 1\% = 5\%$

单位变动成本的敏感系数 $(S_2) = \frac{bx}{P} \times 1\% = \frac{60 \times 500}{10\ 000} \times 1\% = 3\%$

销售量的敏感系数 $(S_3) = \frac{Tcm}{P} \times 1\% = \frac{(100 - 60) \times 500}{10\ 000} \times 1\% = 2\%$

固定成本的敏感系数 $(S_4) = \frac{a}{P} \times 1\% = \frac{10\ 000}{10\ 000} \times 1\% = 1\%$

从计算结果可以发现：产品A的单价上升1%，利润会上升5%；单位变动成本下降1%，利润会上升3%；销售量上升1%，利润会上升2%；固定成本下降1%，利润会上升1%。

(二) 产品结构变动对利润的影响

在生产并销售多种产品的企业中，可以在销售总额不变的条件下，通过对产品品种结构的调整来保证目标利润的实现。由于各种产品的盈利能力不同，即每种产品的贡献毛益率不同，因此，企业产品的综合贡献毛益率随着产品结构的调整而发生变化。企业产品的综合贡献毛益率的确定公式为：

$$加权贡献毛益率 = \sum (某种产品的贡献毛益率 \times 该种产品的销售比重)$$

其中，

$$某产品的销售比重 = \frac{该产品的销售额}{全部产品的总销售额}$$

【例 3-18】 企业生产并销售 A、B、C 三种产品，固定成本总额为 5 000 元，其他有关资料如表 3-5 所示。

表 3-5

项　　目	A 产品	B 产品	C 产品
产销量（件）	80	200	300
单价（元）	50	80	400
单位变动成本	30	56	75
单位贡献毛益	20	24	25
贡献毛益率（%）	40	30	25

各产品的销售额分别为：
A 产品：80 × 50 = 4 000（元）
B 产品：200 × 80 = 16 000（元）
C 产品：300 × 100 = 30 000（元）
全部产品的总销售额 = 4 000 + 16 000 + 30 000 = 50 000（元）
各产品的销售比重分别为：
A 产品：4 000 ÷ 50 000 = 0.08
B 产品：16 000 ÷ 50 000 = 0.32
C 产品：30 000 ÷ 50 000 = 0.6
加权贡献毛益率 = $\sum$（某种产品的贡献毛益率 × 该种产品的销售比重）
　　　　　　　 = 40% × 0.08 + 30% × 0.32 + 25% × 0.6
　　　　　　　 = 27.4%

如果改变三种产品的销售比重，如产品 A、B、C 的销售分别比重变为 0.2、0.5、0.3，则：
加权贡献毛益率 = $\sum$（某种产品的贡献毛益率 × 该种产品的销售比重）
　　　　　　　 = 40% × 0.2 + 30% × 0.5 + 25% × 0.3
　　　　　　　 = 30.5%

在没有调整产品结构前，企业的利润为：50 000 × 27.4% − 5 000 = 8 700（元）

在销售总额不变的情况下，企业的利润将增长为：50 000 × 30.5% − 5 000 = 10 250（元），比原来增加 1 550 元。

可见，通过改变产品结构，提高盈利能力较强的产品的销售比重，可以在销售总额不变的情况下增加企业的利润。

思考与练习题

一、思考题

1. 什么是本量利分析？其基本公式如何表达？它具有什么用途？
2. 本量利分析的基本假设包括哪些内容？
3. 什么是贡献毛益？贡献毛益的实质是什么？
4. 什么是贡献毛益率和变动成本率？两者之间的数量关系如何？
5. 什么是经营杠杆和经营杠杆率？经营杠杆率有哪些用途？
6. 什么是保本点？单一品种产品的保本点分析有哪几种计算模型？试举例说明各种模型的应用。
7. 什么是安全边际和安全边际率？计算该指标有何意义？
8. 如何开展多品种条件下的保本点分析？试举例说明多品种条件下的保本点分析方法的应用。
9. 如何进行目标利润的预测？
10. 什么是保利分析？试说出保利分析的主要内容。
11. 什么是利润的敏感性分析？试说出各因素对利润的敏感系数如何计算？

二、练习题

【习题一】

［目的］通过练习，掌握本量利分析的基本原理以及贡献毛益的实质。

［资料］华山公司产销 A、B、C、D 四种产品的有关资料如表 1 所示。

表 1

产品名称	销售量（件）	销售收入总额（元）	变动成本总额（元）	单位贡献毛益（元）	固定成本总额（元）	利润（或亏损）（元）
A	(1)	100 000	(2)	4	20 000	20 000
B	16 000	(3)	80 000	3	(4)	18 000
C	6 000	90 000	(5)	(6)	36 000	(6 000)
D	18 000	162 000	90 000	(7)	40 000	(8)

［要求］计算填列表 1 中用数字 (1)、(2)、(3)、(4)、(5)、(6)、(7)、(8) 表示的项目，并分别写出其计算过程。

【习题二】

［目的］通过练习，掌握经营杠杆率的计算方法及其在预测计划期利润方面的

应用。

[资料] 通达公司只产销甲产品一种产品,2002 年生产和销售甲产品 20 000 件,销售单价为 40 元,其变动成本率为 65%,固定成本总额为 60 000 元。若该公司 2003 年甲产品的售价和成本水平均无变动,但根据市场调查,预计甲产品的销售量将增长 20%。

[要求] 通过经营杠杆率的计算,预测通达公司 2003 年将实现多少利润?

【习题三】

[目的] 通过练习,掌握与本量利分析相关的指标的计算。

[资料] 某企业 2003 年只生产 A 产品,销售单价为每件 10 元,单位变动成本为每件 6 元,全年固定成本为 30 000 元,当年生产量为 12 000 件。

[要求]

(1) 计算 A 产品的贡献毛益和贡献毛益率。

(2) 计算 A 产品的保本销售量和保本销售额。

(3) 计算该企业的安全边际指标,并评价该企业经营的安全程度。

【习题四】

[目的] 通过练习,掌握多品种条件下的保本点分析。

[资料] 某公司生产 A、B、C 三种产品,其固定成本总额为 39 600 元,三种产品产销平衡,有关三种产品的资料如表 2 所示。

表 2

品种	销售单价(元)	销售量(件)	单位变动成本(元)
A	200	6 000	160
B	50	3 000	30
C	100	6 500	70

[要求]

(1) 采用加权平均法计算该公司的综合保本销售额及各产品的保本销售量。

(2) 采用贡献毛益率分解法来预测综合保本销售额及 A、B、C 三种产品的保本销售额各为多少?计算该公司实现的总利润及每种产品所实现的利润各为多少?

【习题五】

[目的] 通过本练习,应当掌握保利分析的方法。

[资料] 企业销售产品 B,销售单价为 200 元,单位变动成本为 120 元,固定成本总额为 10 000 元。确定的明年的目标利润为 120 000 元。

[要求] 假设每项因素单独变化,分析应当实现的销售水平。

【习题六】

［目的］通过本练习，掌握利润敏感性分析的方法。

［资料］企业销售产品 B，销售单价为 200 元，单位变动成本为 120 元，固定成本总额为 10 000 元，销售量为 1 000 件。

［要求］计算影响利润的各因素的敏感系数。

第四章

变动成本法

【本章学习目的】

本章重点理解变动成本法的基本原理。通过本章的学习,掌握变动成本法和全部成本法的基本概念和特点、变动成本法和全部成本法的区别与联系;掌握贡献式利润表和职能式利润表的编制;熟悉变动成本法和全部成本法各自的优缺点;理解变动成本法在企业规划和决策中应用的重要性以及两种成本计算方法在实务中的结合运用。

第一节 变动成本法的概念

一、变动成本法的产生

从会计发展史来看,成本计算方法的发展,往往与所计算确定的成本内容有关,其发展经历了原始成本计算、主要成本计算、加工成本计算和传统成本计算几个阶段。原始成本计算是指人类历史上只以原材料成本为核算内容的早期手工业成本计算。随着作坊经济雇佣劳动规模的扩大,人工成本也被纳入成本计算的内容,形成以原材料成本和人工成本为内容的主要成本计算。随着加工业的繁荣,产品品种的增加,使间接费用越来越多,间接费用也开始成为成本计算的重要内容。随着企业规模的进一步扩大和市场形势的变化,管理费用和销售费用也纳入了成本计算的范畴,形成了完整的传统成本计算。以传统成本计算为内容的传统成本会计的形成主要是由于工业革命的推动,其发展的极盛时期,则在第一次世界大战后的几十年。正如美国会计学者S·保罗·卡纳所说,成本会计理论和方法是工业革命的产物,但成本会计的迅速发展是为了配合一连串的复杂生产程序。传统成本会计侧重于对成本的归集、分配和产品成本的事后计算,即按经济内容和职能来认识成本,将成本分为料、工、费三大项目,并形成了诸如分步法、分批法等产品成本的计算方法,以便为企业定期编制财务报表提供有关的成本资料。这种做法即使在今天的会计工作中仍然是重要的。但随着企业的不断成长和经济活动渐趋复杂、市场竞争的白热化,侧重于对成本的归集、分配和产品成本的事后计算的传统成本会计,显然不能适应对成本进行规划与控制的有关信息的需要。20世纪30年代经济危机后，大家发现全部成本法会带来高成本—高价格的恶性循环。

因此，第一次世界大战以后，西方国家，尤其是美国的一些会计师和经理人员开始围绕着如何突破传统做法，研究新的成本计算方法。1936年，美国学者哈里斯（Harris）在《上月你赚到了什么？》一文中首先提倡使用直接成本法（即变动成本法）。变动成本法改变了全部成本法所确定的税前利润要受存货变动的影响，这种方法在20世纪50年代以后，随着现代管理体系的正式确立成为管理会计的一项重要内容，广泛应用于美国、日本、加拿大、澳大利亚和西欧各国的企业内部管理方面，成为企业加强经营管理，提高经济效益的重要工具，也成为管理者开展工作的一项重要条件。美国全国成本会计师协会（NACA）在1953年的研究报告《直接成本法》中认为，要不是公共和税收报告要求，在内部报告方面，直接成本法已成为一个羽翼丰满的全部成本法竞争者。

二、变动成本法的概念

变动成本法（也可译作变动成本计算），指的是在计算产品生产成本和存货成本过程中，以成本性态分析为前提条件，只将在生产过程中所消耗的直接材料、直接人工和变动制造费用计入产品生产成本和存货成本，而把固定制造费用全额一笔列入利润表内，并用"期间成本"的名称，作为贡献毛益总额减除项目的一种成本计算模式。这是管理会计专用的一种成本计算方法。

正因为变动成本法计算成本中，不包括间接费用，故亦称直接成本法或直接成本计算。在英国则称边际成本法或边际成本计算。

管理会计采用变动成本法计算产品生产成本和存货成本，有其相应的理论根据。

管理会计理论认为：在进行成本计算、确定产品成本与期间成本时，必须摆脱财务会计传统思维模式，重新认识产品成本和期间成本的本质。与财务会计的认识不同，管理会计认为，产品成本是指那些在生产过程中发生的，随着产品实体的流动而流动，随着产量的变动而变动，只有当产品实现销售收入时才能与相关收入实现配比，得到补偿的成本。期间成本是指那些不随产品实体的流动而流动，而是随着产品生产经营持续期间的长短而增减，其效益随着时间的推移而消逝，不能递延到下期，只能于发生的当期计入利润表由当期的销售收入补偿的费用。

按照重新解释的产品成本和期间成本的定义，产品成本只应该包括变动生产成本，而不应包括固定制造费用；固定制造费用必须作为期间成本处理。其理由是：固定制造费用是为企业提供一定的生产经营条件，以便保持生产能力，并使它处于准备状态而发生的成本，它们同产品的实际生产没有直接联系，既不会由于产量的提高而增加，也不会因产量的下降而减少，它们是联系会计期间所发生的费用，并随时间的消逝而逐渐丧失，故其效益不应递延到下一个会计期间，而应在费用发生的当期全额列入利润表内,作为本期贡献毛益的减除项目。因此,变动成本法计算的"产品成本"与"存货成本",其组成内容只包括变动成本部分。

管理会计中采用变动成本法计算产品成本和存货成本,其主要作用表现在:

1. 有利于掌握以"贡献毛益"为核心的每种产品的盈利能力资料。上一章我们提出了"贡献毛益"的概念,各种产品的贡献毛益是其盈利能力的表现,也是它对企业最终利润贡献大小的重要标志。而产品贡献毛益的确定,必须借助于成本性态分析和变动成本法。

2. 为正确制定经营决策以及进行成本的计划和控制,提供许多有价值的资料。以贡献毛益分析为基础,进行保本点和本量利分析,有助于揭示产量与成本变动的内在规律,找出生产、销售、成本与利润之间的依存关系,并用于预测前景、规划未来。同时这些资料也有助于正确地制定短期经营决策。就短期而言,企业现有的生产能力一经形成,在短期内很难改变,所以用于维持现有生产能力的固定成本就是一种与短期经营决策无关的成本。但变动成本则会受到短期决策的影响。这就使得短期经营决策常常借助于贡献毛益的信息来进行。

3. 变动成本法便于和标准成本、弹性预算和责任会计等直接结合,在计划和日常控制的各个环节发挥重要作用。变动成本与固定成本具有不同的成本性态,对于变动成本可通过制定标准成本和建立弹性预算进行日常控制。在一般情况下,可反映出生产部门和供应部门的工作业绩;而固定成本的高低一般不是基层生产单位所能控制的,通常由管理部门负责,可以通过制定费用预算加以控制。因此,采用变动成本法有利于采用科学的成本分析方法和正确的成本控制方法,也有利于正确评价各部门的工作业绩。

三、全部成本法的概念

变动成本法产生以后,人们就把传统的成本会计中的做法称为全部成本法。所谓全部成本法,是指在计算产品生产成本和存货成本时,以成本按其经济用途分类为前提条件,把直接材料、直接人工、变动性制造费用与固定性制造费用等全部生产成本归入产品成本,只将非生产成本作为期间成本的一种成本计算模式。全部成本法又称"完全成本法"、"吸收成本法"、"制造成本法"。

第二节 变动成本法与全部成本法的区别

一、成本划分和产品成本构成内容的不同

根据上述两种成本计算法的含义来比较变动成本法和全部成本法,其区别的主要

标志在于将制造费用的固定部分是否包括在产品成本中，以此为起点进一步分析，变动成本法和全部成本法的区别首先表现在成本划分和产品成本构成内容方面的不同。

第二章已经表明，对成本的认识有着不同的出发点，全部成本法是依据传统的职能方式，而变动成本法是依据成本性态方式。全部成本法将所有的成本区分为制造成本（包括直接人工、直接材料和制造费用）和非制造成本（包括管理费用、销售费用等）两大类，其中将全部制造成本计入产品成本，将非制造成本作为期间成本。变动成本法是将制造成本按其与产量的关系分为变动制造成本和固定成本两类，只将其中的变动制造成本计入产品成本，与非制造成本中的变动部分构成变动成本，而将固定制造成本和非制造成本中的固定部分作为期间成本，全部列入利润表作为贡献毛益总额的减项。因此，两种成本计算法在成本的划分和在产品成本的构成内容方面存在显著的差别。

变动成本法和全部成本法两者在成本划分以及产品成本包含内容方面的差别，可以用表4-1表示。

表4-1　　两种成本计算方法在成本划分及产品成本包含内容的差别

区别的标志	变动成本法	全部成本法
成本划分的标准	按成本性态划分	按成本经济职能和用途划分
成本划分的类别	变动成本 { 变动生产成本 { 直接材料、直接人工、变动制造费用 }；变动销售费用；变动管理费用 } 固定成本 { 固定制造费用；固定销售费用；固定管理费用 }	生产领域成本 { 直接材料、直接人工、全部制造费用 }；销售领域成本——全部销售费用；管理领域成本——全部管理费用
产品成本包含的内容	变动生产成本 { 直接材料、直接人工、变动制造费用 }	全部生产成本 { 直接材料、直接人工、全部制造费用 }

【例4-1】 假设华丰工厂生产计算器，2016年度生产2 000件，每件直接材料5元，直接人工4元，变动制造费用3元，固定制造费用全年总共15 000元。下面分别采用上述两种成本计算方法，进行产品成本的计算。具体计算列于表4-2。

表4-2表明，该工厂如采用全部成本法，则产品单位成本为19.5元；采用变动成本法则单位成本为12元，固定制造费15 000元全额列入利润表内，从贡献毛益总额中扣除，不由产品负担。

表 4-2　　　　　　　　　　　　产品成本计算单　　　　　　　　　　　单位：元

成本项目	变动成本法		全部成本法	
	总成本	单位成本	总成本	单位成本
直接材料	10 000	5	10 000	5
直接人工	8 000	4	8 000	4
变动制造费用	6 000	3	6 000	3
变动生产成本	24 000	12	24 000	12
固定制造费用			15 000	7.5
全部生产成本	24 000	12	39 000	19.5

二、存货成本构成内容的不同

由于两种成本计算对"产品成本"有着不同的认识，因而在确定产成品、在产品等存货成本的构成内容方面，即存货的估价也存在着区别。在全部成本法下，存货中不仅包括了变动生产费用，还包含了一部分分配来的固定生产费用。而在变动成本法下，存货中仅包括变动生产费用，不包括固定生产费用。结果导致变动成本法下确定的存货金额要低于全部成本法下确定的存货金额。

【例 4-2】 仍依〖例 4-1〗的资料，假设该工厂期末没有在产品存货，但有产成品存货 400 件。下面分别采用两种成本计算法对期末产成品存货估价。具体计算见表 4-3。

表 4-3　　　　　　　　　　产成品期末存货成本计算表

项　　目	变动成本法	全部成本法
单位产品成本（元）	12	19.5
存货数量（件）	400	400
存货成本（元）	4 800	7 800

表 4-3 表明，该工厂如采用全部成本法，则产成品期末存货的估价金额为 7 800 元；而采用变动成本法，则产成品期末存货的金额仅为 4 800 元，全部成本法存货估价高于变动成本法存货估价 3 000 元，原因是在全部成本法下，存货成本包括一部分

固定制造费用,而在变动成本法下不包括。

三、分期计算损益的方式不同

变动成本法的主要特点,是对单位产品的生产成本和存货成本只包括变动成本,而全部成本法则将变动成本和固定成本都吸收到产品的生产成本和存货成本中去。比较两种成本计算法在分期计算损益的方式方面所存在的区别,其区别主要表现在以下方面。

(一) 分期损益的计算公式不同

采用变动成本法计算分期损益时,必须考虑如何便于计算和确定贡献毛益总额的数额。因此,它的计算公式与全部成本法的区别就很大。分述如下:

1. 变动成本法:

(1) 　　　　　　　销售收入 – 变动成本 = 贡献毛益

式中:变动成本包括变动生产成本和非生产成本中变动部分。

(2) 　　　　　　　贡献毛益 – 期间成本 = 税前净利

2. 全部成本法:

(1) 　　　　　　销售收入 – 销售产品生产成本 = 销售毛利

式中:　　销售产品生产成本 = 期初存货成本 + 本期生产成本 – 期末存货成本

(2) 　　　　　销售毛利 – (销售费用 + 管理费用) = 税前净利

(二) 固定成本的处理方面

全部成本法把本期发生的固定生产成本在已销售产品与期末存货之间进行分摊;变动成本法把本期发生的固定生产成本及销售、管理费用中的固定成本全部列作期间成本在贡献毛益总额项下减除,从而导致两种方法计算的分期损益(税前净利)互有差异。

【例4-3】 根据【例4-1】和【例4-2】华丰工厂的成本资料,假定该厂计算器产品本期生产量为2 000件,本期销售计算器1 600件,该产品单位售价30元,全部固定推销及管理费用3 000元,单位产品变动销售及管理费用为1元。分别采用变动成本法和全部成本法计算该公司的分期税前净利如下:

1. 按变动成本法计算:

(1) 贡献毛益总额 = 销售收入总额 – 变动成本总额

　　　　　　= 1 600 × 30 – (1 600 × 12 + 1 600 × 1)

　　　　　　= 27 200 (元)

(2) 税前净利 = 贡献毛益总额 – 期间成本总额

$$= 27\ 200 - (15\ 000 + 3\ 000)$$
$$= 9\ 200\ (元)$$

2. 按全部成本法计算：
（1）销售毛利总额＝销售收入总额－已销售的生产成本总额
$$= 1\ 600 \times 30 - 1\ 600 \times 19.5$$
$$= 16\ 800\ (元)$$
（2）税前净利＝销售毛利总额－期间成本总额
$$= 16\ 800 - (3\ 000 + 1\ 600)$$
$$= 12\ 200\ (元)$$

从以上计算结果可以看出，根据两种成本计算方法确定出来的税前净利是不相等的。其原因就在于这两种方法对期末存货的计价不同。

四、适用性不同

全部成本法是传统的成本计算方法，它主要是依据公认会计原则、归集和分配企业一定时期所发生的生产费用，计算和确定产品成本和存货成本，因而这种方法主要适用于财务会计系统，用来编制对外的财务报表；而变动成本法是适应企业加强内部经营管理的需要，对成本进行规划和日常控制而产生的，因而变动成本法主要适用于管理会计系统用来编制企业的内部报表，为内部管理提供有用的信息。

第三节 两种成本计算法计算分期税前净利的差额及变化规律

一、同一年度产销平衡情况下，两种方法计算的税前净利

第二节已说明，两种成本计算法在分期损益计算上的差别形式上是表现为税前净利计算公式或过程不同，而实质上则是两种成本计算法当产销不平衡时，由于对固定生产成本的不同处理导致所确定的分期税前净利的不同。为了具体说明两种成本计算法计算分期税前净利及其变化规律，下面分别几种情况并以实例加以说明。

【例4－4】 仍按《例4－1》和《例4－2》中有关华丰工厂的成本资料，假定该厂本期生产量和销售量均为2 000件，存货量不变，该产品单位售价30元，全部固定销售及管理费用3 000元，单位产品变动销售及管理费用为1元。现要求分别按两种成本法编制该工厂2016年度的利润表。

根据上述资料，按两种成本法编出表4-4。

表4-4 利润表
2016年度 单位：元

变动成本法（贡献方式）		全部成本法（职能方式)	
摘要	金额	摘要	金额
销售收入（2 000×30）	60 000	销售收入（2 000×30）	60 000
变动成本：		销售产品生产成本：	
变动生产成本（2 000×12）	24 000	期初存货成本	0
变动销售及管理费用（2 000×1）	2 000	加：本期生产成本（19.5×2 000）	39 000
		可供销售产品的生产成本	39 000
		减：期末存货成本	0
变动成本合计	26 000	销售产品生产成本合计	39 000
贡献毛益总额	34 000	销售毛利	21 000
减：固定成本		减：销售及管理费用（3 000+2 000×1）	5 000
固定制造费用	15 000		
固定销售及管理费用	3 000		
期间成本合计	18 000		
税前净利	16 000	税前净利	16 000

根据前例的资料及本例的销售量情况，按两种成本法编出表4-5。

表4-5 利润表
2016年度 单位：元

摘要	变动成本法		摘要	全部成本法	
	产量＞销量 2 000＞1 500件	产量＜销量 2 000＜2 400件		产量＞销量 2 000＞1 500件	产量＜销量 2 000＜2 400件
	金额	金额		金额	金额
销售收入	45 000	72 000	销售收入	45 000	72 000
变动成本：			销售产品生产成本		
变动生产成本	18 000	28 800	期初存货	0	7 800*
变动销售及管理费用	1 500×1=1 500	2 400×1=2 400	本期生产成本	39 000	39 000
			期末存货	9 750	0

续表

摘 要	变动成本法		摘 要	全部成本法	
	产量＞销量 2 000＞1 500 件	产量＜销量 2 000＜2 400 件		产量＞销量 2 000＞1 500 件	产量＜销量 2 000＜2 400 件
	金 额	金 额		金 额	金 额
贡献毛益	25 500	40 800	销售毛利	15 750	25 200
减：固定成本			减：销售及管理费用	4 500（3 000＋1 500×1）	5 400（3 000＋2 400×1）
固定制造费用	15 000	15 000			
固定销售及管理费用	3 000	3 000			
税前净利	7 500	22 800	税前净利	11 250	19 800

注：本期生产量＜本期销售量，说明有期初存货 400 件，设期初存货成本按表 4－2 所给资料计算〔19.5×400＝7 800（元）〕。

表 4－4 表明，当本期产销量平衡时，若没有期初存货或期初存货成本等于期末存货成本，则两种方法计算的税前净利是相等的。

二、同一年度产销不平衡情况下，两种方法计算的税前净利

产销不平衡意味着本期生产量大于销售量或者生产量小于销售量。

【例 4－5】 仍依上例，若华丰工厂 2016 年度的销售量为 1 500 件或 2 400 件，其他有关资料不变。要求根据两种销售量分别按两种成本法编制利润表。

表 4－5 计算表明：

（1）当生产量大于销售量时，按变动成本法确定的本期税前净利要小于按全部成本法所确定的税前净利，其差额为 3 750 元。原因在于：在全部成本法下，每件期末存货成本中包含了固定制造费用 7.5 元，这样期末 500 件存货共吸收了 3 750 元（7.5×500）的固定制造费用，并随存货结转到下一年度；而变动成本法则将固定成本全部由本年度负担，无须结转到下一年度，两者比较，势必出现 3 750 元的税前净利差额。

（2）当生产量小于销售量时，按变动成本法所确定的本期税前净利要大于按全部成本法确定的税前净利，其差额为 3 000 元。其原因在于：上年度结转的 400 件存货，两种成本计算方法进行了不同的计价，全部成本法以 19.5 元结转单位存货成本，变动成本法只按 12 元结转，两者相差 7.5 元（即单位固定生产成本），因此，其差额为 3 000 元（7.5×400）。

综合表 4－4、表 4－5，两种成本计算法所编制利润表存在以下三个方面的显著区别：

1. 排列的方式与表的名称不同。按全部成本法编制的利润表是把所有成本项目

按生产、销售、管理等不同经济职能进行排列，主要是适应企业外界有经济利害关系的团体或个人的需要而编制的，故亦称"职能式"利润表。而按变动成本法编制的利润表则是把所有成本项目按成本性态分为变动和固定两大类进行排列，主要是为了便于取得贡献毛益信息，以适应企业内部管理当局规划与控制经济活动的需要而编制的，故亦称"贡献式"利润表。

2. 对固定成本的处理不同。全部成本法下，产品的生产成本"吸收"了全部的固定制造费用，即把固定制造费用作为"产品成本"的一部分，这样，当企业每出售一批产品，其固定制造费用就加入到已销售的产品生产成本中去，构成销售成本，并与当期的销售收入配比；而本期尚未出售的期末存货成本中也包含有固定制造费用，它将随着产品结转到下一会计期间，在下一会计期间出售时，与下一会计期间的销售收入配比。变动成本法把本期发生的所有固定成本全部作为"期间成本"，在贡献毛益总额项下扣除，这样，它的销售成本只要根据单位变动成本乘以实际销售量，即可求得产品的变动生产成本总额，再加上变动的销售及管理成本，即构成全部变动成本总额。因此，在变动成本法下，固定性制造费用与产品生产成本、存货成本无关。

3. 计算出来的税前净利会因从销售收入中扣除的固定成本金额的不同而产生差异。从表4-4可以看到，由于没有期初存货和期末存货，两种方法本期销售收入中扣除的固定成本金额相等，故两种方法计算的税前净利是相等的。而从表4-5则可以看到，因产销量不相等，全部成本法下因固定制造费用计入产品成本，某一会计期间的固定制造费用会随存货的流转而转入下一个会计期间；而变动成本法不管产销量怎样，总是把本期发生的固定成本总额全部扣除。

三、跨年度的产销不平衡情况下，两种方法计算的税前净利

(一) 产量不变，销量变动

【例4-6】 假定华丰工厂横跨3个会计年度连续生产、销售计算器，年生产量均为5 000件，年销售量分别为5 000件、4 000件和6 000件；若计算器售价为15元，单位变动生产成本为5元，固定生产成本总额为25 000元，全年固定性销售及管理费用为15 000元。要求按两种成本法编制华丰工厂连续3个会计年度的利润表。

根据上述资料，采用两种成本法编制出表4-6。

表 4-6 利 润 表

2016~2018 年度　　　　　　　　　　　　　　　　　　　　　　　　　　单位：元

摘要 \ 年度 金额（变动成本法）	第1年	第2年	第3年	摘要 \ 年度 金额（全部成本法）	第1年	第2年	第3年
销售收入	75 000	60 000	90 000	销售收入	75 000	60 000	90 000
变动成本：				销售产品生产成本：			
变动生产成本	25 000	20 000	30 000	期初存货	0	0	10 000
变动销售及管理费用	0	0	0	本期生产成本	50 000	50 000	15 000
				期末存货	0	10 000	0
贡献毛益	50 000	40 000	60 000	销售毛利	25 000	20 000	30 000
减：固定成本				减：销售及管理费用	15 000	15 000	50 000
固定制造费用	25 000	25 000	25 000				
固定销售及管理费用	15 000	15 000	15 000				
税前净利	10 000	0	20 000	税前净利	10 000	5 000	15 000
3 年税前净利合计		30 000		3 年税前净利合计		30 000	

表 4-6 的计算表明：

（1）第 1 年税前净利，两种方法所求得结果相同，原因在于产销平衡。

（2）第 2 年税前净利，按全部成本法计算的结果，较变动成本法高 5 000 元。原因在于该年度生产量大于销售量，使存货增加 1 000 件，而每件存货成本按全部成本法比较变动成本法高 5 元，即单位固定成本的数额。因此，在全部成本法下，期末存货 1 000 件中包括的固定成本 5 000 元（5 元×1 000 件）转入下年度，使本期销售成本减少 5 000 元，结果使其税前净利比变动成本法计算的高出 5 000 元。

（3）第 3 年的税前净利，按全部成本法计算的结果较变动成本法低 5 000 元。原因在于该年度生产量小于销售量，使得在存货减少 1 000 件的全部成本法下，必须把存货中所含固定成本 5 000 元，作为当期销售生产成本，故第 3 年，销售的产品不仅要负担本期全部成本 25 000 元，而且还要负担上期转来的 5 000 元固定成本；而在变动成本法下，销售的产品只负担本期的固定成本，所以结果必须是变动成本法计算的税前净利要多 5 000 元。

（4）就连续 3 年来看，由于总的产销情况大致趋于相等，故两种方法所求得的税前净利总额是相等的。

（二）销量不变、产量变动

【例 4-7】 承上例，假定华丰工厂横跨 3 个年度连续生产、销售计算器，年销售量均为 6 000 件，年生产量分别为 6 000 件、8 000 件、4 000 件，计算器的单位售价为 20 元，单位变动生产成本为 10 元，全年固定生产成本为 30 000 元，全年固定销售及管理成本为 10 000 元。要求按两种成本法编制华丰工厂连续 3 个会计年度的利润表。

根据上述资料，采用两种成本法编出表 4-7。

表 4-7　　　　　　　　　　　　　利　润　表

2016~2018 年度　　　　　　　　　　　　　　　　　　　　　单位：元

变动成本法 摘要＼年度金额	第1年	第2年	第3年	全部成本法 摘要＼年度金额	第1年	第2年	第3年
销售收入	120 000	120 000	120 000	销售收入	120 000	120 000	120 000
变动成本：				销售产品生产成本			
变动生产成本	60 000	60 000	60 000	期初存货	0	0	27 500
变动销售及管理费用	0	0	0	本期生产成本	90 000	110 000	70 000
				期末存货	0	27 500	0
贡献毛益	60 000	60 000	60 000	销售毛利	30 000	37 500	22 500
减：固定成本				减：销售及管理费用	10 000	10 000	10 000
固定制造费用	30 000	30 000	30 000				
固定销售及管理费用	10 000	10 000	10 000				
税前净利	20 000	20 000	20 000	税前净利	20 000	27 500	12 500
3 年税前净利合计		30 000		3 年税前净利合计		30 000	

表 4-7 的计算结果表明：

（1）由于 3 年产量不同，每年的单位固定成本就有所差异，在这种情况下，两种方法计算的税前净利的差异，就要注意期初、期末存货金额的变动。第 1 年度，产销平衡，两种方法计算的税前净利相等；第 2 年度，存货金额增加，使得全部成本法计算的税前净利必然大于变动成本法计算的税前净利，其差额正好是全部成本法下增加的存货所吸收的固定成本，即 7 500 元（3.75×2 000）；第 3 年度，存货金额减少，按全部成本法计算的税前净利，必然小于按变动成本法计算的结果，两者的差额正好是全部成本法下的上期转入的存货所吸收的固定成本 7 500 元。

（2）在变动成本法下，假定销售单价和单位变动成本不变，那么只要销售量相同，其税前净利就会保持不变，不受每个年度产量变化的影响。本例中，3 个年度销售量均为 6 000 件，尽管各年产量不同，但税前净利仍然相同。

四、根据产销量关系，两种成本计算法计算税前净利的变化规律

通过上面三个方面的分析，两种成本计算方法在确定企业分期税前净利方面的差别，可以归纳出以下三条变化规律：

第一，若期末存货中所包含的固定生产成本大于期初存货中的固定生产成本，则全部成本法所扣除的固定成本总额要小于变动成本法所扣除的固定成本总额。因此，按全部成本法计算的税前净利必然大于按变动成本法计算的结果。其差额＝（期末存货中的单位固定生产成本×期末存货量）－（期初存货中的单位固定生产成本×期初存货量）。

第二，若期末存货中所包含的固定生产成本小于期初存货中的固定生产成本，则全部成本法所扣除的固定成本总额要大于变动成本法所扣除的固定成本总额。因此，按全部成本法计算的税前净利必然小于按变动成本法计算的结果。其差额＝（期初存货中的单位固定生产成本×期初存货量）－（期末存货中的单位固定生产成本×期末存货量）。

第三，若期末存货中所包含的固定生产成本等于期初存货中的固定生产成本，则两种方法扣除的固定成本总额相等。因此，它们计算出的税前净利也必然相等。

第四节　对两种成本计算法的评价

一、全部成本法的优缺点

（一）全部成本法的优点

1. 有利于降低成本。大家知道，企业降低成本的原动力在于增加最终的盈利。第二次世界大战以后，特别是 20 世纪 50 年代中叶以后，由于国际、国内市场竞争激烈，科学技术的飞跃发展，西方资本主义企业为了追求高额利润，在再生产方面，纷纷从劳动密集型的生产向资本密集型的生产转变，表现为固定资产的投资迅猛增加，资本有机构成大大提高。同时，为了适应科技发展的日新月异，普遍采用了加速折旧法，使固定资产的价值以超过实体周转率 1 倍以上的速度往产品上转移。这样，企业

以折旧形式表现的固定功能费用也就急剧增加；固定费用的大幅度增加，抑制了企业盈利增长的水平。为消除这一障碍，企业一方面可以通过挖掘内部潜力，如降低原材料、人工的单耗，精打细算，节约开支等；另一方面可以通过增加生产量，以降低单位产品的固定费用，从而降低产品的单位成本，提高单位产品利润，最终提高全厂的盈利水平。这两方面的努力，前者是有极限的，如原材料的耗用对某一产品来说必须有其最低限额。因而，在固定费用大幅度提高的条件下，降低成本的最佳途径只能是后者。

采用全部成本法，正好适用了生产集约化发展条件下，降低成本途径的选择。因为，采用全部成本法，会使单位产品成本发生急骤变化，即尽管单位产品的原材料、人工消耗不变，只要产量愈大，单位产品固定成本就愈低，于是整个单位产品成本也会随之降低。这样，就大大刺激了企业提高产品产量的积极性。

2. 全部成本法得到公认会计原则的认可和支持，仍然有其存在和使用的必要性。如美国注册会计师协会、美国证券交易委员会、美国国内税务局等会计权威机构仍然主张采用全部成本法来确定产品的单位成本，并据以确定存货价值和损益。它们的理由是：变动成本与固定成本都是产品生产所必须支付的费用；而存货成本主要反映一种物品达到规定存放条件和处于现有场所而发生的适合的成本与开支数额，其中包括一切直接和间接的支出，故变动成本与固定成本均应计入产品成本。因此，在财务会计中，企业编制的对外财务报告，还必须采用全部成本法。

（二）全部成本法的缺点

采用全部成本法主要的优点在于，能促使企业追求产量的最大化，这在资本密集生产条件下确实具有其优越性。但长期的实践证明，就企业内部经营管理方面来说，全部成本法的缺点是极为明显的，大体上可归纳为以下四点。

1. 采用全部成本法计算出来的单位产品成本，不仅不能反映生产部门的真实成绩，却反而掩盖或夸大了它们的生产业绩。

2. 采用全部成本法计算分期的税前净利，其结果往往难于为管理部门所理解。

3. 采用全部成本法，由于成本未按成本性态将变动成本和固定成本分开，因而如果要进行预测分析、决策分析和编制弹性预算就很不方便。管理人员收到按全部成本法编制的报表，还必须另行分类计算，才能据以规划和控制企业的经济活动。

4. 采用全部成本法，对固定费用往往需要经过很繁重的分配手续，而固定费用分配的方法，不论怎样精确，总难免要受会计主管人员的主观判断的影响。因而，它提供的数据对于加强企业的内部经营管理，提高经济效益的有用性是极为有限的。

二、变动成本法的优点及其局限性

变动成本法突破了传统方法的狭义观点，为强化企业经营管理，提高经济效益开创新路，集中表现在：采用变动成本法，对于企业内部经济活动的规划与控制，为管理部门做出正确决策提供了有效的信息，弥补了全部成本法的根本缺陷。因而，变动成本法得到了诸如美国会计学会、全美会计师联合会的许多会员，以及其他国家的许多会计师协会的重视，尤其是得到一些大企业的管理人员和管理会计学者们的推崇。当前，变动成本法已广泛应用于西方国家企业的内部管理方面，而且也已出现了直接用于对外报告的发展趋势。

（一）变动成本法的优点

1. 采用变动成本法，符合"收入与费用相配比"这一公认会计原则的要求，避免了全部成本法下产量高低的影响反映在下期的销售成本和税前净利上的现象。所谓"收入与费用相配比"的原则，就是要求会计所记录的一定时期取得的收入与发生的费用，必须属于这一会计期间，也就是在一定的会计期间应当以取得的收入为根据，把有关的费用同所取得收入配合起来。采用变动成本法，固定成本不作为产品成本的组成部分，而看做是处于准备状况与生产并无直接联系的期间成本，是随时间的消逝而丧失的成本，它应当与本期的收入相配合，由当期的收益来负担。这种做法一方面有利于企业充分发挥现有的生产能力；另一方面又可以避免在全部成本法下，由于生产能力利用程度不同而使产量发生升降的变化，影响以后时期的销售成本和盈亏，从而不利于正确考核各期的工作实绩。

2. 采用变动成本法，便于分清各部门的经济责任，有利于进行成本控制与业绩评价。一般来说，变动生产成本的高低最能反映出生产部门和供应部门的工作成绩，同时变动生产成本的升降责任也归属于这些部门。例如在直接材料、直接人工和变动制造费用方面如有升降，就会立即从产品的变动生产成本指标上反映出来，它们可以通过制订标准成本和建立弹性预算进行日常控制；而固定生产成本的高低，其责任主要归属于企业各级管理部门，可以通过制订费用预算的办法进行控制。另外，变动成本法提供的信息，也便于分清成本升降产生的原因，是产量的变动，是价格的变动，还是成本控制好坏引起的。这样就便于采用正常的成本控制方法，即固定成本应按总额控制，变动成本应控制单位变动成本。同时，还能对各责任单位的工作成绩做出恰如其分的评价。

3. 采用变动成本法，能促使管理当局重视销售环节，防止盲目生产。在变动成本法下，产量的高低与存货增减对企业的税前净利都没有影响，在售价、单位变动成本、销售结构不变的情况下，净利将随销售量同步增长。这样就会促使管理当局重视销售环节，把注意力集中在研究市场动态，搞好销售工作，以销定产，防止盲目扩大生产。同时也避免了全部成本法下出现的一方面销售量下降，另一方面由于生产量大量增长，反而造成税前净利增加的不良现象。

4. 采用变动成本法，可以大大简化产品成本计算的工作量，便于加强日常管理。在变动成本法下，把固定成本列作期间成本从贡献毛益总额中一笔扣除，可以节省许多间接费用的分摊手续，这不仅大大地简化了产品成本计算工作量，避免间接费用分摊的主观随意性，而且可以使会计人员从繁重的核算工作中解放出来，集中精力抓好日常管理。

5. 采用变动成本法，还可为企业改善经营管理提高经济效益提供有用的管理信息。

（1）变动成本法确定的成本数据是企业开展利润规划的依据。变动成本法对于短期的利润规划具有重要作用，因为在变动成本法下，将成本分为固定及变动成本，并据以确定贡献毛益，这为进行本量利分析提供简明而可靠的信息。

（2）变动成本法可为企业决定产品售价提供依据。变动成本法确定的贡献毛益，表示着各种产品的获利能力，它对产品售价的决定起到重要的作用。在单位变动成本和日常销售量稳定的情况下，可由贡献毛益及固定成本的大小来决定企业营业净利的数额，再根据营业净利可确定产品的销售价格。

（3）变动成本法是企业内部管理和控制的重要手段。首先，在变动成本法之下，营业净利随销售量的增减而呈同方向变动，据此管理部门可以考核销售部门的工作效率，找出销售环节的问题；其次，变动成本法也有利于编制弹性预算和建立标准成本制度；最后，变动成本法将成本分为生产成本和期间成本，这样可以直接评价和考核各责任层次的成本控制情况。

（4）变动成本法为企业的经营决策提供了可靠依据。实施变动成本法，必须分析各项成本要素，通过成本分析，可以为企业管理当局做出是否需要改变目前的生产水平，或者有无必要扩充生产设备、开发新的市场等项决策提供有用信息；同时，变动成本法揭示了产品的盈利能力，这大大有助于管理当局进行生产决策，例如生产什么？生产多少？用什么方法生产？等等。

（二）变动成本法的局限性

1. 变动成本与固定成本的划分，在很大程度上是假设的结果，不是一种非常精确的计算。

2. 不符合传统成本概念的要求。美国会计准则委员会认为："成本是为了达到一个特定目的而已经发生或可能发生的，以货币计量的价值牺牲。"按照这种观念，产品成本就应该既包括变动成本，也要包括固定成本。但按变动成本法计算的产品成本不符合传统成本概念的要求。

3. 不能适应长期经济决策和定价决策的需要。因为这些决策需要一个完全的产品成本。从长期来看，单位变动成本和固定成本总额都很难固定不变；同时，产品定价时变动成本和固定成本都应得到补偿，才能使企业获得最终利润。而变动成本法提供的产品成本资料只能作为短期经营决策的依据，不能满足长期决策和产品定价决策的需要。

4. 影响有关方面当期的利益。在实践中，当开始从全部成本法改为变动成本法时，一般要影响期末存货的计价，因而就会降低当期的利润，从而暂时影响征税机关本年的所得税收入和投资者的股息收入。正因为如此，在西方企业编制对外财务报表时，还必须遵循一般公认会计原则，采用全部成本法。变动成本法计算存货价值、确定的利润，不能用来申报所得税。

思考与练习题

一、思考题

1. 什么是变动成本法和全部成本法？变动成本法的理论依据是什么？
2. 变动成本法下的"期间成本"、"产品成本"和"存货成本"的内涵，同全部成本法比较，有什么区别？试说明变动成本法将固定制造费用列入期间成本的理由。
3. 变动成本法与全部成本法的区别主要有哪些方面？
4. 变动成本法与全部成本法在计算分期税前净利的方式方面有什么不同？
5. 变动成本法与全部成本法在计算税前净利方面产生差额的关键是什么？试分析总结两种成本计算法计算分期税前净利的差额及变化规律。
6. 全部成本法的优缺点有哪些？
7. 变动成本法有哪些优点？其局限性主要表现在哪些方面？
8. 试分析财务会计中仍然坚持采用全部成本法的理由。
9. 变动成本法在实践中运用有哪几种模式？你认为我国企业应如何应用变动成本法？
10. 变动成本法和全部成本法如何结合运用？

二、练习题

【习题一】

[目的] 通过练习，掌握变动成本法和全部成本法在计算成本和损益方面的区别。

[资料] 假设海信公司本期有关成本资料如下：单位直接材料成本为20元，单位直接人工成本为10元，单位变动性制造费用为14元，固定制造费用总额为8 000元，单位变动性销售及管理费用为8元，固定性销售及管理费用为2 000元。该公司期初存货量为零，本期产量为1 500件，销售量为1 200件，单位售价为80元。

[要求] 分别按两种成本法的有关公式计算下列指标：

(1) 单位产品生产成本；
(2) 期间成本；

(3) 销售成本；
(4) 税前净利。

【习题二】

[目的] 通过练习，掌握职能式利润表和贡献式利润表的编制方法。

[资料] 假设申华公司 2016 年度只产销一种甲产品，年初无期初存货，本年度有关该产品生产、销售和成本的资料如下：

生产量	10 000 件
销售量	8 000 件
直接材料	40 000 元
直接人工	30 000 元
变动制造费用	40 000 元
固定制造费用	40 000 元
固定销售及管理费用	20 000 元
变动成本率	55%

[要求]

(1) 分别按全部成本法和变动成本法计算出单位产品生产成本。
(2) 分别编制职能式利润表和贡献式利润表。
(3) 比较上述两表的税前净利相差多少？如何验算？

【习题三】

[目的] 通过练习，掌握全部成本法和变动成本法编制利润表的差别。

[资料] 假定凌云公司 2016 年度只产销甲产品，有关资料如下：

生产量	8 000 件
销售量	7 000 件
期初存货量	0 件
贡献毛益率	50%
直接材料	40 000 元
直接人工	64 000 元
制造费用：	
其中：单位变动费用	8 元
固定费用总额	50 000 元
销售及管理费用：	
其中：单位变动费用	6 元
固定费用总额	30 000 元

[要求]

(1) 分别用两种不同的成本法，计算出 2016 年度的甲产品的单位生产成本和期末存货成本。

（2）分别按两种成本法编制该公司 2016 年度的利润表。

（3）比较两种成本法计算出的税前净利，试说明产生差异的原因。

【习题四】

［目的］通过练习，掌握跨年度的产销不平衡情况下两种方法编制利润表的差别。

［资料］金达公司 2016~2018 年连续 3 年对外公开披露的利润表，均按照全部成本法编制，该三年简明的职能式利润表的有关数据见表 1。

表 1　　　　　　　　　　　　　　　　　　　　　　　　　　　　　单位：元

摘　　要	2016 年	2017 年	2018 年
销售收入	160 000	96 000	192 000
销售成本	100 000	60 000	120 000
销售毛利	60 000	36 000	72 000
销售及管理费用（固定）	30 000	30 000	30 000
税前净利	30 000	6 000	42 000

2016~2018 年该公司只产销甲产品，其产销量见表 2。

表 2　　　　　　　　　　　　　　　　　　　　　　　　　　　　　单位：件

产销数量	2016 年	2017 年	2018 年
生产量	20 000	20 000	20 000
销售量	20 000	12 000	24 000

假设该公司甲产品的单位变动成本为 3 元，其固定成本按每件 2 元的基础分摊给甲产品。

［要求］

（1）按变动成本法编制该公司 2016~2018 年的贡献式利润表。

（2）试比较说明采用两种成本法计算出的各年税前利润的差异情况。

【习题五】

［目的］通过练习，进一步掌握跨年度的产销不平衡情况下两种方法编制利润表的差别。

［资料］发达公司只产销甲产品，甲产品销售单价为 10 元/件，单位变动生产成本为 4 元/件，固定制造费用总额为 24 000 元，销售及管理费用为 6 000 元，全部系固定性的，存货按先进先出法计价，最近三年的甲产品的产销量资料见表 3。

表 3　　　　　　　　　　　　　　　　　　　　　　　　　　　　　　　　单位：件

摘　　要	第 1 年	第 2 年	第 3 年
期初存货量	0	0	2 000
本期生产量	6 000	8 000	4 000
本期销售量	6 000	6 000	6 000
期末存货量	0	2 000	0

[要求]

（1）分别按照两种成本法计算各年的单位产品生产成本、期末存货成本和期初存货成本。

（2）分别采用两种成本法编制 3 年的利润表。

（3）试比较说明采用两种成本法计算出的各年税前利润的差异情况。

第五章

作业成本法

【本章学习目的】

本章重点理解作业成本法的概念与基本内容，了解作业成本计算的一般程序，理解作业成本管理的基本内容。通过本章的学习可以对作业成本法有一个较为全面的理解。

第一节 作业成本法概述

一、企业是由一系列作业构成的价值链

作业（Activity）是指企业为了达到其生产经营目标所发生的各项活动。20世纪70年代以来，高新技术的发展日新月异，并广泛应用于生产领域。经济活动日益全球化，企业间的竞争日趋激烈。富裕社会逐渐形成，顾客需求日益多样化。这一切导致企业生产组织形式的重大变革，从而带来企业经营管理思想和方法的深刻变革，促进"新的企业观"的形成。所谓新的企业观，就是以顾客需求为导向，将企业设计成一系列作业（Activities）的集合体，形成了一个由此及彼、由内到外的作业链（Activities Chain）。

虽然各种组织的形式和规模不同，在许多方面千差万别，但是有一点它们都是相同的，即都有各自的顾客。各种组织都要为各自的顾客提供产品和服务。例如，图书馆为读者提供他们所需要的信息和书籍；计算机厂商为顾客提供计算机。可以说，一个组织存在的目的就是为满足其顾客的需要，如果不能满足其顾客的需要，任何组织都不能够生存下去。而为顾客提供产品和服务的一系列作业，可以被叫作价值链（Value Chain）。因为在为顾客提供产品和服务的作业链中，当企业每完成一项作业，就会有一定量的资源被消耗，同时又都要增加一定的价值转移到下一项作业，照此逐步结转下去，直至最终形成产品。产品作为企业内部各作业链的最后一环，凝结了作业链所形成并最终提供给顾客的价值，作业耗费与作业产出配比的结果就是企业的盈利。因此，作业链也被称为价值链，作业链的形成过程也就是价值链的形成过程。

一项作业可以是一件有特定目的的工作或任务，例如防盗门厂购买钢板；快餐店制作汉堡包；生产车间调整准备机器等。我们可以将一个价值链中的作业分成四大类，如图5-1所示。

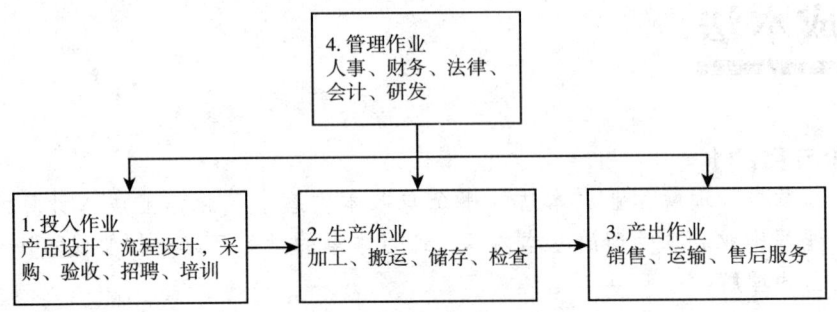

图5-1 价值链中的作业

1. 投入作业，即为生产产品做准备的有关作业。包括产品研发和市场调研；招聘和培训员工；购买原材料、零部件和设备等。

2. 生产作业，即与生产产品有关的作业。包括操作机器或使用工具生产产品；生产过程中搬运产品；储存产品；检查完工产品等。

3. 产出作业，即与顾客相关的作业。包括销售活动；收账活动；售后服务；送货等。

4. 管理作业，即支持前三项作业的作业。包括人事、工薪、数据处理、法律服务、会计和其他管理。

新的企业观使管理深入到作业水平，形成以作业为基础的管理，或称作业管理（Activity-Based Management，ABM）。作业成本计算（Activity-Based Costing，ABC）则是一个以作业为基础的信息系统，贯穿于作业管理的始终，通过对所有作业活动追踪进行动态反映，借以更好地发挥其在决策、计划和控制中的作用，它是作业管理的核心与中介。把成本视为"作业的成本"乃至"作业过程的成本"（不仅是产品的成本）是成本会计的重大变革，而基于此种认识继而追踪与作业过程关联着的内外动态关系来全面地、从根源上对成本加以控制，则可称之为成本管理的一场革命。

二、制造费用分配

通过上一章的学习，大家知道，产品成本包括直接费用和间接费用，直接费用包括直接人工、直接材料和直接制造费用，间接费用包括间接制造费用。直接费用可以直接归属到受益的产品中，而间接费用需要按照一定的标准进行分配。对于直接费用的处理作业成本法与传统成本会计是一致的，两种计算方法最根本的区别在于对间接制造费用的分配不同。

在传统的成本计算方法下，通常是先将制造费用按生产部门归集，然后再按该生产部门的分配率进行分配。至于各生产部门制造费用分配的标准，则根据各个部门的生产特点选取。例如，劳动密集型的部门，以人工工时或人工成本作为制造费用的分配标准；机器密集的部门，以机器小时作为制造费用的分配标准；以耗用原材料为主的部门，则以原材料成本为制造费用的分配标准。传统计算方法下制造费用的分配程序如图5-2所示。

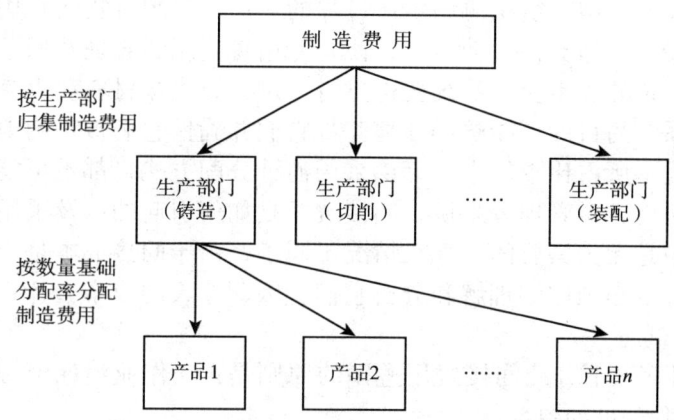

图5-2 传统成本计算方法下制造费用分配程序

从图5-2可以看出，传统的制造费用分配方法，最显著的特点就是：假设制造费用的发生完全与生产数量相联系，并且间接费用的变动与这些数量标准是一一对应的，因而它把直接人工小时、直接人工成本、机器小时、原材料成本或主要成本作为制造费用的分配标准。可以说，传统的制造费用分配方法，满足的只是与生产数量有关的制造费用的分配。

但是，作业成本法认为这种假设不能成立，原因有二：

一方面，随着企业生产自动化程度的不断提高，间接费用在生产成本中所占的比重越来越大，直接人工比例大大下降。在20世纪初，当许多企业开始建立正式的成本系统时，直接人工在生产成本中占相当大的比重，有的企业占50%以上；直接材料成本所占比重也较大；间接费用所占比重较小。因此，在设计成本会计系统时，各企业将重点放在如何核算与监督直接人工和直接材料。当时的成本会计系统在这方面表现极好。而今天，在工业企业中，直接人工仅占生产成本的很小比重。例如，在许多电子工业企业中，直接人工占生产成本的比重少于5%。在许多企业，直接材料成本占生产成本的40%~60%，仍然保持较大的比重。成本结构的变化说明间接成本所占份额越来越大。这种变化的原因是，由于生产自动化程度的提高，需要更多的生产工艺、生产计划和机器准备等活动。如果企业仍以日益减少的直接人工工时为基础来分配这些比例逐渐增大的间接费用，其结果往往是高产量产品的成本会被多计，而低产量产品的成本会被少计，从而造成产品成本信息的严重扭曲；而经营者或投资者则会误以为高产量的产品利润率低、低产量的产品利润率高，从而很容易引起决策失误。

另一方面，间接费用的构成内容越来越复杂，一些最重要的制造费用并不受生产数量或与之相关的指标的影响，许多制造费用甚至完全发生在制造过程之外。比如设计生产流程的费用、组织协调生产过程的费用、组织订货的费用等。同时，由于产品线的扩展，产品支持活动增加，使企业销售费用和管理费用不断增加。成本结构的变化使传统的成本会计系统变得过时。过去，直接材料和直接人工比重较大时，设计成本系统的目的是能够详细地监督它们并确保它们被正确地分配到各种产品。由于间接成本所占比重较小，无论采用何种分配方式，都不可能造成太大的产品成本扭曲。所以，对管理者来说，间接费用是如何引起的以及采用何种方式将它们分配到产品中是无关紧要的。现在情况不同了，由于间接成本是产品成本的重要组成部分，管理者必须能够理解和分析它们，因此今天的成本会计系统设计者特别关注间接成本信息。

作业成本计算法下分配间接费用遵循的原则是："作业消耗资源，产品消耗作业。"其分配的程序可如图5-3所示。

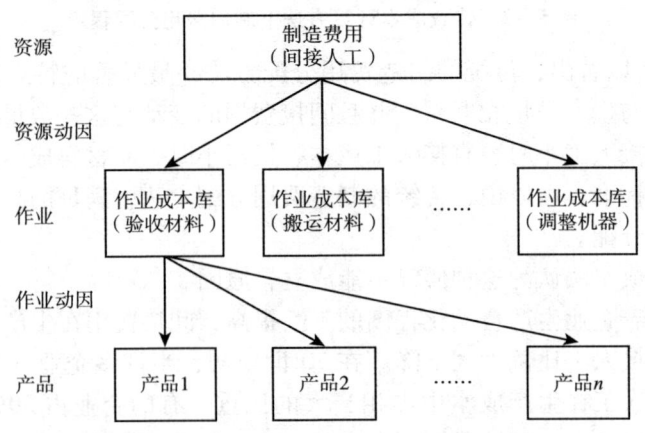

图5-3 作业成本法分配制造费用的程序

作业成本法认为产品的生产导致了作业的发生，作业导致间接费用的发生。资源是指企业生产经营过程中消耗的人力、物力、财力，就制造业而言，资源包括直接材料、直接人工、各种间接费用；在服务业中，人员、场地、设备等费用占较大比重。

资源动因,就是资源被各种作业消耗的方式和原因,它反映作业中心对资源的消耗情况,是资源成本分配到作业中心的标准。例如,如果人工方面的费用主要与从事各项作业的人数相关,那么就可以按照人数来向各作业中心(作业成本库)分配人工方面的费用。在这里,从事各项作业的人数,就是一个资源动因。

在制造费用分配到各作业成本库后,再按不同的作业动因,分别计算作业成本动因分配率,计算每一种产品消耗的每一项作业成本,将每一项作业成本合计,即可计算出该产品分配的制造费用。

所谓作业动因,就是各项作业被最终产品或劳务消耗的方式和原因。它反映产品消耗作业的情况,是作业中心(作业成本库)的成本分配到产品中去的标准。例如,如果在各种产品或劳务的每份订单上所耗用的费用基本相当,那么就可以按照订单份数来向各种产品或劳务分配订单作业成本。在这里,订单的份数就是一项作业动因。

作业成本法最主要的创新就是引入了"成本动因",具体包括资源动因和作业动因。这些成本动因的种类不只是传统成本计算方法下的数量动因(如直接人工小时等)。利用这些成本动因分配的产品成本都是清晰且可归属的,因为这些成本动因将产品同其所消耗的资源之间建立起了一种因果关系,而在传统成本计算方法下,因为选用单一的数量分配标准,是没有这种因果关系的。

第二节 作业成本法的基本概念

作业成本计算法作为一种新兴的成本计算系统,经过国内外会计界多年来的研究探索,已基本形成一套较为完整的概念体系。

一、作业成本法

作业成本法是以作业为核算对象,通过作业成本动因来确认和计量作业量,进而以作业成本动因分配率来对多种产品合理分配间接费用的成本计算方法。

二、生产作业的四种类型

在作业成本计算中,作业是汇集资源耗费的第一对象,是连接资源耗费和产品成本的中介。对直接材料和直接人工成本,大家很容易理解,因为它们可以被直接追溯到受益产品和服务中去。但是,要理解制造费用是如何产生的,我们首先要分析一个问题,即为了向产品生产提供服务和各种支持,为什么要在企业中实施一系列作业?我们通过下面的例子来说明制造费用是如何产生的。假设在同一城市有两家冷饮生产企业,即四星公司和燕都公司,前者只生产一种冰淇淋,后者生产一系列冰淇淋。上年两家企业都生产了60 000吨冰淇淋，因此两家企业的直接材料和直接人工成本相同。但是燕都公司的制造费用远远高于四星公司，因为燕都公司为生产系列冰淇淋，发生的支持作业（support activities）有：当生产的冰淇淋口味和颜色发生变化，要调整设备；在产品生产出来后，还要进行质量检验；在产品品种转换过程及转换之后，监控生产过程是否正常、机器调整是否到位；储存和搬运各种原材料；为不同品种购买原材料和包装材料；编制生产计划；处理各个顾客的订单；为各种品种提供工艺支持。制造费用随着支持产品生产的作业数量的增加而增加。因为燕都公司需要大量的支持作业，所以燕都公司的制造费用要高于四星公司。

我们可以将生产作业分为四种类型，即单位水平作业、批次水平作业、产品水平作业、能力水平作业。

（一）单位水平作业

单位水平作业（Unit – Related Activities）反映对每单位产品或服务所进行的工作。单位水平作业所使用的资源量是同产品产量和销量成比例的，或者同直接人工小时、机器小时成比例。比如，对每一个产品所进行的质量检查消耗的间接人工明显地与生产数量有关。又如，对直接生产工人的作业进行统一的监督，所需的监督成本与直接人工小时成比例。再如，机器运转消耗的润滑油、电力以及对机器的定期维修都与机器小时成比例。单位水平作业的成本动因包括人工小时、机器小时，以及加工的材料数量。

（二）批次水平作业

批次水平作业（Batch – Related Activities）由生产批别次数直接引起，与生产数量无关。例如，为新的生产批别准备机器，一旦机器被准备好，每批是生产100单位还是1 000单位，准备成本都不变。又如，如果只对每批产品的第一件进行检查，这时所消耗的间接人工与批次成比例。我们可将批次水平成本进一步扩展，如购买材料的订货费用与订货次数成比例，与每次的订货数量无关。处理顾客订单的成本与订单数量有关，与每张订单中的订货数量无关。送货成本与送货次数有关，与每次送货的数量无关。生产计划也被认为是批次水平作业，因为每个生产周期都要做一个生产计划，所以生产计划成本与生产周期的数量成比例，与每个生产周期内的生产数量无关。批次水平作业和单位水平作业的主要区别在于完成批次水平作业所需要的资源不依赖于每批次所包含的单位数。

（三）产品水平作业

产品水平作业（Product – Sustaining Activities）是每一类产品的生产和销售所需要的工作。产品和产品线的数量越多，产品水平作业成本也就越高。有关产品水平作业的例子有：制图、工艺设计、流程设计、产品改良、技术支持等。我们可以把产品水平作业这一概念扩展到工厂以外，则有顾客水平作业，如市场调研、客户支持工作，该工作能够使公司完成向个别顾客销售，这些工作与向顾客销售和交付的产品数量无关。再如，取得专利权以及药品生产许可证的成本随着引入的产品数量增加而增加。在前面所举的例子里，燕都公司的产品水平作业包括设计新口味的冰淇淋；配方的改进；每种冰淇淋的包装和宣传材料设计。由于燕都公司生产 5 种冰淇淋，而四星公司只生产 1 种产品，尽管两个公司的产量相同，但是燕都公司的产品水平作业成本要高于四星公司的产品水平作业成本。

（四）能力水平作业

能力水平作业（Facility – Sustaining Activities）是使企业生产经营正常运转的工作。这些作业与产品的种类、生产的批次、每种产品的生产数量无关。能力水平作业包括机器设备的租金、折旧、保养费，保险费和税金，房屋维修费、绿化费、照明、保安等。此外，能力水平作业还包括企业管理、会计、人力资源管理等费用。

三、作业成本动因

作业成本动因（Activities Cost Drivers）是指一项作业产出的计量单位，如直接人工小时、产品种类、机器准备次数等。作业成本动因充当着作业和产品之间的纽带。根据作业成本动因可以对一项作业产出进行定量计量。以作业为基础的成本制度除保留了传统成本制度的单位水平作业动因如人工小时、机器小时之外，还需要使用能把批量水平、产品水平、能力水平作业的成本分配到产品和顾客中的作业成本动因。对每一项作业，都有与其相对应的作业成本动因。

作业成本动因的选择是 ABC 的核心内容，一个企业作业成本动因数量的多少与该企业生产经营活动的复杂程度密切相关，若企业的生产经营活动越复杂，其作业成本动因也就越多。而作业成本动因的选定是否合理，将直接关系到 ABC 的应用效果，因此企业必须审慎考虑成本动因的选定问题。一般来讲，成本动因的选定应由企业的工程技术人员、成本会计师等人员组成的专门小组，对企业的各项作业进行认真分析、讨论后再加以确定。在选定作业成本动因时，必须注意下列两个问题：

第一，作业成本动因应简单易懂、易于从现有资料中分辨出来，并与企业中各作业部门的产出具有直接的关联性；

第二，在选择作业成本动因时，应体现代表性与全面性相结合的原则，为了避免作业成本计算法过于复杂、难于执行而流于形式，不宜将面铺得过广，要选择具有代表性、重要性的作业成本动因；但同时又应注意避免作业成本动因的范围过窄，不能反映企业作业过程的基本特点。表 5 – 1 列示了四种作业类型及相关作业成本动因。

表 5 – 1　　　　　　　　　作业种类和它们的作业成本动因

种　类	代表性作业	作业成本动因
能力水平作业	机器设备的管理 会计和人力资源管理 房屋维修、照明 租金、折旧	场地面积 工人数量
产品水平作业	产品设计 零部件管理 工艺设计 修改产品特性	产品种类 零部件数量 工艺改变单
批次水平作业	机器准备 首件产品检查 处理顾客订单 材料搬运 生产计划	准备小时 检查小时 订单数量 材料移动次数 产品生产
单位水平作业	产品检查 直接人工监督 直接动力、燃料费用	产品数量 直接人工小时 机器小时

　　把作业成本分配到个别产品中去，需要知道每一产品的作业成本动因数量。也就是除了要知道每一产品成本中心所需的材料、直接人工和机器小时外，作业成本制度还必须知道每一产品的各个成本动因数量。例如，对于每一类产品，必须掌握的关于成本动因的信息有：生产产品的数量、购买材料的数量、材料搬运的数量和设计变更通知的数量，这将引起所要收集信息的数量大幅度增长。幸而不断改进的综合信息系统，尤其是建立在整个企业范围内的信息系统，使得关于作业成本动因的信息比原来容易获得，其成本也更低。根据作业成本和作业成本动因数量可以计算作业成本动因分配率（Activities Cost Driver Rate）。作业成本动因分配率是作业成本与作业成本动因数量的比率，其计算公式为：

$$作业成本动因分配率(R) = 作业成本(C)/作业成本动因数量(X)$$

　　我们在前面所讲的燕都公司由于生产多种产品，所以其要求的作业数量较多。我们需分别计算每项作业的作业成本动因分配率（R）。假设一个企业的生产过程由 5 项作业组成，可分别计算 5 项作业的作业成本动因分配率，即

$$R_1 = C_1/X_1,\ R_2 = C_2/X_2,\ R_3 = C_3/X_3,\ R_4 = C_4/X_4,\ R_5 = C_5/X_5$$

则某种产品的制造费用（C）计算如下：

$$C = C_1 + C_2 + C_3 + C_4 + C_5$$
$$= R_1X_1 + R_2X_2 + R_3X_3 + R_4X_4 + R_5X_5$$

该企业的制造费用由 5 项作业组成。传统的制造费用分配只使用一个分配标准，计算一个统一的制造费用分配率。假设企业以第一项作业动因（X_1）作为分配标准，计算制造费用分配率（R'），其计算过程如下：

$$R' = C/X_1 = (C_1 + C_2 + C_3 + C_4 + C_5)/X_1$$

则某种产品分配的制造费用计算公式为：

$$C = R'X_1$$

通过这个公式计算产品成本，当其余 4 项作业动因 X_2、X_3、X_4 和 X_5 与被选择的作业动因 X_1 不成比例时，产品成本将被严重扭曲。

通过下面的例子我们来说明如何运用作业成本动因。

【例 5-1】 巨龙公司货物搬运部门每月的总成本为 50 000 元，每月平均直接人工小时为 40 000 小时。搬运材料的分配率为每直接人工小时 1.25 元。公司生产低产量的产品 A，每月产量为 100 件，每生产一件 A 产品需要 1 小时的直接人工小时。根据公司的传统成本制度，每月 A 产品被分配到 125 元的搬运费用。

巨龙公司采用作业成本制度将材料搬运部门的工作分为三个主要的作业：接收部件、接收材料和把部件分配到生产车间。对于每一个作业，作业成本法设计者都为其选择了一个相应的成本动因，然后收集每一作业成本动因的数量。将被分配来的作业费用除以作业成本动因的数量就可以得到作业成本动因率。其计算过程如表 5-2 所示。

表 5-2

项　目	接收部件	接收材料	分配部件和材料
作业成本动因	部件接收数量	材料接收数量	生产批次数
作业成本	25 000 元	12 500 元	12 500 元
作业成本动因数	2 500 次接收	1 000 次接收	500 生产批次
作业成本动因率	10 元/次接收	12.5 元/次接收	25 元/生产批次

A 产品是一个非常复杂的产品，它需要 50 多个独立购买的部件和一些不同类型的原材料来组装成一个成品。一个月内生产 100 件的 A 产品需要一个生产批次，购买 20 批部件和 4 批原材料。使用作业成本动因来把材料搬运成本分配到 A 产品中，其计算过程如表 5-3 所示。

表 5-3

项目	作业成本动因量	作业成本动因率	作业成本
接收部件	20	10 元/次接收	200 元
接收材料	4	12.5 元/次接收	50 元
分配材料	1	25 元/批次	25 元
合　计	—	—	275 元

每单位 A 产品材料搬运成本为 2.75 元（275÷100）比传统的直接人工分配方法计算出的 1.25 元高出两倍多。A 产品被分配的成本较高是因为它需要许多不同种类的部件和原材料，同时还因为这种低产量产品的生产环节相对较少。

第三节　作业成本计算的一般程序

前两节我们对作业成本计算的原理进行了分析，其计算原则是"作业消耗资源，产品消耗作业"。这一过程可以分为以下四个步骤：

一、确认和计量各类资源耗费，将资源耗费价值归集到各资源库

这一步骤是按资源类别对资源耗费价值进行归集的过程。在资源被耗费后，一般来说，都应该按照一定的价值归集范围，对其进行分类归集。这样既可以从总体上反映各类资源的耗用情况，同时也为各类资源的耗费价值向作业成本库的分配创造了条件。至于价值归集范围，一般应视企业的规模和作业组合状况而定。对于小规模企业，若不分设制造中心，则直接在整个企业范围内按类别归集资源耗费价值；对于大规模企业，一般可设若干制造中心，并将各制造中心视为小规模企业来归集各类资源耗费价值。

二、确认作业、主要作业和作业中心，并建立作业成本库

这一步骤的实施，是建立在对企业生产经营过程进行全面分析基础上的。因为只有通过对企业生产经营过程的全面详尽分析，才能将其描述成为一个由此及彼、由内向外的作业链，才能发现各项作业的成本动因，从而在此基础上，按照作业成本动因来建立作业成本库。作业成本库是指作业成本计算法在为每一间接成本项目确定合理的成本动因后，将具有相同性质的作业成本动因组成的若干个成本库（即作业中心）。

在实际工作中，一个企业的作业可能成百上千，按照重要性原则，我们选择主要

作业作为资源分配的基础。

三、将各资源库汇集的价值分配到各个作业成本库中

在作业成本库建立之后,如何将各类资源的价值耗费向各作业成本库进行分配,就成为本步骤的重要内容。按照作业成本计算的规则,作业量的多少决定着资源的耗用量,资源耗用量的高低与最终产品的产出量没有直接关系。所以这一步骤分配资源的价值耗费的基础是反映资源消耗量与作业量之间关系的资源动因,即如何正确地确定资源动因是正确地将各类资源耗费分配计入各作业成本库的关键。

确立资源动因的原则是:(1)某一项资源耗费能直观地确定其是为某一特定产品所消耗,则直接计入该特定产品成本,此时资源动因也是作业动因,该动因可以认为是"终结耗费",材料费往往适用于该原则;(2)如果某项资源耗费可以从发生领域上区分为各作业所耗,则可以直接计入各作业成本库,此时资源动因可以是"作业专属耗费",各作业各自发生的办公费一般适用这种原则,各作业按实付工资额核定应负担的工资费时,也适用这一原则;(3)如果某项资源耗费从最初消耗上呈混合耗费形态,则需要选择合适的量化依据将资源分解分配到各作业,这个量化依据就是资源动因。

在成本计算过程中,各资源库价值应根据资源动因逐项分配到特定范围内的各作业成本库中去,将每个作业成本库中转入的各项资源价值相加就形成了作业成本库价值。

四、将各作业成本库价值分配计入最终产品成本计算单,计算完工产品成本

该成本计算步骤应遵循的作业成本计算规则是:产出量的多少决定着作业的耗用量,这种作业消耗量与产出量之间的关系即为作业动因。

作业动因是将作业成本库成本分配到产品中去的标准,也是将作业耗费与最终产出相沟通的中介。既然作业中心和作业成本库是依据作业动因确认的,就每一作业成本库而言,其动因在第二步骤已经确立,因而成本计算在这一步骤并无障碍。如订单作业是批量动因作业,我们只需将该作业成本库成本除以当期订单份数求得分配率,将此分配率乘以某批产品所用订单份数即可得到应计入该批产品成本计算单中订单成本项目中去的价值。

根据前两节的有关知识,我们可以通过下面的例题,说明作业成本法的分配程序以及它与传统成本计算方法的区别。

【例5-2】 巨龙汽车公司生产制造微型卡车模型和轿车模型。过去企业按直接人工小时分配制造费用,制造费用分配率是25元/小时。新上任的财务处长认为作业成本法可以改善产品成本计算的精确程度,在研究了企业的作业和成本后,财务处长

得出了下列有关数据,如表5-4所示。

表5-4

项　目	微型卡车	轿车	作业动因分配率
产量	50	100	—
直接材料成本(元)	4 250	7 500	—
直接人工小时	100	300	—
直接人工成本(元)	1 000	3 000	—
搬运次数	40	20	50元/次
部件数量	10	6	100元/件
设计变化次数	5	3	375元/次
设备调试次数	7	5	200元/次

按照传统成本计算方法计算的结果如表5-5所示。

表5-5　　　　　　　　　　　　　　　　　　　　　　　　　　　单位:元

项　目	微型卡车	轿车
直接材料成本	4 250	7 500
直接人工成本	1 000	3 000
制造费用(25元/人工小时)	2 500	7 500
总成本	7 750	18 000
单位成本	155 (7 750÷50)	180 (18 000÷100)

按照作业成本法计算的结果如表5-6所示。

表5-6　　　　　　　　　　　　　　　　　　　　　　　　　　　单位:元

项　目	微型卡车	轿车
直接材料成本	4 250	7 500
直接人工成本	1 000	3 000
制造费用合计	6 275	3 725
其中:搬运费用	2 000 (50×40)	1 000 (50×20)
部件成本	1 000 (100×10)	600 (100×6)
设计变化费用	1 875 (375×5)	1 125 (375×3)
调试费用	1 400 (200×7)	1 000 (200×5)
总成本	11 525	14 225
单位成本	230.5 (11 525÷50)	142.25 (14 225÷100)

从表 5-4 和表 5-5 可以看出，传统成本方法和作业成本法两种方法的总成本合计数相等，但是微型卡车的成本和轿车的成本并不相等。作业成本法的计算显示，轿车分担了微型卡车的总成本 3 775 元（18 000 -14 225）。从单位成本看，两种方法的差异为：微型卡车的差异为 75.5 元（230.5 -155），差异率为 48.71%；轿车的差异为 -37.75 元（142.25 -180），差异率为 20.97%。这些信息可以帮助企业更精确地为两种产品定价，制定产品促销战略。

传统成本方法认为制造费用与数量（本例为直接人工工时）之间成比例变化，但是在本例中制造费用各组成项目并不受数量指标影响。因此，两种方法出现成本差异就是不可避免的了。

当今社会，生产趋势呈多品种、小批量、小型化发展趋势，因此上述两种成本方法的差异需要企业管理者关注，以便做出正确决策。

第四节　作业成本管理

作业成本制度的建立应满足以下两个条件：一是企业有大量的间接费用和辅助资源耗费；二是产品、顾客和生产过程多样化。许多公司利用传统的标准成本系统或变动成本系统提供的信息，盲目增加产品品种，使其产品过于顾客化和过多地为顾客服务。他们没有看到为实现产品多样性、顾客化和为顾客服务所制定的决策是怎样导致过高的间接费用和辅助资源费用的。

前面我们已经了解了管理者如何按作业成本法计算各种产品的成本。对于一个拥有上百种甚至上千种产量不同、工艺不同、规格不同的产品的企业，作业成本法的应用效果是最为显著的。但作业成本计算的作用远不止成本计算，ABC 以作业为中心的管理思想，现在已从成本的确认、计量方面转移到企业管理的诸多方面，一个新的现代企业管理思想——作业管理（ABM）正在形成。作业管理是把管理重心深入到作业层次的一种新的管理观念。作业管理的研究领域除了生产过程，还把供应者、顾客这类作业链的投入端与产出端作为独立的分析对象（如顾客盈利性分析），同时也针对作业链整体进行分析。

可以说，发展至今，作业成本法已成为以作业为核心、成本分配观和过程分析观二维导向、作业成本计算与作业管理相结合的全面成本管理制度。如图 5-4 所示。

成本分配观导向下所提供的信息有助于分析资源、作业与产品这三者之间的关系，准确计量产品成本，寻找成本管理的突破点，实施目标成本法、进行顾客盈利性分析。过程分析观导向下提供的信息反映作业过程的动态关系，为从根源上控制成本、评价业绩、持续改善生产经营创造了条件。

从作业管理的实质来看，作业管理的主要目标有两个：一是从外部顾客的角度出发,尽量通过作业为顾客提供更多的价值;二是从企业自身角度出发,尽量从顾客提供的价值来获取更多的利润。为实现上述两个目标,企业管理必须深入到作业水平,进行作业分析。

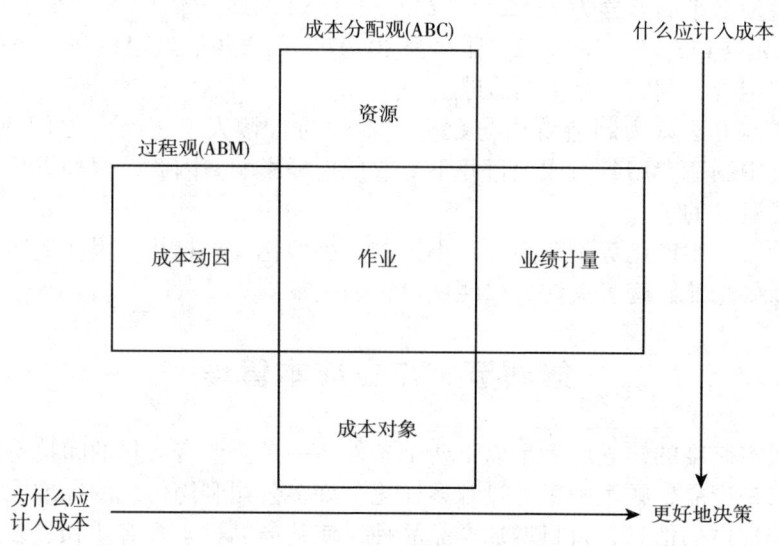

图5-4 作业成本法二维成本观

一、作业分析

对作业分析的理解有广义和狭义之分。狭义的作业分析仅指认识和区分作业。显然仅仅认识和区分了作业并不能满足我们的需要,我们需要通过认识和分析作业,将作业作为成本核算和管理的对象,改善企业的经营管理、降低企业成本,所以一般需要把对作业的认识、将细小的作业整合成成本计算的对象以及对具体作业的改进纳入作业分析的概念中去,从而形成广义的作业分析概念。广义的作业分析,是指对一个企业(或组织、部门)所进行的作业的辨认、描述、评价和改进的过程。它能为企业提供如下信息:进行了多少作业;多少人参与了作业;作业所耗费的时间和资源;评价作业对企业的价值,分辨"增值作业"和"非增值作业"。

无论是广义的还是狭义的作业分析都承认:作业分析首先是对一个企业所从事的主要作业进行的分辨和确认,从而为描述其经营以及确定其发生的成本和实现的业绩奠定一个清晰、明确的基础。它有助于人们理解企业是如何运营的,进而为计算作业成本、改进作业、提高企业业绩(包括利润、质量以及时间的利用)提供信息保证。一般来说,作业分析的目的主要体现在以下几个方面:使企业了解主要作业目前的成本耗费水平和企业的工作业绩；为降低成本或改进业绩提供相应的作业信息，为作业的改进提供信息；辨别从属的、次要的和非增值的作业；辨别跨机构、跨组织作业问题。

作业分析具体包括如下步骤：

（一）划分增值作业和非增值作业

增值作业是指企业生产经营所必需的，且能为顾客带来价值的作业。例如，采购订单的获取、在产品的加工以及完工产品的包装均属于增值作业。对于增值作业，企业要做的是努力提高其执行效率。

非增值作业是指对增加顾客价值没有贡献，或者凡经消除而不会降低产品价值的作业，比如储存、移动、等待、检测等作业。非增值作业是企业作业成本管理的重点。实际上，在一个企业所从事的作业中，非增值作业占有相当大的比重，存在巨大的改进潜力。企业应合理安排作业及各作业之间的联系，竭力减少非增值作业的执行。一般来说，一个企业的非增值作业主要有：

（1）计划作业。该作业要耗费时间和资源来决定如何生产、生产多少、何时生产。

（2）移动作业。该作业要耗费时间和资源将原材料、在产品和产成品从一个部门转移到下一个部门。

（3）等待作业。原材料或在产品未被下一道工序及时加工而存在等待作业，这一作业也要耗费时间和资源。

（4）检查作业。该作业要耗费时间和资源来确保产品符合标准。

（5）储存作业。该作业要消耗时间和资源保存原材料或产品。

（二）分析重要性作业

企业的作业通常多达几十种，甚至上百种、上千种，对这些作业一一进行分析是不必要的，因为不符合成本效益原则。根据重要性原则，只能对那些相对于顾客价值和企业价值而言比较重要的作业进行分析。

（三）把企业的作业同其他企业类似的作业进行对比

因为增值的作业并不意味着有效和最佳，通过与其他企业先进水平的作业进行比较，可以判断某项作业或企业整个价值链是否有效，以寻求改进的机会。例如，产品设计作业，应是一种增值作业，但是如果某企业采用能快速提供服务的电脑辅助设计，在采用多品种、少批量生产方式和要求快捷供货的情况下，用计算机辅助设计替代人工设计应是必要的。

(四)分析作业之间的联系

作业成本法下的各种作业相互联系,形成作业链,理想的作业链应该是使作业完成的时间最短和重复次数最少。由此我们知道,作业管理不仅仅是一项管理工作,更为重要的它还是不断改进企业作业活动的动态过程。

二、作业管理

管理者在进行了作业成本分析之后,一旦了解了他们的产品成本,就会采取许多可行的策略来增加产品系列的获利能力。管理者利用作业信息所采取的行动即为作业管理。主要内容包括:产品重新定价、替代产品、重新设计产品、改进生产过程和经营策略、技术投资和产品削减等。

(一)作业管理方法

1. 作业消除。作业消除就是消除不增值的作业。即先确定不增值的作业,进而采取有效措施予以消除。例如将原材料从集中保管的仓库搬运到生产部门,将某部门生产的零件搬运到下一个生产部门都是不增值作业。如果条件许可,将原料供应商的交货方式改变为直接送达原材料使用部门,改善工厂布局,缩短运输距离,削减甚至消除不增值作业。

2. 作业选择。作业选择就是尽可能列举各项可行的作业并从中选择最佳的作业。不同的策略经常产生不同的作业,例如不同的产品销售策略会产生不同的销售作业,而作业引发成本,因此不同的产品销售策略,引发不同的作业及成本。在其他条件不变的情况下,选择作业成本最低的销售策略,可以降低成本。

3. 作业减低。作业减低就是改善必要作业的效率或者改善在短期内无法消除的不增值的作业,例如减少整理准备次数,就可以改善整理准备作业及其成本。

4. 作业分享。作业分享就是利用规模经济效应提高必要作业的效率,即增加成本动因的数量但不增加作业成本,这样可以减低单位作业成本及分摊于产品的成本。例如新产品在设计时如果考虑到充分利用现有其他产品使用的零件,就可以免除新产品零件的设计作业,从而减低新产品的生产成本。

(二)作业管理实例

1. 产品重新定价。在激烈的市场竞争中,一些公司处于被少数大公司控制的行业中,因此在产品定价方面很少有自主权。这使得公司很难从质量和性能的角度对产品品种进行区分,顾客也能够非常容易地转换供应商以获得最低价格的产品。除非这个小公司的顾客非常忠诚(或者顾客的转换成本很高),这个公司必须遵循行业领导者的价格政策。在这种情况下,即使是经过详细的成本分析,公司也不能变更其价格政策。这些公司必须注重于经营策略而不是用定价来提高他们产品的获利性,这些经营策略包括重新设计、替代、削减产品或改进生产。

然而许多公司在价格调整方面拥有高度自主权,尤其是那些高度细分的产品。在市场竞争不激烈的情况下,管理者通常是根据对产品标准成本的补偿或根据现有的类似产品价格的推断来定价的。当价格政策来源于传统的标准成本时,由于制造费用的分配是通过直接人工或机器小时来实现的,管理者只能制定出很差的价格政策。例如,一家生产笔的企业,高产量的蓝黑笔的价格是在激烈竞争的市场上建立起来的,特殊的产品如紫红色笔,虽然外表和生产过程都类似,但由于其独特的性质,价格就会高于普通的蓝黑笔,在此分析之外还要为这种产品付出很高的关于产品开发、产品改进、购买、接收、检查、准备,以保持这种特殊颜色所需资源等方面的成本。通常情况下,对于一位顾客来说,购笔的这项花费只是他全部花费中很小的一部分(购买特殊颜色的笔用来书写婚礼请柬的钱在整个婚礼的花费中微不足道),同时顾客也许愿意为高品质、可靠的产品以及特殊产品的独特性能付出相当的高价。

在进行初步的作业成本分析之后,公司往往能将那些特殊的、顾客化的和豪华产品的价格提高。相反,一旦那些低产量的特殊产品的成本被正确分配之后,那些高产量普通产品的成本就会下降,而且成熟产品的成本可能会降低。虽然这样的成本下降看上去是比较小的,但高产量的成熟产品通常在竞争市场上销售,利润的增长十分有限。采用作业成本法计算,这些产品中没有分配它的根本没有耗用的资源成本,这些产品的获利水平是很高的。因此,公司可降价提高这些产品的销量,产量增加只引起单位水平作业成本的增加,而批量作业成本和产品水平成本并未增加。

2. 产品替代。与提高低产量、特殊订货产品可达到相同效果的方法是,用现有的低成本的可供选择的产品对其进行替代。在许多情况下,顾客并不关心高成本产品的一些特性。他们可能希望拥有一支紫红色的笔,但一支已经被大量生产的紫色笔因其价格较低,也许就会很好地满足顾客。

定价和产品替代是相互补充的行为,销售代理可以为顾客提供一种选择,即以高价格获得专门制定性能的产品和以低价格获得一种低成本的替代品并放弃性能上的要求。运用作业成本分析提供的信息,销售代理可以同顾客进行一次宜于理解的基于事实的讨论,以使顾客了解性能、独特性和价格之间的交替关系。因此,如果一位顾客不愿意为独特产品多付出50%的价格,产品的销售代理就可以向其显示一种功能相同的现有产品,也可以满足其技术上的要求,而这种产品不需要在价格上多支付。一些公司已经给他们的销售代理配备了装有作业成本模型的笔记本电脑,这样代理部门就可以同顾客进行一次关于产品特性同价格之间交替情况的现场讨论。

3. 重新设计产品。一些产品之所以昂贵是由于设计不合理。在没有作业成本引导产品设计的情况下,工程师们往往忽略许多部件及产品多样性和复杂的生产过程的成本。他们为性能而设计产品，却不考虑添加专用部件的成本、新顾客和复杂生产过程的需要。通过出色的设计来削减产品成本的最好机会是产品的初次设计。作业成本分析将揭示一些设计中存在的非常昂贵的复杂部件以及独特的生产过程，它们很少增加产品的绩效和功能，可以被删除或修改。产品的重新设计是非常有吸引力的选择。因为它经常不会被顾客发现，如果设计成功地完成了，公司也不必进行重新定价或替代其他产品。

4. 改进生产经营过程。对作业成本法计算的产品水平成本进行仔细分析也会给改进生产过程带来机会。传统的复杂产品成本的计算是通过一个由最终产品所需的全部部件和配件组成的材料清单完成的。在作业成本法下，计算一个产品的成本当然也需要材料清单，但还需要作业清单。在作业清单中除了要显示材料、人工和机器小时等单位水平作业成本外，还要揭示生产产品所需的批量水平和产品水平的作业，如订购部件、安排生产、处理顾客订单、机器准备、加工产品清单、设计产品和生产过程。在前面，我们讨论了如何利用这些信息进行定价和同顾客讨论使用更便宜的替代产品的可能性，作业清单能提供额外的一系列可以降低产品所需资源成本的行为。例如，公司可以通过订购材料、加工产品、订单、机器准备、处理订单、发运、收款来改进其经营过程。

在公司的生产经营过程被改进以后，完成相同的任务就会需要更少的资源。这种效率上的收益将通过较低的成本动因率的形式，在未来的作业成本模型中予以量化，较低的作业成本动因又会反过来导致对使用这些作业的产品分配更少的成本。因为作业成本分析将显示出在经营作业和过程上的改进是怎样导致了较低的产品成本的。

5. 改进经营策略。一般情况下，高产量的产品有大量的单位水平作业和较少的批量水平作业，低产量的特制产品有较低水平的单位水平作业和大量的批量水平作业。对于集中生产的、高产量的产品适于在高效率地完成单位水平作业的工厂中生产，这些工厂可能对于完成批量水平作业和辅助产品生产非常无效率。对于低产量、高度多样化的产品在能高效地完成批量和产品水平作业的工厂中生产，这样的工厂通常拥有熟练工人和通用的机器设备，它们可能对于完成单位水平作业非常无效，单位水平作业对于这些工厂显得非常昂贵，是由于需要大量高素质的直接人工来操作普通用途的机器，而普通用途的机器运作起来会比专业的、高度自动化的生产设备慢得多。但对于小批量的新型定制产品，较低的批量水平和辅助产品足以抵销较高的单位水平人工成本和机器运转时间。

6. 技术投资。弹性制造系统（FMS）是为了高效地制造呈弹性变化的多种类产品而组成的一个一体化的集合，由数控机床、自动传送带及其仓库、工业机器人与计算机控制中心这几个硬件设施构成，这些设施对零部件的形状差异、数量变化等具有充分的适应能力。弹性制造系统的构成解释了先进的制造技术是怎样解决大量生产的效率与灵活性之间矛盾的。弹性制造系统和其他信息密集型的制造技术如计算机辅助设计（CAD）、计算机辅助技术（CAE）和计算机辅助软件技术（CASE）都被视为极大地降低了批量水平作业和产品水平作业成本，而同时又保持了高度自动化生产的效率。因此，在这些高级且复杂的信息密集型制造技术上投资，实际上是出于降低传统的制造技术发生的批量水平作业和产品水平作业成本的愿望。然而这些成本只有在工厂为计算批量水平作业和产品水平作业而采用了作业成本制度时才是可视的。这些大量的可视的批量水平作业和产品水平作业成本成为计算机综合制造技术的主要缩减任务。

7. 削减产品。上面介绍的方法都是将不获利产品转变为获利产品的方法，如果上述方法不能奏效，那么管理者将不得不采取最后的办法：终止不获利产品的生产。

即使有些产品不能获利，但销售人员也不愿放弃。他们认为，这些产品是对获利产品的补充。从满足顾客需要和销售的角度来讲，企业必须拥有全面的产品线。在这种情况下，如果不获利产品确实能够增加整体产品的获利性，通过不获利产品和获利产品组合能使企业利润达到最大化，可以继续对不获利产品进行生产和销售。否则，要对之进行停产处理。

思考与练习题

一、思考题

1. 什么是作业、作业链和价值链？
2. 作业成本计算法下分配间接费用遵循的原则是什么？
3. 什么是作业成本法？作业成本计算与传统成本计算的区别是什么？
4. 生产作业有哪四种类型？
5. 什么是作业成本动因？在选定作业成本动因时，应该注意解决好哪些问题？
6. 作业成本计算的一般程序是什么？
7. 什么是作业成本库？其作用是什么？
8. 什么是作业成本管理？
9. 什么是作业分析？作业分析有哪些步骤？
10. 什么是作业管理？作业管理有哪些方法？

二、练习题

【习题一】

［目的］通过练习，掌握作业成本的分配。

［资料］路路通公司采用作业成本会计核算该公司的铬合金车轮制造过程。公司管理者确定了四种作业：材料搬运、机器调整准备、零件安装和抛光。2016年预计的作业成本和各自的作业成本分配基数如表1所示。

表 1

作业	预计成本总额（元）	分配基数
材料搬运	12 000	零件数量
机器调整准备	3 400	调整准备次数
零件安装	48 000	零件数量
抛光	80 000	直接人工小时
合计	143 400	

2016 年路路通公司预计生产 1 000 个铬合金车轮，预计使用 3 000 个零件，需要对机器调整准备 10 次，抛光需用 2 000 个直接人工小时。

［要求］
（1）计算每项作业的成本分配率。
（2）计算每个车轮的间接制造成本。

【习题二】
［目的］通过练习，掌握作业成本的分配。
［资料］诺亚科技公司的移动电话部装配和测试数字处理器。处理器 G27 的有关数据如表 2 所示。

表 2

直接材料成本（元）	56.00
分配的作业成本（元）	?
产品制造成本（元）	?

生产处理器所需的作业如表 3 所示。

表 3

作业	分配基础	每单位分配的成本（元）
启动	原材料通过数量	$1 \times 0.90 = 0.90$
浸洗	浸洗数量	$20 \times 0.25 = ?$
手工嵌入	手工嵌入数量	$5 \times ? = 2.00$
波纹焊接	焊接零件数量	$1 \times 4.50 = 4.50$
底座安装	底座安装数量	$? \times 0.7 = 2.80$
测试	每个处理器的标准测试时间	$0.15 \times 90.00 = ?$
缺陷分析	缺陷分析和修理的标准时间	$0.16 \times ? = 8.00$
合计		?

[要求]

(1) 填入表中"?"号处所缺数字。

(2) 在这个成本系统下，直接人工成本如何分配给产品？

(3) 为什么管理者喜欢作业成本会计系统而不喜欢根据直接人工分配所有加工成本的老成本系统？

【习题三】

[目的] 通过练习，掌握作业成本的分配、成本信息的披露及产品的定价。

[资料] 河岸办公用品公司生产电脑桌。公司使用了作业成本会计系统，它的作业及有关数据如表4所示。

表4

作业	预计作业成本（元）	分配基数	成本分配率
材料搬运	300 000	零件数量	0.60
装配	2 500 000	直接人工小时	15.00
喷漆	170 000	喷漆桌子个数	5.00

3月份，河岸公司生产两种类型的电脑桌——标准型和简化型（使用较少的零部件并且未经喷漆）。总量、直接材料成本总额和其他总量数据如表5所示。

表5

产品	生产总量	直接材料成本总额（元）	零件总数	装配直接人工小时总量
标准型	6 000	96 000	120 000	6 000
简化型	1 500	21 000	30 000	900

[要求]

(1) 计算每种电脑桌的单位产品制造成本。

(2) 假设产前作业，例如产品设计，分配给每种产品：标准型每个分配5元和简化型每个分配3元。类似的分析也用于产后作业，如分销、营销和客户服务。每个标准型和简化型电脑桌分配的产后成本分别是25元和22元。计算单位产品的完全成本。

(3) 哪种产品成本被列示在对外财务报表上？哪种产品成本被管理者用于制定决策？解释它们的差异。

(4) 如果每个标准型电脑桌要盈利42元，河岸公司的管理者应制定的产品价格是多少？

【习题四】

[目的] 通过练习，掌握作业成本的分配，比较作业成本会计系统和原始成本系统的区别。

[资料] 爱网公司开发互联网应用软件，市场竞争异常激烈，并且公司的竞争对手不断以低价推出新产品。公司生产多种软件——从使用户建立个人网页的简单程序到复杂的商业搜索引擎。与绝大多数软件公司一样，爱网公司的原材料成本是不重要的。

公司雇用财会人员唐龙，他刚从某大学会计系毕业。唐龙请求软件部经理宋虎与他共同研究作业成本会计原理。唐龙和宋虎确定了下列作业、相关成本和成本分配基数，如表6所示。

表6

作业	估计的间接作业成本（元）	分配基数	估计的成本分配基数数量
软件开发	1 600 000	新软件	4 个
内容编写	2 400 000	编码条数	12 000 000 条
测试	288 000	测试小时	1 800 小时
间接成本合计	4 288 000		

爱网公司计划开发两种新软件：

（1）X – Page——用作开发个人网页；

（2）X – Secure——商业安全和防火墙软件。

X – Page 需要编写 500 000 条代码及测试 100 个小时，而 X – Secure 需要编写 7 500 000 条代码及测试 600 个小时。公司预计生产和销售 30 000 套 X – Page 软件和 10 套 X – Secure 软件。

[要求]

（1）计算每种作业的成本分配率。

（2）采用作业成本分配率计算 X – Page 和 X – Secure 的作业成本（提示：首先计算分配给每个产品线的总成本，然后计算单位成本）。

（3）公司的原始单一成本分配基数成本系统按每编程小时 100 元将间接成本分配给产品。X – Page 需要 10 000 个编程小时，而 X – Secure 需要 15 000 个编程小时。计算原始成本系统下分配给 X – Page 和 X – Secure 的间接成本总额。然后计算每种产品的单位间接成本。

（4）比较作业成本会计系统和原始成本系统的单位成本，说明单位成本是如何变化的，解释产品成本为何这样变化。

第六章

短期经营决策

【本章学习目的】

通过本章的学习，应掌握决策的概念及其分类；掌握短期经营决策的相关成本概念；了解决策分析的程序和分类；掌握生产决策的基本方法；熟悉定价决策的方法和策略；了解定价决策的范围和相关因素。

第一节 经营决策概述

一、经营决策的定义

作为管理学科的一个重要学派，决策理论学派着眼于合理的决策，即研究如何从各种可能的抉择方案中选择一种"令人满意"的行动方案。该学派吸收了系统理论、行为科学、运筹学和计算机科学等学科的研究成果，在20世纪70年代形成了一个独立的管理学派，其主要代表人物是赫伯特·西蒙。决策理论学派的理论基础是经济理论，特别是消费者抉择理论，即在一定的"合理性"前提下，通过对各种行为的比较和选择，使总效用或边际效用达到最大化。

决策，是指组织或个人为了实现某种目标而对未来一定时期内有关活动的方向、内容及方式进行必要的计算、分析进而进行选择及调整过程。决策本质上是一个过程，即为了实现某一特定系统的目标，在掌握相关信息的基础上，提出备选方案，应用科学的理论和方法，进行必要的分析和判断，根据设定的决策准则，从中选出最优方案，并对方案进行不断检查和修正，直到目标得以彻底实现的过程。

"企业管理的重心在经营，经营的中心在决策"。决策行为贯穿于管理的整个过程。一个完整的管理系统包括决策、决策支持（决策分析）、执行和控制三个子系统。管理会计既属于决策支持系统，又属于执行和控制系统。通过利用财务信息和非财务信息，借助于各种决策技术和方法，管理者对备选方案进行充分的调查研究、分析评价、最终提出最优方案的建议，协助管理当局作出科学、正确的唯一性选择。比如，生产所需的原材料是由本企业制造还是从外部购入？生产的批量如何安排？批次是多少？闲置的设备是出售还是出租？生产用厂房的建造是"自营"还是"出包"？

企业整合的方式是采用"横向"？还是"纵向"？是"完全整合"？还是"锥形整合"？在管理会计学中，经营决策就是在科学预测及分析相关信息的基础上，根据企业或其他经济组织的特征，借助于科学的理论和专门的方法，对生产经营活动和投资活动的各种备选方案可能产生的结果，进行全面、客观的测算、分析和评价，从中选出最优方案的过程。

二、经营决策的种类

1. 按照经营决策的性质可以分为定性决策和定量决策。

（1）定性决策。是指决策者主要依靠其知识、智慧和经验，对无法用数量表现的目标和未来行动的方向、方针、原则、性质和类型进行具有择一性的确定过程。如组织机构的设置和调整决策、干部的选拔决策、新设备引进决策、新产品开发决策等。

（2）定量决策。是指决策者运用统计方法和数学模型，对能用数量表现的决策目标和行动方案进行的决策。如预测年度每股收益的决策、目标销售量和目标销售价格的决策、销售利润率和资金利润率决策等。

2. 按经营决策事件发生的频率分为程序化决策和非程序化决策。所谓程序化决策就是那些带有常规性且不断重复的例行决策，可以按照一套例行程序来进行。比如，针对普通顾客的货品定价；日常办公用品的订购方案；因病缺勤职工的工资安排等。

所谓非程序化决策则是指对那些过去从未或不经常发生且其性质特殊、结构复杂且意义重大并需用估计的方式加以抉择的决策。例如，是否前往新的国家或地区建立工厂的决策；是采用全球标准化形式还是采用本土化方针的经营决策；是否要对地震灾区进行捐赠的决策等。

3. 按经营决策影响的时间可分为长期决策和短期决策。

（1）长期决策。是指关乎企业未来发展方向的全局性、长期性、决定性的重大决策。如3～5年战略的制定、投资及竞争战略采用的类型、企业使命的确定、人力资源的政策安排和组织框架方式的选择等。

（2）短期决策。是指为实现长期战略目标而采取的短期策略手段。例如，是否对某种新产品采用"撇油定价法"；对某批存货管理是否实施"适时制"；最佳经济批量的确定以及亏损产品是否停产等决策。

4. 按照决策的不确定性程度可将其分为确定型决策、风险型决策、非确定型决策。

（1）确定型决策。指决策者对每个方案未来可能发生的各种情况及其后果都能确定出准确的数据，进而从各可肯定的方案中选择一个最佳方案的决策。例如企业将暂时闲置的资金是用于购买国库券还是购买公司债券的决策；半成品是从A企业购入还是从 B 企业购入的决策等。

（2）风险型决策。指决策事件未来各种自然状态的发生是随机的，但决策者可根据相似资料或实验测试等估计出各种自然状态的概率，并进行计算分析后做出的决策。例如，企业计划下一年度开始生产 HF 型节能灯，市场可接受的单价估计是 20 元、25 元、30 元，其概率分别为 50%、40%、10%，通过科学的计算，将价格定在 20~25 元是一个能够进一步提升企业竞争力的较佳方案。

（3）非确定型决策。是指决策者无法直接确定未来各种备选方案可能导致的结果，也无法计算它们的概率，更难以采用系统的方法做出正确的抉择，完全凭借个人的经验、直觉做出的决策。例如，购买股票的预期收益，地质资源的勘探，大量的运行机制不清楚、行为信息不完全、决策目标具有模糊性且难以量化的社会、经济、生态等方面的决策问题等，都属于不确定型决策。

5. 按决策本身的不同性质进行分类，可分为单一方案决策、互斥选择决策和优化组合决策。

（1）单一方案决策，是指在备选待定的方案只有一个时而做出的决策，亦称"采纳与否决策"、"接受与否决策"。此类决策只需判断方案本身是否具有可行性即可，没有择优问题。例如，是否接受外单位投资的决策、亏损产品是否停产的决策、是否接受外来加工订货的决策等就属于单一方案决策。

（2）互斥选择决策，是指在对同一决策目标存在着几个相互排斥的备选方案，通过对各个方案评价分析，最终选出一个最优方案而排斥其他方案的决策。互斥选择决策不仅要判断各个方案本身的可行性，还要对可行方案进行择优。例如，开发哪一种新产品的决策、大型生产设备是购入还是以融资租赁的方式租入的决策、联产品是继续加工还是对外销售的决策、基本生产工人的工资计算是采用日薪制还是月薪制的方案选择等，都属于互斥选择决策。

（3）优化组合决策，是指对同一决策目标，有若干方案可以同时并举，但在资源总量受到约束的条件下，如何将这些方案进行优化组合，使其经济效益达到最佳的决策。例如，在生产能力受到约束条件下生产不同产品的最优组合决策，或在资本总额约束条件下不同投资项目的最佳组合决策等，都属于优化组合决策。

6. 其他分类。除了上述几种分类以外，还可以按其他标准进行分类，如按决策的基本职能分类，可分为规划的决策和控制的决策两类。规划的决策是指为规划未来经济活动而做出的决策；控制的决策是指为控制日常经济活动而做出的决策。按决策的范围分类，可分为微观经济决策和宏观经济决策两类。微观经济决策是指在一个企业或事业单位范围内所进行的决策；宏观经济决策是指在一个或几个省（市）区，或经济部门，或整个国民经济范围内所进行的决策。按照决策的动态性分类，可分为静态决策和动态决策两类。静态决策是某个时期或某个阶段的决策问题，也称为单阶段决策；动态决策是不同时期不同阶段的决策问题，亦称为多阶段决策。按照决策信息服务的对象所处的地位分类，可分为高层决策、中层决策和基层决策。显而易见，这些不同类型的决策非但相互排斥，而且在很多情形下是相互交叉、相互重叠。不论是哪种形式的决策，最终都归结为是对各种行动方案的预测、分析、比较和择优。

第二节 决策分析的一般程序

决策分析是一个动态系统的反馈过程。决策过程通常随问题的性质、决策目标要求以及决策者偏好的不同而有所差异。但是，决策分析程序应反映决策过程的客观规律，是决策过程的可视化描述。一般来说，科学的决策分析大致可分为以下五个步骤：

一、识别存在问题，确定决策目标

决策分析的目的是为了解决问题，识别问题是解决问题的基础。所谓问题，就是社会经济系统期望状态和实际状态的差异。要识别问题，就要深入调查研究，找出实际状态与规划、标准的差异何在，并分析其性质、特点、范围、背景和条件，把问题界定清楚。然后，要进一步分析问题产生的原因，抓住主要矛盾，对症下药，确定决策目标。决策目标就是明确这项决策要解决什么问题，达到什么目的。它是在一定的环境和条件下，决策系统所期望实现的结果，是决策分析过程中拟订方案、评价方案和选择方案的基准，是决策分析的出发点和归宿。确定决策目标，一要讲究针对性，即目标要针对所要解决问题的关键和要害而提出；二要讲究准确性，即目标的表述要具体、准确，符合各专业领域的科学技术规范；三要讲究可靠性，即决策分析所依据的信息要可靠；四要力求数量化，即决策目标的设计，既要便于进行定性分析也要便于进行定量分析，这样才能有利于使用现代信息技术手段完成对一些财务指标和非财务指标的处理，同时还可以加强数量指标与现行统计口径的一致性；五要讲究独立性，在多目标决策中由于社会经济系统的复杂性，各目标之间往往会有某种程度的相关性，容易导致综合评价的失真和偏误。因此，对于此类决策目标应运用适当的技术措施予以处理，以保持决策目标之间不具有相关关系。

二、围绕决策目标，收集相关信息

决策目标一旦确定，决策分析人员就要针对决策目标、围绕决策目标，广泛收集与决策目标相关的信息。信息是决策分析的基础，所收集的信息必须具有准确性、实效性和全面性。"准确"就是真实、可靠，虚假信息往往导致错误的决策；"实效"就是及时，过时的信息也会导致失误，错失决策的最佳时机；"全面"就是系统，重要的信息绝不能遗漏，注意定量信息与定性信息相结合，财务信息与非财务信息相结合。收集相关信息是决策分析程序中具有重要意义的步骤，也是关系决策成败的关键问题之一。决策分析人员必须深刻了解决策问题和决策目标，深入调查研究。对于所收集的信息，要善于鉴别，由表及里，去伪存真，必要时还要采用适当的技术措施进行处理、加工和延伸。实际上，收集相关信息的工作在决策的各个步骤中都要涉及，这项工作要反复进行。因此，要建立必要的信息渠道和网络，建立信息反馈制度。

三、根据相关信息，拟订备选方案

决策方案是实现决策目标解决问题的方法和途径。提出决策方案，是决策分析的重要环节，是做出科学决策的基础和保证。为了实现决策目标，必须根据掌握的相关信息，拟订出各种可行性的备选方案，以便对比择优。所谓可行性，就是指技术上可行，经济上合理。拟订备选方案，既要实事求是，量力而行，又要开拓进取，勇于创新。对备选方案的每一个细节都要仔细推敲，反复论证，准确核算。务必使企业的人力、物力和财力资源都能得到最合理、最充分、最有效的配置和使用。

四、进行评价分析，筛选最优方案

评价分析就是根据决策目标和评价标准，选择科学的专门方法和有效手段，把各个备选方案可计量资料进行系统排列，建立数学模型，对各个方案的相关收入、相关成本、预期收益和风险特性进行分析比较，从中挑出一两个比较满意的方案，以供决策者最后抉择，这是整个决策分析过程中的关键阶段。在定量分析的基础上，要进一步考虑计划期间国际、国内政治经济形势，人们心理、习惯、风俗等各种非计量因素的影响，进行定性分析，对方案进行修订。把定量分析和定性分析相结合，全面权衡各方案的优劣、得失、利弊，对各方案提供的经济效益和社会效益进行综合判断，最后筛选出最优方案，推荐给企业的最高决策机构。

五、评估执行情况，实施信息反馈

决策的执行是决策的目的，也是检验所作决策是否正确的客观依据。决策方案选定以后，应将其纳入企业的计划，并具体组织实施。对于决策方案在执行过程中出现的新情况、新问题、新信息要及时反馈，及时纠正偏差。如果发现由于市场环境和主客观条件发生重大变化，就要对原决策方案进行根本性修正，以避免出现不必要的混乱和经济上的重大损失，确保决策目标的顺利实现。

上述决策分析的一般程序,如图 6-1 所示。

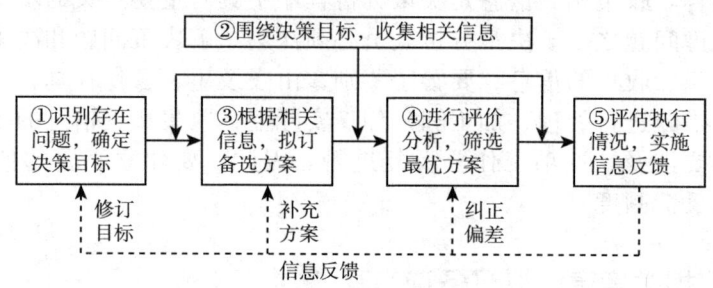

图 6-1 决策分析一般程序图

第三节 短期经营决策的基本方法

企业的短期经营决策是指 1 年以内的决策,它与长期决策最大区别在于不考虑货币的时间价值。按决策者掌握信息的不同,可将其划分为确定性决策和非确定性决策两类。企业管理人员要根据掌握的信息对不同类型的决策采用不同的决策方法。

一、确定性决策分析的常用方法

确定性决策是指决策者对未来情况所掌握的信息都是肯定的数据,可以按决策目标和评价准则选择方案,其决策目标通常是使短期利润最大化。对于这类决策,通常的方法有三种:

(一) 差量分析法

差量分析法是指当两个被选方案具有不同的预期收入和预期成本时,可根据两个被选方案的差量收入、差量成本来计算其差量损益,从而进行最优方案选择的方法。

两个被选方案之间同类指标的差别,叫作差量。根据差量计算的具体内容不同,差量又包括差量收入、差量成本和差量损益。差量收入是指两个被选方案预期收入的差额;差量成本是指两个被选方案预期成本的差额;差量损益是指差量收入与差量成本的差额。当差量收入大于差量成本时,差量损益大于零,表现为差量收益;当差量收入小于差量成本时,差量损益小于零,表现为差量损失;当差量收入等于差量成本时,差量损益等于零。

【例 6-1】 某企业现有剩余生产能力既可生产 A 产品,亦可生产 B 产品。若将剩余生产能力用来生产 A 产品，最大生产数量为 500 件；若将剩余生产能力用来生产 B 产品，最大生产数量为 400 件。根据市场预测，A、B 两种产品能够全部售出。预计 A、B 两种产品生产的相关数据如表 6-1 所示。

表 6-1

摘 要	A 产品	B 产品
预计产销数量（件）	500	400
预计销售单价（元）	80	140
单位变动成本（元）	65	120
固定制造费用（元）	2 000	

根据上述资料为该企业做出生产哪种产品较为有利的决策分析。

A、B 两种产品具有不同的销售收入和销售成本，具备差量分析法的应用条件。该案例中，由于利用剩余生产能力进行生产，其固定成本不论在哪种方案下都是相同的，属共同成本，与决策分析无关，可不予考虑。

（1）差量收入（B－A）＝400×140－500×80＝16 000（元）
（2）差量成本（B－A）＝400×120－500×65＝15 500（元）
（3）差量损益＝16 000－15 500＝500（元）

结论：根据以上计算分析的结果，差量收入大于差量成本，差量损益为 500 元，所以，生产 B 产品比生产 A 产品较为有利，可多获收益 500 元。

上述差量分析的过程，也可通过编制下列差量分析表的形式来进行，如表 6-2 所示。

表 6-2　　　　　　　　　　　　差量分析表　　　　　　　　　　　　单位：元

摘　要　　　　方案	A 产品	B 产品	差量
差量收入（B－A）	500×80	400×140	16 000
差量成本（B－A）	500×65	400×120	15 500
差量损益			500

差量分析法比较科学、简单、实用，应用范围较广，诸如企业选择半成品直接出售还是继续加工，将闲置的设备出租还是出售，零部件是自制还是外购等。只要两个被选方案的预期收入和预期成本资料齐全，就可以使用差量分析法。如果两个被选方案的预期收入相同，则只比较两个被选方案的预期成本即可，这种方法也叫相关成本

法。此时遵循成本最小化原则,即哪个方案的成本最低,就选择哪个方案;如果两个被选方案的预期成本相同,则只比较两个被选方案的预期收入即可,此时遵循收益最大化原则。如果有两个以上的被选方案,可分别两个、两个地进行比较分析,最终以能提供最大经济效益的方案为最优方案。

应用差量分析法时,应注意计算差量收入的顺序与计算差量成本的顺序要一致,否则差量收入和差量成本之间就失去了可比性,无法根据计算出来的差额进行判断。

如果存在两个以上的备选方案,运用该方法的过程就略显复杂,并且工作量较大,必要时还需结合其他的分析方法来进行综合的判断。

(二)边际贡献分析法

边际贡献分析法是通过比较备选方案所提供边际贡献的大小来确定最优方案的专门方法。边际贡献是指销售收入扣除按照变动成本计算的销售成本后的数额。在短期决策分析中,一般情况下固定成本在相关范围内并不随业务量的增减变动而变动。因此,能使边际贡献达到最大的方案通常也就是能给企业带来最大利润的方案,故只需对不同方案提供的边际贡献进行分析就可确定哪个方案最优。

在运用边际贡献分析法进行决策分析时,必须以备选方案提供的边际贡献总额的大小或单位资源(工时或机器小时)所创造的边际贡献的大小作为选优的标准,而不能只以产品单位边际贡献大小来判断方案的优劣。因为边际贡献总额的大小,既取决于产品单位边际贡献的大小,也取决于该产品的产销量。单位边际贡献大的产品,未必提供的边际贡献总额也最大。所以,我们不能把单位边际贡献的大小作为择优的标准。当然,如果各备选方案的业务量相同,专属成本相同,此时可以通过直接比较其单位边际贡献大小进行择优。

【例6-2】 某企业现有设备的生产能力为100 000 机器小时,实际开工率为80%,每年发生固定成本120 000元。现准备用剩余生产能力开发新产品A或B。新产品A、B的有关资料如表6-3所示。

表6-3

项 目	产品 新产品A	新产品B
单位产品工时定额(小时)	50	80
销 售 单 价(元)	200	250
单 位 变 动 成 本(元)	160	200

假定开发新产品A或B均不需要增加专属成本,经过市场预测,两种产品可以全部售出,则开发哪种新产品较为有利?

由于该企业是利用剩余生产能力开发新产品,且不需要增加专属成本,而原来的固定成本属于无关成本,与本决策无关,应不予考虑。可采用边际贡献分析法进行决策分析。

根据已知有关数据,编制"边际贡献计算分析表"如表6-4所示。

表6-4　　　　　　　　　　　边际贡献计算分析表

项目 \ 方案	生产新产品A	生产新产品B
剩余生产能力(机器小时)	100 000×(1-80%)=20 000	
工时定额(机器小时)	50	80
最大产量(件)	400 (20 000/50)	250 (20 000/80)
销售单价(元)	200	250
单位变动成本(元)	160	200
单位边际贡献 cm(元)	40	50
边际贡献总额 Tcm(元)	16 000	12 500

从以上计算结果可知,开发新产品A较为有利。因为与生产新产品B相比,生产新产品A可为该企业多创造3 500元(16 000-12 500)的边际贡献总额。

从计算结果可以看出,虽然新产品B的单位边际贡献($cm=50$元)比新产品A的单位边际贡献($cm=40$元)多10元,但由于两种产品的生产量不同,导致总的边际贡献额不同,决策的标准应该以总的边际贡献额为准。所以,一般情况下,单位边际贡献的大小,不是方案优劣的直接评价标准。

(三) 成本无差别点分析法

成本无差别点分析法,是指在各备选方案只涉及成本不涉及收入时,通过建立两个或两个以上方案的成本与业务量之间的关系,计算出两个方案的成本无差别点,将业务量数额分区,根据不同方案的不同业务量优势区域进行最优方案选择的决策分析方法。如零部件是自制还是外购的决策分析、不同工艺进行加工的决策等,均可以采用该方法进行方案选优。

成本无差别点分析法的关键是确定成本无差别点(也称"成本平衡点"或"成本分界点")。所谓成本无差别点,是指两个方案总成本相等时的业务量。确定了成本无差别点就可以确定在什么业务量区域内哪个方案较优。

在成本按成本形态分类前提下,任何方案的总成本都可以用 $y=a+bx$ 表述。设:

x_0 为成本无差别点业务量,方案 I 的总成本为 y_1、固定成本为 a_1、单位变动成本为 b_1,方案 II 的总成本为 y_2,固定成本为 a_2、单位变动成本为 b_2。

则:$y_1 = a_1 + b_1 x$

$y_2 = a_2 + b_2 x$

根据成本无差别点定义

$y_1 = y_2$ 则 $a_1 + b_1 x = a_2 + b_2 x$

成本无差别点业务量 $x_0 = (a_1 - a_2)/(b_2 - b_1)$

当业务量 x 在 $0 \sim x_0$ 区域,则固定成本低的方案较优;

当业务量 x 在 $x_0 \sim \infty$ 区域,则固定成本高的方案较优;

当业务量 $x = x_0$ 时,两个方案的成本相等,效益无差别,也就是说两个方案都可取。

【例 6-3】 某企业生产需用的 M 零件既可以自制,也可以从市场上购买,市价 500 元/件。每年自制 M 零件的专属成本为 50 000 元,直接人工成本为 180 元,直接材料成本为 220 元。做出该企业 M 零件取得方式的决策。

根据题意,可确定自制方案、外购方案的总成本公式如下:

$y_1 = 50\ 000 + (180 + 220)x$

$y_2 = 0 + 500x$

令:$y_1 = y_2$

则:$x_0 = (50\ 000 - 0)/(500 - 400) = 500$ (件)

结论:当 M 零件的全年需求量在 $0 \sim 500$ 件变动时,则 $y_1 > y_2$,应安排外购;当 M 零件的全年需要量超过 500 件时,则 $y_1 < y_2$,自制为宜;当 M 零件的全年需要量为 500 件时,$y_1 = y_2$,外购方案与自制方案成本相同。

二、风险型决策

风险型决策是指有两种以上的自然状态,它们的概率值大致可以事先估计出来的决策。风险型决策具有下列五个条件:一是存在着决策人企图达到的一个明确目标;二是存在着决策人可以选择的两个以上的行动方案;三是存在着不以决策人的主观意志为转移的两种以上的自然状态;四是不同的行动方案在不同的自然状态下的损益可以计算;五是未来将出现哪种自然状态,决策人不能肯定,但其出现的概率,决策人大致可以事先预测。

对于风险型决策可以采用概率分析法进行决策分析。

概率分析法,就是用概率论、数理统计的理论与方法,对企业的风险进行度量,通过计算各项目的期望收益值,计算各项目报酬率的分散程度,即方差和标准差,最后根据变异系数判断风险程度。变异系数越大,风险越大;反之,变异系数越小,风险越小。这种方法要求对于影响特定分析对象的因素都要考虑进去，并对其在一定范围内的变动做出估计，使决策尽可能接近于实际。运用概率分析法进行决策分析，一般要经过如下程序：

1. 确定与决策结果有关的随机变量，并估计其变化范围；
2. 确定每一随机变量的概率。概率的估计，既可以在会计、统计或其他业务核算历史数据资料的基础上加以推算，也可以由决策分析者根据经验凭其主观判断加以确定。概率值要符合两个基本要求：

（1）各个随机变量的取值范围为 $0 \leqslant P_i \leqslant 1$；

（2）全部概率之和等于 1，即 $\sum P_i = 1$。

3. 根据各随机变量（条件价值）及其估计概率，计算其数学期望值。

$$期望值 = \sum (随机变量 \times 概率) = \sum x_i p_i$$

公式中的随机变量 x_i 内容会有所不同，如果随机变量是由多个不确定因素决定的，则上式中的每一个随机变量的相应概率必须按其决定因素的联合概率来确定。期望值的实质是一种以随机变量为基础，以相应概率为权数而计算的加权平均数。

4. 根据期望值最大化原则确定最优方案。即在各备选方案中，选择预期收益最大的方案，或者预期成本最小的方案。

【例 6 – 4】 假定某企业现有设备可以安排生产 A 产品或 B 产品，其预计收益情况与市场销量有关。相关固定成本总额为 600 000 元，A 产品的销售价格为 800 元/件，单位变动成本为 640 元/件；B 产品的销售价格为 720 元/件，单位变动成本为 560 元/件。两种产品的各种销售量概率如表 6 – 5 所示。用概率分析法进行决策分析。

表 6 – 5　　　　　　　　　　销售量概率计算表

销量 x_i	A 产品		B 产品	
	概率分布 p_i	预期值 $x_i p_i$	概率分布 p_i	预期值 $x_i p_i$
2 500	—	—	0.1	250
3 000	0.1	300	0.1	300
3 500	0.2	700	0.1	350
5 000	0.4	2 000	0.2	1 000
7 500	0.2	1 500	0.4	3 000
9 000	0.1	900	0.1	900

由于固定成本对于生产 A 产品或 B 产品来说是一样的，属于无关成本，两个方

案的边际贡献计算过程如下：

A 产品销量的期望值 = $\sum x_i p_i$ = 300 + 700 + 2 000 + 1 500 + 900 = 5 400（件）
A 产品收益的期望值 =（800 − 640）× 5 400 = 864 000（元）
B 产品销量的期望值 = 250 + 300 + 350 + 1 000 + 3 000 + 900 = 5 800（件）
B 产品收益的期望值 =（720 − 560）× 5 800 = 928 000（元）

由以上计算可知，当两种产品的产销量均达到期望值时，生产 B 产品可比生产 A 产品多获 64 000 元（928 000 − 864 000）的边际贡献。

究竟选择哪个方案，还要对决策方案的风险进行分析，因决策者的风险偏好程度不同决策的结果也不尽相同。衡量风险的指标是标准离差和标准离差率。在被选方案期望值相同的情况下，标准离差越大，风险越大；反之，标准离差越小，则风险越小。在被选方案期望值不同的情况下，标准离差率越大，风险越大；反之，标准离差率越小，风险越小。

一般情况下，对于单个方案，决策者可根据其标准离差（率）的大小，并将其同设定的可接受的此项指标最高限值对比，然后做出取舍；对于多个方案，一般应选择低风险高收益的方案，即选择标准离差（率）最低、期望收益值最高的方案。但是，高收益往往伴有高风险，低风险往往也是低收益。比较稳健的决策者对风险比较谨慎，可能会选择期望收益值较低同时风险也较低的方案，风险喜好者则可能选择高收益但同时风险也高的方案。

标准离差是反映概率分布中各种可能结果对期望值的偏离程度，也即离散程度的一个数值，通常以符号 σ 表示，其计算公式为：

$$\sigma = \sqrt{\sum (x_i - E)^2 p_i}$$

A、B 产品方案的标准离差分别为：

σ_A^2 =（−2 400）² × 0.1 +（−1 900）² × 0.2 +（−400）² × 0.4
　　　+（2 100）² × 0.2 +（3 600）² × 0.1 = 1 881.4888²

σ_B^2 =（−3 300）² × 0.1 +（−2 800）² × 0.1 +（−2 300）² × 0.1
　　　+（−800）² × 0.2 +（1 700）² × 0.4 +（3 200）² × 0.1 = 2 170.2534²

标准离差率是标准离差与期望值之比，通常用符号 Q 表示，其计算公式为：

$$Q = \sigma / E$$

A、B 产品方案的标准离差率为：

Q_A = 1 881.4888 / 5 400 = 0.3484
Q_B = 2 170.2534 / 5 800 = 0.3742

由上述计算分析可知，B 产品的标准离差和标准离差率均高于 A 产品，所以生产

B 产品的期望收益较高，同时其风险也较大。若选择生产 B 产品，在方案执行过程中应注意风险监控，采取规避风险的必要措施。

【例 6-5】 某企业甲产品的销售价格在 935 元/件时，其销售数量、单位变动成本为不确定因素。其可能达到的水平及概率分布如表 6-6 所示。计算保本销量期望值和销售利润的期望值。

表 6-6

销售价格（元/件）	销售数量（件）		单位变动成本（元/件）		固定成本（元）
	水平	概率	水平	概率	
935	1 000	0.2	700	0.2	450 000
	2 000	0.5	650	0.3	
	3 000	0.3	600	0.5	

分别按概率分析法计算销售数量和单位变动成本的期望值，然后计算利润的期望值：

销售量的期望值 = $1\,000 \times 0.2 + 2\,000 \times 0.5 + 3\,000 \times 0.3 = 2\,100$（件）

单位变动成本的期望值 = $700 \times 0.2 + 650 \times 0.3 + 600 \times 0.5 = 635$（元/件）

保本销售量的期望值 = $450\,000/(935 - 635) = 1\,500$（件）

销售利润的期望值 = $(935 - 635) \times (2\,100 - 1\,500) = 180\,000$（元）

三、非确定型决策分析的常用方法

非确定型决策是指存在两种以上自然状态，而它们的概率值又无法预测的决策。对于非确定型决策，由于事物本身的不确定性，应当走一步看一步，在探索中前进，既不能过于自信、轻率鲁莽又不能畏首畏尾、畏缩不前；要力求多方案并进，使其向风险型决策，继而向确定型决策转化。

对于不确定型决策问题，其选优标准通常取决于决策者对未来所持的态度，企业决策者对未来是持乐观态度还是审慎、稳健态度。态度不同所选用的决策分析方法就有所不同。但在实践中，人们通常是先对不确定性规定一些主观概率，把不确定型决策转化为风险型决策或近似确定型问题，估计出各种方案的预期收益或预期损失，然后以预期收益值最大的方案或预期损失值最小的方案作为最优方案。常用的方法有大中取大法、小中取大法、大中取小法和折中决策法等。

（一）大中取大法

大中取大法是按乐观、冒险原则评选投资方案的一种简单方法。当决策者对未来决策事件的发展状况比较乐观，又能考虑到不利因素产生的影响时可采用这一方法。它的特点是与小中取大的悲观标准相反。决策时，决策者不放弃任何一个获得最好结果的机会，争取好中最好。具体做法是：对盈利性方案而言，先确定各备选方案的最大可能盈利值，然后从中选择一个能获得最大盈利的方案。

【例 6-6】 假定某汽车集团在计划年度决定开发新型汽车 A，根据销售部门的市场调查，提出三种不同的产量方案，50 000 辆、55 000 辆和 60 000 辆。在市场不同销售情况下，三种产量方案可能获得的边际贡献总额的数据如图表 6-7 所示。为这家企业做出最优产量方案的决策分析。

表 6-7

产量方案	预计边际贡献总额		
	畅销	一般	滞销
50 000	1 000 000	800 000	450 000
55 000	1 100 000	600 000	490 000
60 000	1 200 000	750 000	400 000

由于三个备选方案的最大收益值都集中在"畅销"栏，而最大收益值中最大的是 60 000 辆的产量方案，其边际贡献总额为 1 200 000 元，根据大中取大法，这是企业的最优方案，即企业应该生产 60 000 辆。其情况如表 6-8 所示。

表 6-8

产量方案	预计边际贡献总额			最大收益
	畅销	一般	滞销	
50 000	1 000 000	800 000	450 000	
55 000	1 100 000	600 000	490 000	
60 000	1 200 000	750 000	400 000	
边际贡献总额最大值	1 200 000	800 000	490 000	1 200 000

由此可见，大中取大法的基本点是选择最有利情况下（畅销）的最大收益值作为最优方案，一般而言是决策者对前途非常乐观并充满信心的选优标准。

(二) 小中取大法

小中取大法也叫悲观法、保守法、瓦尔德决策准则,采用这种方法的管理者对未来持悲观的看法,认为未来会出现最差的自然状态,因此不论采取哪种方案,都只能获取该方案的最小收益。

决策者面对两种或两种以上的可行方案,每一种方案都对应着几种不同的自然状态,每一种方案在每一种自然状态下的收益值或损失值各不相同,且每一种损益值都可以通过科学的方法预测出来。决策者将每一种方案在各种自然状态下的收益值中的最小值选出,然后比较各种方案在不同的自然状态下所可能取得的最小收益,从各个最小收益中选出最大者,那么这个最小收益当中的最大者所对应的方案就是采用悲观决策法所要选用的方案。

【例 6 - 7】 仍以〖例 6 - 6〗的资料为根据,要求采用小中取大法为企业做出最优产量方案的决策分析。

由于三个产量方案的最小收益值都集中在"滞销"栏内,而最小收益值中的最大的是 55 000 辆产量方案,其边际贡献总额为 490 000 元,根据小中取大法,这是企业的最优方案即企业应该生产 55 000 辆。其情况如表 6 - 9 所示。

表 6 - 9

产量方案	预计贡献毛益总额			最小收益
	畅销	一般	滞销	
50 000	1 000 000	800 000	450 000	450 000
55 000	1 100 000	600 000	490 000	490 000
60 000	1 200 000	750 000	400 000	400 000
贡献毛益总额最大值				490 000

由此可见,小中取大法的基本特点是选择最不利市场需求情况下的最大收益值作为最优方案,一般来说是比较谨慎、稳健的选优标准。

(三) 大中取小法

大中取小法(也称最小的最大后悔值法),它是在各种不确定的随机事件中,选择最不利情况下"损失额"最小的方案作为最优方案的决策方法。

这里的"损失额"也就是指"后悔值"(Regret Value)。即当出现某种随机事件时,各种情况下的最大收益值超过本方案收益值的差额就叫作"后悔值"。这意味着如果选错方案将会受到的损失额。

显然,当出现几种随机事件时,每个方案就会出现几个后悔值。然后把各个方案的最大后悔值集中起来进行比较，选取其中后悔值最小的方案作为最优方案，故此法亦称最小的最大后悔值法。

【例6–8】 仍以〖例6–6〗的资料为根据，要求采用大中取小法为企业作出最优产量的决策分析。

首先，根据〖例6–6〗的资料，就市场销售的三种不同情况分别确定其最大的收益值：

畅销情况下的最大收益值：1 200 000 元；
一般情况下的最大收益值：800 000 元；
滞销情况下的最大收益值：490 000 元。

其次，分别计算不同销售情况下的后悔值：
（1）畅销情况下的后悔值：
50 000 辆产量的最大后悔值 = 1 200 000 – 1 000 000 = 200 000（元）
55 000 辆产量的最大后悔值 = 1 200 000 – 1 100 000 = 100 000（元）
60 000 辆产量的最大后悔值 = 1 200 000 – 1 200 000 = 0（元）
（2）一般情况下的后悔值：
50 000 辆产量的最大后悔值 = 800 000 – 800 000 = 0（元）
55 000 辆产量的最大后悔值 = 800 000 – 600 000 = 200 000（元）
60 000 辆产量的最大后悔值 = 800 000 – 750 000 = 50 000（元）
（3）滞销情况下的后悔值：
50 000 辆产量的最大后悔值 = 49 000 – 45 000 = 4 000（元）
55 000 辆产量的最大后悔值 = 49 000 – 49 000 = 0（元）
60 000 辆产量的最大后悔值 = 49 000 – 40 000 = 9 000（元）

最后，选择不同情况下的三种产量方案的后悔值，如表6–10所示。

表6–10　　　　　　　不同销售情况下三种产量方案的后悔值表

产量方案	畅销	一般	滞销	最大后悔值
50 000	200 000	0	4 000	200 000
55 000	100 000	200 000	0	200 000
60 000	0	50 000	9 000	50 000

从表6–10中所列示的数据可以看出，最大后悔值一栏中最小的是50 000元，因此与之相对应的60 000辆的产量方案最优。

总之，大中取小法的基本点是一个方案的最不利情况为基础，即在总体上从几种方案的最大"损失额"（后悔值）中选取其最小的作为最优方案，也是一种比较谨慎、稳健的选优标准。

(四) 折中决策法

这种决策法的基本点，是要求决策者对未来情况要持一定的乐观态度，但不能盲目乐观，而应采取一种现实主义的择优标准。具体做法是：首先，要求决策者根据实际情况和自己的实践经验确定一个乐观系数 β，β 值只要大于等于 0，小于等于 1（即 $0 \leqslant \beta \leqslant 1$）即可。如 β 值接近 1，则比较乐观；若 β 值接近 0，则比较悲观；其次，按下列公式计算出每个备选方案的期望值：

$$各方案的期望价值 = (最高收益值 \times \beta) + [最低收益值 \times (1-\beta)]$$

最后，从各个备选方案中选择期望价值最大的作为最优方案。

必须注意：β 值的大小应根据不同决策的对象和当时的具体情况而定，是个经验数据。另外，由于这种方法是赫威兹创立的，故亦称"赫威兹决策法"。

【例 6-9】 仍以〖例 6-6〗的资料为依据，若企业决策者对开发新产品甲比较乐观，并把 β 值定为 0.7。现要求采用这种折中决策法为企业做出最优产量的决策分析。

答：根据给定的各项资料，按照上述公式分别计算三个备选方案的期望价值：

产量 50 000 辆方案的预期价值 $= (1\,000\,000 \times 0.7) + [450\,000 \times (1-0.7)] = 835\,000$

产量 55 000 辆方案的预期价值 $= (1\,100\,000 \times 0.7) + [490\,000 \times (1-0.7)] = 917\,000$

产量 60 000 辆方案的预期价值 $= (1\,200\,000 \times 0.7) + [400\,000 \times (1-0.7)] = 960\,000$

根据折中决策法，应以产量 60 000 辆的方案为最优。

第四节 产品生产决策

产品生产决策是企业短期经营决策的重要内容之一，是企业加强生产管理、合理组织生产的关键。这类决策主要是解决企业生产什么或提供什么劳务，生产多少数量的产品或提供多少数量的劳务，以及企业如何组织和安排生产或提供劳务等方面的问题。它的最终目标是在企业现有的生产条件下，最合理、最有效、最充分地利用企业的现有资源，取得最佳的经济效益和社会效益。下面主要是从经济效益方面对产品生产的有关问题进行决策分析。

一、生产何种产品的决策

生产什么产品的决策分析通常是指利用企业现有的生产能力对可生产的产品进行选择，这种决策分析对于企业的利润具有深远的影响。因为企业的资源是有限的，如果企业生产和销售的是边际贡献比较低的产品，即使是销售量较大，其利润未必增加，反而有可能减少（前提是固定成本会发生变化）。因此，企业必须对优先生产和销售哪些产品进行决策分析，以使企业资源得到利益最大化。

【例 6 – 10】 某企业现有年生产能力为 30 000 机器小时，生产 A 产品和 B 产品，假定两种产品的市场销售容量均不受限制。相关售价和成本等资料如表 6 – 11 所示。

表 6 – 11

产品 项　目	A 产品	B 产品
销售单价（元）	150	75
单位变动成本（元）	120	30
单位边际贡献（元/件）	30	45
边际贡献率	20%	60%
工时消耗定额（小时/件）	1.25	2.5

如果只看单位边际贡献和边际贡献率，B 产品的获利能力高于 A 产品，似乎企业应该生产 B 产品。但是，正如前面介绍的边际贡献分析法所强调的，产品单位边际贡献的高低，不能作为判断方案优劣的唯一指标。因为还有一个重要信息是不能忽视的，即生产各种产品的数量。按照边际贡献分析法的判断标准，应该选择贡献毛益总额最大或单位资源贡献毛益最大的方案。现将有关指标计算如表 6 – 12 所示。

表 6 – 12

产品 项　目	A 产品	B 产品
单位边际贡献（元/件）	30	45
单位工时定额（小时/件）	1.25	2.5
生产能力（机器工作小时）	30 000	30 000
产品生产数量（件）	24 000	12 000
边际贡献总额（元）	720 000	540 000

上述计算结果表明,企业应该生产 A 产品,而不是 B 产品。虽然 B 产品的单位边际贡献较大,边际贡献率较高,但其所提供的边际贡献总额较小。

应该注意的是,上例所述的产品品种决策问题,假定了该企业生产的各种产品市场容量没有限制。但多数企业生产的产品其销售量往往受到市场容量和竞争等多个约束条件的限制。对这种较复杂的决策分析问题,需要综合考虑相关因素进行决策。

二、亏损产品是否停产或转产的决策

在企业生产经营中,由于企业技术条件、管理水平或市场竞争等原因,往往会出现亏损产品。当出现亏损产品时,就应该考虑是否停产或转产的问题。由于亏损产品的停产或转产,一般不涉及原有生产能力的变动,即不减少固定成本。因此,对这类决策问题要进行具体分析,不能简单地认为凡是亏损产品都应该停产。

(一)亏损产品是否停产的决策分析

对于亏损产品是否停产的决策问题,有两种情况要分别予以考虑。

第一种情况:亏损产品一旦停产,闲置下来的生产能力无法被用于其他方面,既不能将闲置设备对外出租,也不能转产,也就是所谓剩余能力无法转移。这种情况下,可运用边际贡献分析法原理加以判断。

此时,实际上有"停产"和"继续生产"两个方案。因为"停产"方案的边际贡献为 0,所以只要亏损产品能够提供边际贡献,弥补一部分固定成本,就不应该停产。如果盲目停产,亏损产品原来提供的边际贡献所弥补的固定成本,就要由其他产品来负担,这样不仅不能使企业增加利润,反而会使企业多损失相当于该亏损产品所能提供的边际贡献总额的收益。如果亏损产品的边际贡献总额为负数,则应该停止生产该亏损产品。

【例 6-11】 某企业生产甲、乙、丙三种产品,有关资料如表 6-13 所示。

表 6-13

产品 项 目	甲产品	乙产品	丙产品	合计
销售收入总额(元)	200 000	500 000	300 000	1 000 000
变动成本总额(元)	150 000	250 000	140 000	540 000
边际贡献总额(元)	50 000	250 000	160 000	460 000
固定成本(元)	68 000	170 000	102 000	340 000
营业利润总额(元)	-18 000	80 000	58 000	120 000

该企业将固定成本按销售收入比重分摊，甲产品分摊 68 000 元，发生亏损 18 000 元；乙产品分摊 170 000 元，实现营业利润 80 000 元；丙产品分摊 102 000 元，实现营业利润 58 000 元。假定剩余能力无法转移。为该公司做出甲产品是否停产的决策分析。

从资料可以看出，甲、乙、丙三种产品都提供了边际贡献。甲产品提供的边际贡献总额为 50 000 元，分担的固定成本为 68 000 元，所以亏损 18 000 元。如果甲产品停产，则其总额 50 000 元将丧失，企业利润总额相应减少 50 000 元，而原来由甲产品分担的固定成本 68 000 元仍会发生，将转嫁给乙、丙两种产品负担（假定固定成本按照产品销售收入比例分摊），如表 6 – 14 所示。

表 6 – 14

项　　目＼产品	乙产品	丙产品	合计
销售收入总额（元）	500 000	300 000	800 000
变动成本总额（元）	250 000	140 000	390 000
贡献毛益总额（元）	250 000	160 000	410 000
固定成本总额（元）	212 500	127 500	340 000
营业利润总额（元）	37 500	32 500	70 000

从以上计算分析可以得出结论，在剩余能力无法转移的情况下，如果停产甲产品，将会增加其他产品的固定成本分摊额，从而降低企业整体利润。所以，由于甲产品提供了 50 000 元边际贡献，不应该停产，应继续生产。

第二种情况：亏损产品停产后，剩余能力可以转移。例如，将亏损产品停产后闲置下来的生产能力用于承揽加工业务，或将空闲厂房、设备对外出租。这时，就要考虑机会成本因素。具体有下列三种情况：

如果亏损产品创造的边际贡献大于与生产能力转移有关的机会成本，就不应当停产。例如，上例中甲产品停产后其生产设备对外出租获得的租金净收入为 45 000 元，此时就不应当停产。如果停产，企业将多损失 5 000 元（50 000 – 45 000）的利润。

如果亏损产品创造的边际贡献小于与生产能力转移有关的机会成本，则应当停产。例如，上例中甲产品停产后其生产设备对外出租获得的租金净收入为 60 000 元，此时就应当停产，这样企业可多获 10 000 元（60 000 – 50 000）的利润。

如果亏损产品创造的边际贡献等于与生产能力转移有关的机会成本，则停止或继续生产亏损产品均可。

这里所说的与生产能力转移有关的机会成本，应当具体问题具体分析。如果将闲置下来的生产设备对外出租，则机会成本就是所取得的租金净收入（即租金总收入减去租赁合同上规定的应由出租方承担的费用后的净额）；如果将闲置下来的生产能力用来承揽零星加工业务,则机会成本为承揽零星加工业务所获得的边际贡献。

另外需要注意的是,这里我们假定企业发生的固定成本都是不可避免的成本,亏损产品停产与否,它都是要发生的。实际上并非完全如此。例如,亏损产品一旦停产,与之相关的人工成本中的固定部分就可能发生变动,如专门聘请的专业技术人员的薪酬支出可能会减少,这些因素在决策分析时要予以考虑。大型企业集团或跨国公司,在进行亏损产品是否停产的决策分析时,还要注意结合与正常客户的关系、企业的社会形象以及企业的整体价值最大化等因素予以考虑。

(二) 亏损产品是否转产的决策分析

这里所说的转产是指在不改变企业经营方向的前提下,企业调整品种结构,利用现有生产条件,将亏损产品的生产能力转移到开发新产品或成型产品以及增产企业原有其他旧产品上来。这与单纯开发新产品的决策有所不同。

亏损产品的生产能力如果能够转产其他产品,就要考虑是否转产。只要转产是利用亏损产品停产后闲置生产能力,而不是占用其他产品的生产能力,同时转产产品所提供的边际贡献总额大于原亏损产品所提供的边际贡献总额,那么这项转产方案就是可行的。这类决策分析,既可采用边际贡献分析法,也可采用差量分析法。

【例 6-12】 假如上例中甲产品的生产能力可以转移生产丁产品,丁产品的销售价格为 200 元,单位变动成本为 130 元,经过预测,丁产品年销售量为 1 000 件。做出停产甲产品,转产丁产品的方案是否可行的决策分析。

方法 1:边际贡献分析法。

丁产品边际贡献总额 = (200 - 130) × 1 000 = 70 000(元)

甲产品边际贡献总额 = 50 000(元)

由于丁产品边际贡献总额超过甲产品边际贡献总额 20 000 元(70 000 - 50 000),说明转产方案能为企业提供更多的收益,所以企业应停止生产甲产品,转产丁产品。

方法 2:差量分析法,如表 6-15 所示。

表 6-15　　　　　　　　　　　　　　　　　　　　　　　　　　　　　　　　　　　单位:元

方案 项目	生产丁产品	生产甲产品	差量
差量收入(丁-甲)	2 000 × 1 000 = 200 000	200 000	0
差量成本(丁-甲)	130 × 1 000 = 130 000	150 000	-20 000
差量损益			20 000

由表 6-15 可以看出,生产丁产品比继续生产甲产品多获利 20 000 元,所以企

业应停产甲产品，转产丁产品。

三、零部件是自制还是外购的决策

零部件是自制还是外购的决策，又叫零部件取得方式的决策，它适用于那些既可以从市场上买到，又可以自行制造的零部件的决策分析。一般来说，外购零部件可以分享供应商规模化生产的成本优势和技术优势，可以减少投资，从而减少风险等；而自制则可以控制零部件质量，保证及时供货等。因此，外购和自制各有优势。从经济效益角度分析，零部件不论是外购还是自制，其收益是相同的，只要比较其相关成本的高低就可以做出适当的决策。自制的相关成本包括制造过程中发生的变动成本、可能发生的专属成本和机会成本以及固定成本等；外购的相关成本就是所支付的买价和运费等。当零部件的需要量确定时，可采用相关成本法；当需要量不确定时，可采用成本无差别点法。

【例6-13】 某企业是一家制造企业，每年需要Z零件5 000件，外购单价为60元。该企业现有剩余生产能力可以生产Z零件，自制Z零件的单位成本构成为：直接材料22元，直接人工12元，变动制造费16元，同时，为生产Z零件需要外聘一位生产管理专家，年薪40 000元。为该企业做出Z零件是自制还是外购的决策分析。

由于自制和外购方案的相关收入均为零，可采用相关成本法进行决策分析。

两个方案的预期相关成本为：

外购方案相关成本：$y_1 = a_1 + b_1 x = 0 + 60 \times 5\ 000 = 300\ 000$（元）

自制方案相关成本：$y_2 = a_2 + b_2 x = 40\ 000 + 50 \times 5\ 000 = 290\ 000$（元）

通过计算可知，当Z零件的年需要量在5 000件时，应当自制，这样可为企业节约10 000元的成本。

如果该企业Z零件的年需要量为不确定因素，则需采用成本无差别点法，先求出成本无差别点，然后进行决策分析。

成本无差别点：$x_0 = (40\ 000 - 0)/(60 - 50) = 4\ 000$（件）

当年需要量$x < 4\ 000$件时，外购总成本低于自制方案总成本，应外购；

当年需要量$x > 4\ 000$件时，外购总成本高于自制方案总成本，应自制；

当年需要量$x = 4\ 000$件时，外购总成本等于自制方案总成本，自制、外购效益相同，两种方案均可。

由于市场的激烈竞争，商业折扣被普遍用来作为促销的手段，因此零部件外购价格会随着购买数量的变化而变化。在零部件取得方式的决策分析中，要考虑这些因素。

【例6-14】 某企业需要的一种零件，可以由该企业自制，也可以外购。若自制，单位变动成本为80元/件，每年将发生专属成本50 000元；若外购，在1 500件以内,价格为 120 元/件,超过 1 500 件,价格为 100 元/件。做出企业在什么情况下应自制、什么情况下应外购的决策分析。

由于因采购量的不同有两种外购价格,需要计算出两个成本无差别点,然后进行决策分析。

当外购数量在 1 500 件以下时,$x_{01} = 50\,000/(120 - 80) = 1\,250$(件);
当外购数量超过 1 500 件时,$x_{02} = 50\,000/(100 - 80) = 2\,500$(件)。
根据以上计算,可得出如下结论:
当需要量小于 1 250 件时,应外购;
当需要量大于 1 250 件,小于等于 1 500 件时,应自制;
当需要量大于 1 500 件,小于 2 500 件时,应外购;
当需要量大于 2 500 件时,应自制;
当需要量等于 1 250 件或等于 2 500 件时,自制、外购均可。

需要指出的是,零部件取得方式的决策分析,虽然涉及专属成本,但它本质上是企业剩余生产能力的利用问题,与增加投资、购买新设备进行生产不同,后者属于长期投资决策问题,二者不能混淆,否则易造成决策失误。另外,零部件自制还是外购的决策分析,除了考虑成本因素外,对于价格的变化趋势、与供应商的战略合作关系等非数量因数也不可忽视。

四、半成品、联产品或副产品是否需要进一步加工的决策

某些制造企业生产的产品可按不同的加工深度组织生产经营,如棉纺厂既可以将棉纱(半成品)出售,也可以将棉纱进一步加工成坯布(完工产品)后再出售;再如,石化企业常会在同一生产过程中用同一种原料生产出若干种产品,这就是联产品。联产品里有主产品,也有与之相对应的副产品。联产品有的既可以直接出售,也可以进行一定程度的深加工后再出售。因此,这类企业就会面临对上述产品是否需要进一步深加工的决策问题,这种决策又叫直接出售或进一步深加工的决策。

在这类决策中,深加工前的半成品、联产品或副产品的成本,无论是变动成本还是固定成本,均属沉没成本,是与决策无关的无关成本。相关成本只包括与深加工相关的成本,即深加工过程中发生的成本。而相关收入则包括直接出售和深加工后出售的有关收入,一般采用差量分析法进行决策分析。

(一)半成品是否深加工的决策分析

半成品是否深加工的决策主要是解决半成品是直接出售有利还是进一步深加工后再出售有利的问题,要考虑的因素包括:半成品和产成品的销售、加工成本、专属成本、现有深加工能力及其是否可以转移,等等。

【例 6-15】 某企业生产的甲半成品，单位变动成本为 70 元/件，固定成本为 80 000 元，销售价格 100 元/件，年产量 10 000 件。经过深加工甲半成品可成为丙产品，销售价格可提高到 150 元，深加工过程需追加单位变动成本 30 元，发生专属成本 80 000 元。甲半成品与丙产品的投入产出比为 1∶1。为该企业做出甲产成品是否深加工的决策分析。

在这个决策中，企业可采用差量分析法对两个方案进行比较选优。根据上述资料编制差量分析表如表 6-16 所示。

表 6-16

项目 \ 方案	深加工方案（丙产品）	出售半成品方案（甲产品）	差量
相关收入（元）	150×10 000＝1 500 000	100×10 000＝1 000 000	500 000
相关成本（元）	380 000	0	380 000
其中：加工成本	30×10 000＝300 000		
专属成本	80 000		
差量损益			120 000

通过计算差量损益，将甲半成品深加工成丙产成品后出售，可多获 120 000 元的收益。因此，应选择深加工方案。

(二) 联产品是否深加工的决策分析

联产品在分离后是立即销售，还是进一步深加工后再出售，是联产品生产企业经常会遇到的决策问题。这类决策涉及两个重要的概念：联合成本（或称共同成本）和可分成本。联合成本是指联产品形成之前发生的由各联产品共同负担的成本，深加工不会引起它的变化，对于决策来说属无关成本。可分成本是指联产品分离后对某一种联产品深加工所发生的成本，对于决策来说属相关成本。

【例 6-16】 某企业对同一种原料进行加工，生产甲、乙两种产品，其中：甲产品 800 吨，不能深加工，分离后立即销售；乙产品 1 000 吨，分离后销售价格为 2 000 元/吨，进一步深加工后成为丁产品，销售价格为 2 800 元/吨。深加工过程中每吨乙产品需追加单位变动成本 400 元，发生专属成本 200 000 元。乙产品与丁产品的投入产出比为 1∶0.9。为该企业做出乙产品是否深加工的决策分析。

在这个决策中，乙产品与丁产品的投入产出比不为 1∶1，因此要特别注意考虑相关业务量。根据上述资料可用差量分析法进行决策分析。具体分析过程如表 6-17 所示。

表 6-17

项目\方案	分离后立即出售（乙产品）	深加工后再出售（丁产品）	差量
相关业务量（吨）	1 000	1 000 × 0.9 = 900	
相关收入（元）	2 000 × 1 000 = 2 000 000	2 800 × 900 = 2 520 000	-520 000
相关成本（元）	0	1 000 × 400 + 200 000	-600 000
相关损益（元）	2 000 000	1 920 000	80 000

差量分析法通过比较两个方案相关损益的大小来对方案进行评价择优的决策分析方法。判断的标准是：哪个方案的相关损益大，则哪个方案较优。上述结果表明，乙联产品分离后立即出售，可多获 80 000 元（2 000 000 - 1 920 000）的收益，所以，乙联产品不应深加工，应直接出售。

（三）副产品是否深加工的决策

副产品是联产品中与主产品相对应的概念，经济价值一般较低，与主产品的经济价值相差悬殊。若副产品在分离后既可以直接出售，又可以经过深加工后再出售，则有关决策与半成品和联产品的决策相类似；若副产品不仅不能直接出售，相反还要发生一定的处理费用，则应将处理费用作为相关成本。这种情况下，如果副产品经过深加工后的销售收入超过深加工成本和直接处理费用之间的差额，则可考虑深加工，否则应直接处理。

五、选择不同工艺进行加工的决策

制造企业进行产品生产，往往可采用不同的工艺技术。一般情况下，机械化、自动化程度越高，单位变动成本就越低，而固定成本就会越高。因此，企业应根据市场条件、产品所处的寿命周期阶段等信息，科学地预测销量的变化趋势，以销定产，根据生产计划规模来决定选用哪种生产工艺方案，而不能片面地认为机械化、自动化程度越高就越好。因此，这种决策对制造企业的生产工艺选择有重要指导意义。生产工艺的选择问题，既涉及变动成本，又涉及固定成本，往往很少涉及收益，在决策时遵循成本最低化原则。因此，可采用成本无差别点法进行决策分析。

【例 6-17】 某企业甲产品可采用两种工艺技术方案进行生产。若采用机械化生产，单位变动成本为 20 元，年固定成本为 400 000 元；若采用自动化生产，单位变动成本为 12 元，年固定成本为 600 000 元。

（1）为该企业作出在什么销售量情况下选择何种工艺进行生产的决策分析。

（2）甲产品正处于成长期，预计本年销售量可达到 25 000 件。为该企业做出选择何种工艺进行生产的决策分析。

成本无差别点业务量 $x_0 = (600\,000 - 400\,000)/(20 - 12) = 25\,000$（件）

（1）

① 销售量低于 25 000 件，应采用机械化工艺组织生产，可节约成本；

② 若销售量大于 25 000 件，应采用自动化工艺组织生产，可节约成本；

③ 若销售量等于 25 000 件，二者总成本相同，采用两方案均可。

（2）本年甲产品预计销售量为 25 000 件，采用两方案均可。但考虑到甲产品正处于成长期，应采用自动化方案，以便适应将来扩大规模的需要。

第五节 定价决策

在市场经济条件下，任何企业都要为自己生产经营的商品制定适当的价格。价格的重要性在于：（1）价格影响着顾客的购买行为；（2）价格影响着竞争者的营销行为；（3）价格影响着企业及其产品的市场形象；（4）价格制约着市场营销组合中其他因素的安排；（5）价格制约着企业的生存与发展。然而，价格是市场营销组合因素中一个十分敏感而又难以控制的因素。价格的这种特点，既与价格的多方面影响有关，同时又与影响定价的因素较为复杂有关。那么如何对商品定价呢？如何定价才能促进组织的发展呢？如何定价才能实现组织的最终目标呢？这涉及组织的定价策略问题。

一、企业的定价目标

定价目标是指产品的价格在实现后应达到的目的。企业的定价目标一般有以下几种：

（一）利润最大化目标

设立企业的经济目的是生存、增长及获利。美国战略管理学家柯林斯认为，"虽然企业不应将追求利润最大化作为其经营的第一目标，但是利润仍然是企业从优秀走向卓越的必备条件，就像人类的生存要有足够的氧气一样。"利润最大化有两方面的含义：长期利润最大化和短期利润最大化；或者是企业整体利润最大化和单一产品利润最大化。企业在制定价格时应该兼顾长期利润和短期的利润，兼顾单一产品利润和企业整体利润。因此，企业应该根据不同情况，对不同产品选择不同的定价策略。

（二）保持和提高市场占有率目标

市场占有率是指企业产品的销量在同类产品中的平均销售总量中所占的比重，是反映企业经营状况好坏和产品竞争能力强弱的一项重要指标。能否维持和提高市场占有率直接影响到企业能否获得长期稳定的收益。这一定价目标适用于生产经营能力有较大潜能、总成本增长速度低于总销售量增长速度的企业。

(三) 投资利润率目标

投资利润率目标是以投资期望得到一定百分比的纯利或毛利为目标。这种目标力图保持稳定的收益，是注重长期利润的一种定价目标。这种定价目标适用于实力雄厚，竞争力强的大型企业。选择这种定价目标应慎重选择投资利润率，既能保证目标实现又能为消费者接受。

(四) 保持稳定价格的目标

保持稳定的价格是达到一定投资效益和长期利益的重要途径。同行业的领导型企业往往希望以稳定的价格长期经营该商品并稳定占领市场，获取稳定利润。这种定价策略适用于同行业中的龙头企业。

(五) 应付和防止竞争的目标

在当今市场经济环境下，企业间的竞争日趋激烈。为了提高自身的核心竞争能力，企业往往会更加广泛地收集资料，与竞争者在产品的质量、价格、服务、性能等方面进行比较。在多样的竞争中，价格竞争尤为激烈，如中国的某些家电企业在谋求扩大市场份额时往往采取与竞争者相同或低于竞争者价格的策略。对于技术先进、品质优良、增值服务较好的企业也可以采取高于竞争对手的价格。以竞争因素为定价目标的企业，十分关注竞争者的价格，当竞争者改变价格时，同行业的企业在价格方面也作出相应的调整。

企业的定价目标多种多样，并受多种因素影响。在实践中，企业往往会综合地运用以上所述的多种目标形式制定出较具竞争优势的价格。

二、影响产品价格的主要因素

现代市场经济环境中的价格，一般划分为垄断价格、完全自由竞争价格和企业可控制价格三大类。垄断价格对于企业来说始终具有强制性的支配效能，企业只有执行的义务，没有变更的权利；在完全自由竞争的条件下，产品价格一般在市场上自发形成，完全受市场调节，由供需关系决定，即市场定价；企业可控制价格是企业对所生产产品的定价，属于管理会计研究的定价决策范围。企业若想做出科学的定价决策，取得最佳的经效益，首先要对影响产品价格的主要因素进行了解。影响产品价格的因素主要分为两类：

（一）宏观因素

1. 科学技术。科学的发展和技术的进步给人们的生产观念和生活观念带来巨大变化，伴随着新产品、新工艺、新材料的出现，逐渐形成新的产业结构、消费结构和竞争结构。

一方面，科学技术可以通过提高生产效率大幅度降低单位产品的成本，从而影响单位产品的价格及定价；另一方面，科学技术可以通过创造出高、新、尖的技术产品方便和丰富我们的生活。由于这些高科技产品的研究和开发费用需要大量资金的投入，所以在这些高新技术产品投放市场后，需要及时弥补研究和开发成本，这就会影响企业的定价策略。

总之，定价策略与科学技术的发展密切相关，然而科学技术的发展往往是与整体科技水平的发达程度密切相关的。

2. 政治经济环境。每个国家都会以经济的、法律的、甚至行政的手段对市场价格进行宏观调控。如国家对农产品的补贴政策，对烟酒以及高档消费品、奢侈品的税收政策，都会影响这些产品的价格。企业在为产品定价时应充分了解有关物价的相应法规和政策，尤其是在进行国际贸易时，还应该了解其他国家和地区在物价方面的相应政策，为准确地制定价格奠定良好的基础。

实践中，企业可以通过合法的方式取得市场支配地位，甚至垄断地位。例如，国家授权一个企业在某个行业享有独家经营的权利，这个享有特权的企业自然就是一个垄断企业。而合法的垄断者往往不受其他竞争对手的制约，常常会滥用其市场优势地位，违背市场规则，损害消费者的利益。因此，国家必须加大力度对那些在市场上已经取得了垄断地位或者市场支配地位的企业加强监督管理，在有条件允许垄断经营的同时也应尽量减少垄断定价行为的发生。

（二）微观因素

1. 成本因素。成本是产品定价的最基本因素，企业销售产品的目的是弥补各项成本、费用并获得利润，实现企业的目标利润，促进企业的发展，因此产品价格要高于成本。若企业产品价格长期低于成本，企业将无法获得利润，更无法实现自身发展。

2. 市场需求状况。在不完全竞争的市场条件下，市场需求量大于供应量时，也就是说市场需求潜力较大时可以采取较高的定价政策。相反，在供大于求时，企业就会采取低价策略。但供求关系对价格的影响还要受商品需求价格弹性大小的影响。价格弹性小的商品，其价格对供求关系影响小；需求价格弹性大的商品对供求关系影响大。如日常生活用品，需求量大，价格弹性小，随供求关系变化的波动小，宜采用薄利多销的定价策略。对于一些高档品和耐用品，如高档化妆品及电器，需求量较小，价格弹性大，此时宜采用较高价格的策略。

3. 商品生命周期。商品的市场生命周期包含四个阶段：进入期、成长期、成熟期、衰退期。在不同的市场生命周期阶段应根据不同的经营目标采用不同的定价策略。在进入期，既要弥补成本，又要为市场接受，此时的价格制定得不宜过低；在成长和成熟期，宜稳定价格以利于扩大市场份额；在衰退期，企业宜采取降价措施以便于充分挖掘产品创造利润的潜力。

4. 竞争程度。市场竞争的激烈程度不同，对定价的影响也不同。竞争越激烈，对价格的影响也越大。在不完全市场条件下，竞争的强度取决于产品制作的难易程度和供求形式。企业首先必须充分了解竞争对手的情况：竞争来自何方？对手的竞争优势是什么？对手如何定价？

另外，相关企业产品的销量也会影响到定价策略。有些产品的销售量会受到其他相关企业产品销售的影响。如建材业与建筑业，纺织业与服装业，前者销售价格要根据后者的销售量预测来制定。

三、定价决策

（一）以需求弹性为基础的定价决策

在现代市场经济条件下，一般商品的定价总是以供需平衡点为基础而上下浮动，这就是市场定价规律。作为市场供应者的企业，在进行定价决策时，要优先考虑消费者对价格的接受程度。根据市场需求状况与价格弹性，销售收入、成本利润与价格之间的关系，确定能使企业取得最大收入或利润的最优价格。所谓最优价格，既不是水平最高的价格，也不是水平最低的价格，而是能使企业获得最大利润的价格。

弹性概念在经济学中用得很广泛，它是指在一个经济函数中，因变量对自变量变化的反应程度。更具体一点说，弹性是自变量变化1%引起因变量变化百分之几。写成公式为：弹性等于因变量变化百分比除以引起这一数量变化的自变量的变化百分比。需求弹性则是说明在一个需求函数中，因变量对自变量变化的反应程度。在需求函数中，需求量是因变量，影响需求量的诸因素是自变量（包括产品价格、消费者收入、相关产品的价格和广告费等）。所以，需求弹性是指需求量对影响这一数量的某一因素变化的反应程度，或者说影响需求量的某一因素变化1%，会引起需求量变化百分之几。需求弹性公式如下：

$$\Delta d = 需求量变动的比率/价格变动的比率 = (\Delta Q/Q)/(\Delta P/P) = (\Delta Q/\Delta P) \cdot P/Q$$

$$Ed = \lim \Delta d(\Delta P \to 0) = (dQ/dP) \cdot P/Q$$

一旦了解了某种产品的需求弹性，那么就可以根据需求弹性进行定价。

【例 6-18】 某体育器材公司计划于 2016 年实现某体育器材销售 36 000 万套,2007 年度该器材实现销售 18 000 万套,其中该器材单价 800 元。假设该器材的需求价格弹性大概为 -1.7,那么如果要实现 2016 年度的销售计划,该器材单价定在多少对企业最为有利?

根据题意得 $Ed = (\Delta Q/\Delta P) \cdot P/Q = [(36\,000 - 18\,000)/(P - 800)] \cdot (800/18\,000) = -1.7$

解方程得出 $P = 329.41$（元）。

（二）以成本为基础的定价决策

以成本为基础的定价决策,亦即成本加成法,是指以全部成本或变动成本法计算出来的单位产品成本为基础,然后在这个基础上加上预定的百分率,作为该产品目标售价的定价方法。其基本点是以价格必须首先补偿成本为基础,然后再考虑利润等因素。

以成本为基础的定价方法其理论基础是:对产品规定的售价除补偿全部成本外,还应为投资者提供合理的报酬,这里的全部成本从管理会计角度来说,既包括变动成本又包括固定成本,即任何成本都是定价决策的相关成本。

由于按全部成本法和变动成本法计算的单位产品成本的内涵各不相同,因而加成的内容也各不相同。

1. 采用全部成本法的成本加成定价法。采用本方法,其成本基础指单位产品的制造成本,虽然非制造成本不包括在成本基础内,却是考虑加成的基础,即加成内容包括非制造成本和目标利润。

【例 6-19】 某公司正在研究经修改设计后的标准产品 A 的售价,会计部门送来有关 A 产品 2 000 件的成本资料如表 6-18 所示。根据企业研究确定在单位制造成本的基础上"加成"50% 作为 A 产品的目标售价。

表 6-18 单位：元

成本项目	单位产品	总成本
直接材料	120	240 000
直接人工	80	160 000
变动制造费用	60	120 000
固定制造费用（以 5 000 件为基础）	140	700 000
变动推销及管理费用	40	80 000
固定推销及管理费用（以 5 000 件为基础）	20	100 000
合　计	460	1 400 000

(1) 按全部成本法计算单位制造成本，如表 6-19 所示。

表 6-19　　　　　　　　　　　　　　　　　　　　　　　　　　　单位：元

成本项目	金　额
直接材料	120
直接人工	80
变动制造费用	60
固定制造费用	140
单位产品制造成本	400

(2) 在单位制造成本基础上加成 50% 作为 A 产品的目标售价，如表 6-20 所示。

表 6-20　　　　　　　　　　　　　　　　　　　　　　　　　　　单位：元

成本项目	金　额
直接材料	120
直接人工	80
变动制造费用	60
固定制造费用	140
单位产品制造成本	400
成本加成：制造成本的 50%	200
单位产品目标售价	600

由此可见，成本加成不仅包括目标利润，还包括非制造成本 60 元在内。

2. 采用变动成本法的成本加成定价法。采用此方法，其成本基础是指单位产品的变动成本，虽然全部固定成本不包括在成本基数内，但它们是考虑加成的基础，即加成内容包括全部固定成本和目标利润。

【例 6-20】　仍以〖例 6-19〗的资料为依据。根据企业研究决定在 A 产品单位变动成本的基础上加成 100% 作为目标售价。

(1) 按变动成本法编制 A 产品的单位变动成本，如表 6-21 所示。

表 6-21　　　　　　　　　　　　　　　　　　　　　　　　　　　　　　　　　　　单位：元

成本项目	金　额
直接材料	120
直接人工	80
变动制造费用	60
变动推销及管理费用	40
单位产品变动成本	300

（2）在单位变动成本基础上加成100%作为A产品的目标售价，如表6-22所示。

表 6-22　　　　　　　　　　　　　　　　　　　　　　　　　　　　　　　　　　　单位：元

成本项目	金　额
直接材料	120
直接人工	80
变动制造费用	60
变动推销及管理费用	40
单位产品制造成本	300
成本加成：制造成本的100%	300
单位产品目标售价	600

可见，成本加成不仅包括目标利润，而且还包括全部固定成本（160元）在内。

综上所述，完全成本加成法和变动成本加成法思路相似，"加成"均包含一定的成本项目在内，均认为企业的定价必须弥补全部成本。完全成本加成法和变动成本加成法存在差异，二者加成基础不同，完全成本加成法强调成本的功能，变动成本加成法强调成本的性态。

3. 加成百分率的确定。无论是全部成本加成定价法还是变动成本加成定价法，在制定加成百分率时，必须谨慎从事，仔细研究，以便它既能为企业提供预期的目标利润，又包括一切应该补偿的所有成本项目。

（1）如果采用全部成本加成定价法，则：

加成百分率 =［（投资总额×预期投资报酬率）+非制造成本总额］/产品的制造成本总额×100%

（2）如果采用变动成本加成定价法，则：

加成百分率 =［（投资总额×预期投资报酬率）+全部固定成本总额］/产品的变动成本总额×100%

【例6-21】　仍以〖例6-19〗的资料为依据，假定该公司的投资总额为6 900 000元，预期投资报酬率为8%。分别计算在两种成本加成定价法下的加成百分率。

（1）全部成本加成定价法：

加成百分率 = (6 900 000 × 8% + 180 000)/1 220 000 × 100% = 60%

（2）变动成本加成定价法：

加成百分率 = (6 900 000 × 8% + 800 000)/600 000 × 100% = 225%

应当注意的是：采用成本加成定价法制定产品目标售价，其主要缺点在于没有考虑价格与销售量的关系。如〖例6-19〗中，激烈的市场竞争可能会使定价600元/件的A产品销售量达不到目标销售量2 000件，也可能会出现市场需求量激增，而使该企业丧失机会。因此，对用公式计算出来的目标售价，企业管理当局应根据市场竞争形势的变化，作出适当的调整，同时还应根据市场对各种产品需求的不同情况，各地区的风俗习惯和偏好程度，对不同的产品分别制定不同的加成率，以弥补成本加成定价法制定产品目标售价的不足。

思考与练习题

一、思考题

1. 什么是决策分析？决策分析的意义是什么？决策分析的种类有哪些？决策分析的一般程序是什么？
2. 短期经营决策需考虑的成本特性和特定的成本概念有哪些？什么是相关成本和无关成本？它们各包括哪些内容？
3. 短期经营决策常用的决策分析方法有哪些？
4. 什么是贡献毛益法？在运用贡献边际法进行生产决策时应注意什么问题？
5. 什么是差别损益法？它与相关损益法和相关成本法有什么不同？
6. 什么是成本无差别点法？一般在什么情况下采用成本无差别点法？
7. 非确定型决策常用的决策分析方法有哪些？哪些是比较审慎、稳健的决策分析方法？
8. 产品生产决策要解决什么问题？产品生产决策的内容有哪些？生产决策采用的决策分析方法有哪些？亏损产品是否都应该停产？为什么？
9. 定价决策的意义是什么？影响产品价格的因素有哪些？企业的定价目标有哪几种？定价决策的方法有哪些？
10. 以成本为基础的定价方法的理论基础是什么？成本加成率如何确定？
11. 有关产品是否深加工的决策中相关业务量、相关成本和相关收入如何确定？
12. 如何进行追求利润最大化的产品最优组合的决策分析？

二、练习题

【习题一】

［目的］通过练习，要求掌握短期决策分析中的差量分析法。

[资料] 某电器厂有一台设备可生产 A 产品，也可以生产 B 产品，无论是生产哪一种产品，该台机器最大开机工时为 1 年 17 280 工时。生产 A 产品每件需上机 48 小时，生产 B 产品每件需上机 72 小时。A、B 两产品的单位售价为 40 元和 64 元，单位成本分别为 32 元和 58 元，固定成本总额为 40 000 元。

[要求] 试用差量分析法进行决策，问应生产哪种产品对该企业有利？

【习题二】

[目的] 通过练习，要求掌握不确定型的决策分析法。

[资料] 假定某化肥公司准备在计划年度新建一个磷肥厂，经过市场调查，现有三种产量方案可供选择，它们能提供的贡献毛益资料如表 1 所示。

表 1

产量方案	销售情况	畅销	正常	滞销
1 500 万吨		2 500 万元	1 750 万元	900 万元
1 000 万吨		1 800 万元	1 500 万元	1 000 万元
250 万吨		470 万元	400 万元	250 万元

[要求] 分别采用以下四种方法进行选优：

（1）大中取大法；

（2）大中取小法；

（3）小中取大法。

【习题三】

[目的] 通过练习，掌握新产品开发的决策分析方法。

[资料] 假定某公司原来生产老产品甲，现拟利用现有生产能力开发新产品 A 或新产品 B。若开发新产品 A，老产品甲需减产 1/3；如开发新产品 B，老产品甲需减产 2/5。这三种产品的产量、售价和成本资料如表 2 所示。

表 2

项 目	产品	老产品甲（实际数）	新产品 A（预计数）	新产品 B（预计数）
生产量		30 000 件	10 000 件	12 500 件
销售单价		300 元	400 元	365 元
单位变动成本		200 元	280 元	255 元
固定成本总额		200 000 元		

［要求］根据上述材料，为该公司做出以开发哪种新产品较为有利的决策分析。

【习题四】

［目的］通过练习，要求掌握自制或外购零部件的决策。

［资料］某灯具厂每年需要塑料灯罩 200 000 只。该厂以前一直自己生产，每个塑料灯罩单位变动成本 1.6 元，全部固定成本 240 000 元。现有一厂商愿意提供塑料灯罩成品，每只定价 4.2 元，保证每年供应全部数量，该灯具厂如果改自制为外购，原固定资产可改生产塑料玩具 30 000 个，每个塑料玩具单位售价 10 元。制造塑料玩具的其他成本资料如下：

直接材料	60 000 元
直接人工	12 000 元
变动制造费用	8 000 元

［要求］

（1）你作为决策者，试进行决策：是自制还是外购塑料灯罩？

（2）如果制造固定成本降为 200 000 元，是否要改变以上决策？为什么？

【习题五】

［目的］通过练习，掌握产品的定价决策。

［资料］某企业生产 A 产品，有关单价、销量与总成本的关系如表 3 所示。

表 3

单位售价（元）	售量（件）	销售总成本（元）
4.0	1 100	3 600
3.8	1 200	3 750
3.6	1 300	3 900
3.4	1 400	4 050
3.2	1 500	4 200
3.0	1 600	4 350
2.8	1 700	4 500
2.6	1 800	4 650
2.4	1 900	4 800

该企业目前产品售价为 4 元，销售量为 1 100 件，企业的最大生产能力为 1 900 件。

［要求］根据上述资料，作出该产品最优售价的决策分析，并计算此时企业的总利润。

【习题六】

[目的] 通过练习，掌握按变动成本法加成的定价方法。

[资料] 某公司在计划年度准备生产甲产品 10 000 件，其预期的成本资料如下：

制造成本：

    直接材料   150 000 元

    直接人工   100 000 元

    变动制造费用   50 000 元

    固定制造费用   100 000 元

非制造成本：

    变动推销及管理费用   33 300 元

    固定推销及管理费用   30 000 元

    总成本：   463 300 元

[要求] 若该公司的销售部经理希望计划年度在甲产品上获得的贡献毛益总额不低于其变动成本总额的 50%，那么采用按变动成本法加成，甲产品的定价应为多少？

第七章

长期投资决策

【本章学习目的】

本章重点理解货币时间价值的概念及其计算、长期投资决策分析的各种专门方法及其运用。通过本章的学习，了解长期投资决策技术手段产生和发展的历史过程，理解资本预算决策与组织和环境因素之间的关联性、依赖性；掌握复利终值和现值、年金终值和现值、投资风险价值及资本成本的计算；熟悉各种现金流量的内容及其计算；理解静态投资回收期法、平均投资报酬率法、净现值法、净现值率法、现值指数法、内部收益率法和动态投资回收期法及其优缺点；掌握长期投资决策分析的典型案例；了解长期投资决策中的敏感性分析及资本项目的事后审计。

第一节 长期投资决策概述

长期投资是相对于短期投资而言的。短期投资通常是指投资收支发生在1年（或长于1年的一个经营周期）内、并只影响一个经营周期损益的经济活动。这种投资一般不改变企业现有的生产能力。与此不同，长期投资则是企业为了适应今后若干年生产经营的长远发展需要，旨在期望获得更多回报而投入大量资金的经济活动。这种投资形成并决定着企业的生产能力，因而这种投资需要的投资额往往较大，投资收支所涉及的期间和投资损益对经营周期损益影响期间均较长。企业为了进行长期投资而做出的决定，就是长期投资决策。长期投资决策的发展经历了一个漫长的发展过程。20世纪之前，主要的工业化公司不评估他们投资的回报，公司的所有者或经理将他们的投资看作是一种赠予，仅着眼于短期经营成本。长期投资有着明显的特点，可以按照多种标准进行分类。

一、长期投资决策的特点

（一）形成稳定的生产能力

长期投资是满足企业生产经营发展的长远需要而进行的投资，这种投资通常会形成企业稳定的生产能力，扩大企业的生产规模，增加产品和服务的种类等。例如，固定资产的新建、改建、扩建和更新；资源的开发、利用；新产品的研制开发；老产品的换型、改造；等等。从客观上讲，长期投资的规模和水平决定着企业的生产规模和水平。长期投资一旦形成企业的生产能力，如果企业不能充分利用，就会造成资源的浪费。

（二）资本投入多

进行长期投资就意味着兴建各种房屋建筑物、购买各种机器设备等，而进行这些活动，均需要大量的资金。正因为长期投资需要大量资金，所以企业在进行长期投资决策时应该格外谨慎。如果一项长期投资决策失误，必然会影响整个企业的财务状况和资金周转情况，给企业带来较大损失，甚至会造成企业的破产、清算。

（三）时间跨度长

短期投资只影响1年，至多是长于1年的一个经营周期的经济活动；而长期投资对企业损益的影响要涉及至少1年以上，例如5年、10年甚至几十年等。由于长期投资决定企业的生产方向和能力，一旦投资项目完成，就对企业形成了硬约束，企业往往难以改变。所以，进行长期投资要进行科学的可行性论证分析，慎之又慎，不可鲁莽行事。

（四）风险较大

长期投资需要大量的资金，对于任何一个企业来讲，均会在长期内产生持续的影响。长期投资跨越的周期越长，不确定性程度就越大，从而未来风险就会越大。由于长期投资周期较长，企业必须充分考虑风险因素，比如政治局势变换、经济环境改变、法律法规更迭、市场结构变化，等等。

（五）要编制资本支出预算

长期投资决策确定以后，为了及时地保证长期投资的资金需要，提高资金的使用效率，就需要进行合理的筹资和投资活动。同时，为了对长期投资执行情况进行有效控制和考评，还应该编制资本支出预算，因而在西方国家长期投资决策又称为资本支出预算决策。

（六）对未来企业财务状况和经营盈亏影响深远

由于长期投资会形成企业的生产能力，投资额度很大，跨越的时间较长，所冒的风险也较大，所以长期投资决策对企业未来的财务状况和经营成果影响深远。如果长期投资决策正确，就会形成企业新的利润增长点，给企业带来源源不断的财富；如果长期投资决策失误，不仅不会给企业带来利润，而且还会造成企业资金的浪费，使企业陷入财务困境。

二、长期投资决策的分类

一项长期投资往往会涉及固定资产的投资及其相应的流动资产的垫支和投产前的费用支出。长期投资按照不同的标准可以有多种分类。

(一) 按照投资的影响范围,可以分为战略性投资决策和战术性投资决策

战略性投资决策主要是指对整个企业的业务经营会产生重大影响的投资决策,诸如改变企业的经营方向,大幅度提高企业的生产能力,开发具有重大影响的新产品等。这些投资决策影响面广,对企业影响重大,关系到企业的前途和命运,故决策时应该特别谨慎。战术性投资则只对企业的局部范围产生影响,不影响企业整体的业务经营,诸如产品的更新换代、增加花色品种、提高产品质量、降低产品成本所进行的投资决策等。

(二) 按照投资标的物的不同,可以分为固定资产投资决策与有价证券投资决策

固定资产投资主要是指为了扩大企业的生产经营能力而进行的固定资产投资和提高固定资产效率等进行的投资决策。其主要形式表现为新建、扩建、改建固定资产,购置和租赁固定资产等投资决策。有价证券的长期投资决策是指为了提高资金的使用效益而长期持有的投资决策。按照投资对象的不同,可以分为股权投资决策和债券投资决策两类。前者既包括以现金或资产注入被投资企业的直接投资决策,也包括在证券市场上购买其他企业的股票进行间接投资的决策;后者则包括认购国库券、公债、公司债券等各项投资决策。

(三) 按照投入资金是否分阶段,可以分为单阶段投资决策和多阶段投资决策

凡是一次性投资就能完成或建成的投资项目的决策,叫作单阶段投资决策。凡是要分几次投资才能完成或建成的投资项目的决策,叫作多阶段投资决策。两相比较,单阶段投资决策可选方案较少,因而决策分析方法较为简单;而多阶段投资决策可选方案较多,因而决策分析方法较为复杂,常常采用决策树的方法进行。

(四) 按照投资的作用不同,可以分为设备更新决策、拓展生产能力决策、产品更新决策

设备更新决策是指决定淘汰旧设备购置新设备的决策分析。该类决策分析的目的主要是维持企业原有生产能力。拓展生产能力决策分析是指通过增添新厂房、生产线或仓库及其相应设备,扩大企业生产能力的决策。这类决策分析的目的是拓宽和扩大企业的生产经营能力。产品更新决策是指决定是否研究开发新产品的决策分析。

(五)按照决策者掌握的信息的程度不同,可以分为确定型决策、风险型决策和不确定型决策

确定型长期投资决策是指决策者所掌握的对未来情况的信息都是肯定的数据,不包含不确定性因素在内,只要比较不同方案的计算结果就能做出决策。风险型长期投资决策是指决策者对未来情况所掌握的信息,虽然不是肯定的数据,而是存在着几种结果,但是就每一种结果可能出现的概率来讲则是可以确定的。不确定型长期投资决策是指决策者不仅没有掌握对未来情况的肯定数据,而且连可能出现的几种结果的概率都无法确定。对于这种决策,只能依靠决策者的实践经验和判断能力,或采用模糊数学的方法来解决。

此外,固定资产投资项目的决策分析,按照购建方式不同,还可以分为固定资产租赁的决策分析、分期付款的决策分析和一次性购建的决策分析等。

第二节　长期投资决策需要考虑的重要因素

长期投资具有资本投入多、时间跨度长、所冒风险大、对企业影响深远等特点,因而在进行长期投资决策分析时,为了准确地对各个投资方案进行科学的评价,必须充分考虑组织和环境、货币时间价值、投资风险价值、资金成本、现金流量等因素及长期投资决策的事后审计。

一、货币时间价值

货币时间价值,从现象上看表现为一定量的货币资金在不同时点上具有不同的价值。例如,年初的100元现金存入银行,设利率为10%,1年后其价值就是110元;如果按单利计算,两年后其价值就是120元。由此可见,随着时间的推移,货币资金在逐渐增值。这部分由于时间因素而形成的增值即为货币的时间价值。货币之所以会有时间价值,是因为货币的使用者把货币投入生产经营中周转使用,一般会带来利润,实现增值。周转使用的时间越长,所获得的利润就越多,实现的增值额就越大。如果货币使用者的资金属于自有资金,那么货币使用者就可以独享全部资金增值。但是,如果货币使用者的货币是从货币所有者那里借来的,那么货币的所有者就要分享一部分资金增值,这部分增值即是货币的时间价值。所以货币时间价值的实质,是货币的所有者凭借其对货币的所有权,从资金周转使用后的资金增值额中所分享到的一部分资金增值。简而言之,货币时间价值的实质就是货币周转使用后的增值额。

如上所述,货币的实际价值不是人类社会任何阶段都存在的,只有在商品经济较为发达、借贷关系普遍存在的条件下,或具体而言是在货币的所有权和使用权相分

离,资本分化为借贷资本和经营资本的条件下才存在的。在我国,商品经济已经较为发达,借贷关系已普遍存在,因而在我国现在已经存在货币时间价值的概念,企业在长期投资决策分析中必须认真加以考虑。

货币时间价值可以用绝对数即利息额表示,也可以用相对数即利息率表示。在实务中,通常以利息率来计量。利息率实际上是社会平均资金利润率。各种利息率的水平,是根据社会平均资金利润率来确定的。但一般利息率除了包括货币时间价值因素外,还包括风险价值和通货膨胀因素。所以,表现货币时间价值的利息率,应在大于0但低于社会平均资金利润率的范围内加以确定。

有关货币时间价值的指标较多,以下着重说明单利终值和现值、复利终值和现值、年金终值和现值的计算。

(一)单利终值和现值的计算

所谓单利就是按本金计算利息,本金所生利息一律不再计算利息的一种计算利息方法。单利有单利终值和单利现值之分:单利终值是指现在付出或收到资金的未来价值,在数量上,它包括本金和由本金所产生的利息,通常简称"本利和";单利现值是指未来付出或收到资金的现在价值,在数量上,它等于在未来所收付的资金扣除从现在到未来期的利息后的差额,通常简称"本金"。由终值到现值的过程,叫作贴现。如果用 F 表示终值,用 P 表示现值,用 n 表示计息期间数,用 i 表示利息率,则单利终值和现值的计算公式如下:

$$F = P(1 + i \cdot n)$$

$$P = \frac{F}{1 + i \cdot n}$$

例如,现在100元,年利率10%,10年后其单利终值(F)计算如下:

$$\begin{aligned} F &= P(1 + i \cdot n) \\ &= 100 \times (1 + 10\% \times 10) \\ &= 200 \text{(元)} \end{aligned}$$

又如10年后的800元,年利率仍为10%,则其单利现值(P)可计算如下:

$$\begin{aligned} P &= \frac{F}{1 + i \cdot n} \\ &= \frac{800}{1 + 10\% \times 10} \\ &= 400 \text{(元)} \end{aligned}$$

(二)复利终值和现值的计算

所谓复利,是指经过一定期间后,将本金所生利息加入本金再计算利息,即利滚

利。复利计算也有终值和现值之分。仍用上述有关符号,则复利终值和现值的计算公式可表示为:

$$F = P(1+i)^n$$

$$P = \frac{F}{(1+i)^n} = F(1+i)^{-n}$$

例如,某人将 100 元存入银行,利率为 10%,5 年后,按复利计算的终值如下:

$$\begin{aligned} F &= P(1+i)^n \\ &= 100 \times (1+10\%)^5 \\ &= 161.051 \text{(元)} \end{aligned}$$

又如,5 年后的 600 元,利率为 10%,其复利现值应为:

$$\begin{aligned} P &= F(1+i)^{-n} \\ &= 600 \times (1+10\%)^{-5} \\ &= 372.55 \text{(元)} \end{aligned}$$

其实,上述 $(1+i)^n$ 和 $(1+i)^{-n}$ 均可查表取得。其中 $(1+i)^n$ 表示现在的 1 元价值,按利率 i 计算,n 期以后的复利终值,简称利率 i、n 期的复利终值系数,通常记作 $f_{i,n}$。如果要求一笔金额按利率 i 计算 n 期后的终值时,只需将该笔金额乘以这一相应的复利终值系数 $(f_{i,n})$ 即可求得。用公式表示为:

$$F = P \times f_{i,n}$$

其中:
$$f_{i,n} = (1+i)^n$$

同理可知,$(1+i)^{-n}$ 是指将来某个时间的 1 元价值,按利率 i 计算 n 期的现值,简称利率 i、n 期的现值系数,通常记作 $P_{i,n}$。如果要求将来某个金额的现值时,只需将这个金额乘以相应的现值系数 $(P_{i,n})$ 即可求出。用公式表示即为:

$$P = F \times P_{i,n}$$

其中:
$$P_{i,n} = (1+i)^{-n}$$

这里还应指出,利用终值系数表和现值系数表,不仅在当 i 和 n 为已知时可去查找复利终值系数和复利现值系数,而且可在已知复利终值系数或复利现值系数的条件下,采用插值法,根据 i 求 n,或根据 n 求 i。

【例 7-1】 假设某公司需要 1 200 000 元建造职工餐厅,现将 560 000 元存入银行。设银行存款利率为 8%,每年复利 1 次。那么经过多少年才能获得建造职工餐厅所需要的款项?

因为:$F = P \times (1+i)^n = P \times f_{8\%,n}$

所以：$f_{8\%, n} = \dfrac{F}{P} = \dfrac{1\,200\,000}{560\,000} = 2.143$

这里，$f_{8\%, n}$ 是复利终值系数，查复利终值系数表（即1元的终值表），在8%这一栏中找到与2.143最接近的两个复利终值系数分别是1.999和2.159，对应的期数分别是9和10。由此可以看出，所求的 n 值一定在9与10，可用插值法进行测算：

$$\begin{array}{c|c}
n & f_{8\%, n} \\
\left.\begin{array}{c}9 \\ ? \\ 10\end{array}\right\}\!\!\left.\begin{array}{c}x \\ \end{array}\right\}1 & \left.\begin{array}{c}1.999 \\ 2.143 \\ 2.159\end{array}\right\}\!\!\left.\begin{array}{c}0.144 \\ \end{array}\right\}0.16
\end{array}$$

$$\dfrac{x}{1} = \dfrac{0.144}{0.16} \qquad\qquad x = 0.9$$

所以 $n = 9 + 0.9 = 9.9$ 年。

由以上计算结果可知，现在将560 000元存入银行，按照银行存款利率8%复利计算，需要存9.9年才能获得建造职工餐厅所需的全部款项。

【例7-2】 某公司拨出80 000元拟进行投资，希望5年后能够得到两倍半的资金进行技术改造，试问拟投资方案的投资报酬率应该是多少？

因为：$F = P \times (1 + i)^n = P \times f_{i, 5}$

所以：$f_{i, 5} = \dfrac{F}{P} = \dfrac{200\,000}{80\,000} = 2.5$

这里，$f_{i, 5}$ 是复利终值系数，查复利终值系数表（即1元的终值表），在5年期这一行中找到与2.5最接近的两个复利终值系数分别是2.488和2.932，对应的利率分别是20%和24%。由此可以看出，所求的 i 值一定在20%~24%，可用插值法进行测算：

$$\begin{array}{c|c}
i & f_{8\%, n} \\
\left.\begin{array}{c}20\% \\ ? \\ 24\%\end{array}\right\}\!\!\left.\begin{array}{c}x\% \\ \end{array}\right\}4\% & \left.\begin{array}{c}2.488 \\ 2.500 \\ 2.932\end{array}\right\}\!\!\left.\begin{array}{c}0.012 \\ \end{array}\right\}0.444
\end{array}$$

$$\dfrac{x}{4} = \dfrac{0.012}{0.444} \qquad\qquad x = 0.11$$

所以 $i = 20\% + 0.11\% = 20.11\%$

由以上计算结果可知，拟采用投资方案的报酬率必须达到20.11%，才能保证5年后有足够的资金进行技术改造。

【例7-3】 南方飞机制造厂希望6年后有520 000元购买新设备，若现在银行定期存款利率为14%，试问按照复利计算，现在需要一次性存入银行多少款项？

因为：$P = F \times (1+i)^{-n} = F \times P_{i,n} = 520\ 000 \times P_{14\%, 6}$

查复利现值系数表，可得 $P_{14\%, 6} = 0.456$

所以：$P = 520\ 000 \times P_{14\%, 6} = 520\ 000 \times 0.456 = 237\ 120$（元）

由此可见，南方飞机制造厂现在需要一次性存入银行 237 120 元，6 年后方可得到足够的资金去购买新设备。

应该指出，在使用上述计算复利现值和复利终值的公式时，必须注意利率 i 与 n 的期间单位的一致性，而且 i 是单位期间中只复利一次的利率。如果单位期间不止复利一次，那么就不能直接使用上述有关复利的计算公式。此时我们称单位期间中只复利一次的利率为实际利率，而称复利超过一次的利率为名义利率。如果设名义利率为 r，单位期间中复利的次数为 m，则实际利率与名义利率的换算公式为：

$$i = \left(1 + \frac{r}{m}\right)^m - 1$$

(三) 年金终值和现值的计算

在现实经济生活中，大量存在着年金现象。所谓年金现象是指于相同的间隔期收到或付出的一系列等额的款项。如折旧、租金、利息、保险金、养老金等通常都采取年金的形式。年金有普通年金、预付年金、递延年金和永续年金等多种形式。普通年金，又称后付年金，是指于每期期末收到或付出的年金。预付年金，又称即付年金，是指于每期期初收到或付出的年金。递延年金是指第一期末以后的某一时间收到或付出的年金。永续年金是指无限期地继续收到或付出的年金。

1. 普通年金终值和现值的计算。普通年金有终值和现值之分，它们的计算各不相同。现分述如下：

（1）普通年金终值。普通年金终值是指一定时期内每期期末收付款项的复利终值之和。设每次收付金额为 A，利率为 i，期数为 n，则按复利计算的年金终值 F_a 如图 7-1 所示。

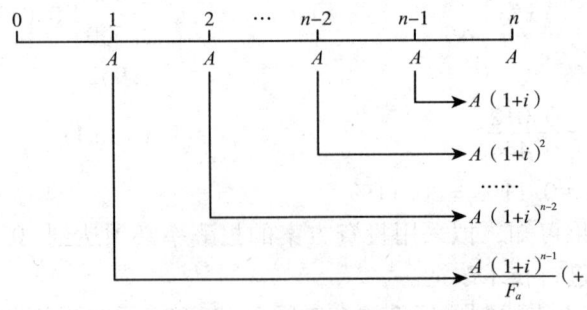

图 7-1　普通年金终值计算示意图

根据图 7-1，我们可将普通年金终值计算公式列示如下：

$$F_a = A + A(1+i) + A(1+i)^2 + \cdots + A(1+i)^{n-2} + A(1+i)^{n-1}$$

等式两边同乘 $(1+i)$，得

$$(1+i)F_a = A(1+i) + A(1+i)^2 + A(1+i)^3 + \cdots + A(1+i)^{n-1} + A(1+i)^n$$

上述两式中的下式减上式，得

$$(1+i)F_a - F_a = A(1+i)^n - A$$

即

$$i \cdot F_a = A[(1+i)^n - 1]$$

亦即

$$F_a = A\frac{(1+i)^n - 1}{i}$$

上式中的 $\frac{(1+i)^n - 1}{i}$ 是普通年金 1 元、利率为 i、经过 n 期的年金终值，简称为年金终值系数，记作 $f_{a(i,n)}$。在实际工作中，$f_{a(i,n)}$ 可查年金终值表（见书后附表）。如果期数过大，表中无法直接查得，可用下列公式转换后再查表计算求得：

$$f_{a(i,m+n)} = f_{a(i,m)}(1+i)^n + f_{a(i,n)}$$

【例 7-4】 南方公司拟在 8 年后购买价值 360 000 元的生产设备，若银行存款利率为 9%，按复利计算，试问该公司每年年末应等额存入银行多少款项？

因为：$F_a = A\frac{(1+i)^n - 1}{i} = A \times f_{a(i,n)}$

所以：$A = \dfrac{F_a}{f_{a(i,n)}}$

又因为 $F_a = 360\,000$ 元，查表得 $f_{a(9\%,8)} = 11.028$

所以 $A = \dfrac{360\,000}{11.028} = 32\,644.18$（元）

由此可见，南方公司每年年末应存入银行 32 644.18 元，才能保证有 360 000 元款项购买生产设备。

(2) 普通年金现值。普通年金现值是指一定时期内每期期末收付款项的复利现值之和。仍用上述有关符号，则按复利计算的年金现值 P_a 如图 7-2 所示。

根据图 7-2，我们可将普通年金现值计算公式列示如下：

$$P_a = A(1+i)^{-1} + A(1+i)^{-2} + \cdots + A(1+i)^{-(n-2)} + A(1+i)^{-(n-1)} + A(1+i)^{-n}$$

两边同乘以 $(1+i)$，得

$$P_a(1+i) = A + A(1+i)^{-1} + A(1+i)^{-2} + \cdots + A(1+i)^{-n+1}$$

后式减前式，得

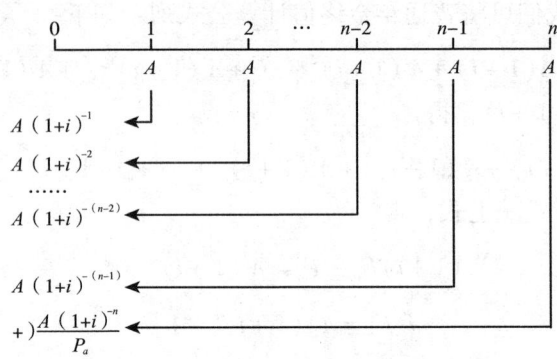

图 7−2 普通年金现值计算示意图

$$P_a(1+i) - P_a = A - A(1+i)^{-n}$$

即
$$P_a i = A[1 - (1+i)^{-n}]$$

亦即
$$P_a = A \frac{1-(1+i)^{-n}}{i}$$

上式中的 $\frac{1-(1+i)^{-n}}{i}$ 是普通年金 1 元、利率为 i、经过 n 期的年金现值，简称为年金现值系数，记作 $P_{a(i,n)}$。在实际工作中，$P_{a(i,n)}$ 可查年金现值系数表（见书后附表）。如果期数过大，表中无法直接查得，可用下列公式转换后再查表计算求得：

$$P_{a(i,m+n)} = P_{a(i,m)} + P_{a(i,n)}(1+i)^{-m}$$

应该指出，年金终值系数 $f_{a(i,n)}$ 的倒数是偿债基金系数，记作 $f_{a(i,n)}^{-1}$。所谓偿债基金系数，是指为使年金终值达到既定金额每年应支付的年金。利用偿债基金系数 $f_{a(i,n)}^{-1}$ 可以把年金终值折算为每期需要支付的年金。年金现值系数 $P_{a(i,n)}$ 的倒数是投资回收系数，记作 $P_{a(i,n)}^{-1}$。利用它可以把现值折算成年金。

【例 7−5】 东方汽车制造厂拟购置一台现代化生产设备，需要 600 000 元，该设备可用 10 年，期满无残值。预计利用该设备每年可获净利和折旧 130 000 元。若设备购置款拟向银行借入，利率为 16%，按复利计算。试问该购置方案是否可行？

首先，计算 10 年回收的净利和折旧的现值。因为每年回收的金额相等，属于年金问题，所以，应计算年金现值。

因为：$P_a = A \frac{1-(1+i)^{-n}}{i} = A P_{a(i,n)} = 130\,000 \times P_{a(16\%,10)}$

查年金现值系数表可得 $P_{a(16\%,10)} = 4.833$

所以：$P_a = 130\,000 \times 4.833 = 628\,290$（元）

其次，比较年金现值和投资额。由于回收的年金现值 628 290 元大于生产设备的原投资额 600 000 元，故该方案可行。

2. 预付年金终值和现值的计算。预付年金是于一定时期内每期期初收付的年金。预付年金的终值和现值可以在普通年金的终值和现值的基础上调整计算得出。

(1) 预付年金终值的计算。仍用前述有关符号,预付年金终值的计算公式为:

$$F_a = A(1+i) + A(1+i)^2 + A(1+i)^3 + \cdots + A(1+i)^n$$

上述计算公式可变换为:

$$F_a = [A + A(1+i) + A(1+i)^2 + \cdots + A(1+i)^{n-1}](1+i)$$
$$= A\frac{(1+i)^n - 1}{i}(1+i)$$

由此可见,要计算预付年金终值,只要以相应的普通年金终值乘以 $(1+i)$ 即可。

将上述公式再作变换,可得:

$$F_a = A\frac{(1+i)^{n+1} - (1+i)}{i}$$
$$= A\left[\frac{(1+i)^{n+1} - 1}{i} - 1\right]$$
$$= A\frac{(1+i)^{n+1} - 1}{i} - A$$

从上述公式可以看出,n 期的预付年金终值与 $n+1$ 期的普通年金终值关系密切,前者等于后者减去一期的收付款额。利用预付年金终值与普通年金终值的这种关系,在实际工作中计算预付年金终值,可以通过先查表找出 $n+1$ 期的普通年金终值系数,然后用该系数减1,计算出 n 期预付年金终值系数,再乘以预付年金即可方便地算出 n 期的预付年金终值。

(2) 预付年金现值的计算。仍用前述有关符号,预付年金现值的计算公式为:

$$P_a = A + A(1+i)^{-1} + A(1+i)^{-2} + \cdots + A(1+i)^{-(n-1)}$$
$$P_a = [A(1+i)^{-1} + A(1+i)^{-2} + A(1+i)^{-3} + \cdots + A(1+i)^{-n}](1+i)$$
$$P_a = A\frac{1 - (1+i)^{-n}}{i}(1+i)$$

上式表明,预付年金的现值等于相应的普通年金现值乘以 $(1+i)$。

上式亦可变换为:

$$P_a = A\frac{(1+i) - (1+i)^{-n+1}}{i}$$
$$P_a = A\frac{1 - (1+i)^{-(n-1)} + i}{i}$$

$$P_a = A\left[\frac{1-(1+i)^{-(n-1)}}{i} + 1\right]$$

$$P_a = A\frac{1-(1+i)^{-(n-1)}}{i} + A$$

由此可见，n 期的预付年金现值与 $n-1$ 期的普通年金现值关系密切，前者等于后者加上一期的收付款额。利用预付年金现值与普通年金现值的这种关系，在实际工作中计算预付年金现值，可以通过先查表找出 $n-1$ 期的普通年金现值系数 $P_{a(i,n-1)}$，然后用 $P_{a(i,n-1)}+1$ 即预付年金现值系数，乘以预付年金即可算出预付年金现值。

3. 递延年金终值和现值的计算。递延年金是指在最初若干期没有收付款项的情况下，随后若干期等额的系列收支款项。没有收付款项的最初若干期为递延期，常用 m 表示。递延 m 期后的 n 期年金与 n 期年金相比，两者收付款期数相同。因而递延年金终值与递延期 m 期无关，故其计算方法与普通年金终值的方法相同，不再赘述。但 n 期普通年金现值是递延 m 期期末的 n 期期初的现值，故计算递延年金现值时，还需将 n 期的普通年金现值贴现 m 期。具体计算递延年金现值的方法有两种：一种是先计算递延年金在 n 期期初即 m 期期末的现值，再将它作为 m 期的终值贴现至 m 期期初的现值。计算公式如下：

$$P_a = AP_{a(i,n)}P_{i,m}$$

另一种方法是，先计算出 $m+n$ 期普通年金现值，再减去没有收付款项的前 m 期的普通年金现值，即为递延年金现值。计算公式如下：

$$P_a = A[P_{a(i,n+m)} - P_{a(i,m)}]$$

4. 永续年金现值的计算。永续年金是指无期限收付的年金。由于它没有终止的时间，因而它没有终值。永续年金的现值可通过普通年金现值的计算公式推导出来：

因为：$P_a = A\dfrac{1-(1+i)^{-n}}{i}$

又由于 $\lim\limits_{n\to\infty}(1+i)^{-n} = 0$

$$P_a = A\frac{1}{i}$$

除了上述各种资金时间价值计算之外，还存在着一些不等额的系列收支现象，对于这种情况的现值和终值的计算，应该分别各项收支按照复利折算成现值和终值后，分别加总求和，才能求得这些不等额系列收支的总现值和终值。

二、投资风险价值

投资风险价值是指投资者因冒风险投资而获得的超过资金时间价值的额外收益，又称投资风险报酬、投资风险收益。任何一项固定资产投资，通常都要经过较长时期才能逐渐收回，而且在这期间内往往又会碰到许多不确定的因素，这就是企业进行固定资产投资所冒的风险。投资风险越大，投资者为了补偿可能出现的风险，对投资报酬率的要求也就越高。因此，投资的风险价值就是投资者冒风险进行投资所获得的报酬。

在市场经济条件下，无论是短期投资还是长期投资，都存在着投资风险。不过，短期投资的风险通常较小，为了简化决策分析工作，短期经营决策一般不考虑风险因素。但在长期投资决策中，投资风险往往较大，加上风险反感（Risk Repugnancy）的普遍存在，一般都应该考虑风险因素，计量所冒风险的程度，并要求预期报酬率与其所冒风险的程度相适应，风险越大要求的报酬率越高。

投资风险价值与货币时间价值一样，也有两种表现形式：一种是绝对额，即风险报酬额（Risk Premium），指的是由于冒风险进行投资而取得的额外报酬，即超过正常报酬的部分；另一种是相对数，即风险报酬率（Risk Premium Rate），指的是风险报酬额与原投资额之比。

在不考虑物价变动因素的情况下，投资报酬率等于无风险投资报酬率和风险投资报酬率之和。这种关系可表示为：

$$投资报酬率(K) = 无风险投资报酬率(R_f) + 风险投资报酬率(R_r)$$

风险是投资活动中常有的现象。风险意味着人们投资成功可获得较高收益，若投资失败就会蒙受损失。人们总想冒较小的风险而获得较多的收益。因此，进行投资决策必须考虑各种风险因素，以便做出最佳决策。

如何计量投资风险，是一个比较复杂的问题。目前通常利用概率论的方法，按未来年度预计收益的平均偏离程度来估量。以下就计量投资风险的步骤与公式加以说明：

1. 计算投资项目未来收益的预期价值（$\overline{EV}$）。假定以 X_i 表示第 i 种情况出现后可能的收益；以 P_i 表示第 i 种情况出现的概率；以 n 表示可能结果的个数；以 $\overline{EV}$ 表示未来收益的预期价值，则其计算公式如下：

$$\overline{EV} = \sum_{i=1}^{n} X_i \cdot P_i$$

2. 计算投资项目收益的标准离差（δ）。投资项目的收益标准离差决定于各种情况下的可能收益与预期收益之间的差距。这种差距越大，说明收益的变动性越大，意味着各种可能情况的收益与预期收益的差距越大，相应地投资风险也就越大；反之，这种差距越小，说明收益的变动性越小，意味着各种可能情况的收益与预期收益的差距越小，相应地投资风险也就越小。由此可见，收益标准离差的大小，可以作为投资风险大小的具体标志。这种离差的计算公式为：

$$收益标准离差(\delta) = \sqrt{\sum_{i=1}^{n} (X_i - \overline{EV})^2 \cdot P_i}$$

3. 计算投资项目收益的标准离差率（R）。收益标准离差率是指收益标准离差与预期收益的比率。所以要计算收益标准离差率，是因为收益标准离差只能用来比较预期收益相同的投资项目的风险程度，而不能用来比较预期收益不同的投资项目的风险程度。收益标准离差率可以用于比较预期收益不同的投资项目的风险程度。其计算公式如下：

$$收益标准离差率(R) = \frac{收益标准离差(\delta)}{\overline{预期收益(EV)}} \times 100\%$$

4. 计算投资项目预期的风险价值。计算投资项目预期的风险价值要通过风险价值系数（b）来进行。所谓风险价值系数，是指投资者冒风险所获得的投资风险价值与所冒风险程度的比率。风险价值系数是投资者根据经验，并考虑其他因素加以确定的。由于收益标准离差率反映了投资者所冒风险的程度，故投资风险价值可用风险价值系数和收益标准离差率来计算。其计算公式为：

$$预期的风险收益率(R_r) = 风险价值系数(b) \times 收益标准离差率(R)$$

$$预期的风险收益额(P_r) = 预期收益(\overline{EV}) \times \frac{预期风险收益率(R_r)}{无风险收益率(R_f) + 预期风险收益率(R_r)}$$

5. 计算投资项目要求的风险价值，权衡投资方案是否可行。为了判断投资方案的优劣，可将其预期的风险价值与要求的风险价值进行比较。要求的风险价值的计算公式如下：

因为：要求的投资收益率 = 无风险收益率 + 要求的风险收益率

所以：要求的风险收益率 = 要求的投资收益率 - 无风险收益率

即

$$要求的风险收益率 = \frac{预期收益}{投资额} - 无风险收益率$$

$$要求的风险收益额 = 预期收益 \times \frac{要求的风险收益率}{无风险收益率 + 要求的风险收益率}$$

如果预期的风险价值小于要求的风险价值，说明该投资方案的风险小，得到的收益大，方案可行；反之，如果预期的风险价值大于要求的风险价值，说明该投资方案风险大，得到的收益小，方案不可取。

以上对投资风险价值的衡量，是就一个投资方案而言的。如果有多个投资方案可供选择，那么在进行投资决策分析时应根据投资收益率越高越好，风险程度越低越好的原则进行比较，然后选出最佳投资方案。

【例7-6】 假设北方公司计划年度拟用8 000万元进行投资创办甲产品生产厂，根据市场调查，确定了3种情况下的可能收益及其概率：（1）在市场繁荣情况下，可能收益为2 400万元，其概率为20%；（2）在市场一般的情况下，可能收益为1 600万元,其概率为50%;(3) 在市场萧条的情况下,可能收益为800万元,其概率为30%。再假定甲产品所在行业风险价值系数为0.4,计划年度的平均利率为12%。要求:计算北方公司创办甲产品生产厂投资方案预期的风险价值,并评价该方案是否可行。

(1) 计算该投资方案的未来收益的预期价值($\overline{EV}$)。

$$\overline{EV} = \sum_{i=1}^{n} X_i \cdot P_i = 2\,400 \times 0.2 + 1\,600 \times 0.5 + 800 \times 0.3 = 1\,520 \text{(万元)}$$

(2) 计算该投资方案收益的标准离差(δ)。

$$\delta = \sqrt{\sum_{i=1}^{n}(X_i - \overline{EV})^2 \cdot P_i}$$

$$\delta = \sqrt{(2\,400 - 1\,520)^2 \times 0.2 + (1\,600 - 1\,520)^2 \times 0.5 + (800 - 1\,520)^2 \times 0.3}$$
$$= 560 \text{(万元)}$$

(3) 计算该投资方案收益的标准离差率(R)。

$$R = \frac{\text{收益标准离差}(\delta)}{\text{预期收益}(\overline{EV})} \times 100\% = \frac{560}{1\,520} \times 100\% = 36.84\%$$

(4) 计算该投资方案预期的风险价值。

预期的风险收益率(R_r) = 风险价值系数(b) × 收益标准离差率(δ)
$$= 0.4 \times 36.84\% = 14.74\%$$

预期的风险收益额(P_r) = 预期收益($\overline{EV}$)

$$\times \frac{\text{预期风险收益率}(R_r)}{\text{无风险收益率}(R_f) + \text{预期风险收益率}(R_r)}$$

$$= 1\,520 \times \frac{14.74\%}{12\% + 14.74\%}$$

$$= 1\,520 \times 55.12\% = 837.824 \text{(万元)}$$

(5) 计算该投资方案要求的风险价值,权衡投资方案是否可行。

即 要求的风险收益率 $= \frac{\text{预期收益}}{\text{投资额}} - \text{无风险收益率}$

$$= \frac{1\,520}{8\,000} \times 100\% - 12\% = 7\%$$

要求的风险收益额 = 预期收益 × $\frac{\text{要求的风险收益率}}{\text{无风险收益率} + \text{要求的风险收益率}}$

$$= 1\,520 \times \frac{7\%}{12\% + 7\%} = 1\,520 \times 36.84\%$$

$$= 559.968 \text{(万元)}$$

以上计算表明:预期的风险收益率 R_r(14.74%)大于要求的风险收益率(7%),

预期的风险收益额 P_r（837.824 万元）大于要求的风险收益额（559.968 万元），这些说明该方案预期所冒的风险比要求的要大得多，所以此方案不可行。

三、资本成本

长期投资无疑需要大量的资本，而资本的取得和使用都必须付出代价，也就是说，资本的取得和使用需要负担成本。所谓资本成本就是筹措和使用资本所应负担的成本，通常以百分数表示。

资本成本因筹资渠道的不同而不尽相同，企业用于长期投资的资本来源主要有债务资本和股权资本两大类。债务资本主要是通过银行长期借款或发行债券等方式筹集的资本，其资本成本就是借款利率或债券的约定利率；股权资本主要是通过发行股票或业主投资方式筹集的资本，其资本成本就是投资者预期的投资报酬率，从其组成内容来看，它包括货币时间价值、风险报酬和通货膨胀贴水等内容。在不存在通货膨胀的情况下，资本成本就只包括货币时间价值和风险报酬两个部分内容。

资本成本是一个投资方案的最低可接受的报酬率，任何投资项目如果预期获利水平不能达到这个报酬率都将被舍弃；相反，如果能超过这个报酬率，那么，该方案就能被采纳。在西方国家资本成本又称为投资项目的"取舍率"（cut-off rate）。总之，在长期投资决策中资本成本不仅是计算货币时间价值与投资风险价值的依据，而且也是确定投资项目取舍的标准。

在实际工作中，资本成本是分别资本的不同来源，根据银行挂牌利率、证券的实际利率、股东权益的获利水平、所得税税率，以及该项投资所冒风险的程度等因素加以确定，然后再根据各种资本来源的比重，计算加权平均资本成本。以下就各种来源的资本成本的计算加以说明：

（一）长期借款的成本

由于企业中长期借款的利息往往作为财务费用处理，可以节税；加之这种借款通常不会有筹资费用，因此，长期借款的成本可用如下公式计算：

$$长期借款成本(K_L) = 长期借款利率(i_L) \times [1 - 所得税税率(T)]$$
$$= i_L \cdot (1 - T)$$

上式表明，由于企业负担的利息可以节税，所以企业实际负担的长期借款成本（K_L）要低于借款利率（i_L）。

【例 7-7】 假定东方公司向工商银行借到一笔 6 年期长期借款 200 元，利率 16%，每年付息一次，到期偿还本金，该公司的所得税税率为 33%。试问该笔长期借款的成本是多少？

根据上述资料和公式 $K_L = i_L \times (1-T)$ 可得

$K_L = 16\% \times (1-33\%) = 10.72\%$

由此可见，由于长期借款利息具有节税效应，故企业实际负担的长期借款成本只有 10.72%，低于约定的借款利率。

（二）债券的成本

企业发行长期债券与长期借款一样，也可以节税。但企业发行债券的筹资费用较高，在计算其成本时要加以考虑。当债券期限较长，且每年支付的利息相等时，可按永续年金来计算其近似值。公式如下：

$$债券成本(K_b) = \frac{债券每年实际利息(I_b) \times (1-所得税税率)}{债券发行总额(B) \times [1-债券筹资费用率(f_b)]}$$

$$= \frac{I_b \times (1-T)}{B(1-f_b)}$$

$$= i \cdot \frac{(1-T)}{(1-f_b)}$$

综上所述，债务资本成本比较低廉，究其原因主要是债务资本可以节税。而债务资本中又以长期借款的债务成本为最低。这主要是债券的约定利率和筹资费用均比长期借款要高所致。

这里还应该指出，上述利息费用节税是以企业盈利为前提的，如果企业亏损，所支付的债务利息不能节税，此时债务资本的成本就是税前的实际成本。

【例 7-8】 假定南方公司按每张面值 100 元发行了 600 万元的 10 年期债券，该债券的票面利率定为 15%，每年年底付息一次，10 年期满一次还本。若筹资费用率为 2%，试问该债券的成本是多少？

利用上述有关公式和资料，可得：

$$K_b = \frac{I_b \times (1-T)}{B(1-f_b)} = \frac{600 \times 15\% \times 1 \times (1-33\%)}{600 \times (1-2\%)} = 10.26\%$$

或 $K_b = i \cdot \frac{(1-T)}{(1-f_b)} = 15\% \times \frac{1-33\%}{1-2\%} = 10.26\%$

这里计算结果表明，两种计算公式结果相同，即计算出来的债券实际成本均为 10.26%。

（三）优先股的成本

企业发行优先股与发行债券一样，需要筹资费用，并定期支付股利；不同的是用于优先股的股利无节税效应，除了可以赎回以外没有到期日；如果企业破产，优先股享有的剩余财产要求权在债券持有人之后，这些表明优先股的风险要大于债券，故优先股的成本一般要高于债券。

优先股没有到期日，每年支付优先股的股利相等，采用永续年金的方法可以用如下公式之一计算：

$$\text{优先股成本}(K_p) = \frac{\text{优先股每年发放股利总额}(D_p)}{\text{优先股发行总额}(P_s) \times [1 - \text{筹资费用率}(f_p)]}$$

$$= \frac{D_p}{P_s(1-f_p)}$$

或

$$\text{优先股成本}(K_p) = \frac{\text{优先股每股市价}(P_0) \times \text{固定股利率}(d_p)}{\text{优先股每股市价}(P_0) \times [1 - \text{筹资费用率}(f_p)]}$$

$$= \frac{\text{固定股利率}(d_p)}{1 - \text{筹资费用率}(f_p)}$$

$$= \frac{d_p}{1 - f_p}$$

【例7-9】 假定中央公司于1996年年初发行股利率为12%的优先股6万股，每股按面值100元出售，若筹资费用率为3%。试问优先股筹资的成本是多少？

根据给定的上述两个公式及资料，可得：

$$K_p = \frac{D_p}{P_s(1-f_p)} = \frac{60\,000 \times 100 \times 12\% \times 1}{60\,000 \times 100 \times (1-3\%)} = \frac{720\,000}{5\,820\,000} \times 100\% = 12.37\%$$

或 $K_p = \dfrac{d_p}{1-f_p} = \dfrac{12\%}{1-3\%} = 12.37\%$

（四）普通股的成本

由于普通股的股利取决于企业的生产经营状况，具有较大的不确定性，加之企业的筹集决策和投资决策也会影响普通股东的收益，所以普通股的成本计算比较复杂。以下仅介绍两种常用的计算方法：

第一种方法是按照固定股利估算，即假定未来发放股利固定不变，并视之为永续年金，此时其计算公式为：

$$\text{普通股成本}(K_c) = \frac{\text{普通股每股股利}(D_c)}{\text{普通股每股市价}(P_c) \times [1 - \text{筹资费用率}(f_c)]}$$

$$= \frac{D_c}{P_c(1-f_c)}$$

应该指出，普通股每股股利可以是公司未来股利的预测数，也可以是目前公司的普通股每股收益（EPS）。

【例7-10】 假定南方公司普通股每股市价为47元，每股收益为4元，筹资费用率为3%。试问该公司普通股的成本是多少？

根据给定的资料和上述公式可得：

$$K_c = \frac{D_c}{P_c(1-f_c)} = \frac{4}{47 \times (1-3\%)} = 8.77\%$$

第二种方法是按照每年固定增长率估算，即假定每年普通股股利按照固定的比率增长，此时其计算公式如下：

$$普通股成本(K_c) = \frac{普通股每股第一年年末发放的股利(D_1)}{普通股每股市价(P_c) \times [1-筹资费用率(f_c)]} + 股利增长率(g)$$

$$= \frac{D_1}{P_c(1-f_c)} + g$$

【例7-11】 假定康乐公司每股市价40元，第一年年末发放的股利为3元，预计以后股利发放的每年增长率为5%，筹资费用为4%。试问普通股的成本是多少？

根据给定的资料和上述公式可得：

$$K_c = \frac{D_1}{P_c(1-f_c)} + g = \frac{3}{40 \times (1-4\%)} + 5\% = 12.81\%$$

(五) 留存收益的成本

留存收益成本与普通股成本的唯一差别是留存收益无须支付筹资费用。其计算公式现分别两种方法列举如下：

第一种方法是按照固定股利估算：

$$留存收益成本(K_e) = \frac{普通股每股股利(D_e)}{普通股每股市价(P_e)}$$

$$= \frac{D_e}{P_e}$$

第二种方法是按照股利的固定增长比率估算：

$$留存收益成本(K_e) = \frac{普通股每股第一年年末发放的股利(D_1)}{普通股每股市价(P_e)} + 股利增长率(g)$$

$$= \frac{D_1}{P_e} + g$$

【例7-12】 假定南华公司普通股每股市价为34元，第一年年末发放股利3元，以后估计股利每年增长率为7%。试问南华公司留存收益的成本是多少？

根据给定的公式和资料可得：

$$K_e = \frac{D_1}{P_e} + g = \frac{3}{34} + 7\% = 15.82\%$$

以上介绍了5种资本来源的资本成本计算问题。从以上介绍不难看出，资本来源不同，不仅成本计算方法迥异，而且其数值一般也不相同。为了使决策者能够根据资本成本来评价投资项目的可行性，我们还需要计算加权平均的资本成本。所谓加权平均的资本成本就是以各种不同渠道取得的资本占总资本的比重为权数，对各种渠道取得资本的成本进行加权的总和。其计算公式如下：

$$\begin{pmatrix}加权平均资\\本成本(K_A)\end{pmatrix} = \begin{pmatrix}长期借款占总\\资本比重(W_L)\end{pmatrix} \times \begin{pmatrix}长期借款\\成本(K_L)\end{pmatrix} + \begin{pmatrix}债券占总资\\本比重(W_b)\end{pmatrix} \times \begin{pmatrix}债券\\成本(K_b)\end{pmatrix}$$
$$+ \begin{pmatrix}优先股占总资\\本比重(W_p)\end{pmatrix} \times \begin{pmatrix}优先股\\成本(K_p)\end{pmatrix} + \begin{pmatrix}普通股占总资\\本比重(W_c)\end{pmatrix} \times \begin{pmatrix}普通股\\成本(K_c)\end{pmatrix}$$
$$+ \begin{pmatrix}留存收益占总\\资本比重(W_e)\end{pmatrix} \times \begin{pmatrix}留存收益\\成本(K_e)\end{pmatrix}$$

即 $K_A = W_L \cdot K_L + W_b \cdot K_b + W_p \cdot K_p + W_c \cdot K_c + W_e \cdot K_e$

【例 7 – 13】 假定南方公司有一长期投资项目，预计需要筹资 3 000 万元，计划通过发行债券、设立优先股、扩大普通股和运用留存收益4个来源筹措所需资本，其中债券筹资900万元，资本成本为8%；优先股筹资300万元，资本成本为10%；普通股筹资1 200万元，资本成本为12%；留存收益筹资600万元，资本成本为12%。若公司可接受的资本成本为11%。试问该长期投资项目的筹资计划是否可行？

欲判断南方公司该项长期投资项目的筹资计划是否可行，首先必须计算出该长期投资项目的加权平均资本成本（K_A），其计算可列示如下：

$$K_A = W_L \cdot K_L + W_b \cdot K_b + W_p \cdot K_p + W_c \cdot K_c + W_e \cdot K_e$$
$$K_A = \frac{1}{3\,000}(0 + 900 \times 8\% + 300 \times 10\% + 1\,200 \times 12\% + 600 \times 12\%)$$
$$= 10.6\%$$

因为该长期投资项目筹资计划的加权平均成本（10.6%）小于该公司可接受的资本成本（11%），所以该长期投资项目的筹资计划可行。

四、现金流量

(一) 现金流量的含义及其内容

现金流量（Cash Flow）的含义在财务会计与管理会计中是不尽相同的。在财务会计中现金流量是指企业在一定时期内实际发生的现金流入和现金流出的数量。凡在一定时期内企业实际收到的现金，称为现金流入量（Cash Inflow）；而实际支出的现金，则称为现金流出量（Cash Outflow）。不论是现金流入量，还是现金流出量，其内容包括经营活动现金流量、投资活动现金流量和筹资活动现金流量三个现金流量的组成部分。现金流入量超过现金流出量的部分称为现金净流量。管理会计中的现金流量则是指由于一项长期投资方案（或项目）而引起的在未来一定期间内所发生的现金流出量与现金流入量。其主要内容包括原始投资（Original Investment）、营业现金流量（Operating Cash Flow）、终结回收（Final Recovery）三个组成部分。现分述如下：

1. 原始投资。原始投资是指一个投资项目在初始投资时发生的现金流出量，一般包括以下三个项目：

（1）固定资产投资支出，是指房屋、建筑物、生产设备的购入或建造成本、运输成本、安装成本，等等。

（2）流动资产投资支出，是指与固定资产投资项目相配套的对原材料、在产品、产成品、其他有关存货和货币资金等流动资产的垫支。

（3）其他投资支出，是指与长期投资项目有关的谈判费、注册费、职工培训费等筹建费用。

（4）应该指出，在特殊情况下原始投资也可能产生现金流入量。如采取以旧换新方式更新设备，旧设备作价抵偿设备款时，就会出现现金流入量。

2. 营业现金流量。营业现金流量是指投资项目在建成投产以后整个寿命周期内，因正常开展生产经营活动而发生的现金流入和流出量。由此可见，营业现金流量包括现金流入量和现金流出量两部分。现金流入量和现金流出量的差额，通常被称为现金净流量（Net Cash Flow，NCF）。营业现金流量是评价投资方案是否可行的重要基础性指标。

3. 终结回收现金流量。终结回收现金流量是指投资项目在寿命周期终了时发生的各项现金流入量。诸如回收的固定资产残值或变价收入，以及收回原垫支的流动资产等。

（二）现金流量的计算

从上述现金流量构成内容可以看出，原始投资因发生在投资初期，通常全部属于现金流出量，而终结回收现金流量发生在期末，通常全部属于现金流入量，它们的计算都较为简单。只有营业现金流量发生在项目建成投产后的整个寿命周期内，需要分别根据各年的预计收益情况进行计算。各年营业现金净流量和投资项目现金净流量的基本计算公式如下：

$$\text{各年营业现金净流量} = \text{营业收入} - \text{付现营业成本} - \text{所得税}$$

$$= \text{税后净利} + \text{折旧}$$

$$\text{投资项目现金净流量} = -\text{投资额} + \text{各年营业现金净流量之和} + \text{固定资产残值收入} + \text{相关流动资产垫支额的回收}$$

上式中投资额包括固定资产投资和垫支在流动资产上的投资额。固定资产残值收入和相关流动资产垫支额的回收通常只发生在投资项目寿命周期终了之时。

现举例就现金流量的计算说明如下：

【例 7-14】 假定朝阳公司拟进行一项新产品开发投资项目，预计它的固定资产投资需要在第 1 年年初和第 2 年年初分别投入 1 000 万元，预计第 2 年年末可以建成，并在垫支流动资产 200 万元以后可以正式开展生产经营活动。所建固定资产预计可使用 6 年，期满残值为 32 万元，该公司拟用直线法计提折旧。根据市场预测，投产后第 1 年产品销售收入为 600 万元，以后 5 年均为 1 200 万元，假定销售收入当年全部收现。又假定第 1 年的付现成本为 160 万元，以后 5 年的付现成本为 320 万元，公司所得税税率为 30%。

要求：（1）计算各年的现金净流量；（2）计算该投资项目的全部现金流量。

（1）根据给定的资料编制公司投资项目正式投产后各年度的预计收益表如表 7-1 所示。

表 7-1　　　　　　　　　朝阳公司各年度预计收益表　　　　　　　　　单位：万元

项目	第 3 年	第 4 年	第 5 年	第 6 年	第 7 年	第 8 年
1. 销售收入	600	1 200	1 200	1 200	1 200	1 200
2. 付现成本	160	320	320	320	320	320
3. 折旧	328	328	328	328	328	328
4. 税前净利	112	552	552	552	552	552
5. 所得税	33.6	165.6	165.6	165.6	165.6	165.6
6. 税后净利	78.4	386.4	386.4	386.4	386.4	386.4

（2）根据各年营业现金净流量和投资项目现金净流量的计算公式，计算投资项目的全部现金流量，如表 7-2 所示。

表 7-2　　　　　　　新产品开发投资项目全部现金流量计算表　　　　　　　单位：万元

项目	年度								
	0	1	2	3	4	5	6	7	8
原始投资：									
固定资产	(1 000)	(1 000)							
流动资产			(200)						
营业现金流量：									
各年 NCF				406.4	714.4	714.4	714.4	714.4	714.4
终结回收现金：									
固定资产残值									32
流动资产回收									160
全部现金流量合计	(1 000)	(1 000)	(200)	406.4	714.4	714.4	714.4	714.4	906.4

因为各年营业现金净流量 = 营业收入 − 付现营业成本 − 所得税
　　　　　　　　　　　　= 税后净利 + 折旧
所以第 3 年的营业现金净流量 = 600 − 160 − 33.6 = 406.4（万元）
　　　　　　　　　　　或 = 78.4 + 328 = 406.4（万元）

第 4 ~ 8 年各年的营业现金净流量 = 1 200 – 320 – 165.6 = 714.4（万元）

或 = 386.4 + 328 = 714.4（万元）

应该指出，上述表 7 – 2 中除了年度 0 表示第 1 年年初外，其他年度均表示的是年末数。括号里表示的是现金流出数，其他表示现金流入数。

（三）现金流量是计算长期投资经济评价指标的基础

计算长期投资经济评价指标通常采用现金流量指标作为计算基础，而不采用净利润。其主要原因是：

1. 使用现金流量可以考虑货币的时间价值。我们知道，长期投资决策必须考虑货币的时间价值。这就要求我们必须弄清楚每笔收支现金的具体时间，因为不同时间收支的现金具有不同的货币时间价值。因此，在进行长期投资决策分析时，应先将投资项目寿命周期内各年现金净流量和终结回收的现金流入量，按照资本成本计算未来报酬的总现值，然后拿它与原始投资的现金流出量的现值相比较来确定该投资项目经济效益的高低。而净利润的计算以权责发生制为基础，它根本不考虑现金收支的具体时间。

2. 使用现金流量可以减少长期投资决策的风险。现金收入是实实在在的，而尚未收到现金的收益具有较大的不确定性，具有一定的风险。而净利润是采用权责发生制原则为基础计算出来的，它包含了一部分尚未收到现金的收入，因而它具有不确定性。如果采用现金流量来计算投资项目的未来收益，则可以减少使用净利润可能带来的风险，从而提高长期投资决策的可靠性。

3. 使用现金流量可以减少人为因素的影响。现金流量是以实际的现金收支为基础来计算投资项目经济效益的，这样计算出来的投资项目经济效益具有可靠的客观基础。而净利润是以权责发生制为基础来计算投资项目经济效益的，它的计算在很大程度上要受到主观因素的影响，如选择不同的折旧方法、不同的存货计价方法等都会影响到利润的大小。因此，采用净利润来计算投资项目的经济效益就不如采用现金流量更为客观。

五、资本项目事后审计

长期投资项目效果的好坏需要通过事后项目审计来评价，事中控制是为了保证项目进度及资本支出的合理性，事后审计则是对责任预算主体进行评价的重要环节，离开事后审计，资本预算无法从管理上发挥其应有的作用。但事实上项目监督和跟踪在资本预算中没有受到足够的关注，企业对进行事后审计的漠视造成管理者不情愿放弃非盈利项目。

积极地做好长期投资的事后审计可以为企业带来如下的效益:

一是改善长期投资决策的质量。在一个整体的长期投资决策系统内,事后审计将检查项目是如何评估、实施和控制的,以便于改善决策过程中的因素及它们之间的联系。

二是改善项目评估的实际状况。事后审计注重于项目评估的总体质量,特别是其正确性或现金流量状况、利润估计和它们的构成。有足够的证据表明现金流量估计典型的偏高或者偏低,从而增加了项目批准的可能性。

三是关键变量的鉴别。敏感性分析是目前西方国家控制风险的最普通方法,它对利润变化的关键因素起精确的影响。当个别的关键变量被分离时,对实现项目利润的关键因素,在鉴别上就会有所不同。这些知识将对项目执行过程中剩下的资金预算程序及以后相似的投资计划有所帮助。

四是改善内部控制机制。实行项目控制,经常会受到常规检查的影响,但事后审计可使其应用的范围更为广泛,它允许项目的战略侧重有所更改,这是不频繁的事后审计所带来的最起码的效益。

五是更多的项目终止。企业常常不愿终止一个差的项目,甚至是最合理的行为也往往会犹豫不决。如果讨论既定的项目是否应延续时,一个详细、独立的事后审计有助于提出终止的决定。

六是加速正在执行项目的调整。事后审计不受时间的限制,随机性较强。因此,对正在执行的项目可及时做出调整,增加了项目成功的可能性。

第三节 长期投资决策的常用方法

长期投资决策分析的常用方法很多,按照是否考虑货币的时间价值,可以分为静态分析法和动态分析法两类。现分别介绍如下:

一、静态分析法

长期投资的静态分析法(Static Evaluation Method)是指在进行长期投资决策分析时不考虑货币时间价值的分析方法,也称非折现的现金流量法(Nondiscounted Cash-Flow Method)。这类方法最显著的特点就是把不同时点的现金流量看作是等价的。属于这类分析方法的有投资回收期法、平均投资报酬率法等。以下分别介绍:

(一)静态投资回收期法

静态投资回收期是指在不考虑货币时间价值的情况下,以投资项目的各年现金净流量来回收该项目原始投资总额所需要的时间(通常用年数来表示),简称回收期

(payback period),也可称为偿还期。回收期是反映长期投资项目投资回收能力的重要指标。静态投资回收期的计算有表算法和公式法两种。

1. 静态投资回收期的表算法。静态投资回收期的表算法是计算投资回收期的一般方法。顾名思义,它是指通过列表的方式来计算累计的现金净流量,从而求得投资回收期的方法。以下举例说明。

【例 7-15】 假定东方公司有两个投资项目可供选择,它们的原始投资均为600万元,资本成本为14%,经济寿命均为5年,期满无残值。它们在寿命周期内的现金流入量总额均为1 400万元,但分布情况不同,如表7-3所示。

表7-3 东方公司投资项目现金流量计算表 单位:万元

方案	项目	年　度					
		0	1	2	3	4	5
甲方案	原始投资	(600)					
	各年的 NCF		280	280	280	280	280
乙方案	原始投资	(600)					
	各年的 NCF		260	320	360	300	160

要求:用表算法计算乙方案的回收期。

运用表算法计算乙方案的累计现金净流量如表7-4所示。

表7-4 乙方案的累计现金净流量计算表 单位:万元

年　份	各年 NCF	各年累计 NCF	年末尚未回收的投资余额
1	260	260	340
2	320	580	20
3	360	940	
4	300	1 240	
5	160	1 400	

从表7-4中"各年累计 NCF"栏可以看出,乙方案的静态投资回收期应该在2~3年之间,即该方案的 PP 的数值将:2 < PP < 3。用插值法可计算乙方案的预计回收期如下:

$$乙方案的预计回收期(PP) = 2 + \frac{20}{940 - 580} = 2.06(年)$$

所以,乙方案的投资回收期为2.06年。

2. 静态投资回收期的公式法。静态投资回收期的公式法是指在原始投资在期初一次性投入，且各年现金净流量相等时采用公式计算投资回收期的方法。其计算公式如下：

$$预计回收期(PP) = \frac{原始投资额}{各年 NCF}$$

必须指出，如果投资项目寿命周期末有残值，致使最后一年的现金净流量与其他各年的 NCF 发生差异，为了简化计算，可将残值分摊到各年的现金净流量内。这样，上述公式的分母应改为"年均 NCF"。

【例 7–16】 沿用〖例 7–15〗的资料，要求用公式法计算甲方案的回收期。

甲方案的回收期用公式法计算如下：

$$甲方案预计的回收期(PP) = \frac{原始投资额}{各年 NCF} = \frac{600}{280} = 2.14 \text{（年）}$$

回收期法是根据投资方案的预计回收期，来确定该方案是否可行的决策分析方法。如果该方案的预计回收期比要求的回收期短，那么该方案承担的风险程度较小，说明该方案可行；如果该方案的预计回收期比要求的回收期长，那么该方案承担的风险程度较大，说明该方案不可行。这里所谓要求的回收期，一般指投资项目经济寿命的一半。但具体到某个行业某个时期，具体情况还得做具体分析。

结合〖例 7–15〗和〖例 7–16〗的计算结果可知，东方公司甲、乙两个投资方案的预计回收期分别为 2.14 年和 2.06 年，均较要求的回收期（$\frac{5}{2} = 2.5$ 年）短，故两方案均属可行。但就这两方案相比而言，乙方案的预计回收期较甲方案更短，故乙方案较优。

假设本例期末有残值 30 万元，则甲方案预计的回收期可计算如下：

$$甲方案预计的回收期(PP) = \frac{原始投资额}{年平均 NCF} = \frac{600}{280 + \frac{30}{5}} = 2.10 \text{（年）}$$

投资回收期越短，则该投资项目在未来所冒风险越小；投资回收期越长，则该投资项目在未来所冒风险越大。由于投资回收期既反映了投资的未来风险，又易于计算，所以在实际工作中有着广泛的应用。

但静态投资回收期分析法有两个主要缺陷：一是它没有考虑货币时间价值，将不同时期的 1 元现金等量齐观；二是它没有考虑投资回收期以后的现金流量，也就是说，它对现金流量考虑得不充分，因而有一定的局限性。因此，静态投资回收期法只能作为长期投资分析的辅助方法，在实际工作中还需要与其他动态分析法结合起来运用。

(二) 平均投资报酬率法

平均投资报酬率法是通过计算平均投资报酬率指标来进行长期投资方案分析的。

平均投资报酬率 (average rate of return on investment, ARR)，也称平均投资收益率，是指一项投资方案的年平均净利（税后净利）与原始投资额之比。由于在计算时可根据财务会计报表上的数据进行，所以也称会计报酬率 (accounting rate of return) 或未调整的投资报酬率 (unadjusted rate of return)。其计算公式如下：

$$平均投资报酬率(ARR) = \frac{年平均净利}{原始投资额}$$

应该指出，在计算投资报酬率时，也有用平均投资额来计算的。此时投资报酬率表示在整个投资项目寿命周期内年平均占用 1 元投资所带来的年平均利润。

在西方国家，有些学者是以现金流量为基础来计算平均投资报酬率的。他们认为平均投资报酬率是指一项投资项目在整个寿命周期内的年均现金流量与原始投资额之比。根据这个定义，通常可用如下两个公式之一来计算平均投资报酬率：

$$平均投资报酬率(ARR) = \frac{年均现金流入量}{原始投资额}$$

$$平均投资报酬率(ARR) = \frac{年均现金净流量}{平均投资额}$$

其中：$平均投资额 = \frac{原始投资额 - 残值}{2} + (残值的回收额 + 垫支流动资产的回收额)$

平均投资报酬率法是根据各个投资方案预期的平均投资报酬率的大小来评价投资方案优劣的。平均投资报酬率越高，说明该投资项目的经济效益越好；反之，平均投资报酬率越低，则说明其经济效益越差。

平均投资报酬率法的优点是简单、明了、易于理解，而且它考虑了投资项目整个寿命周期内的现金流量，因而克服了投资回收期只考虑回收期内现金流量的缺点。但是，它的缺点与静态投资回收期法一样，同样是没有考虑货币时间价值，因而它也只能作为一种辅助方法加以应用，为了作出正确的决策，在实际应用时还需与各种动态分析方法结合运用。

【例 7 - 17】 南方公司拟投资方案有甲、乙两种方案可供选择，假定原始投资均为 60 万元一次投入，寿命周期都是 5 年，期末无残值，采用直线法计提折旧。它们的现金净流量如表 7 - 5 所示。

表7-5　　　甲、乙两方案的现金流量表　　　单位：万元

项目	第1年	第2年	第3年	第4年	第5年	合计
甲方案：						
净利	16	16	16	16	16	80
折旧	12	12	12	12	12	60
NCF	28	28	28	28	28	140
乙方案：						
净利	14	20	24	18	4	80
折旧	12	12	12	12	12	60
NCF	26	32	36	30	16	140

要求：采用平均投资报酬率法评价甲、乙两个方案的优劣。

甲、乙两方案的平均投资报酬率计算如下：

$$\text{甲方案的 ARR} = \frac{\text{年平均净利}}{\text{原始投资额}} = \frac{16}{60} = 26.67\%$$

$$\text{乙方案的 ARR} = \frac{\text{年平均净利}}{\text{原始投资额}} = \frac{\frac{80}{5}}{60} = 26.67\%$$

从以上计算结果可知，甲、乙两个方案的平均投资报酬率相等，据此难以分辨两个方案的优劣。这个案例也充分暴露了平均投资报酬率法不考虑货币时间价值和投资风险价值的重大缺陷，正是这个缺陷致使它在原始投资额和平均净利都相等时难以判断不同方案的优劣。实际上，乙方案的经济效益要比甲方案的好，因为它们虽然在寿命周期内所实现的净利总额相同，但是从前3年累计净利来看，乙方案已经实现了58万元，而甲方案只实现了48万元，两者相差10万元。

二、动态分析方法

长期投资的动态分析法（dynamic evaluation method）是指在进行长期投资决策分析时考虑货币时间价值的分析方法，也称折现的现金流量法（discounted cash-flow method）。这类方法最显著的特点就是把现金流出量、现金流入量和时间这三个基本要素相互联系起来对长期投资方案进行分析评价。属于这类分析方法的有净现值法、现值指数法、内含报酬率法、动态投资回收期法等。以下分别介绍：

(一) 净现值法

净现值（net present value，NPV）是指一项长期投资方案的未来报酬的现值与其原始投资额的现值的差额。长期投资项目未来作为报酬的现金流入量和原始投资的现金流出量发生在不同时期，根据货币的时间价值观念，不同时期货币的价值是不同的，所以只有把作为报酬的未来现金流入量和原始投资的现金流出量都折算成现值，将它们统一到最初进行原始投资的同一个时点上，才能够进行相互比较。此时两者的差额即为净现值。其计算公式通常可写成：

$$净现值（NPV）= 未来报酬总现值 - 原始投资额的现值$$

如果用符号表示，上述公式可表示为：

$$\mathrm{NPV} = \sum_{t=1}^{n} \frac{I_t}{(1+i)^t} - \sum_{t=0}^{n} \frac{O_t}{(1+i)^t}$$

式中：n——投资项目的寿命周期（年）；I_t——投资项目第 t 年的现金净流入量；O_t——投资项目第 t 年的现金净流出量；i——设定的贴现率。

上述公式中的 $\sum_{t=1}^{n} \frac{I_t}{(1+i)^t}$ 作为投资项目未来报酬的现金流入量的总现值，主要包括3个部分现金流入量的现值。在实际应用时可根据不同现金流量的特点灵活地对它们进行折现计算。分别说明如下：

（1）各年的营业现金净流量的现值。各年的营业现金净流量是通过对投资项目寿命周期内各年的营业现金净流量（NCF）进行预测分析确定的。这类现金净流量的现值应分别按如下情况进行计算：如果各年的营业现金净流量（NCF）相等，则可按年金法折算成现值，即可根据 $NCF \cdot P_{a(i,n)}$ 计算；如果各年的营业现金净流量不相等，则需要分别按照普通复利折成现值，然后求和。即根据公式 $\sum_{t=1}^{n} \frac{NCF_t}{(1+i)^t}$ 计算。

（2）期末固定资产残值或中途变现价值，按照普通复利折成的现值。

（3）期末回收的垫支的流动资产价值，按照普通复利折成的现值。

上述公式中 $\sum_{t=0}^{n} \frac{O_t}{(1+i)^t}$ 作为原始投资额的现金流出量的总现值，在实际工作中其计算有两种情况：

（1）如果原始投资是一次性投入，那么原始投资的现金流出量的现值就是原始投资额，即此时取 $t=0$，原始投资的现值 $= O_0$。

（2）如果原始投资是分次进行的，那么原始投资的现金流出量的现值就需要分别折算成现值，然后求和算出原始投资的现金流出量的总现值，即根据原始投

资的现值 $=\sum_{t=0}^{n}\frac{O_t}{(1+i)^t}$ 计算。

净现值法（net present value method）就是根据一项长期投资方案的净现值（NPV）为正数还是负数来确定该项投资方案是否可行的决策分析方法。如果 NPV 是正数，即说明该投资方案的投资报酬额大于原始投资额，那么该方案可行；反之，则不可行。净现值越大，说明投资方案的经济效益越好。

【例 7 – 18】 沿用〖例 7 – 15〗的资料，要求采用净现值法来评价甲、乙两个方案的优劣。

两个方案净现值的计算如下：

（1）甲方案的净现值。由于甲方案的各年 NCF 相等，可用年金法进行折现，同时期末又没有残值，故各年 NCF 现值之和即是未来报酬的总现值。

因为：甲方案未来报酬总现值 = 各年 NCF · $P_{a(14\%,5)}$
$$= 280 \times 3.433 = 961.24（万元）$$

所以，甲方案的净现值（NPV）= 未来报酬总现值 – 原始投资额的现值
$$= 961.24 – 600 = 361.24（万元）$$

由于甲方案的净现值是正数，所以该方案可行。

（2）乙方案的净现值。因乙方案各年的 NCF 不等，故应分别按照普通复利折现，然后求和。其净现值的计算如表 7 – 6 所示。

表 7 – 6　　　　　　　　　净现值计算表　　　　　　　　　单位：万元

年　份	各年现金净流量（NCF）	复利现值系数 $P_{(14\%,n)}$	现值（PV）
1	260	0.877	228.02
2	320	0.769	246.08
3	360	0.675	243
4	300	0.592	177.6
5	160	0.519	83.04
未来报酬总现值			977.74
原始投资额			600
净现值（NPV）			377.74

由于乙方案的净现值为正数，所以乙方案亦属可行。

由以上计算可以看出，甲、乙两方案的净现值均为正数，表明它们预期可实现的报酬率都大于资金成本，因而都属可行方案。但由于乙方案的净现值大于甲方案，而两方案的原始投资额又相同，故乙方案较优。

【例7-19】 假定南方公司拟添置一台机器设备,估计需要款项215 000元,可使用5年,期满有残值15 000元。如使用该设备每年可增加销售收入180 000元,设备按直线法折旧,除折旧以外每年付现成本为100 000元,所得税税率为30%。若添置设备款拟从银行借入,利息率为16%,按复利计息。

要求:采用净现值法为该公司作出该投资方案是否可行的决策分析。

(1) 计算各年 NCF。

各年所得税 $= \left(180\,000 - 100\,000 - \dfrac{215\,000 - 15\,000}{5}\right) \times 30\% = 12\,000$(元)

每年 NCF = 销售收入 − 付现营业成本 − 所得税
$= 180\,000 - 100\,000 - 12\,000 = 68\,000$(元)

(2) 计算未来报酬总现值。

因为未来报酬总现值 = 5年NCF的现值 + 第5年年末的残值现值

所以未来报酬总现值 $= 68\,000 \times P_{a(16\%,5)} + 15\,000 \times P_{(16\%,5)}$
$= 68\,000 \times 3.274 + 15\,000 \times 0.476$
$= 229\,772$(元)

(3) 计算该方案的净现值。

该方案的净现值(NPV) = 未来报酬总现值 − 原始投资额的现值
$= 229\,772 - 215\,000 = 14\,772$(元)

由于该举债投资方案的净现值为正数,故该方案可行。

净现值是一个重要的长期投资方案的评价指标。但它也有着重要的缺陷,即当不同投资方案的投资额不同时,该指标缺乏可比性,此时可借助于净现值率来弥补净现值的不足。

所谓净现值率(net present value rate,NPVR)就是投资方案的净现值与原始投资额的现值之比,它反映了单位投资现值的净现值。其计算公式为:

$$\text{净现值率(NPVR)} = \dfrac{\text{投资方案的净现值}}{\text{原始投资额的现值}}$$

$$\text{NPVR} = \dfrac{\sum\limits_{t=1}^{n}\dfrac{I_t}{(1+i)^t} - \sum\limits_{t=0}^{n}\dfrac{O_t}{(1+i)^t}}{\sum\limits_{t=0}^{n}\dfrac{O_t}{(1+i)^t}}$$

上述公式中的符号与前文相同。由上述公式可知,净现值率的符号与净现值的符号是一致的。即净现值率大于零,说明该投资方案可行;反之,说明该投资方案不可行。净现值率越高,说明该投资方案的经济效益越好。

【例7-20】 沿用〖例7-18〗的资料,要求计算甲、乙两个方案的净现值率来判断它们的优劣。

两个方案净现值率计算如下:

(1) 甲方案的净现值率(NPVR) = $\dfrac{\text{投资方案的净现值}}{\text{原始投资额的现值}} = \dfrac{361.24}{600} = 60.21\%$

(2) 乙方案的净现值率(NPVR) = $\dfrac{\text{投资方案的净现值}}{\text{原始投资额的现值}} = \dfrac{377.74}{600} = 62.96\%$

由此可见,甲、乙两个投资方案的净现值率都大于0,故它们均属可行方案。但由于乙方案的净现值率(62.96%)大于甲方案的净现值率(60.21%),所以乙方案较甲方案优。

净现值率是一个相对数指标,它揭示了1元投资的现值在未来可能获得的净现值,便于不同投资额方案之间的比较,因而得到了广泛的运用。

(二) 现值指数法

现值指数(Present Value Index,PVI)是指任何一个投资方案的未来报酬的总现值与原始投资额的现值之比。现值指数在西方国家亦称获利能力指数(Profitability Index),它揭示了每1元原始投资所带来的现值净收益。现值指数的计算公式如下:

$$\text{现值指数(PVI)} = \dfrac{\text{未来报酬的总现值}}{\text{原始投资额的现值}}$$

上述公式中"未来报酬的总现值"、"原始投资额的现值"的计算方法与净现值的相同。

如果运用前文的符号,那么现值指数的计算公式亦可表示为:

$$PVI = \dfrac{\sum\limits_{t=1}^{n} \dfrac{I_t}{(1+i)^t}}{\sum\limits_{t=0}^{n} \dfrac{O_t}{(1+i)^t}}$$

上述公式中,$\sum\limits_{t=1}^{n} \dfrac{I_t}{(1+i)^t}$ 表示未来报酬的总现值,$\sum\limits_{t=0}^{n} \dfrac{O_t}{(1+i)^t}$ 表示原始投资额的现值。

现值指数法(Present Value Index Method)就是根据各个投资方案计算出来的现值指数是否大于1,来确定该投资方案是否可行的分析方法。如果现值指数大于1,该投资方案可行;如果现值指数小于1,则该投资方案不可行。现值指数越大,说明该投资方案的经济效益越好。

【例7-21】 沿用〖例7-18〗的资料,要求采用现值指数法来判断两个投资方案的优劣。

两个投资方案的现值指数计算如下：

（1）甲方案的现值指数（PVI）= $\dfrac{未来报酬的总现值}{原始投资额的现值}$ = $\dfrac{961.24}{600}$ = 1.60

（2）乙方案的现值指数（PVI）= $\dfrac{未来报酬的总现值}{原始投资额的现值}$ = $\dfrac{977.74}{600}$ = 1.63

由此可见，甲、乙两个方案的现值指数都大于1，均属可行方案。但由于乙方案的现值指数（1.63）大于甲方案的现值指数（1.60），所以乙方案较甲方案为优。

【例7-22】 假定南方公司有甲、乙两个投资方案，其经济寿命均为6年，期末无残值，资本成本为12%，有关原始投资额及各年现金净流量如表7-7所示。

表7-7　　　　　　　　南方公司各年现金净流量分布表　　　　　　　　单位：千元

方案	第0年	第1年	第2年	第3年	第4年	第5年	第6年
甲	(800)	200	160	240	240	220	200
乙	(360)	120	80	100	100	100	80

要求：分别采用净现值法、净现值率法和现值指数法来评价甲、乙两个投资方案的可行性及其优劣。

根据给定资料编制两个投资方案的有关指标计算表如下：

（1）甲方案的净现值、净现值率和现值指数计算如表7-8所示。

表7-8　　　　　甲方案的净现值、净现值率和现值指数计算表　　　　　单位：千元

年　份	各年现金净流量（NCF）	复利现值系数 $P_{12\%, n}$	现值（PV）
1	200	0.893	178.6
2	160	0.797	127.52
3	240	0.712	170.88
4	240	0.636	152.64
5	220	0.567	124.74
6	200	0.507	101.4
未来报酬总现值			855.78
原始投资额的现值			800
净现值（NPV）			55.78
净现值率（NPVR）			6.97%
现值指数（PVI）			1.07

(2) 乙方案的净现值、净现值率和现值指数计算如表 7 – 9 所示。

表 7 – 9　　　　乙方案的净现值、净现值率和现值指数计算表　　　　单位：千元

年　份	各年现金净流量（NCF）	复利现值系数 $P_{12\%,n}$	现值（PV）
1	120	0.893	107.16
2	80	0.797	63.76
3	100	0.712	71.2
4	100	0.636	63.6
5	100	0.567	56.7
6	80	0.507	40.56
未来报酬总现值			402.98
原始投资额的现值			360
净现值（NPV）			42.98
净现值率（NPVR）			11.94%
现值指数（PVI）			1.12

由此可见，由于甲、乙两个方案的净现值和净现值率都大于 0，现值指数又都大于 1，所以无论采用净现值法、净现值率法，还是现值指数法，都会得出甲、乙两个投资方案均可行的结论。但是，如果要评价甲、乙两个投资方案的优劣，运用这些方法则会得出不一致的结论：从净现值法来看，甲方案较优，因为甲方案的净现值（55 780 元）大于乙方案的净现值（42 980 元）；从净现值率法来看，乙方案较优，因为乙方案的净现值率（11.94%）大于甲方案的净现值率（6.97%）；从现值指数法来看，乙方案较优，因为乙方案的现值指数（1.12）大于甲方案的现值指数（1.07）。那么，究竟哪个方法的评论结论正确呢？

必须指出，尽管净现值法应用较广，但净现值（NPV）是一个绝对数指标，它只能反映出某个独立投资方案的成本与效益的关系。对于像本例这样两个原始投资额不同的方案来讲，它们的净现值是不可比的，因而此时运用净现值法就不能对甲、乙两个投资方案的优劣作出准确的评价。而净现值率（NPVR）和现值指数（PVI）都是相对数指标，它们分别反映了每 1 元投资成本带来的净现值和收益数额，运用这两个评价指标作出的评价结论，不受原始投资额的影响。就本例来讲，根据这两个指标得出乙方案较优的结论是一致的，而且也是正确的。

净现值法、净现值率和现值指数法的共同优点在于，它们在评价长期投资方案的优劣时不仅都考虑了货币的时间价值，而且也都考虑了全部的现金流量。但是，它们也有一个共同的缺点，那就是它们都不能揭示各该投资方案本身实际可能达到的投资

报酬率究竟是多少。而下面的内部收益率法正好弥补了这个缺陷。

(三) 内部收益率法

内部收益率（internal rate of return，IRR）是指一项长期投资方案在其寿命周期内按现值计算的实际可能达到的投资报酬率，亦称内含报酬率或内在收益率。实质上，内部收益率就是能使投资方案的净现值等于零的报酬率。即在各年现金流出量和流入量已知的条件下，内部收益率 i 使得如下方程式成立：

$$\sum_{t=1}^{n} \frac{I_t}{(1+i)^t} - \sum_{t=0}^{n} \frac{O_t}{(1+i)^t} = 0$$

直接解上述方程求出内部收益率（i）是十分困难的。计算内部收益率可根据各年现金净流量情况的不同来选择采用查表法或逐次测试法。

1. 查表法。如果投资方案各年的现金净流量相等，那么首先求出年金现值系数（$P_{a(i,n)}$），然后根据该投资方案的寿命周期（n）和求出的年金现值系数（$P_{a(i,n)}$），查"1 元的年金现值表"，找出与上述年金现值系数相邻近的较小和较大的年金现值系数及其相应的两个折现率，最后根据查表确定的两个邻近的折现率及其相应的年金现值系数和计算求出的年金现值系数，采用插值法计算出该投资方案的内部收益率的近似值。

应该指出，如果某投资方案各年现金净流量相等，但是期末有固定资产残值或垫支的流动资产回收，那么为了采用查表法，可将残值或垫支的流动资产平均分摊到各年现金净流量中去，这样在计算年金现值系数时就是用原始投资额的现值除以各年平均的现金净流量。如果残值和垫支的流动资产回收的金额不大，为了简化计算，可以采用简单平均法分摊；如果它们的金额较大，那么应该采用年金的形式进行分摊。

2. 逐次测试法。如果各年现金净流量不相等，那么就需要采用逐次测试法，具体程序如下：首先，先估计一个折现率，并据此计算该投资方案的净现值，如果净现值为正数，那么提高折现率再行测试；如果净现值为负数，那么降低折现率再行测试。通过逐次测试，最终要求找出两个邻近的一个正数的净现值和一个负数的净现值所代表的两个折现率。其次，根据已找出的两个折现率及其相应的净现值和零净现值采用插值法，可计算出该投资方案的内部收益率的近似值。

内部收益率法就是根据投资方案的内部收益率是否高于资本成本，来评价该投资方案是否可行的决策分析方法。如果内部收益率大于资本成本，那么该投资方案可行；如果内部收益率小于资本成本，那么该投资方案不可行。内部收益率越高，表明该投资方案的盈利能力越强。

内部收益率法的优点就是可以揭示投资方案本身可以达到的具体的报酬水平。其最重要的缺点是，在实际应用时可能会出现多个内部收益率，使人难以判断真实的内部收益率到底是多少。此时，可考虑应用外部收益率来评价投资方案。

所谓外部收益率（external rate of return，ERR）是指使一个投资方案原始投资额的终值与各年现金净流量按设定的折现率计算的终值之和相等时的收益率。其计算程序是：首先，按要求达到的最低收益率计算各年现金净流量到该投资方案寿命周期终了时的终值之和；其次，以各年现金净流量终值之和作为原始投资额至该投资项目寿命周期终了时的本利和，计算复利终值系数；最后，根据所计算的复利终值系数查终值系数表，找出外部收益率，或采用插值法求出外部收益率。

【例 7 – 23】 沿用〖例 7 – 15〗的资料，要求采用内部收益率法来评价甲、乙两个投资方案的优劣。

两个投资方案的内部收益率计算如下：

（1）甲方案的内部收益率的计算。因为甲方案各年的 NCF 相等，所以采用查表法来计算内部收益率。

因为：$P_{a(i,n)} = P_{a(i,5)} = \dfrac{原始投资额的现值}{各年 NCF} = \dfrac{600}{280} = 2.143$

查表可得两个邻近的折现率和年金现值系数分别为 36%、40% 和 2.181、2.035。用插值法可得：

甲方案的 $\text{IRR} = 36\% + \dfrac{(40-36)\%}{2.181 - 2.035} \times (2.181 - 2.143) = 37.04\%$

（2）乙方案的内部收益率的计算。因为乙方案各年现金净流量不相等，所以采用逐次测试法。因为乙方案的各年现金净流量与甲方案比较接近，所以分别用 36% 和 40% 测试如表 7 – 10 所示。测试结果得到一正一负的两个净现值。应用插值法可得乙方案的内部收益率：

乙方案的 $\text{IRR} = 36\% + \dfrac{(40-36)\%}{29.5 + 12.36} \times (29.5 - 0) = 38.82\%$

表 7 – 10　　　　　　　　乙方案的净现值计算表　　　　　　　　　　单位：万元

年 份	各年 NCF	第一次测试（36%）		第二次测试（40%）	
		$P_{36\%,n}$	PV	$P_{40\%,n}$	PV
1	260	0.735	191.1	0.714	185.64
2	320	0.541	173.12	0.510	163.2
3	360	0.398	143.28	0.364	131.04
4	300	0.292	87.6	0.260	78
5	160	0.215	34.4	0.186	29.76
未来报酬总现值			629.5		587.64
原始投资的现值			600		600
净现值（NPV）			29.5		(12.36)

从以上计算可知，甲、乙两方案的内部收益率均远大于要求的资本成本，故均属可行方案。但由于乙方案的内部收益率（38.82%）大于甲方案的内部收益率（37.04%），故乙方案较优。

【例 7-24】 沿用〖例 7-15〗的资料，并假定甲投资方案要求的最低收益率为 32%，要求计算甲方案的外部收益率。

（1）计算各年现金净流量的终值。因为甲方案的各年现金净流量相等，所以可以计算各年现金净流量的年金终值：

各年 NCF 的年金终值 $= F_{a(32\%,5)} \times 280 = 9.398 \times 280 = 2\,631.44$（万元）

（2）计算复利终值系数。

$$f_{i,5} = \frac{2\,631.44}{600} = 4.386$$

（3）计算外部收益率。根据以上资料，查复利终值系数表，找到与 4.386 邻近的两个复利终值系数 4.007 和 4.653，以及相对应的收益率 32% 和 36%，采用插值法可求得：

$$外部收益率(\text{ERR}) = 32\% + \frac{4.386 - 4.007}{4.653 - 4.007} \times (36\% - 32\%) = 34.35\%$$

根据上述程序，可计算求得投资方案 ERR 的唯一解，避免了内部收益率可能带来的困难。

（四）动态投资回收期法

动态投资回收期，是指以要求的或设定的折现率计算的现金净流量的现值为基础，计算的完全收回投资项目全部投资额所需要的时间（通常用年数表示）。与静态投资回收期一样，动态投资回收期的计算也有表算法和公式法两种。

1. 动态投资回收期的表算法。动态投资回收期的表算法是计算动态投资回收期的一般方法。顾名思义，它是指通过列表的方式来计算累计现金净流量的现值，从而求得动态投资回收期的方法。

2. 动态投资回收期的公式法。动态投资回收期的公式法是指在原始投资期初一次性投入，且各年现金净流量相等时采用公式计算动态投资回收期的方法。其计算的具体程序是：首先根据原始投资额和各年现金净流量计算年金现值系数，其次结合设定的贴现率查年金现值表，找出动态投资回收期 n，或应用插值法求得 n。

必须指出，如果投资项目寿命周期末有残值，致使最后一年的现金净流量与其他各年的 NCF 发生差异，那么可将残值以年金形式分摊到各年的现金净流量内。这样处理后，就可以运用公式法计算动态投资回收期了。

【例 7-25】 沿用〖例 7-15〗的资料，要求运用动态投资回收期法来评价甲、乙两个方案的优劣。

两个方案的动态投资回收期计算如下：

（1）甲方案的动态投资回收期。因为甲方案的各年 NCF 相等，所以可用公式法计算动态投资回收期。

$$\text{甲方案的年金现值系数}(P_{a(14\%,n)}) = \frac{\text{原始投资额}}{\text{各年现金净流量}} = \frac{600}{280} = 2.143$$

根据 14% 和 2.143 查年金现值表，可得与 2.143 邻近的两个年金现值系数 1.647 和 2.322，以及与之对应的期数 2 和 3。用插值法可求得：

$$\text{甲方案的动态投资回收期} = 2 + \frac{2.143 - 1.647}{2.322 - 1.647} \times 1 = 2.73 \text{（年）}$$

（2）乙方案的动态投资回收期。因乙方案各年的 NCF 不等，故应采用表算法计算。其有关现金净流量累计现值的计算如表 7-11 所示。

表 7-11　　　　　　　　现金净流量累计现值计算表　　　　　　　　单位：万元

年　份	各年现金净流量（NCF）	复利现值系数 $P_{14\%,n}$	各年现金净流量的现值（PV）	累计的各年现金净流量
0	-600	1.0	-600	-600
1	260	0.877	228.02	-371.98
2	320	0.769	246.08	-125.9
3	360	0.675	243	117.1
4	300	0.592	177.6	294.7
5	160	0.519	83.04	377.74
合　计	800		377.74	

由以上计算可知，乙方案的动态投资回收期在 2 年与 3 年之间，用插值法可得：

$$\text{乙方案的动态投资回收期} = 2 + \frac{0 + 125.9}{117.1 + 125.9} \times 1 = 2.52 \text{（年）}$$

由于乙方案的动态投资回收期（2.52 年）比甲方案的动态投资回收期（2.73 年）要短，所以乙投资方案较优。

以上计算结果表明，考虑货币时间价值以后，甲、乙两个投资方案的动态投资回收期（分别为 2.73 年和 2.52 年）比静态投资回收期（分别为 2.14 年和 2.06 年）均要长，这一方面表明货币时间价值对投资回收期指标影响显著，另一方面也表明动态投资回收期指标更加可靠、准确。

第四节　长期投资决策方法的具体运用

前文介绍了长期投资决策分析的一些常用方法，本节拟对生产设备是否需要更新的决策，生产设备最优更新期的决策，固定资产大修理或更新的决策，固定资产租赁或购买的决策，购置固定资产分期付款或一次性付款的决策，通过固定资产投资开发新产品的决策，以及在资本定量情况下投资项目最优组合的决策等典型案例加以介绍。

一、生产设备是否需要更新的决策分析

生产设备是否需要更新的决策是长期投资决策分析中的重要内容。由于科学技术的迅速发展，生产设备的寿命周期越来越短。在竞争日益激烈的社会中，及时地淘汰旧设备启用先进的新设备，不仅可以提高效率、保证产品质量，而且可以大大降低设备的使用成本，进而提高经济效益。

如果拟购建的新设备的使用年限与旧设备的剩余年限相同，可采用净现值法结合差量分析法来计算继续使用旧设备与更新设备现金流量的差额，以便确定更新旧设备是否有利。

【例7-26】 假设南方公司有一套生产设备系4年前购入，原购入成本400 000元，估计尚可使用6年，期满无残值，已提折旧（按直线法计提）160 000元，账面折余价值为240 000元。如果继续使用旧设备每年可获得销售收入596 000元，每年付现的营业成本为452 000元。现拟更换一套电脑自动控制的新设备，估计需要价款600 000元，估计可使用6年，期满估计有残值30 000元。购入新设备时，旧设备可作价140 000元。使用新设备后，每年可增加销售收入100 000元，同时，每年可节约付现营业成本20 000元。假定南方公司的资本成本为12%。

要求：采用净现值法和内部收益率法为南方公司作出是否更新设备的决策分析。

解1：(1) 计算购置新设备所带来的现金净流量的增加额。由于这两个方案的使用年限相同，所以可以使用差量分析法来计算购置新设备所带来的现金净流量增加的差额：

$$\begin{pmatrix} 购置新设备每 \\ 年增加的 NCF \end{pmatrix} = \begin{pmatrix} 购置新设备 \\ 每年的 NCF \end{pmatrix} - \begin{pmatrix} 继续使用旧设 \\ 备每年的 NCF \end{pmatrix}$$

$$= \left\{ \begin{pmatrix} 购置新设备的 \\ 每年销售收入 \end{pmatrix} - \begin{pmatrix} 购置新设备的 \\ 每年付现成本 \end{pmatrix} \right.$$

$$\left. - \begin{pmatrix} 继续使用旧设 \\ 备的销售收入 \end{pmatrix} - \begin{pmatrix} 继续使用旧设 \\ 备的付现成本 \end{pmatrix} \right\}$$

$$= \{(596\ 000 + 100\ 000) - (452\ 000 - 20\ 000)\} - (596\ 000 - 452\ 000)$$

$$= (696\ 000 - 432\ 000) - (596\ 000 - 452\ 000)$$

$$= 264\ 000 - 144\ 000 = 120\ 000 \text{（元）}$$

（2）计算购置新设备能增加的净现值。

$$\begin{pmatrix}\text{购置新设备}\\\text{增加的净现值}\end{pmatrix} = \begin{pmatrix}\text{购置新设备增加的}\\\text{未来报酬的总现值}\end{pmatrix} - \begin{pmatrix}\text{购置新设备需要}\\\text{增加的投资额}\end{pmatrix}$$

$$= \left\{\begin{pmatrix}\text{购置新设备每}\\\text{年增加的 NCF}\end{pmatrix} \times P_{a(12\%, 6)} + \begin{pmatrix}\text{新设备第 6 年}\\\text{年末的残值}\end{pmatrix} \times P_{12\%, 6}\right\}$$

$$- \left\{\begin{pmatrix}\text{购置新设}\\\text{备的价款}\end{pmatrix} - \begin{pmatrix}\text{旧设备的}\\\text{作价款}\end{pmatrix}\right\}$$

$$= (120\,000 \times 4.111 + 30\,000 \times 0.507) - (600\,000 - 140\,000)$$
$$= 508\,530 - 460\,000$$
$$= 48\,530\,（元）$$

由此可见，购置新设备能增加净现值 48 530 元，所以设备更新方案是可行的。

解 2：采用内部收益率进行评价。由于除了期末有残值 30 000 元以外，其余各年增加的 NCF 均为 120 000 元，可考虑运用公式法计算内部收益率。为了简化计算，残值将平均分摊到各年的 NCF 中去。首先，计算年金现值系数：

$$\text{年金现值系数}(P_{a(i,6)}) = \frac{\text{购置新设备增加的投资额}}{\text{平均每年增加的 NCF}}$$

$$= \frac{600\,000 - 140\,000}{120\,000 + \dfrac{30\,000}{6}}$$

$$= \frac{460\,000}{125\,000} = 3.680$$

根据以上计算结果，查年金现值表，找出与 3.680 邻近的两个年金现值系数为 3.685 和 3.498，以及相对应的报酬率 16% 和 18%，运用插值法可求得：

$$IRR = 16\% + \frac{3.685 - 3.680}{3.685 - 3.498} \times (18\% - 16\%) = 16.05\%$$

由于购置新设备的内部收益率（16.05%）大于资本成本（12%），所以该公司设备更新方案可行。

二、生产设备最优更新期的决策分析

生产设备及时进行更新无疑是必要的。现在的问题是何时对生产设备进行更新才是最佳选择呢？也就是说，应当如何来确定生产设备的最优更新期呢？要解决这个问题就需要计算生产设备的经济寿命及其相应的最低年均总成本。

（一）生产设备的经济寿命与年均总成本的内容

经济寿命（economic life）是指生产设备能够提供经济效益的期限，也是可使生产设备的年均成本达到最低水平的使用期限。因此，经济寿命也称为最优更新期或最低年均成本期。一般来说，生产设备的经济寿命要短于自然寿命。决定生产设备经济寿命的成本因素主要包括如下两个部分：

1. 资产成本。资产成本是指用于生产设备投资的成本。在不考虑资本成本的条件下，资产成本就是各年的生产设备的折旧额。生产设备的使用年限越长，每年的折旧额就越低。所以，资产成本是随着使用年限的增加而逐年降低的。

2. 劣势成本。劣势成本是指生产设备由于逐年使用和自然损耗而导致原材料和能源消耗及维修费用逐渐增加和因质量下降而增加的残废品损失所付出的代价。生产设备的劣势成本总是随着使用年限的延长而逐步增加。为了计算的方便，我们假定劣势成本每年增加幅度相等。当然，实际情况未必就是如此。

由此可见，使用生产设备的年均成本就是年均资产成本与年均劣势成本之和。前者随着使用年限的增加而递减，后者则随着使用年限的延长而递增。正因为如此，必定存在着某一时点，使得年均总成本达到最低水平，而超过这一时点，年均总成本就会逐年增加。这个时点就是生产设备的经济寿命。

（二）生产设备经济寿命和年均最低总成本的计算

生产设备经济寿命和年均最低总成本的计算，主要有简单计算法和折现计算法两种，现分别介绍如下：

1. 简单计算法。简单计算法是利用如下公式来计算生产设备使用年限内的各年均总成本，并加以比较，其年均成本最低的年份就是生产设备的经济寿命。其计算公式如下：

$$生产设备的年均总成本(T) = 年均资产成本 + 年均劣势成本$$

$$T = \frac{C}{n} + \frac{(n-1)g}{2}$$

式中：C——资产成本（即生产设备的原价－残值）；n——使用年限；g——劣势成本每年增加额（假定各年相等）；$(n-1)g$——最后一年的劣势成本。

【例7-27】 假定东方公司拟购置一台生产设备，价款和安装费为196 000元，设备可用8年，期满估计有残值16 000元，劣势成本为每年增加13 200元。

要求：计算该设备的经济寿命和最低年均总成本。

解：计算该设备的经济寿命和最低年均总成本有三种方法：

方法一：逐年测试列表法。根据给定的资料及上述公式，可编制年均总成本计算表如表7-12所示。

表7-12　　　　　　　设备经济寿命和年均总成本计算表　　　　　　　单位：元

使用年限	1	2	3	4	5	6	7	8
第 n 年的劣势成本 $(n-1)g$	0	13 200	26 400	39 600	52 800	66 000	79 200	92 400
n 年内年均劣势成本 $(n-1)g/2$	0	6 600	13 200	19 800	26 400	33 000	39 600	46 200
n 年内年均资产成本 (c/n)	180 000	90 000	60 000	45 000	36 000	30 000	25 714	22 500
n 年内年均总成本 (T)	180 000	96 600	73 200	64 800	62 400（最低）	63 000	65 314	68 700

由表7-12可以看出，第5年的年均总成本最低，故该项生产设备的经济寿命为5年，最低年均总成本为62 400元。

方法二：图示法。以纵轴为年均成本，以横轴为使用年限，根据表7-12中倒数第三行的数据画年均劣势成本的递增直线，根据该表中倒数第二行的数据画年均资产成本的递减曲线，两线相交之处，即为经济寿命年限，本例为5年。两线叠加得出一个凹形的新曲线，此凹形曲线即为年均总成本线。它的最低点即为最低年均总成本，约62 000元左右。图示法可如图7-3所示。

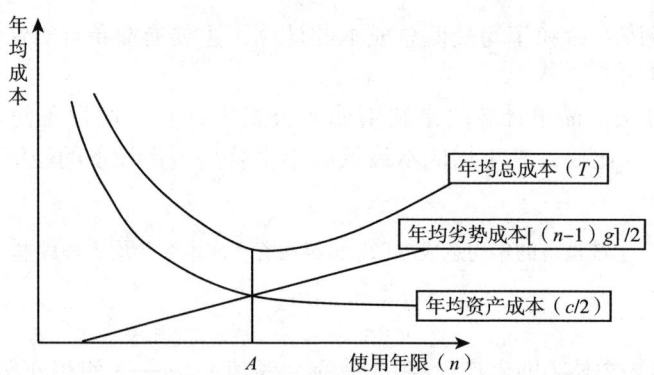

图7-3　生产设备经济寿命及其最低年均总成本示意图

方法三：公式法。根据年均总成本公式 $T = \dfrac{C}{n} + \dfrac{(n-1)g}{2}$，推导出经济寿命和年均最低总成本的计算公式来计算。

因为前文的经济理论分析告诉我们，年均最低总成本是存在的，所以在年均最低总成本这一点上，T 的一阶导数存在，且应该为0。

对上述公式求 T 对 n 的一阶导数，得 $T' = \dfrac{dT}{dn} = \dfrac{g}{2} - \dfrac{c}{n^2}$

令 $T' = 0$，则 $\dfrac{g}{2} - \dfrac{c}{n^2} = 0$

解方程得 $n = \sqrt{\dfrac{2c}{g}}$

由上述公式计算出来的 n 即是年均总成本为最低的年份，亦即最优更新期。

将 $n = \sqrt{\dfrac{2c}{g}}$ 代入年均总成本公式，则

$$\text{年均最低总成本}(\hat{T}) = \dfrac{c}{\sqrt{\dfrac{2c}{g}}} + \dfrac{\left(\sqrt{\dfrac{2c}{g}} - 1\right)g}{2} = \sqrt{2cg} - \dfrac{g}{2}$$

即

$$(\hat{T}) = \sqrt{2cg} - \dfrac{g}{2}$$

把本例中给定的数据代入上述有关公式，即得：

$$\text{最优更新期}(n) = \sqrt{\dfrac{2c}{g}} = \sqrt{\dfrac{2 \times 180\,000}{13\,200}} = 5.2 \text{（年）}$$

$$\text{年均最低总成本}(\hat{T}) = \sqrt{2cg} - \dfrac{g}{2}$$

$$= \sqrt{2 \times 180\,000 \times 13\,200} - \dfrac{13\,200}{2}$$

$$= 68\,934.75 - 6\,600 = 62\,334.75 \text{（元）}$$

从公式法计算的结果来看，它与逐年测试列表法和图示法求出的结果实质上是相同的，即经济年限为5.2年，其年均最低总成本为62 334.75元。

经济寿命和年均最低总成本的简单计算方法有两个缺陷：一是没有考虑货币的时间价值；二是没有考虑生产设备残值随使用年限变动会发生差异的影响。为了克服这些缺陷，可以使用折现计算法。

2. 折现计算法。折现计算法要求将发生在不同时点的成本按照资本成本折算成现值来计算，同时它还要求考虑生产设备残值随使用年限变动而变动的影响。

考虑了货币时间价值和残值变动因素后，经济寿命和年均最低总成本的计算公式如下：

$$\text{生产设备年均总成本}(T_n) = \dfrac{\text{设备原投资额} - \text{残值}}{\text{年金现值系数}} - \dfrac{\text{劣势成本各年发生额} \times \sum_{t=2}^{n}(t-1) \times \text{复利现值系数}}{\text{年金现值系数}} + \text{残值} \times \text{资本成本}$$

或

$$T_n = (I - S)\dfrac{1}{P_{a(i,n)}} - g\sum_{t=2}^{n}(t-1)P_{(i,t)}\dfrac{1}{P_{a(i,n)}} + S \cdot K$$

上述公式中除了本章前文明确了的符号之外，其他符号的意义如下：

I——设备原始投资额；
S——设备残值；
K——资本成本。

从理论上讲，确定生产设备的经济寿命及其年均最低总成本的折现计算法，由于不仅考虑了货币的时间价值，而且也考虑了残值在不同使用年限会发生变动的影响，所以其结果最为准确。但是，这种方法计算复杂，而且式中的基础性数据的确定具有较大的主观随意性，这些使它在实际工作中的应用大打折扣。

三、固定资产大修理或更新的决策分析

固定资产大修理是对旧固定资产的主要组成部分或零部件进行拆修或更换，其目的是恢复原有使用价值。而更新则是重新购建新的固定资产。进行固定资产大修理或更新的决策分析，必须分析它们的相关收入和相关成本。所谓相关收入是指大修理和更新的销售收入差异，而所谓相关成本则是指大修理的成本与更新设备的投资和新设备应用所带来的成本节约额。如果它们的销售收入相同，那么只需要比较两者的相关成本。如果它们的使用年限也相同，那么可采用净现值法结合差量分析来进行它们的决策分析。

【例 7-28】 假定东北公司有一台设备已经陈旧，如现在进行大修理，需要支付大修费用 40 000 元，并在第 5 年年末还需大修一次，预计大修成本 16 000 元。如果及时大修，该设备尚可使用 10 年，期满有残值 10 000 元。继续使用该设备预计付现的营业成本为 36 000 元。如果购买新设备，成本为 120 000 元，亦可使用 10 年。同时可将旧设备出售，取得价款 14 000 元。预计购入新设备后第 5 年末需大修一次，估计大修费用 5 000 元。使用期满，亦有残值 10 000 元。新设备每年付现营业成本为 20 000 元，假设该公司资本成本为 10%。

要求：采用净现值法为该公司作出旧设备是大修还是更新的决策分析。

（1）计算购置新设备增加的现金流量的总现值。因为新旧设备的使用年限相同，且期末残值相等，故属无关成本，在此无须考虑。

$$\begin{matrix}\text{购置新设备增加的}\\ \text{现金流量的总现值}\end{matrix} = \begin{matrix}\text{营业成本}\\ \text{节约额}\end{matrix} \times P_{a(10\%,10)} + \begin{matrix}\text{大修成本}\\ \text{节约额}\end{matrix} \times P_{10\%,5}$$

$$= (36\ 000 - 20\ 000) \times 6.145 + (16\ 000 - 5\ 000) \times 0.621$$

$$= 98\ 320 + 6\ 831 = 105\ 151\ (\text{元})$$

（2）计算更新比大修增加的净现值。

$$\begin{matrix}\text{购置新设备增}\\ \text{加的净现值}\end{matrix} = \begin{matrix}\text{购置新设备增加的}\\ \text{现金流量的总现值}\end{matrix} - \begin{matrix}\text{购置新设备增}\\ \text{加的投资额}\end{matrix}$$

$$= 105\ 151 - (120\ 000 - 40\ 000 - 14\ 000)$$
$$= 39\ 151\ (元)$$

以上计算结果表明,购置新设备比对旧设备大修能增加净现值 39 151 元,故购置新设备方案较好。

如果大修设备和更新设备使用年限不同,那么就应该要先按资本成本将各年相关的现金流量折算成相关的年均现金流量,并计算出年均成本;然后选择年均成本较低者作为最优方案。

有关年均成本的计算说明如下:计算大修年均成本要将未来预计的大修费用按资本成本折算成决策时的现值,然后再用资本回收系数(年金现值系数的倒数)折算成未来使用期间的年均成本。此外,还应考虑大修费用所引起的所得税减少的影响。

更新设备的年均成本包括资产成本的年均成本和残值净额(残值减清理费用)的年均成本,就前者而言,只需将资产成本乘以资本回收系数;而后者则要将残值净额乘以资本成本。此外,还应考虑新设备会增加折旧费用,从而减少所得税,以及由于料、工、费的节约所带来的成本降低额。如果各年成本降低额相等,以降低额乘以(1-所得税税率)即为更新设备年均成本降低额。如果各年成本降低额不等,那么,就需要将成本降低额折算成决策时的现值,再乘以资本回收系数。如果采用新设备能够增加销售收入,那么可视同成本降低额处理。

【例 7-29】 东方公司有一台旧生产设备,如支付 24 000 元大修费用大修,尚可使用 4 年,期满无残值。如果购买同样的新设备需要投资 36 000 元,可使用 6 年,期满无残值。假定该公司资本成本为 12%,所得税税率为 33%。

要求:为东方公司做出大修或更新的决策分析。

计算大修与更新两方案的年均成本如下:

(1) 大修方案的年均成本。

$$大修的年均成本 = 24\ 000 \times \frac{1}{P_{a(12\%,4)}} - \frac{24\ 000}{4} \times 33\%$$
$$= 24\ 000 \times \frac{1}{3.037} - \frac{24\ 000}{4} \times 33\%$$
$$= 24\ 000 \times 0.3293 - 6\ 000 \times 0.33$$
$$= 5\ 923.2\ (元)$$

(2) 更新方案的年均成本。

$$更新的年均成本 = 36\ 000 \times \frac{1}{P_{a(12\%,6)}} - \frac{36\ 000}{6} \times 33\%$$
$$= 36\ 000 \times \frac{1}{4.111} - \frac{36\ 000}{6} \times 33\%$$

$$= 36\,000 \times 0.2432 - 6\,000 \times 0.33$$
$$= 6\,775.2\,(元)$$

从以上计算结果可以看出，大修方案的年均成本比更新方案低，所以，以大修方案为优。

【例 7 – 30】 南洋公司有一台旧设备尚可使用 6 年，但需要现在和第 3 年年末大修，大修费用均为 24 000 元，期满无残值。如果购买相同的新设备需要支付价款 80 000 元，可用 8 年，期满有残值 6 000 元。如果使用新设备，每年可节约成本 10 000 元。假定资本成本为 14%，所得税税率为 30%。

要求：为南洋公司做出该项设备是大修还是更新的决策分析。

计算大修与更新两方案的年均成本如下：

(1) 大修方案的年均成本。

$$大修的年均成本 = (24\,000 + 24\,000 \times P_{(14\%,\,3)}) \times \frac{1}{P_{a(14\%,\,6)}} - \frac{24\,000 \times 2}{6} \times 30\%$$
$$= (24\,000 + 24\,000 \times 0.675) \times 0.257 - 8\,000 \times 0.3$$
$$= 40\,200 \times 0.257 - 2\,400$$
$$= 7\,931.4\,(元)$$

(2) 更新方案的年均成本。

$$更新年均成本 = (80\,000 - 6\,000) \times \frac{1}{P_{a(14\%,\,8)}} + 6\,000 \times 14\% - \frac{(80\,000 - 6\,000)}{8}$$
$$\times 30\% - 10\,000 \times (1 - 30\%)$$
$$= (80\,000 - 6\,000) \times \frac{1}{P_{a(14\%,\,8)}} + 6\,000 \times 14\% - \frac{(80\,000 - 6\,000)}{8}$$
$$\times 30\% - 10\,000 \times (1 - 30\%)$$
$$= 74\,000 \times 0.216 + 840 - 2\,775 - 7\,000$$
$$= 7\,049\,(元)$$

以上计算结果表明，更新方案的年均成本（7 049 元）低于大修方案的年均成本（7 931.4 元），所以更新方案较优。

四、固定资产租赁或购买的决策分析

举债购置固定资产和租赁固定资产各有利弊，要从其中作出正确的选择，需要全面分析，权衡利弊。一般来说，举债购置固定资产可采用净现值法或内部收益率法来进行决策分析。而租赁固定资产，则常用内部利息率（internal rate of interest，IRI）指标来进行决策分析。

内部利息率是指能使各期租金的总现值正好等于租赁资产市价的折现率。计算内

部利息率的程序是：首先计算租金内部利息率的现值系数，其次查年金现值系数表，最后根据查表结果，采用插值法即可求出内部利息率。计算内部利息率的现值系数的公式如下：

$$\text{租金内部利息率的现值系数}(IRI_{(i,n)}) = \frac{\text{租赁资产市价}}{\text{每年年末支付的租金}}$$

一般来说，如果内部利息率小于举债借款利率，则租赁方案较优；反之，如果内部利息率大于举债借款利率，则举债购置方案较优。但举债购置方案究竟如何，尚需运用净现值法和内部收益率法来进行评价。

【例7-31】 假定旭日公司拟添置一台生产设备，价款600 000元，预计使用10年，期满无残值。使用该设备每年可增加销售收入520 000元，采用直线法折旧，除了折旧以外支付的付现营业成本为396 000元，所得税税率为30%，该公司可以举债借款购置，举债利率为14%；亦可采用融资租赁方式取得，每年年末支付租金108 000元。

要求：为旭日公司作出该设备是举债购置还是租赁的决策分析。

计算租金内部利息率的现值系数（$IRI_{(i,n)}$）如下：

$$\text{租金内部利息率的现值系数}(IRI_{(i,10)}) = \frac{\text{租赁资产市价}}{\text{每年年末支付的租金}} = \frac{600\ 000}{108\ 000} = 5.556$$

查年金现值系数表，找出与5.556邻近的两个年金现值系数5.650和5.216，以及相对应的折现率12%和14%，采用插值法可求得：

$$\text{租金内部利息率}(IRI) = 12\% + \frac{5.650 - 5.556}{5.650 - 5.216}(14\% - 12\%) = 12.43\%$$

以上计算结果表明，租赁方案的内部利息率（12.43%）显然小于举债借款的利率（14%），所以，租赁方案较优。

五、购置固定资产分期付款或一次性付款的决策分析

购置固定资产分期付款或一次性付款的决策分析，只需要将分期付款折成现值与一次性付款比较，就可以得出结论。

【例7-32】 假设朝阳公司拟购置一台生产设备，如果一次付款，需要支付420 000元，如果分6期付款，需要在每年年末支付100 000元。假定该公司的资本成本为12%。

要求：为朝阳公司购置生产设备是一次性付款还是分期付款作出决策分析。

计算分期付款的年金现值（P_a）：

$$P_a = A \cdot P_{a(12\%,6)} = 100\ 000 \times 4.111 = 411\ 100\ (\text{元})$$

由此可见，分期付款折成现值后，实际支付的款项比一次性付款要少付8 900

元,所以分期付款方案较优。

六、通过固定资产投资开发新产品的决策分析

对增加固定资产投资开发新产品的决策分析,主要是运用净现值、净现值率、现值指数、内部收益率、动态投资回收期等动态分析方法来进行。

【例7-33】 假定夕阳公司准备开发新产品甲,其经济寿命为5年。开发新产品甲的有关资料如表7-13所示。

表7-13　　　　　　　　开发新产品甲的有关资料　　　　　　　　单位:元

项目	金额
期初购置生产设备的成本	160 000
期初垫支的流动资产	140 000
期初研制费	10 000
第5年末可回收的设备残值	20 000
第5年末可回收的流动资产	140 000
寿命周期内每年销售收入	156 000
寿命周期内每年付现的营业成本	90 000
寿命周期前4年需支付的设备维修费	10 000
开发新产品的预期报酬率	10%

要求:采用净现值法、净现值率法、内部收益率法对该新产品开发方案是否可行作出评价。

1. 编制新产品开发项目现金流量计算表如表7-14所示。

表7-14　　　　　　　编制新产品开发项目现金流量计算表　　　　　　　单位:元

项目	第0年	第1年	第2年	第3年	第4年	第5年
原始投资						
设备投资	(160 000)					
垫支流动资产	(140 000)					
支付研制费用	(10 000)					
营业现金流量						

续表

项 目	第0年	第1年	第2年	第3年	第4年	第5年
各年 NCF*		66 000	66 000	66 000	66 000	66 000
前4年设备维护费		(10 000)	(10 000)	(10 000)	(10 000)	
终结回收现金流量						20 000
残值回收						140 000
流动资产回收						
现金流量合计	(310 000)	56 000	56 000	56 000	56 000	226 000

* 各年营业现金净流量(NCF) = 各年销售收入 - 各年付现营业成本
= 156 000 - 90 000
= 66 000（元）

2. 采用净现值法分析评价。

根据表7-14及例中给定资料，编制净现值计算表如表7-15所示。

表7-15　　　　　　　　净现值计算表　　　　　　　　单位：元

项　目	各年 NCF	现值系数	现　值
1~4年各年现金净流量合计	56 000	$P_{a(10\%,4)} = 3.170$	177 520
第5年年末现金流量合计	226 000	$P_{10\%,5} = 0.621$	140 346
未来报酬总现值			317 866
原始投资额			310 000
净现值（NCF）			7 866

由此可见，开发新产品方案的净现值为7 866元大于零，所以该方案可行。

3. 采用内部收益率法分析评价。由于各年现金净流量不相等，故采用逐次测试法来计算内部收益率。从上面的计算可知，折现率为10%时，净现值大于零，所以，应该用稍大的折现率进行测试，测试结果如表7-16所示。

表7-16　　　　　　　　净现值测试计算表　　　　　　　　单位：元

项　目	各年 NCF	现值系数	现　值
1~4年各年现金净流量合计	56 000	$P_{a(12\%,4)} = 3.037$	170 072
第5年年末现金流量合计	226 000	$P_{12\%,5} = 0.567$	128 142
未来报酬总现值			298 214
原始投资额			310 000
净现值（NCF）			11 786

采用插值法，可得：

该方案的 $IRR = 10\% + \dfrac{7\,866 - 0}{7\,866 + 11\,786} \times (12\% - 10\%) = 10.8\%$

从以上计算结果可以看出，开发新产品方案的内部收益率（10.8%）大于该公司预期的报酬率（10%），所以，该方案可行。

4. 采用净现值率法分析评价。从表 7-16 中可知，该方案的净现值为 7 866 元，原始投资额的现值为 310 000 元，所以净现值率可计算如下：

开发新产品方案的净现值率（NPVR） $= \dfrac{\text{投资方案的净现值}}{\text{原始投资额的现值}} = \dfrac{7\,866}{310\,000} = 2.54\%$

由此可见，开发新产品方案的 NPVR 大于零，所以，该方案可行。

七、在资本定量情况下投资项目最优组合的决策分析

前文我们介绍了如何应用净现值法、净现值率法、现值指数法、内部收益率法、动态回收期法等方法，判断独立方案是否可行及互斥方案何者为优的决策分析。通过决策分析，我们确定了一些可行的独立方案和互斥方案中的一些较优方案，如果资本充足，那么这些可行方案均可付诸实施。但是，如果企业的资本总量有限，无法满足全部可行方案的资金需要时，就出现了如何在可行方案中进一步选优，安排投资项目的最优组合，以便充分利用资源，实现经济效益最大化的问题。那么，究竟应该如何安排投资组合呢？一般来说，安排投资组合要充分体现经济效益最大化原则，实际上也就是要求净现值最大。具体操作时可根据现值指数或净现值率的大小进行排序和选优。这样才能实现定量资本的最优组合。以下举例说明：

【例 7-34】 旭日公司计划的投资总额为 120 万元，资本成本为 10%，现有 D1、D2、D3、D4、D5、D6 六个项目可供选择，各项目的有关数据如表 7-17 所示。

表 7-17 各种评价指标计算表

投资项目	原始投资额（万元）	未来报酬总现值（万元）	NPV（万元）	PVI	IRR
D1	30	39.0	9.0	1.30	35
D2	30	36.6	6.6	1.22	19
D3	30	34.2	4.2	1.14	17
D4	30	33.6	3.6	1.12	22
D5	60	90.0	30	1.5	40
D6	60	78.0	12	1.2	21

要求：为该公司安排投资最优组合，实现经济效益最大化。

编制投资项目最优组合计算表如表 7-18 所示。

表 7-18　　　　　　　　　投资项目最优组合计算表　　　　　　　　单位：万元

大小顺序	按 NPV 排列	按 PVI 排列	按 IRR 排列
1	D5	D5	D5
2	D6	D1	D1
3	D1	D2	D4
4	D2	D6	D6
5	D3	D3	D2
6	D4	D4	D3
最优投资组合中各项目的 NPV	D5 项目　30 D6 项目　12	D5 项目　30 D1 项目　9 D2 项目　6.6	D5 项目　30 D1 项目　9 D4 项目　3.6
最优投资组合的 NPV 合计	42	45.6	42.6

从表 7-18 可以看出，按 PVI 大小排列顺序所选出的投资组合才是最优组合，它提供了最大的净现值。

【例 7-35】　假定东方公司有资本总额 600 万元拟用于投资，可供选择的项目有 A、B、C、D、E、F、G 七个，它们的原始投资额及现值指数的资料如表 7-19 所示。

表 7-19　　　　　　　　　项目投资额及现值指数表　　　　　　　　单位：万元

投资项目	A	B	C	D	E	F	G
原始投资额（万元）	90	120	150	180	210	240	300
现值指数（PVI）	1.20	1.24	1.14	1.22	1.30	1.05	1.10

要求：为东方公司做出投资项目的最优组合决策，并计算最优组合的净现值（NPV）。

1. 确定投资最优组合。根据给定资料按 PVI 的大小顺序重新排列编表如表 7-20 所示。

表 7-20 投资项目排序表

按 PVI 大小排列顺序	1	2	3	4	5	6	7
投资项目	E	B	D	A	C	G	F
现值指数（PVI）	1.30	1.24	1.22	1.20	1.14	1.10	1.05
原始投资额（万元）	210	120	180	90	150	300	240

从表 7-20 可知，按 PVI 大小顺序排列的前四个投资项目 E、B、D、A 的投资额之和正好等于公司拟投资计划资本总额 600 万元。所以它们就是该公司的最优投资组合。

2. 计算最优组合的净现值总额。

EBDA 组合的 NPV 总额 = $210 \times (1.3 - 1) + 120 \times (1.24 - 1)$
$+ 180 \times (1.22 - 1) + 90 \times (1.2 - 1)$
$= 149.4$（万元）

上述计算表达式中，括号里的数据，实际上就是各项目的净现值率，由此可见，如果采用净现值率指标来排序选优，会更方便。

【例 7-36】 旭日公司计划投资总额为 180 万元，现有投资方案 W1、W2、W3、W4、W5 投资项目可供选择，它们的投资额和现值指数的资料如表 7-21 所示。

表 7-21 项目投资额及现值指数表

投资项目	W1	W2	W3	W4	W5
原始投资额（万元）	75	90	96	105	120
现值指数（PVI）	1.13	1.08	1.03	1.11	1.15

要求：为旭日公司做出投资项目最优组合的决策，并计算最优投资组合的净现值。

根据给定资料，按现值指数（PVI）排序如表 7-22 所示。

表 7-22 投资项目排序表

按 PVI 大小排列顺序	1	2	3	4	5
投资项目	W5	W1	W4	W2	W3
现值指数（PVI）	1.15	1.13	1.11	1.08	1.03
原始投资额（万元）	120	75	105	90	96

根据表 7-22 中投资项目的排列顺序，在给定的定量资本范围内，需要比较如下

两种组合:

组合一:只选择 W5,理由是它的 PVI 最大。此时,组合的净现值(NPV)为:
W5 的 NPV = 120 × (1.15 - 1) = 18(万元)

必须指出,这种组合尚有 60 万元资本没有安排使用。

组合二:选择 W1 和 W4 两个项目,因为这两个项目的资本需要量正好等于给定的资本量,而且它们的 PVI 仅次于 W5。此时,该组合的净现值(NPV)为:

W1、W4 两个项目组合的 NPV = 75 × (1.13 - 1) + 105 × (1.11 - 1)
= 21.3(万元)

对比上述两个组合可知,组合二是该公司投资的最优组合。因为虽然 W1 和 W4 的 PVI 不是最高,但它们使得定量资本都发挥了效益,从而保证了净现值最大。而 PVI 最大的项目 W5 只能提供 18 万元的净现值。

第五节 长期投资决策中的敏感性分析

敏感性分析是管理会计在预测分析和决策分析中常用的技术方法。它主要研究与预测或决策相关的某个或某些因素发生变动对预期结果的影响。长期投资决策中的敏感性分析主要研究影响长期投资决策的有关因素发生变动对长期投资方案可行性的影响。

一、长期投资决策敏感性分析的意义

运用前面的各种决策分析方法进行分析,我们确定了一些可行方案或较优方案。但是,决策分析的这种判断其实是建立在一定的假设条件基础上的。即我们假定未来的现金流量、固定资产的使用年限等因素,将如我们预计的那样成为现实。然而一个长期投资方案的可行性受到许多因素的影响,这些因素并不像我们想象的那样固定不变。它们的变动无疑会对决策分析结果产生影响。凡是某个因素在很小幅度内发生变动就会影响决策结果的,即表明该因素的敏感性强;如果某个因素在较大幅度内发生变动才会影响决策结果的,即表明该因素的敏感性弱。长期投资决策中的敏感性分析,主要研究如下两个方面的问题:

1. 现金净流量或固定资产使用年限变动对净现值的影响。如果一个投资方案的现金净流量(NCF)或固定资产使用年限变动,那么它对该投资方案的净现值(NPV)将会造成多大程度的影响?通过这种分析,可以揭示出不影响原投资方案可行性的现金净流量或固定资产使用年限的变动幅度。如果现金净流量或固定资产使用年限变动超过了这个幅度,原投资方案就会变得不再可行。掌握这个变动幅度,企业管理当局可以加强现金净流量和固定资产管理和控制的预见性和针对性,有利于提高

经济效益。

2. 内部收益率变动对现金净流量或固定资产使用年限的影响。如果一个投资方案的内部收益率变动，那么它将对其现金净流量或固定资产使用年限产生什么影响呢？

总之，敏感性分析有助于企业管理当局更可靠地作出决策，更主动地实施防范措施，减少失误和损失。

二、以净现值为基础的敏感性分析

【例 7–37】 假定南海公司一投资项目需要投入资本 100 000 元，使用年限为 5 年，期满无残值。假定使用该设备每年现金净流量为 40 000 元，预期报酬率为 12%。

要求：计算该设备的净现值，并进行敏感性分析。

根据给定资料计算净现值如下：

该项目的净现值（NPV） = 未来报酬总现值 − 原始投资额的现值

$$= 40\ 000 \times P_{a(12\%,\ 5)} - 100\ 000$$
$$= 40\ 000 \times 3.605 - 100\ 000$$
$$= 44\ 200\ (元)$$

以上计算表明，该投资方案的净现值是正数，所以该投资方案可行。以下从现金净流量的下限和使用年限的下限两个方面对其进行敏感性分析：

（一）现金净流量的下限

在固定资产使用年限不变的条件下，每年的现金净流量（NCF）的下限是多少？或它在多大幅度内变动，才不至于影响投资方案的可行性？因为只有净现值大于零时投资方案才可行，所以现金净流量的下限就是指使净现值等于零时的现金净流量。

因为：年金现值系数 $(P_{a(i,\ n)}) = \dfrac{原始投资额的现值}{每年\ NCF\ 的下限}$

所以：每年 NCF 的下限 $= \dfrac{原始投资额的现值}{P_{a(12\%,\ 5)}}$

$$= \dfrac{100\ 000}{P_{a(12\%,\ 5)}}$$

$$= \dfrac{100\ 000}{3.605}$$

$$= 27\ 739.25\ (元)$$

以上计算结果表明，每年 NCF 至少应保持在 27 739.25 元以上，否则投资方案便不可行。

由此可见，在固定资产使用年限不变的条件下，该投资方案容许每年 NCF 变动的幅度为：从原方案的每年 NCF 40 000 元下降至其下限 27 739.25 元。

（二）使用年限的下限

在每年 NCF 不变的条件下，该项目的最低使用年限应为多少年？或该项目的使用年限在什么幅度内变动，才不会影响该投资方案的可行性？如前所述，只有净现值大于 0 时投资方案才可行，所以该项目的使用年限下限就是使净现值等于零时的使用年限。

设使用年限的下限为 n，则有：

每年的 $\text{NCF} \cdot P_{a(12\%,n)}$ = 原始投资额的现值

代入有关数据，得

$$40\ 000 \times P_{a(12\%,n)} = 100\ 000$$

$$P_{a(12\%,n)} = \frac{100\ 000}{40\ 000} = 2.5$$

查年金现值表，找出与 2.5 邻近的两个年金现值系数为 2.404 和 2.745，以及相对应的期数 4 年和 5 年，采用插值法可得：

$$n = 4 + \frac{2.5 - 2.404}{2.745 - 2.404} \times (5 - 4) = 4.28\ （年）$$

由此可见，该投资项目在各年 NCF 不变的条件下，其使用年限的下限是 4.28 年，即其使用年限变动幅度必须在 4.28 年与 5 年之间，否则该投资方案将不可行。

三、以内部收益率为基础的敏感性分析

【例 7-38】 沿用〖例 7-37〗的资料，假定要求的报酬率为 12%。

要求：计算该投资方案的内部收益率，并对其进行敏感性分析。

根据给定资料计算内部收益率如下：

$$P_{a(i,5)} = \frac{\text{原始投资额的现值}}{\text{每年 NCF}} = \frac{100\ 000}{40\ 000} = 2.5$$

根据计算结果，查年金现值表，得其邻近的年金现值系数 2.532 和 2.345，以及相对应的折现率 28% 和 32%，采用插值法，可得：

$$\text{IRR} = 28\% + \frac{2.532 - 2.5}{2.532 - 2.345} \times (32\% - 28\%) = 28.68\%$$

上述计算结果表明，该投资方案的内部收益率大于预期的报酬率，所以该投资方案可行。以下对其进行敏感性分析。

（一）内部收益率变动对各年现金净流量的影响

在投资项目的使用年限不变的前提下，如果内部收益率变动会对各年现金净流量产生怎样的影响呢？

因为每年 $NCF = \dfrac{\text{原始投资额的现值}}{P_{a(i,n)}}$

所以当内部收益率从 28.68% 下降至预期报酬率 12% 时，

$$\text{每年 NCF 减少数} = \dfrac{100\,000}{P_{a(28.68\%,\,5)}} - \dfrac{100\,000}{P_{a(12\%,\,5)}}$$

$$= \dfrac{100\,000}{2.5} - \dfrac{100\,000}{3.605}$$

$$= 12\,260.75\ （\text{元}）$$

由此可见，在固定资产使用年限不变的条件下，内部收益率降低 16.68%（28.68% − 12%），各年 NCF 将减少 12 260.75 元。

（二）内部收益率变动对使用年限的影响

在每年现金净流量（NCF）不变的前提下，如果内部收益率变动会对固定资产的使用年限产生什么样的影响呢？

因为：$P_{a(28.68\%,\,5)} = P_{a(12\%,\,n)}$

所以：$P_{a(12\%,\,n)} = \dfrac{100\,000}{40\,000} = 2.5$

根据上述计算结果，查年金现值系数表，得其邻近的年金现值系数 2.404 和 2.745，以及相对应的年数 4 年和 5 年，采用插值法，可得：

$$\text{该投资项目的使用年限} = 4 + \dfrac{2.5 - 2.404}{2.745 - 2.404} \times (5 - 4) = 4.28\ （\text{年}）$$

由此可见，在每年 NCF 不变的条件下，如果内部收益率降低 16.68%（28.68% − 12%），那么，该投资项目的使用年限将减少 0.72 年（5 − 4.28）。

思考与练习题

一、思考题

1. 什么是货币的时间价值？货币为什么会有时间价值？
2. 偿债基金系数与投资回收系数有何区别？如何应用它们？
3. 为什么在长期投资决策中要考虑投资的风险价值？它有哪两种表现形式？
4. 什么是资本成本？有哪些资本成本计算公式？这些公式应用的条件是什么？
5. 为什么在长期投资决策中要采用现金流量，而不是净利作为衡量投资项目经

6. 净现值法、净现值率法和现值指数法是等价的吗？为什么？
7. 静态分析法都有哪些？它们各自有什么缺点？克服这些方法的缺点有何办法？
8. 动态分析法都有哪些？它们各有什么优缺点？
9. 决定经济寿命的成本因素有哪些？如何计算？
10. 长期投资的敏感性分析主要研究什么内容？怎样进行分析？
11. 什么是事后审计，他在长期投资决策中的作用是什么？
12. 研究长期投资决策历史发展过程的现实意义是什么？

二、练习题

【习题一】

[目的] 通过练习，掌握复利终值和现值的计算方法。

[资料] 假定长虹机器厂采用分期付款的方式购买生产设备，合同约定第 1 年年初支付 100 000 元，第 1 年年末支付 20 000 元，第 2 年至第 5 年每年年末支付 30 000 元，第 6 年年末支付 20 000 元。假定银行贷款利率为 9%，按复利计息。

[要求] 计算该项设备目前的现行市价及第 6 年末该项系列付款的终值。

【习题二】

[目的] 通过练习，掌握年金终值和现值的计算。

[资料] 假定明医制药厂拟建一基建项目，分 5 次投资，每年末投入 400 000 元，预计 5 年后建成。该项目投产后，估计每年可回收净利和折旧 250 000 元。假设投资款项系通过举债筹得，利息率为 14%，按复利计算，并约定该项目建成投产后开始付息。

[要求] 计算基建项目原始投资的现值与终值及该项目建成投产后每年回收净利和折旧的现值和终值。

【习题三】

[目的] 通过练习，掌握长期投资各种专门决策分析方法的应用。

[资料] 假定旭日公司拟添置一台生产设备，所需款项为 215 000 元，可使用 5 年，期满有残值 15 000 元。使用该设备每年可增加销售收入 180 000 元，折旧计算采用直线法，折旧以外的每年付现成本为 100 000 元，所得税税率为 30%。假设投资款系举债筹措，利息率为 16%，按复利计算。

[要求] 分别采用净现值法、净现值率法、现值指数法、内部收益率法、动态投资回收期法等动态分析法，为该公司做出该方案是否可行的决策分析。

【习题四】

[目的] 通过练习，掌握设备最优更新期的确定。

[资料] 假定劣势成本每年增加 3 300 元，结合习题三中的有关资料。

[要求] 计算确定该项生产设备的最优更新期和最低年均总成本。

【习题五】

[目的] 通过练习，掌握大修还是更新的决策分析。

[资料] 假设某公司有一台旧生产设备，如果现在大修，需支付 36 000 元，尚可使用 4 年，期满无残值。如果购买相同新设备需要投资 54 000 元，可使用 6 年，期满无残值。假定资本成本为 12%，所得税税率为 33%。

[要求] 为该公司做出是大修还是更新的决策分析。

【习题六】

[资料] 南洋公司计划投资总额为 540 万元，现有投资方案 D1、D2、D3、D4、D5 投资项目可供选择，它们的投资额和现值指数的资料如下表：

投资项目	W1	W2	W3	W4	W5
原始投资额（万元）	225	270	288	315	360
现值指数（PVI）	1.36	1.28	1.23	1.11	1.15

[要求] 为南洋公司做出投资项目最优组合的决策，并计算最优投资组合的净现值。

第八章

全面预算管理

【本章学习目的】

本章重点理解全面预算的基本内容及其编制方法。通过本章的学习，掌握全面预算的概念、分类及其作用；熟悉全面预算的编制原理；熟练掌握预算的各种编制方法。

第一节 全面预算概述

通过前面介绍的有关预测分析和决策分析，企业未来经济活动各方面的主要目标和任务已经确定了下来。为了保证目标的实现和任务的完成，企业还必须编制全面预算，以此作为企业未来开展和控制经济活动的依据。

一、全面预算的概念

企业是一个以营利为目的的组织，其出发点和归宿是营利。企业一旦成立，就会面临竞争，并始终处于生存和倒闭、发展和萎缩的矛盾之中。企业必须生存下去才可能获利，只有不断发展才能求得生存。因此，企业的目标可以概括为生存、发展和获利。为了实现企业目标，需要消耗人力、物力和财力等资源，但是这些资源是有限的。如何正确地分配和使用这些资源，实现企业目标，还必须借助一定的手段才能贯彻和实现企业的目标。这些手段包括制定企业战略、制定企业经营计划和实施全面预算管理等。

企业战略是企业在内外环境、资源禀赋及能力的基础上，为生存和长期稳定持续发展以及实现企业战略目标的总体谋划，它是企业经营理念和使命的集中体现，是企业经营方向和计划的导引，同时又是企业其他行为的前提。

企业经营计划则是企业在短期内（通常指 1 年或 1 年以内）为实现企业短期发展目标和企业生产经营正常进行所制订的计划，它是组织实施企业战略的具体活动，包括企业的销售计划、生产计划、购货计划、财务计划和其他企业为生产经营所安排的计划等。

计划主要是用文字说明企业未来经济活动的目标和任务，计划在实施之前必须进行全面量化，以便为企业计划执行过程中的资源有效配置提供依据。而预算就是计划的数量说明，是用数字、金额和表格形式把企业经济活动的计划具体地反映出来，作为企业组织、控制和评价经济活动的直接依据。所谓全面预算是指把企业全部经济活动的总体计划，用数量、金额和表格的形式反映出来的一系列文件。亦即全面预算就是企业总体规划的具体化和数量化的说明。

数量和货币金额是预算的反映方式，而且通常是以货币金额为主，以数量单位为辅。预算所覆盖的未来期间的长短叫作预算期，通常是1个年度、1个季度或1个月份。预算依预算期的长短不同分别称为年度预算、季度预算或月份预算。

当预算跨年度时，我们称之为长期预算；反之称为短期预算。前者如购置大型设备或扩建、改建、新建厂房等的长期投资预算，按年度划分的长期资金收支预算，长期科研经费预算，等等。长期预算是一种规划性质的预算，虽然数字计算可以粗一点，但编制的好坏如何，将影响到一个企业的长期战略目标是否能够如期实现，影响到企业今后若干年的经济效益，乃至影响到宏观经济的长期发展。

短期预算是预算期在1年内的预算。通常，企业生产经营活动的全面预算的期间为1年，属于短期预算。全面预算又称总预算，是关于企业在一定时期内（一般不超过1年或一个经营周期）经营、财务等方面的总体预算。主要包括业务方面的预算和财务方面的预算。前者如销售预算、生产预算、采购预算和费用、成本预算等；后者如现金收支预算、结算款项预算、预计财务报表等。短期预算是一种执行预算，数据要求尽可能具体化，以便于控制和执行。

二、全面预算管理流程

预算管理是指企业围绕预算而展开的一系列管理活动，预算管理包括预算编制、预算执行、预算调整、预算分析、预算考评等多个流程，形成了闭环管理。如图8-1所示。

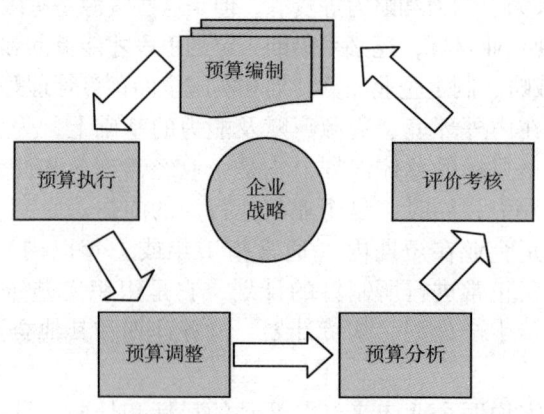

图8-1 全面预算管理流程

(一) 预算编制

预算管理由若干个密切联系的环节组成,从编制到执行,从考核到奖惩,任何一个环节的疏漏都会造成管理上的失误,甚至出现重大的经营管理失败。因此,预算管理的每一个组成部分都要给予足够的关注,而在环环相扣的各部分中,预算的编制无疑是整个预算管理体系的基础和起点,没有经过精心准备的合理而明确的预算文件,以下的各阶段工作也就无从开展。预算可以从不同的角度分类,相应地,不同种类的预算在编制中也会遇到各种各样的问题。

通常,预算编制可以采用自上而下、自下而上或上下结合的编制方法。整个过程为:(1)先由高层管理者提出企业总目标和部门分目标;(2)各级责任单位和个人根据一级管理一级的原则据以制订本单位的预算方案,呈报分部门;(3)分部门再根据各下属单位的预算方案,制定本部门的预算草案,呈报预算委员会;(4)预算委员会审查各分部预算草案,进行沟通和综合平衡,拟订整个组织的预算方案;(5)预算方案再反馈回各部门征求意见。经过自下而上、自上而下的多次反复,形成最终预算,经企业最高决策层审批后,成为正式预算,逐级下达各部门执行。

(二) 预算执行

预算虽然编制完成了,但在预算执行之前,还需要经过预算的分解、下达和具体讲解等准备步骤来保证预算的有序执行,保证预算体系运转良好。

预算开始执行之后,必须以预算为标准进行严格的控制:支出性项目必须严格控制在预算之内,收入项目务必要完成预算,现金流动必须满足企业日常和长期发展的需要……预算控制的内容就是预算编制产生的各级各类预算,即经营预算、资本支出预算和财务预算。预算的执行与控制是整个预算管理工作的核心环节,需要企业上下各部门和全体人员的通力合作。

(三) 预算调整

预算刚性随企业的不同而不同,但是在不同的环境下僵化地执行一项预算将会导致灾难。管理层不应将预算作为其唯一的经营指导方针。定期地调整预算可以提供更好的经营指南,但有些管理者一旦预期预算会定期调整,他们就不会很认真地编制预算。允许定期调整预算的企业应确保预算调整的门槛设置的足够高,以使员工能尽可能有效地工作。当定期调整预算时,应保留原始预算的副本以便在这一时期结束后同实际结果相比较。

(四) 预算分析

在预算执行过程中和预算完成后一个尤为重要的环节便是预算差异的分析,是指对预算执行中产生的各种预算与预测、实际与预算的差异以及有利与不利差异等差异（实践中，预算差异的分析主要是针对实际和预算的差异进行对比）的分析，并确定差异、分析原因、总结经验教训。在分析实际和预算差异的时候，一般按照以下几个步骤进行：（1）对比实际业绩和预算目标找出差异；（2）分析出现差异的原因；（3）提出恰当的处理措施。其中，预算执行过程中的差异分析可以根据周围环境和相关条件的变化帮助调控预算合理而顺利地执行；预算完成后的差异分析则可以总结预算完成情况，帮助评价预算期间工作的好坏，进而为企业评价激励制度的公平有效提供数据依据。因而说，它贯穿于预算管理的全过程，既为预算的执行与控制明确了工作重点，也为下期编制进行预测、编制预算提供了可资借鉴的丰富经验。

（五）预算考评

预算考评是对企业内部各级责任单位和个人预算执行情况的考核与评价。对预算的执行情况进行考评，监督预算的执行、落实，可以加强和完善企业的内部控制。在企业全面预算管理体系中，预算考评起着检查、督促各级责任单位和个人积极落实预算任务，及时提供预算执行情况的相关信息以便纠正实际与预算的偏差，有助于企业管理当局了解企业生产经营情况，进而实现企业总体目标的重要作用。同时，从整个企业生产经营循环来看，预算考评作为一次预算管理循环的结束总结，它为下一次科学、准确地编制企业全面预算积累了丰富资料和实际经验，是以后编制企业全面预算的基础。

三、全面预算的作用

如前所述，全面预算是企业总体规划的具体化和数量化。它的作用可归纳如下：

（一）明确生产经营活动的目标

编制全面预算是适应目标管理的需要，把企业的总体规划数量化和具体化，为各个生产经营环节及各个生产经营部门制定出奋斗目标的过程。全面预算不仅确定了实现企业总体规划所需要的各种资源及其比例，而且也确定了生产经营活动各个环节和部门的目标及其实施措施所需要的各种资源及其比例。由此可见，全面预算不仅全面地勾画出了整个企业未来生产经营活动的蓝图，而且也为生产经营各个部门的活动指明了方向，提出了数量要求，从而使企业全体员工明确了生产经营活动的目标，有利于目标的实现。

（二）协调各职能部门的工作

企业是由各个职能部门有机联系在一起组成的，只有企业各个部门的生产经营活动密切配合、相互协调、统筹兼顾、全面安排、综合平衡，才有可能实现企业的既定目标。如前所述，全面预算是企业总体规划的具体化，所以企业全面预算不仅体现了企业的总目标，而且也体现了各个生产经营部门的目标。全面预算的编制可使各个生产经营部门认识到本部门与整个企业、本部门与其他部门之间的关系，从而在实现企业的总体目标的过程中自觉地相互配合，完成各自的具体目标，进而实现企业的总体目标。例如，销售预算就需要根据企业利润总目标来编制，生产预算就需要根据销售预算来编制，材料采购预算则必须与生产预算相衔接，等等。

(三) 控制日常经济活动

全面预算一经批准，就要付诸实施。预算毕竟不是实实在在经济活动的反映，在其执行过程中，预算与实际执行结果往往会有差异，各有关部门要以全面预算为依据，通过计量、对比，及时地提供实际执行结果偏离预算的差额，并分析其原因，以便采取有效措施、挖掘潜力、巩固成绩、纠正缺点，保证预定目标的完成。由此可见，全面预算是控制企业日常经济活动的主要依据。

(四) 评价实际工作业绩

由于全面预算既反映了企业的总体规划，又反映了各个部门的具体目标，所以全面预算是评价企业整体业绩和部门业绩的重要依据。在全面预算执行的过程中，实际执行结果偏离预算的差额，不仅是控制企业日常经济活动的主要依据，也是评价各部门和全体员工工作业绩的重要标准。为了便于各部门和员工能够及时地了解自己的业绩，全面预算在经过制定和批准以后，必须发给各部门和员工。

四、对传统预算模式的批判

尽管预算有许多积极的作用，但是一些组织，例如超越预算圆桌论坛（BBRT）对本章所提及的传统预算模式持批评态度，他们认为传统预算模式反映了自上而下的命令控制式管理模式，具体如下：(1) 反映了自上而下的管理方式。(2) 预算编制无法适应外部环境变化的需要，无法满足总经理或部门经理的需要。(3) 将管理重点放在控制上，而不是放在帮助企业实现其战略目标上。在一些企业中，为了达到或超额完成预算目标值，"玩弄数字游戏"的做法已经膨胀到让人无法接受的地步。(4) 资源分配受管理当局而不是企业战略控制。

作为取代传统预算的方法，批评者们提出了以下办法：(1) 使用传统预算来计划包含在生产计划中的资源需求。(2) 对具有战略优先权的事项做预算，要包括战略性支出，例如新产品开发、员工培训及流程改善。(3) 放弃使用预算差异来评价业绩，而是使用预算差异来确定流程改进的需要。(4) 运用多维的成本衡量方法，例如平衡计分卡（本书第十一章讲解），基于每个人或每个部门对企业战略目标的贡献来衡量他们的业绩。

第二节 全面预算的基本内容和编制原理

全面预算的内容涉及企业生产经营活动的方方面面，不同的内容编制方法也不完全相同。

一、全面预算的基本内容

全面预算在形式上表现为一整套预计企业生产经营活动情况的业务报表和财务报表。它主要是用来规划计划期间企业的全部经济活动及其成果。全面预算按其内容不同，可以分为业务预算、专门决策预算和财务预算三大类。

（一）业务预算

业务预算（operating budget）是反映企业在计划期间日常发生的各种具有实质性的基本活动的预算。它主要包括销售预算、生产预算、直接材料采购预算、直接人工预算、制造费用预算、单位生产成本预算、期末产成品存货预算、销售及管理费用预算等。

（二）专门决策预算

专门决策预算（special decision budget）是指企业为不经常发生的长期投资决策项目或一次性专门业务所编制的预算。它与那些针对计划期间日常经济活动所编制的业务预算明显不同。专门决策预算包括资本支出预算和一次性专门业务预算。

（三）财务预算

财务预算（financial budget）是指企业在计划期内反映有关现金收支、经营成果和财务状况的预算。财务预算主要包括现金预算、预计损益表和预计资产负债表三种。前文所述各种业务预算和专门决策预算，最终都要以货币形式列入财务预算。如此一来，财务预算就反映了企业各项经营业务和专门决策的整体计划。

（四）全面预算诸表之间的主要关系

根据前面所述可知，企业的全面预算实际上是由业务预算、专门决策预算和财务预算三大类各种不同预算表所组成的一个完整的预算体系。各种预算之间既相互联系，又相互制约。它们之间的关系见图8-2。

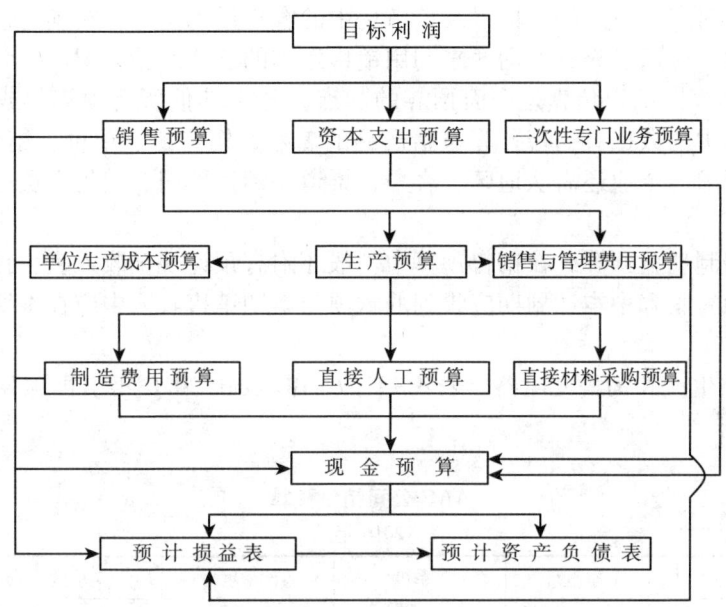

图 8-2　全面预算诸表主要关系

二、全面预算的具体编制

在市场经济环境中,企业的生产经营预算通常是在销售预测的基础上,首先编制销售预算,然后根据"以销定产"的原则,依次编制生产预算、材料采购预算、直接人工预算等。企业的财务预算是在生产经营预算和资本支出预算的基础上编制出来的。全面预算一般1年编制1次。以下就各项预算的编制方法分别加以说明。

(一) 销售预测与销售预算

1. 销售预测。在编制销售预算之前,需要一份准确的销售预测。销售预测是企业对预算期销售额的主观估计。销售预测不仅要考虑到销售的历史趋势,还要考虑到经济和产业状况指标、企业战略、市场占有率、竞争者的行为、不断上升的原材料和人工成本、定价策略和信用政策、广告与市场营销的投入额、未履行的订单数量、销售渠道以及潜在客户前景等因素。

销售预测的基本方法包括定量分析方法和定性分析方法两大类。定量分析方法包括:算术平均法、移动平均法、加权平均法、平滑指数法、时间序列回归法、一元直线回归分析法等;定性分析方法包括专家判断法、市场调查法等。这些销售预测技可以参考统计学相关知识。

销售经理对其所负责的市场以及该市场中的客户最为了解，在确定最终销售预测的细节内容时，应通过充分的沟通来利用销售经理的这些经验知识。

2. 销售预算。销售预算是全面预算的起点，几乎其他所有预算都或多或少地使用了销售预算中的数据。销售预算包括产品的名称、销售量、单价、销售额等项目。出于战略的要求，企业还需从地区、客户、渠道、销售部门、销售人员等角度来编制销售预算。

为方便编制现金预算，在销售预算中一般还附有预计现金收入表，预计现金收入数应为上期销售收入中本计划期应收到的款项与本期销售收入中应在本期收到的款项之和。

ABC 公司生产和销售充电器，表 8-1 为 ABC 公司 2016 年销售预算（附有预计现金收入表）。

表 8-1　　　　　　　　　　ABC 公司销售预算

2016 年

	1 季度	2 季度	3 季度	4 季度	全年
预计销售数量（件）	5 000	15 000	20 000	10 000	50 000
预计销售价格（元）	20	20	20	20	20
预计销售额（元）	100 000	300 000	400 000	200 000	1 000 000

预计现金收入表　　　　　　　　　　　　　　　单位：元

	1 季度	2 季度	3 季度	4 季度	全年
2015 年 12 月 31 日 应收账款	40 000				40 000
1 季度销售额	70 000	30 000			100 000
2 季度销售额		210 000	90 000		300 000
3 季度销售额			280 000	120 000	400 000
4 季度销售额				140 000	140 000
现金收入合计	110 000	240 000	370 000	260 000	980 000

注：每季度销售额中 70% 在当季收到现金，其余 30% 在下季收回。

表 8-1 中的销售量、销售价格来自对计划期销售情况的预测；每期收到现金数占销售收入金额的比率一般根据以往经验确定。

(二) 生产预算

销售预算确定后即可根据计划期的销售量制定生产预算。由于企业一般都要备有一定数量的存货以应付临时需要，因此每期生产数量与当期的销售量不一定相等，而要用下面的公式计算：

本期生产数量 = 本期销售量 + 期末产成品存货数量 − 期初产成品存货数量

表 8 − 2 为 ABC 公司 2016 年的生产预算。生产预算中，期末产成品存货数量用下期销售数量乘以一定比率计算得出，本例中为 20%；全年末产成品存货数量则是根据对下一年第 1 季度销售数量的大致估计数计算而来；期初产成品存货数量即上期期末产成品存货数量。

期末产成品存货数量的预算对企业来说也非常重要，如果期末剩余存货过多，既占用大量资金，又会增加仓储、保管等各方面费用，造成不必要的浪费；存货太少又可能造成下期生产过于紧张，甚至无法满足销售需要。因此必须对期末存货数量进行合理安排。

表 8 − 2　　　　　　　　　　　　ABC 公司生产预算
2016 年

	1 季度	2 季度	3 季度	4 季度	全年
预计销售量（见表 8 − 1）	5 000	15 000	20 000	10 000	50 000
加：期末产成品存货数量	3 000	4 000	2 000	2 000	2 000
产成品需要量合计	8 000	19 000	22 000	12 000	52 000
减：期初产成品存货数量	1 500	3 000	4 000	2 000	1 500
生产量（件）	6 500	16 000	18 000	10 000	50 500

（三）直接材料预算

根据生产预算可以编制直接材料预算，用于反映生产过程中直接材料的需要量。直接材料预算的主要依据是计划期生产数量、单位产品直接材料耗用量和直接材料单位价格。同产成品一样，直接材料购买数量也可利用下列公式计算得出：

本期购买材料数量 = 本期生产耗用材料数量 + 期末材料存货数量 − 期初材料存货数量

为便于编制财务预算，直接材料预算中一般附有预计现金支出表，反映在各期间为本期和上期购买的直接材料支出的现金数。表 8 − 3 为 ABC 公司的直接材料预算（附有预计现金支出表）。

表 8 – 3　　　　　　　　　　　ABC 公司直接材料预算
2016 年

	1 季度	2 季度	3 季度	4 季度	全年
生产量（见表 8 – 2）	6 500	16 000	18 000	10 000	50 500
单位产品直接材料耗用量（kg）	4	4	4	4	4
总耗用量（kg）	26 000	64 000	72 000	40 000	202 000
加：期末直接材料存货数量（kg）	6 400	7 200	4 000	5 500	5 500
总需要量（kg）	32 400	71 200	76 000	45 500	207 500
减：期初直接材料存货数量（kg）	5 000	6 400	7 200	4 000	5 000
直接材料采购数量（kg）	27 400	64 800	68 800	41 500	202 500
直接材料单位价格（元）	0.5	0.5	0.5	0.5	0.5
直接材料采购金额（元）	13 700	32 400	34 400	20 750	101 250

预计现金支出表　　　　　　　　　　　　　　　　　　　单位：元

2015 年 12 月 31 日					
应付账款	9 500				9 500
1 季度付现额	8 220	5 480			13 700
2 季度付现额		19 440	12 960		32 400
3 季度付现额			20 640	13 760	34 400
4 季度付现额				12 450	12 450
现金支出合计	17 720	24 920	33 600	26 210	102 450

注：每季度采购金额的 60% 在当季支付，其余 40% 在下季支付。

直接材料预算中，期末直接材料存货数量用下期直接材料总耗用量乘以一定比率计算得出，本例中为 10%；年末直接材料存货数量为估计数字；期初直接材料存货数量即上期的期末直接材料存货数量。

（四）直接人工预算

直接人工预算也是根据生产预算编制的，用于对计划期内直接生产工人的人工耗费进行规划，以便合理进行人员安排以满足生产需要。如果事先不对此做好准备可能会出现由于人手短缺而影响生产的情况，而临时招聘工人一则可能付出较高的代价，二则工人未经必要培训匆忙上岗会造成生产效率的降低。

制定直接人工预算的主要依据是单位产品直接人工工时耗用量、生产量、单位工资率。ABC 公司的直接人工预算如表 8-4 所示。

表 8-4 ABC 公司直接人工预算
2016 年

	1 季度	2 季度	3 季度	4 季度	全年合计
生产量（见表 8-2）	6 500	16 000	18 000	10 000	50 500
单位产品直接人工工时（小时）	0.8	0.8	0.8	0.8	0.8
直接人工工时合计（小时）	5 200	12 800	14 400	8 000	40 400
单位工资率	5	5	5	5	5
直接人工耗费总额	26 000	64 000	72 000	40 000	20 200

（五）制造费用预算

制造费用预算也是根据生产预算编制的，是对生产成本中除直接人工费用和直接材料费用外的其他生产费用的规划。制定制造费用预算的主要依据是计划期预计生产量、制造费用标准耗用量和标准价格。

编制制造费用预算时，首先应根据制造费用的成本习性将其划分为变动制造费用和固定制造费用，然后分别编制预算。对于变动制造费用应预先确定其各费用项目的单位标准耗用额（单位工时变动制造费用耗用率或单位产品变动制造费用耗用率），用单位标准耗用额乘以计划期生产量或预计工时耗用量就可得到各项变动制造费用的预算额，加总后求出变动制造费用预算总额。各项变动制造费用单位标准耗用额之和即为变动制造费用分配率，根据变动制造费用分配率和各季度的预计产量可将全年的变动制造费用分配到各个季度。固定制造费用在企业生产能力一定的情况下是固定不变的，因此在制定其预算时应根据计划期所需生产能力水平并结合以往经验确定各项固定制造费用预算，但为了编制产品成本预算仍应计算出固定制造费用分配率。混合制造费用则应先分解为变动制造费用和固定制造费用，然后分别列入预算中的变动费用和固定费用部分。

为了便于编制现金预算，制造费用预算中也包括预计现金支出额。在计算支出金额时应该注意的是折旧费用虽然包括在固定制造费用之中但并没有带来计划期的现金支付，因此应从制造费用额中扣除。ABC 公司制造费用预算如表 8-5 所示。

表 8-5　　　　　　　　　　　　ABC 公司制造费用预算
2016 年

成本项目		金额（元）	费用分配率计算
变动制造费用	间接人工费用	20 800	变动制造费用分配率
	间接材料费用	30 000	= 变动制造费用预算合计 ÷ 标准总工时
	维护费	13 000	= 80 800 ÷ 40 400
	水电费	17 000	= 2 元/小时
	合　计	80 800	
固定制造费用	折旧费	25 000	固定制造费用分配率
	维护费	21 000	= 固定制造费用预算合计 ÷ 标准总工时
	管理费	45 000	= 101 000 ÷ 40 400
	保险费	10 000	= 2.5 元/小时
	合　计	101 000	

	1 季度	2 季度	3 季度	4 季度	全年合计
预计直接人工工时（小时）	5 200	12 800	14 400	8 000	40 400
变动制造费用分配率（元/小时）	2	2	2	2	2
预计变动制造费用（元）	10 400	25 600	28 800	16 000	80 800
预计固定制造费用（元）*	25 250	25 250	25 250	25 250	101 000
预计制造费用（元）	35 650	50 850	54 050	41 250	181 800
减：折旧费用（元）	6 250	6 250	6 250	6 250	25 000
现金支出的制造费用（元）	29 400	44 600	47 800	35 000	156 800

注：* 为固定制造费用在各季度间平均分配。

（六）产品成本预算

根据前述几项具体预算中的数据可以编制产品成本预算。制定产品成本预算的目的，一是确定在预计损益表中销货成本数据，二是确定在预计资产负债表中期末产成品存货的价值。产品成本预算中年末产成品存货成本部分也可以单独编制预算。ABC 公司产品成本预算如表 8-6 所示。

表 8-6　　　　　　　　　　　　ABC 公司产品成本预算
2016 年

项目	单位成本			生产成本(元) (50 500 件)		
	单价（元）	单位耗用量	成本（元）			
直接材料（见表 8-3）	0.5	4	2	101 000	4 000	100 000
直接人工（见表 8-4）	5	0.8	4	202 000	8 000	200 000
变动制造费用（见表 8-5）	2	0.8	1.6	80 800	3 200	80 000
固定制造费用（见表 8-5）	2.5	0.8	2	101 000	4 000	100 000
合　计			9.6	484 800	19 200	480 000

注：销货成本由公式：销货成本 = 期初产成品存货成本 + 本期生产成本 - 期末产成品存货成本计算得出，期初产成品存货为 1 500 件。

(七) 销售费用及管理费用预算

销售费用及管理费用预算是对计划期内发生的生产成本以外的一系列其他费用的预算。其中销售费用预算是指对为实现销售预算而需要支出的费用所做的预算，它以销售预算为基础，在制定时应对过去发生的销售费用进行细致分析，并运用本量利分析等方法分析销售收入、销售利润与销售费用之间的关系，以合理安排销售费用，使之得到最有效的使用。管理费用预算是对企业运营过程中需要支出的管理费用的预算，在编制时应以过去发生的实际支出为参考，结合分析企业的业务情况，努力做到使费用支出更合理、更有效。如果销售费用及管理费用预算包括的项目太多也可以对各部分分别编制预算。

在编制销售费用及管理费用预算时应区分变动费用与固定费用，对于变动费用可以根据销售量在各季度之间分配，固定费用则可以 4 个季度中平均分配，或列入实际支付的季度。混合成本则应在分解为变动费用与固定费用后，分别列入预算的变动部分和固定部分。ABC 公司销售费用及管理费用预算见表 8 - 7。

表 8 - 7　　　　　　　　ABC 公司销售费用及管理费用预算

2016 年

	1 季度	2 季度	3 季度	4 季度	全年
预计销售量（见表 8 - 1）	5 000	15 000	20 000	10 000	50 000
单位变动销售及管理费用耗用额	<u>1.5</u>	<u>1.5</u>	<u>1.5</u>	<u>1.5</u>	<u>1.5</u>
预计变动销售及管理费用耗用额	7 500	22 500	30 000	15 000	75 000
固定销售及管理费用：					
广告费	25 000	25 000	45 000	25 000	120 000
管理人员工资	32 000	32 000	32 000	32 000	128 000
保险费	20 000		10 000		30 000
财产税				12 000	12 000
固定销售及管理费用合计	<u>77 000</u>	<u>57 000</u>	<u>87 000</u>	<u>69 000</u>	<u>290 000</u>
预计销售及管理费用合计	<u>84 500</u>	<u>79 500</u>	<u>117 000</u>	<u>84 000</u>	<u>365 000</u>

注：销售费用及管理费用全部在发生当期以现金支付。

（八）资本支出预算

资本支出预算是规划未来期间选择和评价长期资本投资活动（如固定资产的购建、扩建）的相关原则和方法步骤的预算。简要来说，成功的资本投资应该遵循以下顺序：

（1）投资意向和提案的产生；

（2）估计战略、市场和技术因素，预计现金流量；

（3）评价现金流量；

(4) 在可接受标准基础上选择项目；

(5) 执行计划；

(6) 在投资项目的现金流量和经济状况被接受以后，不断重新评价，或进行事后审计。

所以，资本支出预算就是对上述步骤在未来期间做一个全面考虑，并把相应指标量化，供管理人员进行决策。企业资本支出预算编制时的评价和专业水平需要到什么层次，由企业的规模以及资本支出的规模和甄选标准决定。资本支出量越大，需要进行的甄选层次就越多。分公司的经理人员有权决定本公司内部中等规模的投资项目，更高级别的管理人员可以决定更大型的投资。企业与企业之间的投资提案甄选管理程序各不相同，集权和分权的企业之间，紧凑型和松散型管理的企业之间，各级管理人员的决策权力都有很大的区别。

假设，ABC 公司年度资本支出预算仅有购置动力设备一台，金额 50 000 元，分 4 个季度付款，其预算编制如表 8-8 所示。

表 8-8　　　　　　　　　　ABC 公司资本支出预算

2016 年　　　　　　　　　　　　　　　　　　　单位：元

项　目	预计完成日期	预计成本	1 季度	2 季度	3 季度	4 季度	全年
动力设备	1.1	50 000					50 000
现金支出			20 000	10 000	10 000	10 000	50 000

（九）现金预算

现金预算将前面述及的各项预算中的数据综合在一起，反映计划现金收支及筹措、运用情况。现金预算包括 4 个部分：现金收入、现金支出、现金多余或不足以及资金融通。

现金收入包括计划期的期初现金余额及计划期内的预计现金收入，期初现金余额为 31 000 元，计划期内预计现金收入数据主要来源于销售预算。

现金支出指在计划期内付出的全部现金，包括用现金支付的材料采购费用、直接人工费用、制造费用、销售费用、管理费用、固定资产购置费用以及所得税支出和股利的发放等。其数据来源于前面介绍过的各项预算。

现金多余或不足反映现金收入与支出之间的差额。如果现金收入小于支出即发生现金不足，企业需要向银行或其他单位借款以应付现金的需要；如果现金收入大于支出即发生现金多余，企业则应考虑如何安排多余的现金，或用于进行短期投资，或用于归还借款。

资金融通是对计划期内出现现金多余或不足时所做的具体资金安排，包括向银行借款、偿还借款及利息、对外进行短期投资、收回投资及利息等。对计划期内的资金融通预做安排可以避免企业在需要用款时由于现金短缺而陷入麻烦，还可有效利用暂时多余的资金进行投资获取利益。

现金预算是企业预算的一个重要部分。为了对现金收支进行有效的控制，企业应尽可能缩短现金预算的编制期间。大多数企业按月或季编制现金预算，有些则按周甚至按天编制。

为了满足临时性现金需求企业一般要保持一定的现金持有量，我们称之为最低现金余额。因此，在现金收入大于支出但余额低于最低现金余额时也应向银行或其他单位借款以补足余额，将现金用于对外投资或偿还借款等也必须以剩余现金达到最低现金余额为限。ABC 公司现金预算如表 8-9 所示。

（十）预计损益表

预计损益表是整个预算体系中的重要组成部分，从中可以了解企业的预计利润水平，并被当作衡量企业实际表现的参照标准。它的格式与实际的损益表相同，只是数据来源于上述各项具体预算而不是实际。表 8-10 为 ABC 公司的预计损益表。

表 8-9　　　　　　　　　　　　ABC 公司现金预算

2016 年

	1 季度	2 季度	3 季度	4 季度	全年
期初现金余额	31 000	30 130	31 360	31 460	31 000
加：销售现金收入（见表 8-1）	110 000	240 000	370 000	260 000	980 000
现金收入合计	141 000	270 130	401 360	291 460	1 011 000
减：现金支出					
直接材料（见表 8-3）	17 720	24 920	33 600	26 210	102 450
直接人工（见表 8-4）	26 000	64 000	72 000	40 000	202 000
制造费用（见表 8-5）	29 400	44 600	47 800	35 000	156 800
销售与管理费用（见表 8-7）	84 500	79 500	117 000	84 000	365 000
所得税①	17 000	17 000	17 000	17 000	68 000
购置生产设备（见表 8-8）	20 000	10 000	10 000	10 000	50 000
发放股利	10 000		10 000		20 000
现金支出合计	195 870	248 770	361 150	203 460	964 250
资金融通前现金金额	(54 870)	21 360	85 210	88 000	46 750
资金融通					
借款②	85 000③	10 000			95 000
还款			(50 000)	(45 000)	(95 000)
偿付利息③			(3 750)	(4 250)	(8 000)
资金融通合计	85 000	10 000	(53 750)	(49 250)	(8 000)
期末现金余额	30 130	31 360	31 460	38 750	38 750

说明：① 所得税支出额根据对计划期的销售情况及利润情况的分析估计得出。
② 假设借款应为 1 000 元的整数倍，假定所有借款发生在期初，还款发生在期末。
③ ABC 公司最低现金余额为 30 000 元，因此 1 季度借款额应为：
54 870 + 30 000 = 84 870 元，由于借款为 1 000 元的整数倍，故取整为 85 000 元。

④ 借款年利率为 10%。偿付的利息就当期偿还的本金部分计算,因此本例中:
3 季度偿付利息为:
50 000 × 10% × (3 ÷ 4) = 3 750 (元)
4 季度偿付利息为:
35 000 × 10% + 10 000 × 10% × (3 ÷ 4) = 4 250 (元)。

表 8 – 10　　　　　　　　　ABC 公司预计损益表预算
2016 年

销售收入（见表 8 – 1）	1 000 000
减：销货成本（见表 8 – 6）	480 000
毛利	520 000
减：销售及管理费用（见表 8 – 7）	365 000
利息费用（见表 8 – 8）	8 000
利润总额	147 000
所得税（见表 8 – 8）	68 000
净利润	79 000

预计损益表中的"所得税"金额是在对企业利润进行预测分析时估算出的,并非通过预计损益表中的利润总额与所得税税率计算得出。这是由于该项支出已列入现金预算,并对利息费用产生影响,而预计损益表又利用了现金预算的有关数据,如果在编制预计损益表时根据利润与所得税税率重新计算所得税,就需要根据计算出的新结果修改现金预算,继而影响现金预算中的有关数据并反过来对预计损益表产生影响,结果又要修改预计损益表,如此一来就会陷入无休止的循环修改之中。

（十一）预计资产负债表

预计资产负债表的内容、格式与实际的资产负债表相同,但反映的是预计计划期末的财务状况。

预计资产负债表是根据计划期的销售预算、生产预算等具体预算对期初资产负债表进行适当调整而编制的。ABC 公司的预计资产负债表如表 8 – 11 所示。

表 8-11　　　　　　　　　　ABC 公司预计资产负债表
2016 年 12 月 31 日

资产			负债与所有者权益		
项　目	期初余额	期末余额	项目	期初余额	期末余额
流动资产			流动负债		
现金（见表 8-9）	31 000	38 750	应付账款（见表 8-3）	9 500	8 300[②]
应收账款（见表 8-1）	40 000	60 000[①]	流动负债总额	9 500	8 300
直接材料（见表 8-3）	2 500	2 750	长期负债		
产成品（见表 8-6）	14 400	19 200	长期借款	100 000	100 000
流动资产总额	87 900	120 700	长期负债总额	100 000	100 000
固定资产			负债总额	109 500	108 300
土地[③]	80 000	80 000	所有者权益		
房屋及设备	150 000	200 000	普通股股本	100 000	100 000
减：累计折旧（见表 8-5）	(64 000)	(89 000)	未分配利润（见表 8-9）	44 400	103 400[④]
固定资产总额	166 000	191 000	所有者权益总额	144 400	203 400
资产总额	253 900	311 700	负债与所有者权益总额	253 900	311 700

说明：① 期末应收账款 = 4 季度销售额 × 30%
　　　　　　　　　　 = 200 000 × 30%
　　　　　　　　　　 = 60 000（元）
　　② 期末应付账款 = 4 季度材料采购金额 × 40%
　　　　　　　　　　 = 20 750 × 40%
　　　　　　　　　　 = 8 300（元）
　　③ 土地、长期借款、普通股股本 3 项未发生变动。
　　④ 期末未分配利润 = 期初未分配利润 + 本期净利润 - 本期发放股利
　　　　　　　　　　 = 44 400 + 79 000 - 20 000
　　　　　　　　　　 = 103 400（元）

第三节　预算编制的主要方法

全面预算编制的方法主要有固定预算法、弹性预算法、零基预算法、滚动预算法和概率预算法等多种方法。现在分别介绍如下：

一、固定预算

固定预算是指根据计划期某一确定的业务量水平为基础计算各项预计指标的预算编制方法。这种方法也称为静态预算。上一节所述的预算具体编制就是采用了固定预算方式。

固定预算的缺点是每当实际发生的业务量与编制预算所根据的业务量发生差异时，各项与业务量紧密相关的预计项目的实际数与预算数就没有可比性。此时要进行比较，就必须根据实际业务量来对原预算予以调整。

二、弹性预算

为了克服固定预算的缺点，人们采用弹性预算法来编制预算。所谓弹性预算就是在编制费用预算时，预先估计计划期间业务量可能发生的变动，编制出一套能适应多种业务量的费用预算，以便分别反映在各该业务量的情况下所应开支的费用水平。由于这种预算反映了多种业务量所对应的费用开支水平，本身具有弹性，故称弹性预算，亦称动态预算。弹性预算比固定预算更加便于考核预算的实际执行情况。

由于制造费用预算和销售及管理费用预算中均包含了变动费用和固定费用两部分，所以在编制弹性预算时对于变动费用需要根据业务量的变动加以调整。

【例 8 – 1】 东升公司基于 5 种业务量水平编制弹性预算，具体如表 8 – 12 所示。

表 8 – 12　　　　　　　　　　制造费用预算

业务量（直接人工工时）	420	480	540	600	660
占正常生产能力百分比	70%	80%	90%	100%	110%
变动成本：					
运输（b=0.2）	84	96	108	120	132
电力（b=1.0）	420	480	540	600	660
消耗材料（b=0.1）	42	48	54	60	66
合计	546	624	702	780	858
混合成本：					
修理费	440	490	544	600	746
油料	180	220	220	220	240
合计	620	710	764	820	986
固定成本：					
折旧费	300	300	300	300	300
管理人员工资	100	100	100	100	100
合计	400	400	400	400	400
总计	1 566	1 734	1 866	2 000	2 244

三、零基预算

传统的编制预算是以基期的各项费用项目的实际开支水平为基础，考虑计划期间可能的变动来编制的。如果编制费用预算是在原有基础上增加一定的百分比，就叫作增量预算（incremental budgeting）；如果是在原有基础上减少一定的百分比，就叫作减量预算（decremental budgeting）。这些传统方法的优点是简便易行，缺点是受过去基期预算的约束，往往容易造成浪费。为了克服这个缺点，零基预算应运而生。

所谓零基预算（zero-base planning and budgeting）就是以零为基础的编制计划和预算的方法。它起源于美国，是由彼得·派尔（Peter Pyhrr）在 20 世纪 60 年代提出来的，现在被公认为是管理间接费用的有效方法。

零基预算与传统的增量预算或减量预算截然不同。采用零基预算，在确定费用预算数时，根本不考虑基期的费用开支水平，而是一切以零为起点，从根本上来考虑各个费用项目的必要性及其开支水平。编制零基预算的步骤如下：

1. 根据企业计划期间的总目标和各个部门的具体任务，分析确定一个详细的费用开支计划，分别每一费用项目说明其目的及其需要开支的费用数额。

2. 对每一项费用进行必要性和成本效益分析，以便对费用开支计划进行评价，实施费用预算的事前控制；然后在对各个费用开支计划权衡轻重的基础上，分成若干层次，排出先后顺序。

3. 按照上一步骤所确定的费用开支的层次和顺序，结合可动用的资金来源，分配资金，落实预算。

【例 8-2】 假定东升公司采用零基预算法编制 2016 年度的销售及管理费用预算。其编制程序如下：

首先，由企业销售及管理部门根据企业 2016 年的经营目标和各部门的具体任务，经多次讨论，反复协商，研究确定了 2016 年度需要开支的费用项目及其数额如下：

（1）广告费　　　　　　　　　　　　60 000 元
（2）培训费　　　　　　　　　　　　54 000 元
（3）房屋租金　　　　　　　　　　　27 000 元
（4）差旅费　　　　　　　　　　　　9 000 元
（5）办公费　　　　　　　　　　　　15 000 元

其次，对上述费用项目中属于酌量性固定费用的广告费、培训费进行成本—效益分析，其结果如表 8-13 所示。

表 8-13　　　　　　　　酌量性固定费用成本—效益分析表

明细项目	成本额（元）	收益额（元）
广告费	1	30
培训费	1	45

最后，根据上述费用项目的性质及其轻重缓急，排出开支的层次和顺序如下：

第一层次：房屋租金、差旅费、办公费，属于约束性固定成本，计划期必须开支，因此其需要应该全额得到满足。

第二层次：培训费，属于酌量性固定成本，可根据企业计划期间的财力，酌情增减。由于其成本效益高于广告费，所以排列第二层次。

第三层次：广告费，也属于酌量性固定成本，可根据计划期间企业财力酌情增减，但由于其成本效益低于培训费，所以排列第三层次。

假定东升公司20×4年度的销售及管理费的可动用财力资源只有129 000元，那么，就应该根据上述排列顺序分配资金，落实预算。其资金安排结果如下：

（1）房屋租金27 000元，差旅费9 000元，办公费15 000元，三项合计51 000元全额满足。

（2）上述约束性固定成本得到满足后，尚余78 000元，此数可按成本收益率比例分配给培训及广告费用：

$$培训费用分配额 = 78\,000 \times \frac{45}{45+30} = 46\,800（元）$$

$$广告费用分配额 = 78\,000 \times \frac{30}{45+30} = 31\,200（元）$$

零基预算的优点是不受现行预算的约束，可以促使各级管理人员发挥积极性和主动性，以利于促使各基层单位精打细算，厉行节约，合理使用资金，提高资金的使用效果。其缺点是编制零基预算的工作量较繁重。

四、滚动预算

滚动预算（rolling budget）是指在基期编制1年期预算的基础上，每过去1个月，就立即在期末增列1个月的预算，逐期向后滚动，以便始终保持预算期有12个月的时间跨度，故也称永续预算（perpetual budget）或连续预算（continuous budget）。这种预算能使企业各级管理人员对未来永远保持整整12个月时间的考虑和规划，从而保证企业管理工作能够持续稳定而有序的进行。

在编制滚动预算的过程中，企业应该根据市场和企业内部变化的情况，对预算进行及时调整。滚动预算一般用于年度预算和长期预算的编制。用滚动预算编制年度预算可按月或季编制。如按季编制时，应先按年度分季，并将其中第一季度按月划分，确定各月的明细预算数，以便控制和监督预算的执行情况，后面3个季度只需列出各季的总数，在第1个季度结束时，再将第2季度按月列出明细预算数，第3、第4季度以及增列的下一年的第1季度，只需列出各季总数。如此类推，企业任何时候都可以了解1年的预算情况。

五、概率预算

前面所编制的预算，均假定所涉及的销售量、单价、生产量、产品成本等变量是确定不变的。实际上并非如此。分析编制预算所涉及的每一个变量可能出现的各种情况及其概率，计算其数学期望，进而以各个变量的数学期望为基础来编制的预算就是概率预算。由于概率预算考虑了各个相关因素变化的各种情况及其概率，所以它更加符合实际情况，因而更加科学。

【例8-3】 假设旭日公司计划年度2016年只生产和销售一种产品，销售单价乐观地估计为100元，其概率为20%；最可能的情况是96元，其概率为60%；最悲观地估计为80元，其概率为20%。该公司计划年度分季销售预测情况如表8-14所示。根据表8-14可计算销售数学期望如表8-15所示。

表8-14　　　　　　　　　旭日公司销售预测资料

2016年度　　　　　　　　　　　　　　　单位：件

摘　要	1季度	2季度	3季度	4季度
最乐观的估计值	5 000	8 000	10 000	12 000
估计概率	0.2	0.3	0.2	0.1
最可能的估计值	3 000	6 000	8 000	10 000
估计概率	0.6	0.5	0.7	0.6
最悲观的估计值	2 000	3 000	4 000	5 000
估计概率	0.2	0.2	0.1	0.3

表8-15　　　　　　　　　旭日公司分季销售期望计算表

2016年度　　　　　　　　　　　　　　　单位：件

摘　要	1季度	2季度	3季度	4季度
最乐观的期望	5 000×0.2=1 000	8 000×0.3=2 400	10 000×0.2=2 000	12 000×0.1=1 200
最可能的期望	3 000×0.6=1 800	6 000×0.5=3 000	8 000×0.7=5 600	10 000×0.6=6 000
最悲观的期望	2 000×0.2=400	3 000×0.2=600	4 000×0.1=400	5 000×0.3=1 500
合　计	3 200	6 000	8 000	8 700

根据对销售单价的预测资料，可计算其数学期望如下：

销售单价的数学期望 = 100×0.2 + 96×0.6 + 80×0.2

= 20 + 57.6 + 16 = 93.6（元）

根据销售量和销售单价的数学期望编制旭日公司 2016 年度的销售概率预算如表 8-16 所示。

表 8-16　　　　　　　　　　旭日公司分季销售预算
2016 年度

摘　要	1 季度	2 季度	3 季度	4 季度	全　年
销售量数学期望（件）	3 200	6 000	8 000	8 700	25 900
销售单价数学期望（元）	93.6	93.6	93.6	93.6	93.6
预计销售金额（元）	299 520	561 600	748 800	814 320	2 424 240

六、作业基础预算

作业基础预算（ABB）是利用作业成本法原理来编制预算，它关注于作业而不是产品或部门。根据作业成本法原理，企业可以根据不同作业类型（例如，单位作业、批次作业、产品线相关作业、能力相关作业）划分若干作业成本库，这样每个作业成本库都是由同质成本构成。因为每项作业都有其相应的成本动因，所以不同作业成本都随着各自的成本动因量的上升或下降而成比例变化。企业可以将固定成本划分到同一作业成本库，不同类型的变动成本被划分到不同的作业成本库中。每次在编制全面预算时，企业都要对不同作业成本库划分的准确性做出评价。作业成本法理清了资源与作业之间的关系后，管理者就可以通过预测供应、设计、客户服务等不同作业变化对资源需求的影响，从而持续改善其预算编制的精确性。下面举例说明。

【例 8-4】　假设旭日公司 9 月份生产 72 000 件产品，预算直接人工工时为 36 000 小时，变动间接人工为每直接人工工时（DLH）2 元，因此总变动间接人工成本为 72 000 元。该公司还有预算管理人员工资 10 000 元，这是一项固定间接人工成本。假设 72 000 件产品由机加工和总装两个部门生产，并且每个部门都利用部门间接人工进行质量控制。利用作业基础预算法，我们可以按批次追踪用于质量控制的间接人工，如表 8-17 所示（假设每件产品有 10 个零部件）。

表 8-17　　　　　　　　　　利用作业基础预算法确定成本

	机加工	总　装
9 月份产量	720 000 个零部件	72 000 件产品
每批次的零部件或产品数量	100 个	100 件
要检查的批次数	720 000/100 = 7 200 批次	72 000/100 = 720 批次
每批次的检查时间	0.2 小时	0.3 小时
总检查时间	7 200 × 0.2 = 1 440 小时	720 × 0.3 = 216 小时

如果零部件检查的人工成本为每小时 12 元，总装的检查成本为每小时 15 元，那么，

总检查成本 = 1 440 × 12 + 216 × 15 = 17 280 + 3 240 = 20 520（元）

总检查成本将作为直接人工从间接人工成本中扣除，余下的间接人工可以按一种新的较低的小时费率进行计算。20 520 元与新的间接人工成本之和不一定仍等于 72 000 元。作为一种新的更为准确的计量方法，得出一个不同的结果也在预期之内。此外，1 656 小时（1 440 + 216）的总检查时间会占有部门固定间接成本（管理人员薪酬）。如果作业基础预算法规定每 8 小时的检查时间需要 1 小时的管理监督时间，并且每 1 小时的管理监督时间成本为 30 元，那么用于监督的管理人员的薪酬（固定间接成本）计算如下：

管理监督人员薪酬 = 1 656 小时 ÷ 8 × 30 = 6 210（元）

另外，6 210 元的固定间接成本可以分到两个或更多的成本项目，例如用于监督检查的新管理人员薪酬或其他任何薪酬项目。在作业基础预算法下，无论是固定成本还是变动成本都是由成本动因决定的，也可以说固定成本和变动成本都可以采用合适的成本动因进行分摊。这意味着，在短期内固定成本和变动成本的处理方式相同。这一点很重要，因为与成本分解有关的新信息可能揭示出每 10 个小时的检查时间只需要 1 小时的管理监督时间，这就会降低原先预计的固定成本。信息越具体，预算就越精确。

从本例可以看出，作业基础预算法的一个主要优点是它可以更准确地确定成本，尤其是在追踪多个部门或多个产品的成本时。但为获得这一优点也需要付出一定的代价，如果设计并维护作业基础预算系统的成本超过了由这一预算系统所带来的成本节约，作业基础预算法的潜在缺陷就会暴露无遗。因此，作业基础预算法最适合于在产品数量、部门数量以及诸如设备调整等方面比较复杂的企业。这是因为当经营环境趋于复杂时，宽泛的传统成本法的效用就会大打折扣。

七、项目预算

当某个项目完全独立于公司的其他要素或是该公司唯一的要素时，我们就会用到项目预算。一艘货轮、一条高速公路、一架客机或其他主要资本资产厂会用到项目预算。项目预算的时间框架就是项目的期限，但跨年度的项目应按年度分解编制预算。在编制项目预算时，过去相似的成本项目预算就可以作为标杆。项目预算的编制同全面预算一样，利用相同的技术并包含相同的组成要素，不同之处在于项目预算只关注与项目相关的成本，而全面预算关注整个公司的成本。间接费用预算被简化了，因为公司将一部分固定和变动间接费用分配到了项目中，剩余的间接费用不再在项目预算中考虑。

项目预算的优点在于它能够包含所有与项目有关的成本，因此能容易计量单个项

目的影响。无论项目规模的大小，项目预算都能很好地发挥作用。在处理比较小的项目时，许多个人及公司利用 Microsoft Project 之类的程序编制预算。当某些项目利用了与整个组织有关而不仅仅是与特定项目有关的资源和人力的时候，项目预算潜在的局限性就会凸显出来。在这种情况下，项目预算将与这些资源中心相关并且受影响的个体将会拥有两个上级。这时就要注意成本的划分与职权结构。

思考与练习题

一、思考题

1. 什么是全面预算？它可以如何分类？
2. 全面预算有哪些作用？
3. 业务预算都包括哪些内容？它们的编制原理是怎样的？
4. 专门决策预算有哪些？它的编制有无固定的模式？
5. 财务预算包括哪些内容？编制财务预算的根据有哪些？
6. 全面预算诸表之间是孤立的吗？为什么？
7. 固定预算与弹性预算有何差异？
8. 滚动预算有何优点？
9. 为什么要编制零基预算？编制零基预算的程序是怎样的？
10. 编制概率预算有哪些优点？如何编制概率预算？

二、练习题

【习题一】

［目的］通过练习，掌握销售预算及其现金收支计算表的编制方法。

［资料］假设旭日公司在计划年度 2016 年只生产和销售一种产品，预计计划年度分季的销售量分别为第 1 季度 3 000 件，第 2 季度 4 500 件，第 3 季度 6 000 件，第 4 季度 5 000 件，销售单价为 120 元，每季的商品销售在当季收到货款的占 60%，其余部分在下季收讫。基期年末的应收账款余额为 86 400 元。

［要求］编制该公司计划年度分季销售预算及其现金收入计算附表。

【习题二】

［目的］通过练习，掌握生产预算的编制方法。

［资料］沿用习题一资料，假定旭日公司各季度的期末存货按下一季度销售量的 10% 计算，各季期初存货与上季期末存货相等。假定计划年度期末存货为 360 件，期初存货为 300 件。

［要求］编制计划年度的分季度生产预算。

【习题三】

［目的］通过练习，掌握材料采购预算的编制方法。

[资料]沿用上述习题资料，假定旭日公司单位产品的材料消耗定额为 3 千克，计划单价为 6 元/千克。每季度的购料款当季付 40%，其余在下季度付讫。各季度的期末存料按下一季度生产需要量的 30% 计算，各季期初存料与上季期末存料相等，期初应付购料款 9 000 元。假定计划年度期初存料量为 950 千克，期末存料量为 900 千克。
　　[要求]编制计划年度的分季材料采购预算。
　　【习题四】
　　[目的]通过练习，掌握直接人工预算编制的方法。
　　[资料]沿用上述习题资料，假定旭日公司在计划期间所需直接人工只有一个工种，单位产品的工时定额为 8 工时，单位工时的工资率为 6 元。
　　[要求]编制直接人工预算。
　　【习题五】
　　[目的]通过练习，掌握专门决策预算的编制方法。
　　[资料]假定旭日公司财务部门计划年度预计第 1 季度季初需向银行借款 126 000 元，第 2 季度季初借款 93 000 元，第 3 季度末可还款 90 000 元及其利息，第 4 季度末可还款 129 000 元及其利息（年利率 10%）。另外，根据税法规定，计划期间每季末预付所得税 18 000 元，全年 72 000 元。又根据公司董事会决定计划期间每季末支付股利 9 000 元，全年共 36 000 元。
　　[要求]编制一次性借款业务预算和股利及税金支付业务预算。

第九章

成本控制

【本章学习目的】

本章的重点是各种成本控制的方法。通过本章的学习,应当理解成本控制的意义、分类及应当遵循的原则;掌握标准成本控制系统的概念、标准成本的制定方法、成本差异的计算与分析、成本差异的账务处理;了解企业产品功能成本及质量成本控制的方法和程序;理解存货控制的意义,掌握企业存货控制应当考虑的各项成本因素;理解经济订货批量,并掌握经济订货批量的确定方法;掌握不同采购方式下的存货控制方法。

第一节 成本控制概述

一、成本控制的意义

成本是一项综合性的经济指标,企业经营目标的实现与否在很大程度上取决于成本控制的成功与否。成本控制,是企业成本管理的中心环节,通常根据成本预测、成本决策和成本预算所确定的目标和任务,以及实际经营活动的数据,对生产经营过程中的各项资源耗费、相应降低成本措施的执行等,进行指导、监督、调节和干预,以保证企业成本目标和成本预算任务的完成。

为了保证成本目标与成本预算的实现,需要依靠企业各层次的成本控制系统和全体员工的共同努力。同时,在成本控制过程中,不能单纯根据实际偏离目标或预算的数额和相关原因的分析,消极地加以约束和限制。更重要的是,要调动一切积极因素,发挥各方面的潜力,不断降低成本,争取更好的经济效果。

二、成本控制的分类

成本控制通常可以按以下三种不同的标准进行分类:

(一)按照控制时期的不同划分

1. 事前成本控制,指在产品投产前,对产品的设计成本、新产品试制成本、新

材料、新工艺的成本,以及产品的质量成本等所进行的控制。具体又可以分为以下两种:

(1)预防性成本控制,指在产品投产前的设计、试制阶段,对影响成本的各有关因素进行分析研究,并制定出一套能适应本企业具体情况的各种成本控制制度。

(2)前馈性成本控制,指在产品投产前通过对产品的成本与功能关系的分析研究,开展"价值工程"活动,选择最优方案制定"目标成本",作为事前控制的主要依据。

2. 日常成本控制,指企业内部对成本负有责任的各级单位,在成本的形成过程中,根据事先制定的成本目标或标准,按照一定的原则,对相关单位日常发生的各项成本和费用的实际数进行严格的计量、监督、指导和调节,以实现成本标准和预算。该类控制的重点在于严格按照既定的标准和预算进行把关,并根据已发生的偏差来指导和调节当前的经济活动。

(二)按照产品成本概念范围的大小划分

1. 产品制造成本控制,指日常的产品加工成本控制。

2. 产品全生命周期成本控制。产品生命周期成本有狭义和广义之分,狭义的产品生命周期成本是指企业内部及其相关联方发生的由生产者负担的成本,包括成本策划、开发、设计、制造、营销、物流等过程中的成本。广义的产品生命周期成本不仅包括上述生产者及其相关方发生的成本,还包括消费者购入后所发生的使用成本、废弃成本、处置成本等。如果从更广义的角度来看产品的全生命周期成本,还应包括社会责任成本。通常,将产品全生命周期分为四个阶段,并进行相应的成本控制:

(1)产品的开发设计成本,指企业研究开发新产品、新技术、新工艺所发生的新产品设计费、工艺规程制定费、设备调试费、原材料和半成品试验费等。

(2)产品生产制造成本,指企业在生产过程中所发生的料、工、费以及由此所引发的环境成本的投入等。

(3)产品营销成本,通常,产品是逐步进入市场、逐步被人们所认识和接受的,因此,产品营销成本包括产品试销费、广告费等。

(4)产品的使用维护成本,包括产品的使用成本和维护成本。如车辆的耗油量、电器的耗电量,高级电子产品必须经常更换的附属配件成本等。此外还包括产品退出使用报废所发生的处置成本。

(三)按照控制主要手段的不同

1. 绝对成本控制,指单纯从节约开支的角度,采取措施控制成本。

2. 相对成本控制,指从节约开支和增加收入两个角度,同时采取措施控制成本。

三、成本控制的原则

成本控制一般要遵循以下原则：

（一）全面性原则

成本控制的全面性原则，通常包括以下几方面的内容：

1. 全过程的成本控制。成本控制应贯穿成本形成的全过程，而不应仅仅局限于生产过程的制造成本，必须扩大到产品寿命周期的所有阶段的成本，即成本控制应当包括产品在企业内部所发生的设计成本、研制成本、工艺成本、采购成本、制造成本、销售成本、管理成本，以及产品在用户使用过程中所发生的运行成本、维修成本、保养成本等各个方面的内容。

2. 全方位的成本控制。成本控制不是简单的成本监督和限制，应当同时兼顾产品的不断创新、保证和提高产品的质量；一方面要节约开支，另一方面也要增加收入，要做到开源与节流相结合。

3. 全员的成本控制。成本控制涉及企业的所有部门和员工，企业要降低成本，必须充分调动每个部门和员工的积极性。

（二）责、权、利相结合的原则

为了保证落实到各责任单位的成本目标或成本预算得到有效的执行，必须同时赋予与其责任相一致的权力，并在业绩考评的基础上进行合理的奖惩。

（三）目标管理的原则

目标管理最早由彼得·德鲁克提出，随后得到了进一步的发展。总的来讲，目标管理是一种综合的以工作为中心和以人为中心的系统管理方式，其中心思想就是让具体化展开的企业目标成为企业每个成员、每个层次、每个部门行为的方向和激励，同时又使其成为评价企业每个成员、每个层次、每个部门工作绩效的标准，从而使企业能够有效运转。

成本控制是目标管理的一项重要内容，必须以目标成本为依据。企业的目标成本制订出来后，需要将其进行层层分解，形成不同层次责任单位的责任成本，并在分析实际执行结果与预算间差异的基础上进行业绩评价。

（四）例外管理的原则

例外管理，是指在企业的经营管理上要求人们把注意力放到不正常的、关键性问题上的一种管理方法。成本控制中的"例外"，指的是不正常的、不符合常规的关键性差异，确定的标准通常有以下四条：

1. 重要性。一般来说，只有金额具有重要意义的差异，才属于"例外"。而对金额大小的衡量，通常是规定一个差异占预算或标准的百分比；或在百分比之外，再用一个最低金额来加以限制。

需要注意的是，成本差异包括"有利差异"和"不利差异"，管理人员不应把注意力只放在不利差异上，还需要注意有利差异中隐藏的问题。

2. 一贯性。一贯性是指有些成本差异虽未超过重要性规定的百分比或最低金额，但却持续一段期间一贯在控制线附近徘徊，则应当视其为"例外"，需要引起管理人员的高度重视。因为这种"例外"，可能反映原订预算或标准已经失效，应当及时进行调整；也可能由于成本控制不严而产生，应当及时纠正。

3. 可控性。凡属于管理人员无法控制的成本项目，即使发生符合"重要性"标准的差异，也不应视为"例外"。

4. 特殊性。凡对企业的长期获利能力有重要影响的成本项目，即使其差异未达到"重要性"的标准，也应受到管理人员的密切关注，甚至所有差异都应视为"例外"。

第二节　标准成本控制

一、标准成本的概念及种类

标准成本实际上是按成本项目反映的单位产品的目标成本。标准成本不同于预算成本，预算成本是一种成本总额的概念，而标准成本是单位产品的目标成本。标准成本主要有以下几类：

（一）理想的标准成本

理想的标准成本是以现有的生产经营条件处于最佳状态为基础确定的最低水平的成本，理想的标准成本是以假定材料无浪费、设备无故障、产品无废品、工时充分有效等为前提条件制定的标准成本。理想的标准成本要求过高，在实际工作中很难达到，如果以其作为成本控制及业绩评价的标准，容易影响员工的积极性。因此，现实中很少使用理想的标准成本。

（二）正常的标准成本

正常的标准成本是根据过去一段时期的实际成本水平，剔除生产经营活动中的异常因素，并考虑今后的变动趋势而制定的标准成本。这种标准成本将未来视为过去的延续，是一种经过努力可以达到的成本，但它的应用具有一定的局限性，即该类成本更多地考虑了过去的影响，企业只有在国内外经济形势比较稳定、企业生产经营比较稳定的情况下使用。

（三）现实的标准成本

现实的标准成本是根据企业现在采用的生产要素的耗用量、生产要素价格和生产经营能力的利用程度而制定的标准成本。这种标准成本考虑到了企业生产经营过程中一时不能避免的材料耗损、人工低效、设备等的正常休整等因素的影响，是一种切实可行的标准成本。一般认为，现实的标准成本能起到激励的作用，适于作为业绩评价的标准。

二、标准成本法

（一）标准成本法的概念

标准成本法，也称为标准成本制度，是指通过事前制定标准成本，在实际执行过程中将实际成本与标准成本进行比较分析，找出差异及产生差异的原因，并据以加强成本控制和业绩评价的成本控制系统。一个相对完整的标准成本控制系统应当包括标准成本的制定、成本差异的计算和分析以及成本差异的处理四个方面的内容。

（二）标准成本法的特点

标准成本法的特点主要体现在它的程序和内容上，包括：

1. 事前制定产品的标准成本，并为每个对成本负有责任的单位编制责任预算，作为日常成本控制的依据；
2. 日常由各个对成本负有责任的单位遵循成本控制的原则，对成本实际发生的情况进行计量、限制、指导和监督；
3. 各个成本责任单位根据实际需要定期编制业绩报告，将各自责任成本的实际发生数与预算数或标准成本进行比较，确定成本差异；
4. 各个成本责任单位结合具体情况，针对业绩报告中产生的差异，进行原因分析，并提出相应的改进措施，来指导、限制、调节当前的生产经营活动，或据以修订原来的标准成本或责任预算；
5. 企业管理当局根据各责任单位业绩报告中的成本差异及原因分析，进行业绩考评。

在标准成本法实施过程中，一定要将标准成本和弹性预算协调起来，以避免差异分析和差异处理结果的不合理性。

(三) 标准成本法的作用

标准成本法的作用主要体现在以下方面：

1. 便于企业编制预算。标准成本本身就是单位产品成本的预算，因此，在标准成本法下，企业可以更方便地编制预算。

2. 便于分清各部门的责任。标准成本的每个成本项目都采用单独的价格标准和数量标准，因而，可以确定每个成本项目实际脱离标准的差异的归属，从而分清各部门的责任。

3. 便于控制成本。标准成本法下，可以通过确定各成本项目的差异来反映成本的超支和节约，在确定了差异的基础上进行差异产生的原因分析，可以更有针对性地找到产生差异的原因并进行控制。

4. 便于进行价格决策和预测。标准成本作为一种成本目标，已经剔除了各种不合理因素的影响，因此，在确定产品售价和进行价格预测时具有重要的参考价值。

5. 便于成本核算。标准成本法下，原材料、在产品、半成品、产成品等均以标准成本计价，所产生的差异也可以都由发生期负担，因此，标准成本法可以减少成本核算的工作量。

三、标准成本的制定

产品的标准成本由直接材料、直接人工和制造费用三部分构成，而且都是由价格标准和用量标准两项因素决定。

(一) 直接材料标准成本的制定

直接材料标准成本由材料的数量标准和价格标准决定。

1. 直接材料价格标准的制定。直接材料的价格标准，应当包括材料的买价和预计的运杂费，通常采用企业编制的计划价格。企业在制定计划价格时，一般以订货合同的价格为基础，并考虑到将来有可能发生的变化。

2. 直接材料用量标准的制定。直接材料的用量标准，也称为材料的消耗定额，是根据有关产品的设计方案、工艺要求、生产设备等因素确定生产单位产品所需要的各种材料的数量。直接材料用量标准一般应当包括构成产品有形实体的材料、在正常范围内允许发生的材料损耗和生产中不可避免的废品等所耗费的直接材料等。

3. 直接材料标准成本的制定。在确定了直接材料的价格标准和用量标准后，可以按照下列公式确定直接材料的标准成本：

$$\text{某产品的直接材料标准成本} = \sum \text{该产品所耗用的各种材料的标准成本} = \sum \text{某材料的价格标准} \times \text{该材料的用量标准}$$

（二）直接人工标准成本的制定

直接人工标准成本由直接人工的数量标准和价格标准决定。

1. 直接人工价格标准的制定。在计时工资制下，直接人工的价格标准是小时工资率标准；在计件工资制下，直接人工的价格标准是单位产品所支付的生产工人的工资。

2. 直接人工用量标准的制定。在计时工资制下，直接人工的用量标准，也称为工时的消耗定额，是根据企业正常的生产技术条件确定的生产单位产品所需要的工时数量。直接人工用量标准一般应当包括产品制造加工过程所需要的时间、现有生产技术水平下必要的间歇和停工以及废品损失耗费的时间等。

3. 直接人工标准成本的制定。以计时工资制为例，在确定了直接人工的价格标准和用量标准后，可以按照下列公式确定直接人工的标准成本：

$$\text{某产品的直接人工标准成本} = \sum \text{该产品所耗用的各种人工的标准成本} = \sum \text{某类人工的价格标准} \times \text{该类人工的用量标准}$$

（三）制造费用标准成本的制定

制造费用的标准成本也是由价格标准和用量标准构成。

1. 制造费用价格标准。制造费用价格标准，也称为制造费用分配率，是指每工时应当负担的制造费用（包括固定制造费用和变动制造费用）。如果把制造费用的各明细项目按照成本习性划分为固定制造费用和变动制造费用，则制造费用的分配率可以按照以下公式确定：

$$\text{固定制造费用分配率} = \text{固定制造费用预算}/\text{标准总工时}$$
$$\text{变动制造费用分配率} = \text{变动制造费用预算}/\text{标准总工时}$$

2. 制造费用的用量标准。制造费用用量标准的确定与直接人工的用量标准相同。

3. 制造费用标准成本的制定。如果把制造费用的各明细项目按照成本习性划分为固定制造费用和变动制造费用，则制造费用标准成本可以按照以下公式确定：

$$\text{固定制造费用标准成本} = \text{固定制造费用分配率} \times \text{标准工时}$$
$$\text{变动制造费用标准成本} = \text{变动制造费用分配率} \times \text{标准工时}$$

（四）单位产品标准成本的制定

确定了产品的直接材料标准成本、直接人工标准成本、制造费用的标准成本后，可以确定单位产品的标准成本。由于不同的成本核算方法对固定制造费用的处理不同，因此不同成本核算方法下的产品的标准成本也有所不同。

$$\text{变动成本法下的产品标准成本} = \text{直接材料的标准成本} + \text{直接人工的标准成本} + \text{变动制造费用的标准成本}$$

$$\text{完全成本法下的产品标准成本} = \text{直接材料的标准成本} + \text{直接人工的标准成本} + \text{变动制造费用的标准成本} + \text{固定制造费用的标准成本}$$

四、成本差异的计算与分析

(一) 成本差异的性质和分类

在标准成本法下,成本差异是指在一定时期生产一定数量的产品所发生的实际成本与相关的标准成本之间的差异。成本差异可以按照不同的标准划分为以下几类:

1. 用量差异与价格差异。用量差异,是指由于直接材料、直接人工和变动制造费用等要素实际消耗量与标准消耗量不一致而产生的成本差异。

价格差异,是指由于直接材料、直接人工和变动制造费用等要素实际价格水平与标准价格不一致而产生的成本差异。

2. 纯差异与混合差异。一般地,我们在计算某项因素变化所带来的差异时,总是假设其他的因素保持不变。如果把其他因素固定在标准的基础上,所计算出的某因素变化所产生的成本差异就是纯差异。如纯用量差异就是标准价格与用量差的乘积,纯价格差异就是价格差与标准用量的乘积。

混合差异,又称为联合差异,是指总差异扣除所有的纯差异后的剩余差异,等于价格差与用量差的乘积。对混合差异的处理有 3 种方法:(1) 将混合差异分离出来,单独列示,不由具体的责任成本部门负责;(2) 将混合差异按项平均或按比重在各种纯差异之间进行分配;(3) 为简化计算,不单独计算混合差异,而是将其直接归于某项差异。标准成本法下,对混合差异的处理采用了第三种做法,将其计入了价格差异。

3. 有利差异与不利差异。成本差异按数量特征分为有利差异和不利差异。有利差异,是指实际成本低于标准成本而形成的节约差;不利差异,是指实际成本高于标准成本而形成的超支差。

(二) 成本差异计算的通用模式

由于直接材料、直接人工、变动制造费用都有价格标准和数量标准,其成本差异的计算可以采用通用模式,具体可以表示为:

(1) 实际价格 × 实际数量 } (1) − (2) = 价格差异 { 材料价格差异 / 工资率差异 / 变动制造费用开支差异

$$\left.\begin{array}{l}(2) \text{ 标准价格} \times \text{实际数量} \\ (3) \text{ 标准价格} \times \text{标准数量}\end{array}\right\}(2)-(3)=\text{数量差异}\left\{\begin{array}{l}\text{材料用量差异} \\ \text{人工效率差异} \\ \text{变动制造费用效率差异}\end{array}\right.$$

$$(1)-(3)=\text{实际成本与标准成本的差异总额}$$

(三) 直接材料差异的计算与分析

按照上述成本差异计算的通用模式，直接材料的价格差异与数量差异分别为：

$$\text{直接材料价格差异} = (\text{实际价格} \times \text{实际数量}) - (\text{标准价格} \times \text{实际数量})$$
$$= \text{实际数量} \times (\text{实际价格} - \text{标准价格})$$
$$\text{直接材料数量差异} = (\text{标准价格} \times \text{实际数量}) - (\text{标准价格} \times \text{标准数量})$$
$$= \text{标准价格} \times (\text{实际用量} - \text{标准用量})$$

【例 9-1】 甲公司只生产产品 A，并且只使用一种材料。计划年度预计生产产品 1 000 件，直接材料的价格标准为 5 元/千克，用量标准为 10 千克/件。该公司实际生产 A 产品 1 200 件，材料的实际单价为 5.5 元/千克，实际消耗材料总量为 11 000 千克。计算并分析直接材料的成本差异。

$$\text{直接材料价格差异} = \text{实际数量} \times (\text{实际价格} - \text{标准价格})$$
$$= 11\,000 \times (5.5 - 5) = 5\,500(\text{元})$$
$$\text{直接材料数量差异} = \text{标准价格} \times (\text{实际用量} - \text{标准用量})$$
$$= 5 \times (11\,000 - 1\,200 \times 10) = -5\,000(\text{元})$$
$$\text{直接材料差异总额} = 5\,500 - 5\,000 = 500(\text{元})$$

从上述计算结果可以看出，企业直接材料的总差异为超支 500 元，其中，价格差异为超支 5 500 元，数量差异为节约 5 000 元。为了对直接材料的成本差异进行控制并对有关责任部门进行考评，应当进一步分析产生差异的原因。

本例中，造成直接材料不利差异的主要原因是实际价格水平超出了标准价格，而材料价格差异通常应由采购部门负责。影响采购价格的因素很多，包括市场价格水平、采购批量、交货方式、运输工具、材料质量、购货折扣等，这些因素中有些是采购部门能够控制的，有些是采购部门不能控制的。如果产生差异的因素是采购部门能够控制的，说明产生的不利差异应当由采购部门负责；如果产生差异的因素是采购部门不能控制的，如材料的市场价格水平，则说明产生的不利差异不应当由采购部门负责。

本例中，尽管直接材料的总差异为不利差异 500 元，但是直接材料的数量消耗实际上是节约的，即由于数量消耗上的节约，使直接材料总成本节约了 5 000 元。一般地，材料的用量差异由生产部门负责。影响材料用量的因素很多，包括生产工人的技术熟练程度和对工作的责任感、生产设备的完好程度、材料的质量和规格是否符合规定要求、产品质量控制制度是否健全、有无贪污盗窃现象等。这些因素中有些是生产部门能够控制的,有些是生产部门不能控制的。如果产生差异的因素是生产部门能够控制的,说明产生的不利差异应当由生产部门负责,有利差异则应当作为生产部门控制成本的工作成绩;如果产生差异的因素是生产部门不能控制的,如材料的质量水平,则说明产生的不利差异不应当由生产部门负责。

在进行了原因分析后,应当采取有力的措施控制成本,并进行相应的奖惩。

(四) 直接人工差异的计算与分析

按照上述成本差异计算的通用模式,直接人工的价格差异与数量差异分别为:

直接人工价格差异 = (实际价格×实际数量) - (标准价格×实际数量)
(工资率差异) = 实际工时 × (实际工资率 - 标准工资率)
直接人工数量差异 = (标准价格×实际数量) - (标准价格×标准数量)
(人工效率差异) = 标准工资率 × (实际工时 - 标准工时)

【例 9 - 2】 承上例,甲公司只生产产品 A,计划年度预计生产产品 1 000 件,直接人工的工资率标准为 10 元/工时,工时用量标准为 11 工时/件。该公司实际生产 A 产品 1 200 件,人工的实际工资率为 10.5 元/工时,实际消耗工时总量为 13 000 工时。计算并分析直接人工的成本差异。

直接人工工资率差异 = 实际工时 × (实际工资率 - 标准工资率)
　　　　　　　　 = 13 000 × (10.5 - 10)
　　　　　　　　 = 6 500(元)
直接人工效率差异 = 标准工资率 × (实际工时 - 标准工时)
　　　　　　　　= 10 × (13 000 - 1 200 × 11)
　　　　　　　　= - 2 000(元)
直接人工差异总额 = 6 500 - 2 000 = 4 500(元)

从上述计算结果可以看出,企业直接人工的总差异为超支 4 500 元,其中,工资率差异为超支 6 500 元,人工效率差异为节约 2 000 元。为了对直接人工的成本差异进行控制并对有关责任部门进行考评,应当进一步分析产生差异的原因。

本例中,造成直接人工不利差异的主要原因是实际工资率水平超出了标准工资率。一般地,工资率差异原则上应由安排生产人员的劳动人事部门负责。影响工资率的因素很多,包括市场上工资率水平、国家相关规定、雇佣合同、人员安排等,这些因素中有些是劳动人事部门能够控制的,有些是劳动人事部门不能控制的。如果产生差异的因素是劳动人事部门能够控制的,说明产生的不利差异应当由劳动人事部门负责,如人员安排不合理所造成的成本差异;如果产生差异的因素是劳动人事部门不能控制的,如国家规定的最低工资率水平,则说明产生的不利差异不应当由劳动人事部门负责。

本例中,尽管直接人工的总差异为不利差异 4 500 元,但是直接人工的工时消耗实际上是节约的,即由于人工效率的提高,使直接人工总成本节约了 2 000 元。人工效率差异是考核每个工时生产能力的重要指标,影响人工效率的因素很多,包括生产工人的技术熟练程度、生产设备的完好程度、生产工艺过程的改进、材料的质量和规格是否符合规定要求等。这些因素中有些是生产工人能够控制的,有些是生产工人不能控制的。如果产生差异的因素是生产工人能够控制的,说明产生的不利差异应当由生产工人负责,有利差异则应当作为生产工人控制成本的工作成绩;如果产生差异的因素是生产工人不能控制的,如材料的质量水平不符合要求造成的人工效率的降低,则说明产生的不利差异不应当由生产工人负责。

在进行了原因分析后,应当采取有力的措施控制成本,并进行相应的奖惩。

(五)变动制造费用差异的计算与分析

按照上述成本差异计算的通用模式,变动制造费用的价格差异与数量差异分别为:

变动制造费用价格差异 =(实际价格×实际数量)-(标准价格×实际数量)
(开支差异) = 实际工时 ×(实际变动制造费用率 - 标准变动制造费用率)
变动制造费用数量差异 =(标准价格×实际数量)-(标准价格×标准数量)
(效率差异) = 标准变动制造费用率 ×(实际工时 - 标准工时)

【例 9-3】 承〔例 9-2〕,甲公司只生产产品 A,计划年度预计生产产品 1 000 件,变动制造费用率标准为 3 元/工时,工时用量标准为 11 工时/件。该公司实际生产 A 产品 1 200 件,实际变动制造费用率为 3.1 元/工时,实际消耗工时总量为 13 000 工时。计算并分析变动制造费用的成本差异。

$$\text{变动制造费用率差异} = \text{实际工时} \times (\text{实际变动制造费用率} - \text{标准变动制造费用率}) = 13\,000 \times (3.1 - 3) = 1\,300(\text{元})$$

$$\text{变动制造费用效率差异} = \text{标准变动制造费用率} \times (\text{实际工时} - \text{标准工时}) = 3 \times (13\,000 - 1\,200 \times 11) = -600(\text{元})$$

变动制造费用差异总额 = 1 300 - 600 = 700(元)

从上述计算结果可以看出,企业变动制造费用的总差异为超支 700 元,其中,变动制造费用率差异为超支 1 300 元,效率差异为节约 600 元。为了对变动制造费用的成本差异进行控制并对有关责任部门进行考评,应当进一步分析产生差异的原因。

本例中,造成变动制造费用不利差异的主要原因是实际变动制造费用率水平超出了标准变动制造费用率。影响变动制造费用率的因素很多,包括所有的变动制造费用项目的水平,如间接材料、间接人工、动力费用等,这些因素中有些是生产部门能够控制的,有些是生产部门不能控制的。如果产生差异的因素是生产部门能够控制的,说明产生的不利差异应当由生产部门负责,如间接材料的浪费所造成的成本差异;如果产生差异的因素是生产部门不能控制的,如外购动力价格水平的上涨,则说明产生的不利差异不应当由生产部门负责。

本例中,尽管变动制造费用的总差异为不利差异 700 元,但是变动制造费用的工时消耗实际上是节约的,即由于生产效率的提高,使变动制造费用总成本节约了 600 元。对生产效率影响因素的分析与对人工效率影响因素的分析相同。同样,在进行了原因分析后,应当采取有力的措施控制成本,并进行相应的奖惩。

(六)固定制造费用差异的计算与分析

由于固定制造费用有着不同于变动制造成本项目的特点,对固定制造费用的控制通常采用编制预算的方式进行;对固定制造费用差异的计算与分析不同于前述直接材料、直接人工及变动制造费用的差异计算与分析。对固定制造费用差异的计算有两种方法,即两差异法和三差异法。

1. 两差异法。两差异法下,将固定制造费用的成本差异划分为预算差异和能量差异。

(1)预算差异,是指固定制造费用的实际支付数与预算数之间的差额,计算公式如下:

$$固定制造费用预算差异 = 固定制造费用实际支付数 - 固定制造费用预算数$$

(2)能量差异,是指在标准生产能量下,按标准产量工时计算的标准固定制造费用与按实际产量应消耗标准工时计算的标准固定制造费用之间的差额,计算公式如下:

$$\frac{固定制造费}{用能量差异} = \frac{标准固定制造}{费用分配率} \times \left(\frac{产能标准}{总工时} - \frac{实际产量}{应耗标准工时} \right)$$

其中:

$$标准固定制造费用分配率 = 固定制造费用预算总额 / 预计产能标准总工时$$

由于标准固定制造费用分配率是按照费用预算总数除以预计产能来制定的,即使固定制造费用的实际数与预算数相等,只要实际业务量与预计业务量有出入,就必然会发生能量差异。

【例 9 - 4】 承上例,甲公司只生产产品 A,计划年度预计产能标准工时为 11 000 工时,计划年度预计生产产品 1 000 件,工时用量标准为 11 工时/件。该公司实际生产 A 产品 1 200 件,实际消耗工时总量为 13 000 工时。如果固定制造费用预算总数为 5 000 元,固定制造费用实际支付数为 5 500 元,计算并分析固定制造费用的成本差异。

(1)预算差异。

$$\begin{matrix}\text{固定制造费用}\\ \text{预算差异}\end{matrix} = \begin{matrix}\text{固定制造费用}\\ \text{实际支付数}\end{matrix} - \begin{matrix}\text{固定制造费用}\\ \text{预算数}\end{matrix} = 5\,500 - 5\,000 = 500(元)$$

（2）能量差异。

$$\begin{matrix}\text{固定制造费用}\\ \text{能量差异}\end{matrix} = \begin{matrix}\text{标准固定制造}\\ \text{费用分配率}\end{matrix} \times \left(\begin{matrix}\text{产能标准}\\ \text{总工时}\end{matrix} - \begin{matrix}\text{实际产量应}\\ \text{耗标准工时}\end{matrix}\right)$$
$$= (5\,000/11\,000) \times (11\,000 - 1\,200 \times 11) = -1\,000(元)$$

2. 三差异法。三差异法下，将固定制造费用的成本差异划分为开支差异、效率差异和生产能力利用差异。

（1）开支差异，也称为耗费差异，计算公式如下：

$$\text{固定制造费用开支差异} = \text{固定制造费用实际支付数} - \text{固定制造费用预算数}$$

（2）效率差异。

$$\begin{matrix}\text{固定制造费用}\\ \text{效率差异}\end{matrix} = \begin{matrix}\text{标准固定制造}\\ \text{费用分配率}\end{matrix} \times \left(\begin{matrix}\text{实际耗用}\\ \text{总工时}\end{matrix} - \begin{matrix}\text{实际产量应}\\ \text{耗标准工时}\end{matrix}\right)$$

（3）生产能力利用差异。

$$\begin{matrix}\text{生产能力}\\ \text{利用差异}\end{matrix} = \begin{matrix}\text{标准固定制造}\\ \text{费用分配率}\end{matrix} \times \left(\begin{matrix}\text{标准产能}\\ \text{总工时}\end{matrix} - \begin{matrix}\text{实际耗}\\ \text{用工时}\end{matrix}\right)$$

例如，承上例，固定制造费用的三项差异计算如下：

（1）开支差异。

$$\begin{matrix}\text{固定制造费用}\\ \text{开支差异}\end{matrix} = \begin{matrix}\text{固定制造费用}\\ \text{实际支付数}\end{matrix} - \begin{matrix}\text{固定制造}\\ \text{费用预算数}\end{matrix} = 5\,500 - 5\,000 = 500（元）$$

（2）效率差异。

$$\begin{matrix}\text{固定制造费用}\\ \text{效率差异}\end{matrix} = \begin{matrix}\text{标准固定制造}\\ \text{费用分配率}\end{matrix} \times \left(\begin{matrix}\text{实际耗用}\\ \text{总工时}\end{matrix} - \begin{matrix}\text{实际产量应}\\ \text{耗标准工时}\end{matrix}\right)$$
$$= (5\,000/11\,000) \times (13\,000 - 1\,200 \times 11) \approx -90.91(元)$$

（3）生产能力利用差异。

$$\begin{matrix}\text{生产能力}\\ \text{利用差异}\end{matrix} = \begin{matrix}\text{标准固定制造}\\ \text{费用分配率}\end{matrix} \times \left(\begin{matrix}\text{标准产能}\\ \text{总工时}\end{matrix} - \begin{matrix}\text{实际耗}\\ \text{用工时}\end{matrix}\right)$$
$$= (5\,000/11\,000) \times (11\,000 - 13\,000) \approx -909.09(元)$$

从上述两种计算方法的公式中，可以看出三差异法下的开支差异为两差异法下的预算差异；三差异法下的效率差异与生产能力利用差异为两差异法下的能量差异。上例中有关数字间的关系如下：

	两差异法		三差异法
	预算差异 +500 元		= 开支差异 +500 元
	能量差异 -1 000 元		= 效率差异 + 生产能力利用差异
			= -90.91 + (-909.09) = -1 000 元
	固定制造费用总差异 = -500 元		固定制造费用总差异 = -500 元

对固定制造费用差异的分析，需要按照固定制造费用的明细项目来进行。一般地，预算差异产生的原因包括：资源价格的变动（如工资率的变化、税率的变化）；某些酌量性固定成本因管理上的决定而有所增减；占用资源的数量比预期增加或减少；部门领导怕完不成预算而延缓酌量性固定成本的支出，或担心实际支出过少会削减下期的预算而增加的不必要的开支等。能量差异，只反映计划生产能量的利用程度，一般不能说明固定制造费用的节约或超支。

（七）成本差异计算的两个特殊问题

1. 材料混合使用情况下的成本差异计算。现实中，企业生产某种产品往往需要几种材料，而且各种材料需要按照一定的比例混合使用。在这种情况下，材料的用量差异需要进一步分为两部分，即材料结构差异和材料产出差异。

（1）材料结构差异。材料结构差异，指的是实际投料的混合比例和与按照标准混合比例投料之间的不同所产生的成本差异。其计算公式如下：

材料结构差异 = 按标准单价计算的实际混合成本 - 按实际用量计算的标准混合成本

（2）材料产出差异。材料产出差异，指的是混合材料投产后按标准产出率计算的标准产量与实际产量之间的差额所产生的成本差异。其计算公式如下：

材料产出差异 = 单位产品中混合材料的标准成本 × (标准产量 - 实际产量)

【例 9-5】 乙企业生产 B 产品，需要用 a、b、c 三种材料按照一定的比例混合投料生产，有关资料如表 9-1 所示。

表 9-1

材料名称	价格标准	混合用量标准	标准混合比率	标准成本
a 材料	2.5 元/千克	2 千克	20%	5 元
b 材料	2 元/千克	3 千克	30%	6 元
c 材料	1 元/千克	5 千克	50%	5 元
合 计		10 千克	1	16 元

若上述标准混合材料 10 千克可以产出 B 产品 8 千克，则单位 B 产品的标准直接材料成本为：

单位 B 产品的标准直接材料成本 = 16 ÷ 8 = 2（元）

假设本期企业 B 产品的产量为 4 000 千克，有关实际成本资料如表 9 - 2 所示。

表 9 - 2

材料名称	实际价格	实际用量	实际成本
a 材料	2.4 元/千克	1 100 千克	2 640 元
b 材料	2.1 元/千克	1 600 千克	3 360 元
c 材料	1.2 元/千克	2 500 千克	3 000 元
合　计		5 200 千克	9 000 元

根据上述资料，进行成本差异计算分析如下：

(1) 计算材料实际成本与标准成本的差异总额。

$$\text{实际成本与标准成本的差异总额} = \text{实际总成本} - \text{按实际产量计算的材料的标准成本} = 9\,000 - 4\,000 \times 2 = +1\,000（元）$$

(2) 计算材料的价格差异。

材料的价格差异 = 实际数量 × (实际价格 - 标准价格)

a 材料的价格差异 = 实际数量 × (实际价格 - 标准价格)
$$= 1\,100 \times (2.4 - 2.5) = -110（元）$$

b 材料的价格差异 = 实际数量 × (实际价格 - 标准价格)
$$= 1\,600 \times (2.1 - 2) = +160（元）$$

c 材料的价格差异 = 实际数量 × (实际价格 - 标准价格)
$$= 2\,500 \times (1.2 - 1) = +500（元）$$

材料的价格总差异 = -110 + 160 + 500 = 550（元）

(3) 计算材料的数量差异。

标准产出率 = 8/10 = 80%

实际产量应消耗标准混合材料的数量 = 4 000/80% = 5 000（千克）

直接材料数量差异 = 标准价格 × (实际用量 - 标准用量)

a 材料数量差异 = 标准价格 × (实际用量 - 标准用量)
$$= 2.5 \times (1\,100 - 5\,000 \times 20\%) = +250（元）$$

b 材料数量差异 = 标准价格 × (实际用量 - 标准用量)
$$= 2 \times (1\,600 - 5\,000 \times 30\%) = +200（元）$$

c 材料数量差异 = 标准价格 × (实际用量 - 标准用量)
$$= 1 \times (2\,500 - 5\,000 \times 50\%) = +0（元）$$

材料的用量总差异 = 250 + 200 + 0 = 450（元）

（4）将材料的用量差异分解为材料的结构差异与材料产出差异。

材料结构差异 = 按标准单价计算的实际混合成本 − 按实际用量计算的标准混合成本

$= (2.5 \times 1\,100 + 2 \times 1\,600 + 1 \times 2\,500) - (16 \div 10 \times 5\,200)$

$= 8\,450 - 8\,320 = +130(元)$

材料产出差异 = 单位产品中混合材料的标准成本 ×（标准产量 − 实际产量）

$= 2 \times (5\,200 \times 80\% - 4\,000) = +320(元)$

2. 人工混合使用情况下的成本差异计算。现实中，一种产品的生产往往需要不同等级的工人来加工完成，而不同等级的工人的小时工资率往往是不同的。如果不同等级工人完成的工时在总工时中所占的比重发生变化，也会产生成本差异。这时需要将直接人工的效率差异进一步分解为人工结构差异和人工产出差异，以确定不同原因产生的差异金额。

（1）人工结构差异。

人工结构差异 = 按标准工资率计算的实际混合成本 − 按实际工时计算的标准混合成本

（2）人工产出差异。

人工产出差异 = 单位产品混合人工的标准成本 ×（实际耗用工时 − 实际产量应耗标准工时）

【例 9 − 6】 乙企业生产 B 产品，需要用不同的工种加工，有关资料如表 9 − 3 所示。

表 9 − 3

工人等级	工资率标准	混合用量标准	标准混合比率	标准成本
五级工	12 元/工时	0.3 工时	30%	3.6 元
四级工	8 元/工时	0.2 工时	20%	1.6 元
三级工	5 元/工时	0.5 工时	50%	2.5 元
合 计		1 工时	1	7.7 元

若上述每标准混合工时可以产出 B 产品 5 千克，则单位 B 产品的直接人工标准成本为：

单位 B 产品的标准直接人工成本 = 7.7 ÷ 5 = 1.54（元）

假设本期企业 B 产品的产量为 4 000 千克，有关实际成本资料如表 9 − 4 所示。

表 9 − 4

工人等级	实际工资率	实际工时	实际成本

五级工	12.5 元/工时	250 工时	3 125 元
四级工	9 元/工时	150 工时	1 350 元
三级工	6 元/工时	500 工时	3 000 元
合 计		900 工时	7 475 元

根据上述资料,进行成本差异计算分析如下:
(1) 计算直接人工实际成本与标准成本的差异总额。

$$\text{实际成本与标准成本的差异总额} = \text{实际总成本} - \text{按实际产量计算的直接人工的标准成本}$$

$$= 7\,475 - 4\,000 \times 1.54 = +1\,315(元)$$

(2) 计算直接人工的价格差异。

直接人工的工资率差异 = 实际工时 ×(实际工资率 − 标准工资率)
五级工的工资率差异 = 实际工时 ×(实际工资率 − 标准工资率)
$$= 250 \times (12.5 - 12) = +125(元)$$
四级工的工资率差异 = 实际工时 ×(实际工资率 − 标准工资率)
$$= 150 \times (9 - 8) = +150(元)$$
三级工的工资率差异 = 实际工时 ×(实际工资率 − 标准工资率)
$$= 500 \times (6 - 5) = +500(元)$$
直接人工工资率总差异 = 125 + 150 + 500 = 775(元)

(3) 计算直接人工的效率差异。

每个标准工时的标准产出量为 5 千克/工时
实际产量应消耗标准混合工时的数量 = 4 000/5 = 800(工时)
直接人工效率差异 = 标准工资率 ×(实际工时 − 标准工时)
五级工效率差异 = 标准工资率 ×(实际工时 − 标准工时)
$$= 12 \times (250 - 800 \times 30\%) = +120(元)$$
四级工效率差异 = 标准工资率 ×(实际工时 − 标准工时)
$$= 8 \times (150 - 800 \times 20\%) = -80(元)$$
三级工效率差异 = 标准工资率 ×(实际工时 − 标准工时)
$$= 5 \times (500 - 800 \times 50\%) = +500(元)$$
直接人工效率总差异 = 120 − 80 + 500 = 540(元)

(4) 将直接人工的效率差异分解为直接人工的结构差异与产出差异。

$$\text{人工结构差异} = \text{按标准工资率计算的实际混合成本} - \text{按实际工时计算的标准混合成本}$$

$$= (12 \times 250 + 8 \times 150 + 5 \times 500) - (7.7 \times 900) = 6\ 700 - 6\ 930 = -230(元)$$

$$\text{人工产出差异} = \text{单位产品混合人工的标准成本} \times \left(\text{实际耗用工时} - \text{实际产量应耗标准工时}\right)$$

$$= 7.7 \times (900 - 4\ 000 \div 5) = +770(元)$$

五、成本差异的账务处理

（一）标准成本制度会计处理的特点

标准成本制度的日常核算，既可以采用变动成本法，也可以采用完全成本法，一般具有以下特点：

1. 在标准成本制度下，"原材料"、"生产成本"、"半成品"、"产成品"、"销售成本"等账户的借方和贷方都以标准成本登记。

2. 根据各种差异的名称，分别建立专门的成本差异账户，以登记实际发生的成本差异，其中每个账户的借方登记发生的超支差异，贷方登记发生的节约差异。

3. 每个月末，根据各种差异账户的余额编制"成本差异汇总表"。如果成本差异不大，可将各种成本差异相互轧抵后的净额列入当月损益表，作为"销售成本"或"销售毛利"的调整项目，以便将损益表上相应项目的标准数转换成实际数。如果成本差异较大，或库存产品较多时，可将差异净额在"销售成本"、"生产成本"和"产成品"间进行分配。为了简化核算，一般多使用第一种情况下的处理。

（二）成本差异账务处理实例

【例 9-7】 甲企业 2016 年 3 月生产 A 产品 1 200 件，月初无存货。根据前面所做的差异分析，将有关差异计算结果汇总如表 9-5 所示。

表 9-5

1. 直接材料差异计算 　　直接材料价格差异 = 实际数量 × （实际价格 - 标准价格） 　　　　　　　　　　 = 11 000 × (5.5 - 5) = +5 500 （元） 　　直接材料数量差异 = 标准价格 × （实际用量 - 标准用量） 　　　　　　　　　　 = 5 × (11 000 - 1 200 × 10) = -5 000 （元） 　　直接材料差异总额 = 5 500 - 5 000 = +500 （元）

续表

2. 直接人工差异计算
　　直接人工工资率差异 = 实际工时 × (实际工资率 – 标准工资率)
　　　　　　　　　　　= 13 000 × (10.5 – 10) = +6 500（元）
　　直接人工效率差异 = 标准工资率 × (实际工时 – 标准工时)
　　　　　　　　　　= 10 × (13 000 – 1 200 × 11) = –2 000（元）
　　直接人工差异总额 = 6 500 – 2 000 = 4 500（元）

3. 变动制造费用差异计算
　　变动制造费用率差异 = 实际工时 × (实际变动制造费用率 – 标准变动制造费用率)
　　　　　　　　　　　= 13 000 × (3.1 – 3) = +1 300（元）
　　变动制造费用效率差异 = 标准变动制造费用率 × (实际工时 – 标准工时)
　　　　　　　　　　　　= 3 × (13 000 – 1 200 × 11) = –600（元）
　　变动制造费用差异总额 = 1 300 – 600 = +700（元）

4. 固定制造费用差异计算
　　(1) 两差异法
　　① 预算差异
　　固定制造费用预算差异 = 固定制造费用实际支付数 – 固定制造费用预算数
　　　　　　　　　　　　= 5 500 – 5 000 = 500（元）
　　② 能量差异
　　固定制造费用能量差异 = 标准固定制造费用分配率 × (产能标准总工时 – 实际产量应耗标准工时)
　　　　　　　　　　　　= (5 000/11 000) × (11 000 – 1 200 × 11) = –1 000（元）
　　(2) 三差异法
　　① 开支差异
　　固定制造费用开支差异 = 固定制造费用实际支付数 – 固定制造费用预算数
　　　　　　　　　　　　= 5 500 – 5 000 = 500（元）
　　② 效率差异
　　固定制造费用效率差异 = 标准固定制造费用分配率 × (实际耗用总工时 – 实际产量应耗标准工时)
　　　　　　　　　　　　= (5 000/11 000) × (13 000 – 1 200 × 11) ≈ –90.91（元）
　　③ 生产能力利用差异 = 标准固定制造费用分配率 × (标准产能总工时 – 实际耗用工时)
　　　　　　　　　　　　= (5 000/11 000) × (11 000 – 13 000) ≈ –909.09（元）

根据上述资料，做各项业务会计处理如下：
1. 有关经济业务的会计分录。
(1) 购入原材料：
借：原材料　　　　　　　　　　　　　　　　　　　　　55 000
　　材料价格差异　　　　　　　　　　　　　　　　　　　5 500
　　贷：银行存款　　　　　　　　　　　　　　　　　　　　　　60 500

（2）生产产品消耗原材料：
借：生产成本 60 000
　　贷：原材料 55 000
　　　　材料用量差异 5 000
（3）生产产品消耗直接人工：
借：生产成本 132 000
　　工资率差异 6 500
　　贷：应付工资 136 500
　　　　人工效率差异 2 000
（4）实际发生变动制造费用：
借：变动制造费用 40 300
　　贷：银行存款 40 300
（5）结转生产中耗用的变动制造费用：
借：生产成本 39 600
　　变动制造费用率差异 1 300
　　贷：变动制造费用 40 300
　　　　变动制造费用效率差异 600
（6）实际发生固定制造成本：
借：固定制造费用 5 500
　　贷：累计折旧等 5 500
（7）结转生产中耗用的固定制造费用（以两差异法为例）。
① 完全成本法下：
借：生产成本 6 000
　　固定制造费用预算差异 500
　　贷：固定制造费用 5 500
　　　　固定制造费用能量差异 1 000
② 变动成本法下：
借：期间成本 6 000
　　固定制造费用预算差异 500
　　贷：固定制造费用 5 500
　　　　固定制造费用能量差异 1 000
（8）结转本月生产产品 1 200 件的成本。
① 完全成本法下：
借：产成品 237 600
　　贷：生产成本 237 600

② 变动成本法下：
借：产成品　　　　　　　　　　　　　　　　　　　　231 600
　　贷：生产成本　　　　　　　　　　　　　　　　　　231 600

(9) 销售产品 1 000 件，单价为 300 元。
借：银行存款　　　　　　　　　　　　　　　　　　　300 000
　　贷：主营业务收入　　　　　　　　　　　　　　　　300 000

(10) 结转 1 000 件产品的销售成本。
① 完全成本法下：
借：销售成本　　　　　　　　　　　　（198 × 1 000）198 000
　　贷：产成品　　　　　　　　　　　　　　　　　　　198 000
② 变动成本法下：
借：产成品　　　　　　　　　　　　　（193 × 1 000）193 000
　　贷：生产成本　　　　　　　　　　　　　　　　　　193 000

2. 编制成本差异汇总表。根据上述计算结果及会计处理，编制成本差异汇总表如表 9-6 所示。

表 9-6　　　　　　　　　　甲企业成本差异汇总表
（2016 年 3 月）

差异账户名称	借方余额	贷方余额
1. 材料价格差异	5 500	
2. 材料用量差异		5 000
3. 直接人工工资率差异	6 500	
4. 直接人工效率差异		2 000
5. 变动制造费用率差异	1 300	
6. 变动制造费用效率差异		600
7. 固定制造费用预算差异	500	
8. 固定制造费用能量差异		1 000
合　　计	13 800	8 600
成本差异净额	5 200	

根据表 9-6，编制结转各种成本差异的会计分录：
(11) 借：销售成本　　　　　　　　　　　　　　　　　　5 200
　　　　材料用量差异　　　　　　　　　　　　　　　　　5 000

直接人工效率差异	2 000
变动制造费用效率差异	600
固定制造费用能量差异	1 000
贷：材料价格差异	5 500
直接人工工资率差异	6 500
变动制造费用率差异	1 300
固定制造费用预算差异	500

3. 编制当月损益表。根据上述计算结果及会计处理，编制当月损益表如表 9-7 所示。

表 9-7   甲企业损益
                                （2016 年 3 月）

摘　　要	金　　额
完全成本法	
销售收入（300×1 000）	30 0000
销售成本（标准成本）	
期初存货	0
加：本期生产成本	237 600
可供销售的成本	237 600
减：期末存货（198×200）	39 600
销售成本（标准）	198 000
加：成本差异净额	5 200
销售成本（实际）	203 200
税前净利（实际）	96 800
变动成本法	
销售收入（300×1 000）	300 000
变动成本（标准成本）	
变动生产成本（193×1 000）	193 000
贡献毛益总额	107 000
减：期间成本（标准）	6 000
税前净利（标准）	101 000
减：成本差异净额	5 200
税前净利（实际）	95 800

第三节　产品功能成本的控制

一、产品功能与成本之间的关系

对产品的功能与成本进行分析的活动，一般称为价值工程。价值工程是以最低的成本去实现（或创造）某产品或作业应具备的必要功能，以使该产品或作业能达到其最佳的价值。成本、功能、价值之间的关系可以表示为：

$$价值 = \frac{功能}{成本}$$

（一）功能

指某产品（或作业）所担负的职能或所起的作用，实质上是指它的"使用价值"。任何一项产品（或作业）之所以有价值，用户之所以购买它，并不是为了获得产品（或作业）本身，而是获得它所具备的必要功能。因此，功能首先应以满足用户的需要为前提条件。

功能的提高是无限的，但它受一定的用途支配，受用户的需求所制约，并与一定的成本相联系。如产品（或作业）的功能很全面、很高，而其中某些功能并非用户所需要的，即为"功能过剩"；相反，如果功能达不到用户的要求，则为"功能不足"。

（二）成本

指产品的寿命周期成本，即为实现某产品的必要功能，在其整个生产和使用过程中所发生的全部成本。产品寿命周期成本由生产成本和使用成本两部分构成，生产成本重要包括设计成本、开发成本、制造成本、非制造成本等；使用成本则包括运行成本、维修成本、保养成本等。其中，产品使用成本的高低往往能反映出产品功能或质量的好坏。

（三）功能与成本间的关系

一般来讲，产品的功能越全面、越高，产品的寿命周期成本越高。但由于产品的功能受用户需求的制约，而顾客的需求又受产品寿命周期成本的影响。因此，产品功能不能脱离用户的需要，片面地追求"高功能"或"全功能"；同时，也不能片面地为降低成本而造成产品的必要功能不足，质量下降。

根据成本、功能、价值之间的关系，要获得最佳的价值，应当从改善功能和降低成本两个方面采取措施，具体途径包括：

（1）功能不变，成本降低；

（2）成本不变，功能提高；

(3) 功能提高，成本同时降低；
(4) 功能略有下降，同时成本大幅度降低；
(5) 成本略有提高，同时功能大幅度提高。

二、产品功能成本的控制程序

产品功能成本的控制程序包括以下步骤：

（一）选择功能成本的分析对象

开展功能成本分析，首先要正确地选择分析对象。就某个企业来说，不是对所有的产品或作业都要进行功能成本分析；就某个产品来说，也不是对其所有零件都要进行功能成本分析；而是应当有所选择。选择功能成本分析对象，主要是根据企业的发展方向、存在问题的薄弱环节以及提高质量、降低成本的目标等实际情况来进行。一般可以从设计、生产、销售、成本等方面进行选择，如：

(1) 设计落后、过时的产品；
(2) 质量不稳定、客户意见多的产品；
(3) 结构复杂、零部件多的产品；
(4) 成本较高的零件或产品；
(5) 废品率高的产品等。

为了便于企业快速找出重点分析对象，一般可以采用经验分析法、ABC 分析法、费用比重分析法等。

（二）根据分析对象收集资料

分析对象确定后，应当根据分析对象的性质、范围和要求，制订收集资料的计划，进行资料收集。企业收集的资料越全面、及时、准确，功能成本分析的效果越好。需要收集的资料应当包括本企业的有关情况、技术资料、经济资料、用户意见等，如：

(1) 市场消费资料；
(2) 产品科研、设计资料；
(3) 产品制造工艺资料；
(4) 三废处理资料；
(5) 产品协作资料；
(6) 材料消耗资料；
(7) 产品能源利用资料；
(8) 产品销售资料；
(9) 国内外同类型产品的相关资料等。

(三）进行产品功能分析评价

进行产品功能分析评价，需要经历以下过程：

1. 功能了解。功能了解，也称为功能定义，就是用确切的语言来表达产品的功能或作用，加深对产品功能的理解，并为以后提出改进功能的方案提供依据。功能定义一般用动词加名词的方式来表达，如提供热源、防止震动、显示时间等。

功能了解的过程，实际上是对产品或作业进行分析解剖的过程，也是发现问题的过程。如果一个零件说不上起什么作用时，该零件就没有存在的价值。

2. 功能整理。对一个产品或作业进行功能定义后，需要对全部功能进行分类和整理，以便明确：哪些是基本功能；哪些是辅助功能；哪些方面功能过剩；哪些方面功能不足；各功能间的关系如何等。

功能整理的主要目的是明确功能范围，检查功能的正确性和科学性，并进一步确定需要改进的功能范围。

3. 功能评价。功能评价就是分析功能的价值。通常应用"功能价值"和"成本降低幅度"两个指标作为评价的标准，计算公式如下：

（1）
$$功能价值 = \frac{实现某一功能的最低成本}{实现某一功能的目前成本}$$

应用上述公式，首先应当采用一定的方法找出实现某一功能的最低成本，并以此作为功能评价的基础，因此实现某一功能的最低成本也称为"功能评价值"。通过对不同方案的功能价值的确定，功能价值最高者为最佳方案。

（2）
$$成本降低幅度 = 实现某一功能的目前成本 - 实现该功能的最低成本$$

上述计算公式中，成本降低幅度越大，表示改进的潜力越大。

需要指出的是，在实际工作中，由于零部件往往不止一个功能，而实现某一功能也往往不止一个零部件。因此，要估算某一功能的目前成本是有一定难度的。首先要查出各个零部件的单位成本，然后根据各有关功能的重要性和复杂程度，把单位成本按一定比例分摊到各该功能上。功能的最低成本，通常是根据市场预测、技术预测，先制定出总的目标成本，然后再按各有关功能的重要程度分摊到各该功能上。

(四）制订成本控制方案

制订成本控制方案是进行功能成本分析的关键阶段，一般包括以下几个步骤：

1. 提出改进方案。根据功能分析评价的结论，并按照用户的要求，运用集体的智慧，从各个不同角度，提出几种可供选择的合理化的改进方案。

2. 评价改进方案。对已经提出的各种可供选择的改进方案,从技术、经济和社会三个方面进行充分的比较和分析研究,并做出评价。

3. 确定最优方案。在把各种改进方案进行实验和评价后,选出价值高并可能实现的方案作为最优方案。

第四节　质量成本控制

一、质量成本及其构成

质量成本,是企业为保证和提高产品质量或作业质量而发生的一切费用,以及因未达到质量标准而产生的一切损失或赔偿费用等。质量成本包括以下四类:

(一)预防成本

预防成本,是指企业为了在产品的生产或服务的提供过程中防止低劣的质量而发生的成本。预防成本一般包括开展质量管理所允许的各项费用、质量培训费用、质量奖励费用、质量改进措施费用、质量评审费用、从事质量管理工作人员的工资费用、质量情报及信息费用等。

(二)鉴定成本

鉴定成本,是指为了确定产品或服务是否达到要求或符合顾客的需要而发生的成本。鉴定成本一般包括进货检验费用、工序检验费用、成品检验费用、检测实验设备的校准维护费用、实验材料及劳务费、检测实验设备折旧费用、为检测或实验发生的办公费用、专职人员的工资等。

(三)内部故障成本

内部故障成本,是指由于产品或服务不符合规格或顾客需要而在交货前发生的成本。内部故障成本一般包括废品损失、返工或返修损失、因质量问题而发生的停工损失、质量事故处理费用、质量降级或降等损失等。

(四)外部故障成本

外部故障成本,是指由于产品或服务不符合规格或顾客需要而在交货后发生的成本。外部故障成本一般包括索赔损失、退货或退换损失、保修费用、诉讼损失费用、降价损失等。

二、最佳质量成本决策

质量成本各项目间存在一定的变化规律，即预防和鉴定成本开始时较低，并随着质量要求的提高而逐渐增大；当质量水平达到一定标准后若继续提高，预防和鉴定成本急剧上升。而故障成本正好相反，开始时产品质量水平较低，故障成本较大；随着质量水平的提高，故障成本则会逐渐下降；当质量水平达到一定水平后，尽管大幅度增加预防和鉴定成本，但是故障成本的降低速度反而减缓。最佳质量成本决策就是针对质量成本项目的不同变化特点，确定企业产品质量总成本的最低点所对应的质量水平。

下面以美国两位著名质量管理专家费根堡姆（A. V. Feigunbaum）和朱兰（J. M. Juran）分别提出的质量成本模型为例，来介绍最佳质量成本决策。

（一）费根堡姆的最佳质量成本模型

根据质量成本项目的不同变化特点，把相关成本项目绘制在平面图中，可以发现存在质量成本的最低点，所对应的质量水平即为最佳质量水平，如图 9-1 所示。

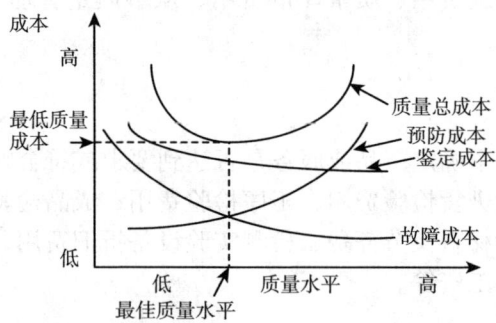

图 9-1 费根堡姆的最佳质量成本模型

上述质量成本模型可以表示为：

$$Q(x) = f(x) + g(x) + k(x)$$

式中：x——产品质量水平（如合格品率）；$f(x)$——故障成本；$g(x)$——鉴定成本；$k(x)$——预防成本；$Q(x)$——质量总成本。

按照数学中的极值原理，最低质量成本所对应的质量水平，应当是 $Q(x)$ 一阶导数为零时的 x。

因此，令 $Q'(x) = 0$，可以得到最佳的质量水平，并可以进一步得到最低的质量总成本。

实际工作中,最常用的方法是根据统计资料和经验估计,进行质量成本决策。

(二) 朱兰的最佳质量成本模型

朱兰的最佳质量成本模型如图 9-2 所示。

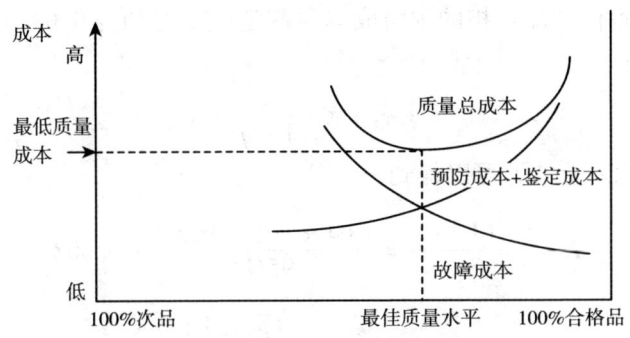

图 9-2 朱兰的最佳质量成本模型

设:F——每件废品造成的损失;q——合格品率;$1-q$——不合格品率;y_1——每件合格品应负担的废品损失。

则:

$$y_1 = F \cdot \frac{1-q}{q}$$

当 $q = 100\%$ 时,$y_1 = 0$;

当 $q = 0$ 时,y_1 为无限大。

若假设每件产品的预防成本与鉴定成本之和为 y_2,则:

$$y_2 = K \cdot \frac{q}{1-q}$$

式中:K——y_2 随合格品率与不合格品率变化的系数。

从上式中可以看出,只要能确定系数 K,便可以确定预防成本与鉴定成本之和,K 可以根据有关资料进行预测。

最后,根据最佳质量水平对应的故障成本与预防成本和鉴定成本之和相等的原理,可以确定最佳的合格品率,即:

令 $y_1 = y_2$,则:

$$F \cdot \frac{1-q}{q} = K \cdot \frac{q}{1-q}$$

可以进一步得到:

$$\frac{q}{1-q} = \sqrt{\frac{F}{K}}$$

将 F 与 K 的值代入上式,可以得到最佳的合格品率 q。

【例9-8】 某企业生产甲产品,每件废品的质量损失为 20 元。该产品目前的合格品率为 95%,每件产品负担的预防成本和鉴定成本之和为 0.04 元。要求确定该产品的最佳质量水平。

由于

$$y_2 = K \cdot \frac{q}{1-q}$$

将有关数据代入上式,可以得到:

$$K = \frac{y_2(1-q)}{q} = \frac{0.04 \times (1-95\%)}{95\%} \approx 0.002$$

又根据:

$$\frac{q}{1-q} = \sqrt{\frac{F}{K}}$$

将 F 与 K 的值代入上式,可以得到:

$$\frac{q}{1-q} = \sqrt{\frac{F}{K}} = \sqrt{\frac{20}{0.002}} = 100$$

可以得到最佳的合格品率:$q = 99\%$

三、质量成本控制的主要程序

一般地,对质量成本进行日常控制的程序包括以下几方面:

(一) 建立和健全质量成本管理的组织体系

质量成本涉及面很广,为了有效地对质量成本进行控制,必须首先建立和健全质量成本管理的组织体系,实行质量成本的分级归口控制。现实中,企业通常会设立全面质量管理中心,该中心的主要任务包括:

1. 制定整个企业的全面质量管理制度;
2. 编制各期的质量成本计划,确定质量成本控制的总体目标,并经过层层分解后下达给各个质量成本控制单位;
3. 定期编制质量成本控制报告,监督各项质量保证措施的实现。

(二) 确定预算控制指标和误差范围

根据全面质量管理的要求和最佳质量成本决策的数据,为各个质量成本项目分别确定预算控制数。另外，由于质量成本的控制与实现的质量水平有关，控制质量成本的支出，必须建立在能保证一定质量水平的基础上，不得任意降低。因此，在控制质量成本时，除了要确定各质量成本项目的预算数外，还要按各质量成本项目制订出允许出现的误差范围。

（三）对产品整个寿命周期进行全过程的控制

由于产品质量贯穿于设计、制造和使用的整个过程，因此对质量成本的控制也应当贯穿于产品的整个寿命周期。

1. 设计阶段。设计阶段是指产品投产前的全部技术准备过程，质量成本中的预防成本大部分都发生在这个阶段，为了做好该过程的质量成本控制，应当：

（1）对产品质量的要求进行市场调查，并对产品质量成本进行预测分析；

（2）根据预测资料进行价值工程分析，并对产品的最佳质量成本进行决策，确定最佳质量水平；

（3）严格审核设计任务书，并在此基础上确定设计过程的质量成本目标或预算数，以对日常执行情况进行考核与评价；

（4）严格把好试制、检验关，凡经鉴定不合格的产品绝对不准投产，以"防患于未然"。

2. 制造阶段。对制造阶段的质量成本进行控制，关键在于以最低的质量保证费用，来维持并达到最佳的加工水平，生产出符合设计质量要求的产品。主要控制手段包括：

（1）制订质量成本计划，确定质量成本控制目标，对重要的质量成本项目采用标准成本控制。

（2）制定工序的最佳质量控制目标，严格控制那些由于对在制品要求过高或过低而造成的工艺成本的升降，以保证质量成本计划目标的实现。

（3）合理确定质检方式，掌握各项质量与相应成本间的关系和变化规律，有效地把产品质量和质量成本控制在最佳水平。

3. 使用阶段。使用阶段是指产品出售后直至使用寿命结束的过程，控制该阶段质量成本的手段主要包括：

（1）对质量成本实施反馈控制，对照质量成本项目找出差距，并分别情况采取对策。

（2）通过对销售、发货、运输以及售后服务等工作质量的改善，来降低使用阶段的质量成本。

（3）通过对设计和制造两个阶段的质量成本控制的加强，来减少使用阶段的质量成本。

第五节 存货成本控制

一、存货成本控制的意义

存货控制是指对企业的库存材料、在产品、产成品等存货的批量及成本进行的控制。由于企业存货在企业资产中往往占有较大比重,且存货的成本如材料成本、产品成本等直接影响着企业的财务成果,因此存货控制是企业日常控制活动中非常重要的一部分。

由于企业存货控制直接影响着企业的财务状况和财务成果,企业必须加强对存货的控制。由于不同部门对存货进行控制的目的不同,如采购部门为了获得较大的购货折扣,总是希望大批量的采购;财务部门则希望减少资金占用,加快存货资金的周转速度,因此并不希望大批量的采购。现实中存在许多类似的问题,因此企业存货控制的目的应当是使企业整体利益最大,而不是从某一个部门的利益出发。

企业整体利益往往通过对相关收入和成本的控制来实现,由于企业的存货控制一般不涉及收入的变化,因此存货控制主要是使相关成本最小。一般表现为使相关成本最小的订货批量或订货次数等。

二、存货成本控制需要考虑的成本概念

存货控制需要考虑的成本主要包括:取得成本、储存成本、缺货成本等方面的成本,其中:取得成本包括存货的订货成本、购买成本等;储存成本包括存货的保管成本、占用资金的机会成本等;缺货成本主要指由于缺货给企业带来的各种形式的损失,如停产损失、紧急购买材料付出的额外代价。下面以外购存货为例,对相关的成本项目进行说明。

(一)采购成本

采购成本(Purchasing cost),是指材料物资的买价和运杂费所构成的成本。一般地,存货的采购成本是采购单价与采购数量的乘积,在不存在商业折扣的条件下,采购单价不随着采购批量的大小而变化,因此此时采购成本是无关成本,不影响企业最佳订货批量的决策。但是,如果存在商业折扣,采购单价随着采购批量的大小而变化,此时的采购成本是相关成本,将影响企业最佳订货批量的决策。

(二) 订货成本

订货成本 (Ordering cost),是指由于企业每次订货而发生的各项费用,一般包括采购人员的工资和津贴、采购部门的费用、采购业务费用等(如:文件处理费用、验收成本、付款结算的手续费用等)。按照订货成本总额与订货次数之间的关系,订货成本可以划分为固定订货成本和变动订货成本两部分。固定订货成本总额与订货次数没有关系,主要包括维持采购部门正常业务活动所必须发生的支出,属于无关成本,不影响企业最佳订货批量的决策;变动订货成本总额与订货次数成正比例变化,包括采购人员出差津贴、签订合同等发生的费用,属于相关成本,影响企业最佳订货批量的决策。

如果假设企业全年需要某种材料总量为 A,每次的变动性订货成本为 P,每次订货批量为 Q,则:

全年订货次数 $n = A/Q$

相关的订货成本 $TC_0 = P \cdot n = P \cdot A/Q$

(三) 储存成本

储存成本 (Storage cost),是指企业为储存存货而发生的各项费用,一般包括仓储费、搬运费、保险费、自然损耗、占用资金的成本等。按照储存成本总额与存货储存量之间的关系,储存成本可以划分为固定储存成本和变动储存成本两部分。固定储存成本总额与存货储存数量没有关系,主要包括诸如仓库及相关设施的折旧等费用、租入仓库的固定租金、保管人员的基本报酬等,属于无关成本,不影响企业最佳订货批量的决策;变动储存成本总额与存货的平均储存量成正比例,包括存货占用资金的成本、存货的财产保险费用等,属于相关成本,影响企业最佳订货批量的决策。

如果假设企业全年需要某种材料的平均储存量为 $\overline{Q}$,单位存货的变动性储存成本为 C,则:

相关的储存成本 $TC_c = C \cdot \overline{Q}$

(四) 缺货成本

缺货成本 (Stockout cost),是指由于材料供应短缺而给企业的生产和销售带来的损失。主要包括:(1) 停工待料损失;(2) 临时性紧急采购而付出的额外代价;(3) 因对客户延期交货而支付的违约金;(4) 企业由于失去及时供货信用而发生的信誉损失,如失去客户等。缺货成本一般需要按照经验估算。

三、经济订货批量成本控制

(一) 经济订货批量

如前所述,企业外购存货的总成本由采购成本、订货成本、储存成本及缺货成本构成。在不同的订货批量下,企业各类成本的变化呈现出不同的变化特点。如在企业总需求量不变的情况下,提高每次订货数量,则:订货次数减少,订货成本降低;存货平均库存量增加,储存成本上升;企业发生缺货的可能性减少,缺货成本降低;如果存在数量折扣,则采购成本也降低。由于外购存货各类成本的不同变化特点,企业需要确定每次订货的最佳数量,即最佳的订货批量。

最佳的订货批量,一般称为经济订货批量(Economic Order Quantity,EOQ),是指能使企业在存货上所花费的总成本最低的每次订货数量。

(二) 经济订货批量的确定方法

一般地,可以采用逐次测试、图示、建立数学模型等几种方法来确定经济订货批量,但前提都是使存货相关成本最低。下面以简单条件下(简单条件,是指不存在商业折扣、不允许出现缺货现象、订购货物一次到达)。经济订货批量的确定为例,说明每种方法的使用。

简单条件下,企业存货的库存变化情况如图9-3所示。

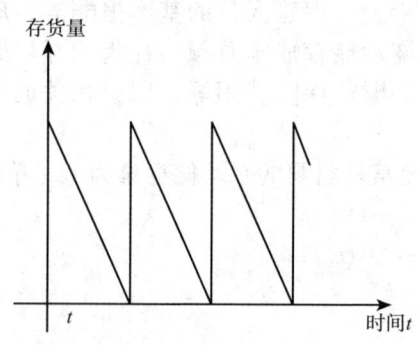

图9-3

可以看出,企业存货的平均库存量为最高储存量/2。

为了叙述方便,我们假设存货的相关总成本为 TC,对某种材料的全年需要量为 A,每次的变动性订货成本为 P,每次订货批量为 Q,全年订货次数为 n,材料的平均储存量为 $\bar{Q}$,单位存货的变动性储存成本为 C,则:简单条件下,相关总成本可以表示为：

$$相关总成本 = 订货成本 + 储存成本$$

即：
$$TC = TC_0 + TC_c$$

其中：

$$订货成本 = 每次的变动性订货成本 \times 订货次数$$

即：
$$TC_0 = P \cdot n = P \cdot A/Q$$

$$储存成本 = 单位存货的变动性储存成本 \times 平均储存量$$
$$= 单位存货的变动性储存成本 \times 最高储存量/2$$

即：
$$TC_c = C \cdot \overline{Q} = C \cdot Q/2$$

1. 逐次测试方法。逐次测试方法，是通过计算不同订货批量时的相关总成本并进行比较，来确定相关总成本最低时所对应的经济订货批量的一种方法。

【例9-9】 企业对某种材料的全年需要量为1 000千克，每次的变动性订货成本为10元，每次订货批量为Q，单位存货的变动性储存成本为2元。按照上述计算公式，不同采购批量的相关总成本如表9-8所示。

表9-8

项　目	不同的订货批量（千克）							
每次订货批量（Q）	10	20	50	100*	125	200	500	1 000
订货次数（A/Q）	100次	50次	20次	10次*	8次	5次	2次	1次
平均库存量（$Q/2$）	5	10	25	50	62.5	100	250	500
全年相关订货总成本（$TC_0 = P \cdot A/Q$）	1 000元	500元	200元	100元	80元	50元	20元	10元
全年相关储存总成本（$TC_c = C \cdot Q/2$）	10元	20元	50元	100元	125元	200元	500元	1 000元
全年相关总成本（TC）	1 010元	520元	250元	200元*	205元	250元	520元	1 010元

从表9-8中可以看出，当订货批量为100千克时，全年相关总成本最低。因此，经济订货批量为100千克，最佳订货次数为10次。

2. 图示方法。图示方法，是通过绘制坐标图来确定相关总成本最低时所对应的经济订货批量的一种方法。

承〖例9-9〗中有关数据，绘制相关成本与订货批量间的线型图如图9-4所示。

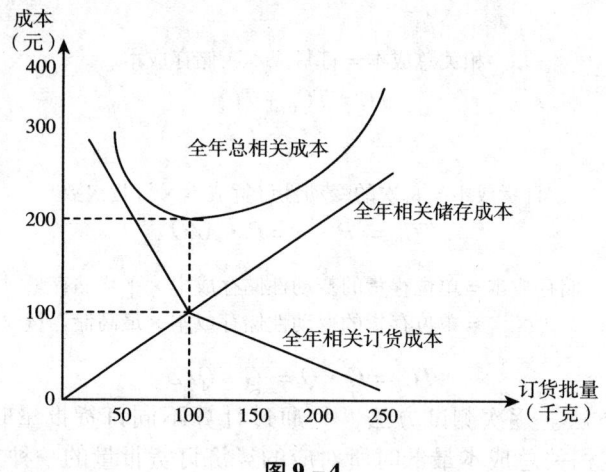

图9-4

3. 建立数学模型方法。

由于：相关总成本 = 订货成本 + 储存成本

即：$TC = TC_0 + TC_c$
$= P \cdot A/Q + C \cdot Q/2$

按照微积分的极值原理，经济订货批量（EOQ）应当是使 TC 对 Q 的一阶导数为 0，即 $TC'(Q) = 0$ 时，所对应的 Q。由于：

$$TC = TC_0 + TC_c$$
$$= P \cdot A/Q + C \cdot Q/2$$
$$TC'(Q) = -P \cdot A/Q^2 + C/2$$

令 $TC'(Q) = -P \cdot A/Q^2 + C/2 = 0$

则：

$$EOQ = \sqrt{2AP/C}$$

最低相关总成本 $TC^* = \sqrt{2APC}$

按照上例中的数据，我们采用数学公式方法，可以得到：

$EOQ = \sqrt{2AP/C} = \sqrt{2 \times 1\,000 \times 10/2} = 100$（千克）

最低相关总成本 $TC^* = \sqrt{2APC} = \sqrt{2 \times 1\,000 \times 10 \times 2} = 200$（元）

另外，根据绘制的坐标图，我们可以发现，最低相关总成本 TC^* 出现于相关订货成本线与相关储存成本线相交的成本点，因此：$TC_0 = TC_c$ 所对应的订货批量 Q 为经济订货批量 EOQ，即：

令：

得到：
$$TC_0 = TC_c$$
$$P \cdot A/Q = C \cdot Q/2$$
则：
$$EOQ = \sqrt{2AP/C}$$

四、不同采购方式下的存货控制

前面内容中我们已经论述了简单条件下经济订货批量的确定，但现实中存货经济订货批量的确定，并不是完全满足"简单条件"的定义，更多情况是存在商业折扣、允许缺货或订货陆续到达企业等。本部分内容便是在简单经济订货批量确定方法的基础上，分析如何确定不同采购方式下的经济订货批量。

（一）缺货情况下的存货控制

简单条件下，存货相关成本的确定是以不允许出现缺货为假设前提的，而现实中由于各方面的原因，缺货是时有发生的，因此必须将缺货成本作为相关成本的一部分。即：相关总成本 = 订货成本 + 储存成本 + 缺货成本

如果假设缺货量为 S，则在允许出现缺货的条件下，存货的库存变化情况可以表示为：

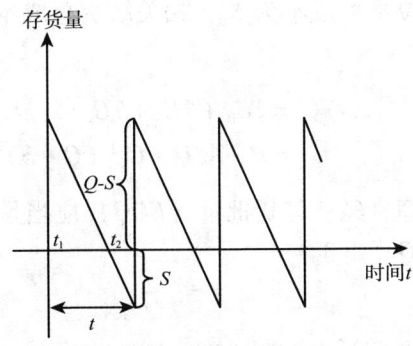

图 9 – 5

从图 9 – 5 中可以看出，在允许缺货的条件下，存货的最高库存量为 $Q - S$。如果假设：t——两次订货的时间间隔；t_1——存货库存量为正的期间；t_2——存货库存量为零的期间（即缺货的期间）；d——存货的每日消耗量。

则存在以下等式关系：

$$t = t_1 + t_2 = Q/d$$
$$t_1 = (Q-S)/d$$
$$t_2 = S/d$$

根据上述等式，不同期间的平均库存量可以表示为：

t_1 期间的平均库存量为：$(Q-S)/2$

t_2 期间的平均库存量为：0

则存货的年平均储存量 $\overline{Q}$ 是 t 期间内的平均库存量，是 t_1、t_2 期间平均库存量的再平均，可以表示为：

$$[(Q-S)/2 \times t_1 + 0 \times t_2]/t = (Q-S)^2/(2Q)$$

【例 9-10】 假设企业需要的某种材料，允许出现数量为 200 千克的缺货，每次订货批量为 500 千克，则存货的平均库存量为：

$(Q-S)^2/(2Q) = (500-200)^2/(2\times500) = 90$（千克）

按照同样的方法，可以得到平均缺货量 $\overline{S}$：

$$\overline{S} = (0 \times t_1 + S/2 \times t_2)/t = S^2/(2Q)$$

承上例，该材料的平均缺货量为：

$S^2/(2Q) = 200^2/(2\times500) = 40$（千克）

如果假设缺货的年单位平均成本为 K_s，相关缺货总成本为 TC_s，则存货的相关总成本模型可以表示为：

$$TC = TC_0 + TC_c + TC_s$$
$$= P \cdot A/Q + C \cdot (Q-S)^2/(2Q) + K_s \cdot S^2/(2Q)$$

按照微积分的极值原理，经济订货批量（EOQ）应当是使 TC 对 Q 及对 S 的一阶偏导数为 0 时，所对应的 Q。由于：

$TC = TC_0 + TC_c + TC_s$
$\quad = P \cdot A/Q + C \cdot (Q-S)^2/(2Q) + K_s \cdot S^2/(2Q)$
$TC'(Q) = -P \cdot A/Q^2 + C[2Q(Q-S) - (Q-S)^2]/(2Q^2) - (K_s \cdot S^2)/(2Q^2)$
$TC'(S) = C \cdot (Q-S)/Q + K_s \cdot S/Q$

令 $TC'(Q) = 0$，$TC'(S) = 0$

则对应的 Q^* 为经济订货批量 EOQ：

$$EOQ = Q^* = \sqrt{2AP/C \times (C+K_s)/K_s}$$

最低相关总成本　　　　$TC^* = \sqrt{2APC \times C/(C+K_s)}$
最佳缺货量　　　　　　$S^* = Q^* \times C/(C+K_s)$

【例 9 – 11】 企业对某种材料的全年需要量为 1 000 千克，每次的变动性订货成本为 60 元，每次订货批量为 Q，单位存货的变动性储存成本为 2 元，单位缺货成本为 4 元。按照上述计算公式，可以得到：

$EOQ = \sqrt{2AP/C \times (C+K_s)/K_s}$
　　　$= \sqrt{2 \times 1\,000 \times 60/2 \times (2+4)/4} = 300(千克)$

最低相关总成本 $TC^* = \sqrt{2APC \times C/(C+K_s)}$
　　　　　　　　　　　$= \sqrt{2 \times 1\,000 \times 60 \times 2 \times 2/(2+4)}$
　　　　　　　　　　　$\approx 282.84(元)$

最佳缺货量 $S^* = Q^* \times C/(C+K_s)$
　　　　　　　　$= 300 \times 2/(2+4) = 100(千克)$

（二）一次订货，陆续到货情况下的存货控制

简单条件下，存货相关成本的确定是以每批货物一次到达企业为假设前提的，而现实中由于各方面的原因，企业的订货往往是陆续到达企业的。在订货陆续到达企业的情况下，企业存货一边在不断地发出，一边在陆续入库。

在一次订货，边进边出，且不需要安全储备情况下，存货的库存变化情况如图 9 – 6 所示。

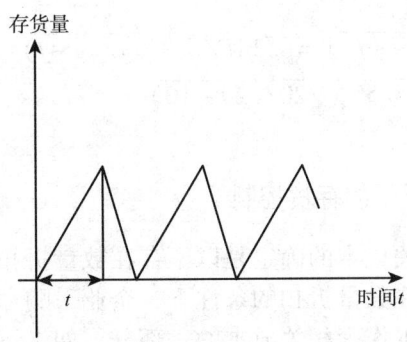

图 9 – 6

从图 9 – 6 中可以看出，在企业的订货陆续到达企业的条件下，当企业每批订货全部到达企业时，企业的存货的库存量达到最大。如果假设：e——每日到货量；f——每日发出存货量；Q——每批订货量；t——每批货物陆续到达企业所需的时间。

则可以得到：

$$t = Q/e$$

每日库存增加量为：$e-f$

最高库存量为：$(e-f) \cdot t = (e-f) \cdot Q/e$

平均库存量为：$(e-f) \cdot Q/(2e)$

因此，存货相关总成本的模型可以表示为（假设不存在缺货）：

$$\text{相关总成本} = \text{订货成本} + \text{储存成本}$$

即：
$$TC = TC_0 + TC_c$$
$$= P \cdot A/Q + C \cdot (e-f) \cdot Q/(2e)$$

按照微积分的极值原理，经济订货批量（EOQ）应当是使 TC 对 Q 的一阶导数为 0，即 $TC'(Q)=0$ 时，所对应的 Q。由于：

$TC = P \cdot A/Q + C \cdot (e-f) \cdot Q/(2e)$

$TC'(Q) = -P \cdot A/Q^2 + C \cdot (e-f)/(2e)$

令 $TC'(Q) = 0$

则：

$$EOQ = \sqrt{2APe/[C \cdot (e-f)]} = \sqrt{2AP/C} \cdot \sqrt{e/(e-f)}$$

【例 9 – 12】 企业对某种材料的全年需要量为 3 600 千克，每次的变动性订货成本为 45 元，每次订货批量为 Q，单位存货的变动性储存成本为 5 元，该材料陆续到达企业，每日到达量为 20 千克，企业每日消耗该材料 10 千克。按照上述计算公式，该材料的经济订货批量为：

$$\begin{aligned} EOQ &= \sqrt{2APe/[C \cdot (e-f)]} = \sqrt{2AP/C} \cdot \sqrt{e/(e-f)} \\ &= \sqrt{2 \times 3\,600 \times 45/5} \cdot \sqrt{20/(20-10)} \\ &= 360(\text{千克}) \end{aligned}$$

（三）有数量折扣情况下的存货控制

简单条件下，存货相关成本的确定是以不存在数量折扣为假设前提的，而现实中往往存在数量折扣。在存在数量折扣的条件下，企业采购存货的批量不同，单价也不同。因此，必须将采购成本作为相关成本的一部分。如果不考虑缺货成本，相关总成本可以表示为：

$$\text{相关总成本} = \text{采购成本} + \text{订货成本} + \text{储存成本}$$
$$TC = TC_p + TC_o + TC_c$$
$$= p \cdot Q + P \cdot A/Q + C \cdot Q/2$$

式中：p——订货单价。

【例9-13】 企业对某种材料的全年需要量为18 000千克，每次的变动性订货成本为50元，每次订货批量为Q，单位存货的变动性储存成本为材料价格的20%。有关的数量折扣条款如表9-9所示。

表9-9

折扣级别	每次订货量	折扣率	单价（元/千克）
1	$0 \leq Q < 500$	0	100
2	$500 \leq Q < 1\,000$	2%	98
3	$1\,000 \leq Q$	5%	95

（1）当企业的订货量$0 \leq Q < 500$时，相关总成本的模型为：

$$TC = TC_p + TC_o + TC_c$$
$$= p \cdot A + P \cdot A/Q + C \cdot Q/2$$
$$= 100 \times 18\,000 + 50 \times 18\,000/Q + 100 \times 20\% \cdot Q/2$$

令 $TC'(Q) = 0$

则：

$Q_1^* = 300$（千克）

（2）当企业的订货量$500 \leq Q < 1\,000$时，相关总成本的模型为：

$$TC = TC_p + TC_o + TC_c$$
$$= p \cdot A + P \cdot A/Q + C \cdot Q/2$$
$$= 98 \times 18\,000 + 50 \times 18\,000/Q + 98 \times 20\% \cdot Q/2$$

令 $TC'(Q) = 0$

则：

$Q_2^* = 303$（千克）

（3）当企业的订货量$1\,000 \leq Q$时，相关总成本的模型为：

$$TC = TC_p + TC_o + TC_c$$
$$= p \cdot Q + P \cdot A/Q + C \cdot Q/2$$
$$= 95 \cdot Q + 50 \times 18\,000/Q + 95 \times 20\% \cdot Q/2$$

令 $TC'(Q) = 0$

则：

$Q_3^* = 308$（千克）

从上述计算结果可以看出，在第2、3折扣级别下，按照公式计算出的经济订货批量$Q_2^* = 303$（千克），$Q_3^* = 308$（千克）都低于折扣条件所要求的最低订货批量。由于相关总成本的变化规律是在一定订货量范围内先下降，之后上升。因此，相关总成本均处于总成本的上升部分，订货批量越大，相关总成本越高，如图 9-7 所示。

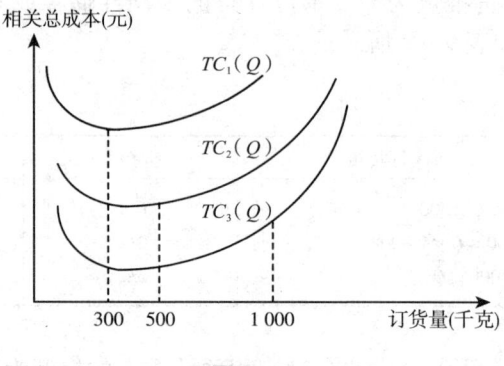

图 9-7

因此，对应的不同折扣条件下的最佳订货批量应当分别为：

$Q_1^* = 300$（千克）

$Q_2^* = 500$（千克）

$Q_3^* = 1\ 000$（千克）

按照相关总成本的计算公式，可以得到：

$$\begin{aligned}TC_1^* &= 100 \cdot A + 50 \times 18\ 000/Q + 100 \times 20\% \cdot Q/2 \\ &= 100 \times 18\ 000 + 50 \times 18\ 000/300 + 100 \times 20\% \times 300/2 \\ &= 1\ 806\ 000(元)\end{aligned}$$

$$\begin{aligned}TC_2^* &= 98 \cdot A + 50 \times 18\ 000/Q + 98 \times 20\% \cdot Q/2 \\ &= 98 \times 18\ 000 + 50 \times 18\ 000/500 + 98 \times 20\% \times 500/2 \\ &= 1\ 770\ 700(元)\end{aligned}$$

$$\begin{aligned}TC_3^* &= 95 \cdot A + 50 \times 18\ 000/Q + 95 \times 20\% \cdot Q/2 \\ &= 95 \times 18\ 000 + 50 \times 18\ 000/1\ 000 + 95 \times 20\% \times 1\ 000/2 \\ &= 1\ 720\ 400(元)\end{aligned}$$

按照上述计算结果，经济订货批量应当为 1 000 千克。

（四）缺乏详细成本资料情况下的存货控制

在前面几种情况下，都以确定的成本资料为依据来确定最佳的订货批量，但有时并不具备详细的成本资料。在缺乏详细成本资料的情况下，一般采用以下方法来进行存货控制。

1. 保持原来的订购批数，降低存货平均储存额。这种方法是以简单条件下存货经济订货批量模型为基础得到的。在简单条件下，经济订货批量可以表示为：

$$EOQ = \sqrt{2AP/C} = \sqrt{2P/C} \cdot \sqrt{A}$$

令

$$\sqrt{2P/C} = X$$

则：

$$EOQ = Q^* = X \cdot \sqrt{A}$$
$$X = Q^*/\sqrt{A} = \sqrt{A}/(A/Q^*)$$

则：

$$A/Q^* = \sqrt{A}/X$$

一般地，同类存货的 $\sqrt{2P/C} = X$，不是相近就是相同。假设它们相同，则同类各种存货的全年订购批数之和，可以表示为：

$$\sum (A/Q) = (\sum \sqrt{A})/X$$

则：

$$X = \sum \sqrt{A} / \sum (A/Q)$$

【例 9 – 14】 假设某公司存货控制缺乏详细的成本资料，上一年度有关存货的资料如表 9 – 10 所示。

表 9 – 10

项　目	材料甲	材料乙	材料丙	合计
全年需要量 A（千克）	3 600	1 800	2 700	—
$\sqrt{A}$	60	42.43	51.96	154.39
全年订货批数 A/Q（次）	10	6	9	25
订货批量 Q（千克）	360	300	300	960
平均储存量 $Q/2$（千克）	180	150	150	480

根据表 9 – 10 中资料，可以得到 X 的值：

$$X = \sum \sqrt{A} / \sum (A/Q)$$
$$= 154.39/25 = 6.1756$$

根据以上计算结果，按照 $Q^* = X \cdot \sqrt{A}$ 计算不同存货的订货批量，如表 9 – 11 所示。

表 9-11

项 目	材料甲	材料乙	材料丙	合计
全年需要量 A（千克）	3 600	1 800	2 700	—
$\sqrt{A}$	60	42.43	51.96	154.39
X	6.1756	6.1756	6.1756	—
订货批量 $Q=X\cdot\sqrt{A}$（千克）	370.54	262.03	320.88	953.45
A/Q（次）	9.72	6.87	8.41	25
平均储存量 $Q/2$（千克）	185.27	131.015	160.44	476.725

通过比较上述两个表格中的数字可以看出，全年订货批数都是 25 次，而存货的平均储存量则有所不同，由 480 千克下降为 476.725 千克，下降了 0.7%。表明在订货成本不变的情况下，通过降低平均储存量可以减少存货的储存成本，从而降低相关的存货成本。

2. 保持原来的存货储存额，减少订购批数。同样，如果同类存货的 $\sqrt{2P/C}=X$ 相同，则同类各种存货的订货量之和可以表示为：

$$\sum Q = X \cdot \sum \sqrt{A}$$

则：
$$X = \sum Q / (\sum \sqrt{A})$$

根据上述表中资料，可以得到 X 的值：

$$X = \sum Q / (\sum \sqrt{A}) = 960/154.39 = 6.2180$$

则按照 $Q^* = X \cdot \sqrt{A}$ 计算不同存货的订货批量，如表 9-12 所示。

表 9-12

项 目	材料甲	材料乙	材料丙	合计
全年需要量 A（千克）	3 600	1 800	2 700	—
$\sqrt{A}$	60	42.43	51.96	154.39
X	6.2180	6.2180	6.2180	—
订货批量 $Q=X\cdot\sqrt{A}$（千克）	373.08	263.83	323.09	960
A/Q（次）	9.65	6.82	8.36	24.83
平均储存量 $Q/2$（千克）	186.54	131.92	161.55	480

通过比较上述两个表格中的数字可以看出，存货的平均储存量相同，而全年订货

批数不同,由 25 次下降为 24.83 次,下降了 0.68%。表明在储存成本不变的情况下,通过降低订货次数可以减少存货的订货成本,从而降低相关的存货成本。

(五) 存储量受限制情况下的存货控制

现实中,多数企业的存储空间是有限的,也就是说企业的存储量往往是受到一定限制的。在存储量受到限制的情况下,如果按照我们前面的经济订货批量模型确定出来的经济订货批量 Q^* 大于企业现有最大存储量 Q_{max} 的话,最佳的订货批量就不再是按照公式计算得到的 Q^*,而应当是企业现有的最大存储量。具体如图 9-8 所示。

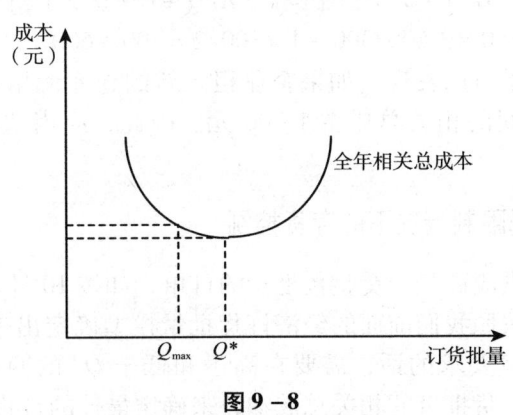

图 9-8

另外,在企业现有存储空间有限的情况下,也可以通过租用、建造新的库房来增加存储空间。企业通过租用、建造新的库房来增加存储空间是否是经济的,必须通过比较增加存储空间和不增加存储空间两项方案的相关总成本来决定,即如果增加存储空间后的相关总成本低于保持现有存储量空间的相关总成本的话,应当租用或建造新的库房;否则的话,应当保持现有的存储量空间。

【例 9-15】 企业对某种材料的全年需要量为 3 600 千克,每次的变动性订货成本为 50 元,每次订货批量为 Q,单位存货的变动性储存成本为 4 元。企业现有的最大存储量为 200 千克,如果租入新的仓库,储存量可以增加 150 千克,年租金为 250 元。

根据简单条件下的经济订货批量公式:

$$EOQ = \sqrt{2AP/C}$$

按照上例中的数据,我们采用数学公式方法,可以得到:

$$EOQ = \sqrt{2AP/C} = \sqrt{2 \times 3\,600 \times 50/4} = 300 \text{(千克)}$$

显然，经济订货批量大于企业现有的最大储存量。企业应当进行租入新的库房与保持现有存储空间的选择决策，选择的标准是相关总成本较低者。

（1）保持现有存储空间。保持现有存储空间条件下，企业的订货批量应当选择为200千克，则相关总成本由订货成本与储存成本构成，具体数字如下：

相关总成本 $TC = TC_0 + TC_c = P \cdot A/Q + C \cdot Q/2$
$= 50 \times 3\,600/200 + 4 \times 200/2 = 900 + 400 = 1\,300（元）$

（2）租入新的仓库。保持租入新仓库的条件下，企业的订货批量应当选择为300千克，相关总成本由订货成本、储存成本及租入仓库的租金构成，具体数字如下：

相关总成本 $TC = TC_0 + TC_c + 租金 = P \cdot A/Q + C \cdot Q/2 + 租金$
$= 50 \times 3\,600/300 + 4 \times 300/2 = 600 + 600 + 250 = 1\,450（元）$

通过上述计算结果可以发现，如果企业租入新的仓库，相关总成本为1 450元，超出保持现有储存空间的相关总成本1 300元。因此，应当选择最佳的订货批量为200千克。

（六）订单批量受限制情况下的存货控制

现实中，大多数供应商只接受整数批量的订单，如按10件、百件、千克、吨等。在这种情况下，如果按照我们前面的经济订货批量模型确定出来的经济订货批量 Q^* 不满足供应商的订货量要求的话，需要在高于和低于 Q^* 的两边确定允许的订货批量，并通过计算两边订货批量的相关总成本，来确定最佳的订货量。

【例9-16】 企业对某种材料的全年需要量为1 800千克，每次的变动性订货成本为20元，每次订货批量为 Q，单位存货的变动性储存成本为5元。供应商要求订货批量为50千克的倍数。

根据简单条件下的经济订货批量公式：

$$EOQ = \sqrt{2AP/C}$$

按照上例中的数据，我们采用数学公式方法，可以得到：

$$EOQ = \sqrt{2AP/C} = \sqrt{2 \times 1\,800 \times 20/5} = 120 \text{（千克）}$$

显然，120千克不符合供应商的订货批量要求，企业的最佳订货批量应当在100千克和150千克中进行选择，选择的标准是相关总成本较低者。

（1）$Q = 100$ 千克时，相关总成本为：

相关总成本 $TC = TC_0 + TC_c = P \cdot A/Q + C \cdot Q/2$
$= 20 \times 1\,800/100 + 5 \times 100/2 = 360 + 250 = 610（元）$

（2）$Q = 150$ 千克时，相关总成本为：

相关总成本 $TC = TC_0 + TC_c = P \cdot A/Q + C \cdot Q/2$

$$= 20 \times 1\ 800/150 + 5 \times 150/2 = 240 + 375 = 615(元)$$

从上述数字可以看出，订货批量为 100 千克时的相关总成本较低，因此，最佳订货批量应当是 100 千克。

(七) 不确定情况下的存货控制

我们前面的叙述，都是假设存货的消耗情况及存货的交货期（从发出订单到货物到达企业的期间）是确定的。但是，现实中由于各方面因素的影响，更多情况下存货的消耗及采购间隔期是不确定的，我们称这种情况下的存货控制为不确定情况下的存货控制。

1. 再订货点及安全库存量。一般地，将在企业发出订单时的库存存货量称为再订货点，再订货点的确定受以下因素的影响：

(1) 存货的交货期，是指从发出订单到货物验收入库的时间间隔，包括：办理订货手续、发运货物、途中运输、验收入库需要的时间。

(2) 存货的日平均消耗量。

(3) 安全库存量，是指在存货的采购间隔期和存货的日平均消耗量不确定的情况下，为了保证不至于缺货或将缺货限制在允许的范围内而准备的保险储备量。

可以按照下述公式，确定再订货点：

$$再订货点 = 存货的交货期 \times 存货的日平均消耗量 + 安全库存量$$

【例 9 – 17】 企业对某种材料的全年需要量为 3 600 千克，每次的变动性订货成本为 50 元，每次订货批量为 Q，单位存货的变动性储存成本为 4 元。存货的交货期为 5 天，该材料的日平均消耗量为 10 千克。则：

根据简单条件下的经济订货批量公式：

$$EOQ = \sqrt{2AP/C} = \sqrt{2 \times 3\ 600 \times 50/4} = 300（千克）$$

由于该例中的存货消耗情况和存货的交货期是确定的，因此：

$$再订货点 = 存货的交货期 \times 存货的日平均消耗量$$
$$= 5 \times 10 = 50（千克）$$

如果企业需要设立安全库存量，且确定为 10 千克，则该材料的再订货点为 60（即：50 + 10）千克。

2. 库存耗竭成本。在存货消耗情况和采购交货期确定的条件下，企业可以按照经济订货批量，按照采购间隔期提前发出订单，在库存存货消耗完的同时新订购的货物正好到达企业。但是，如果存货的消耗比预计的快，或存货的交货期比预计的要长，企业就会发生存货的库存耗竭。

库存耗竭的发生,会给企业带来诸多不利影响,主要表现为缺货成本的增加,如停产待料损失、紧急采购付出的额外代价、失去顾客的损失、信誉损失等。企业往往通过设置安全库存量来控制库存耗竭成本。

安全库存量的设置增加了企业存货的平均存储量,从而增加了存货的储存成本;但是,安全库存量的设置会减少缺货成本。最佳的安全库存量应当是安全库存量的储存成本与库存耗竭成本之和最低时的安全库存量。

3. 安全库存量的确定方法。

安全库存量的确定有以下几种方法:

(1) 经验法。由企业的相关人员根据经验来确定存货的安全库存量称为经验法,一般适用于品种多、价值小的存货项目。其确定公式如下:

安全库存量的上限 = 最长交货期 × 最高日耗用量 - 正常交货期 × 日均耗用量

【例 9 - 18】 企业需要的某种材料交货期为 5 天,该材料的日平均消耗量为 10 千克,最长交货期为 7 天,最高日耗用量为 12 千克,则:

$$\text{安全库存量的上限} = \text{最长交货期} \times \text{最高日耗用量} - \text{正常交货期} \times \text{日均耗用量}$$
$$= 7 \times 12 - 5 \times 10 = 34 \text{(千克)}$$

(2) 不连续的概率法。在根据历史资料确定出库存耗竭的数量和概率的条件下,按照不同档次的概率计算相应安全库存量的耗竭成本及安全库存量的储存成本,进行比较并选择安全库存量的耗竭成本及储存成本最低的安全库存量作为最佳的安全库存量,这种方法称为不连续的概率法。

【例 9 - 19】 企业对某种材料的全年需要量为 180 000 千克,每次的变动性订货成本为 50 元,每次订货批量为 Q,单位存货的变动性储存成本为 8 元。存货的交货期为 5 天,该材料的日平均消耗量为 500 千克。如果发生库存耗竭,估计成本为 1 000 元,库存耗竭的数量和概率如表 9 - 13 所示。

表 9 - 13

安全库存量	库存耗竭概率
0	0.5
200	0.3
400	0.1
600	0.07
800	0.02
1 000	0.01

根据简单条件下的经济订货批量公式：

$EOQ = \sqrt{2AP/C} = \sqrt{2 \times 180\,000 \times 50/8} = 1\,500$（千克）

最佳订货次数为：180 000/1 500 = 120（次）

对不同安全库存量的相关成本的分析如表 9 – 14 所示。

表 9 – 14

安全库存量（千克）	储存成本（元）	库存耗竭概率	预期耗竭成本（元）	相关总成本（元）
0	0	0.5	120 × 0.5 × 1 000 = 60 000	60 000
200	200 × 8 = 1 600	0.3	120 × 0.3 × 1 000 = 36 000	37 600
400	400 × 8 = 3 200	0.1	120 × 0.1 × 1 000 = 12 000	15 200
600	600 × 8 = 4 800	0.07	120 × 0.07 × 1 000 = 8 400	13 200
800	800 × 8 = 6 400	0.02	120 × 0.02 × 1 000 = 2 400	8 800
1 000	1 000 × 8 = 8 000	0.01	120 × 0.01 × 1 000 = 1 200	9 200

从表 9 – 14 中的数字可以看出，在安全库存量为 800 千克时，安全库存量的储存成本与预期耗竭成本之和最低，因此，最佳的安全库存量应当为 800 千克。

思考与练习题

一、思考题

1. 什么是成本控制？成本控制的意义、原则是什么？
2. 什么是标准成本控制系统？主要特点和内容是什么？
3. 产品功能与成本间的关系如何？如何进行产品的功能成本控制？
4. 质量成本由哪些项目构成？各成本项目有什么特点？
5. 质量成本控制有哪些模型？各有什么特点？
6. 存货控制的意义是什么？需要考虑哪些成本因素？
7. 什么是经济订货批量？在不同情况下应当如何确定经济订货批量？
8. 什么是安全库存量及再订货点？如何确定？

二、练习题

习题一

[目的] 通过本练习，应当掌握直接材料成本差异的计算与分析方法。

[资料] A 公司只生产产品甲，并且只使用一种材料。计划年度预计生产产品 1 000 件，直接材料的价格标准为 10 元/千克，用量标准为 20 千克/件。该公司实际生产 A 产品 1 200 件，材料的实际单价为 11 元/千克，实际消耗材料总量为

23 000 千克。

[要求] 计算、分析直接材料成本差异。

习题二

[目的] 通过本练习，应当掌握直接人工成本差异的计算与分析方法。

[资料] 承习题一中资料，该企业直接人工的工资率标准为 10 元/工时，工时用量标准为 12 工时/件。人工的实际工资率为 11 元/工时，实际消耗工时总量为 14 000 工时。

[要求] 计算、分析直接人工成本差异。

习题三

[目的] 通过本练习，应当掌握变动制造费用成本差异的计算与分析方法。

[资料] 承习题一、习题二中资料，变动制造费用率标准为 3 元/工时，工时用量标准为 12 工时/件。该公司实际变动制造费用率为 3.4 元/工时，实际消耗工时总量为 14 000 工时。

[要求] 计算、分析变动制造费用成本差异。

习题四

[目的] 通过本练习，应当掌握固定制造费用成本差异的计算与分析方法。

[资料] 承习题一、习题二中资料，如果固定制造费用预算总数为 10 000 元，固定制造费用实际支付数为 12 000 元。

[要求] 计算并分析固定制造费用的成本差异（分别采用两差异法和三差异法）。

习题五

[目的] 通过本练习，掌握成本差异的账务处理方法。

[资料] 承上述资料，A 公司 2000 年度生产 A 产品 1 200 件，月初无存货。单位产品售价为 500 元，销售量为 1 000 件。

[要求] 做出成本差异的账务处理。

习题六

[目的] 通过本练习，掌握简单条件下的经济订货批量的确定方法。

[资料] 企业对某种材料的全年需要量为 36 000 千克，每次的变动性订货成本为 100 元，每次订货批量为 Q，单位存货的年变动性储存成本为 5 元。

[要求] 确定经济订货批量及最低相关成本。

习题七

[目的] 通过本练习，掌握存货陆续到达企业条件下的经济订货批量的确定方法。

[资料] 如果企业对某种材料的全年需要量为 18 000 千克，每次的变动性订货成本为 300 元，每次订货批量为 Q，单位存货的变动性储存成本为 5 元，该材料陆续到达企业，每日到达量为 150 千克，企业每日消耗该材料 50 千克。

[要求] 计算该材料的经济订货批量。

习题八

[目的] 通过本练习，掌握存货允许缺货条件下的经济订货批量的确定方法。

[资料] 如果企业对某种材料的全年需要量为 18 000 千克，每次的变动性订货成本为 150 元，每次订货批量为 Q，单位存货的变动性储存成本为 5 元，单位缺货成本为 15 元。

[要求] 计算该材料的经济订货批量。

习题九

[目的] 通过本练习，掌握存在数量折扣条件下的经济订货批量的确定方法。

[资料] 如果企业对某种材料的全年需要量为 1 800 千克，每次的变动性订货成本为 40 元，每次订货批量为 Q，单位存货的变动性储存成本为材料价格的 10%。有关的数量折扣条款如表 1 所示。

表 1

折扣级别	每次订货量	折扣率	单价（元/千克）
1	$0 \leq Q < 200$	0	100
2	$200 \leq Q < 500$	2%	98
3	$500 \leq Q$	5%	95

[要求] 计算该材料的经济订货批量。

习题十

[目的] 通过本练习，掌握存储量受限制条件下的经济订货批量的确定方法。

[资料] 如果企业对某种材料的全年需要量为 18 000 千克，每次的变动性订货成本为 50 元，每次订货批量为 Q，单位存货的变动性储存成本为 5 元。企业现有的最大存储量为 500 千克，如果租入新的仓库，储存量可以增加 200 千克，年租金为 250 元。

[要求] 分析确定企业是否应当租入新的仓库。

习题十一

[目的] 通过本练习，掌握存货安全库存量及再订货点的确定方法。

[资料] 企业对某种材料的全年需要量为 36 000 千克，每次的变动性订货成本为 100 元，每次订货批量为 Q，单位存货的变动性储存成本为 5 元。存货的交货期为 5 天，该材料的日平均消耗量为 100 千克。如果发生库存耗竭，估计成本为 2 000 元，库存耗竭的数量和概率如表 2 所示。

表 2

安全库存量	库存耗竭概率
0	0.5
200	0.3
400	0.1
600	0.07
800	0.02
1 000	0.01

［要求］分析确定企业存货的再订货点。

第十章

责任会计

【本章学习目的】
　　通过本章的学习，应当掌握责任会计的概念、基本内容、作用和基本原则；掌握各类责任中心的特点及责任目标的设立方式；掌握责任预算及责任报告的编制方法；掌握对各种责任中心进行业绩考评的方法；理解内部转移价格的意义、作用和制定原则；掌握不同类型内部转移价格的特点及使用条件；了解内部经济仲裁的相关内容。

第一节　责任会计概述

一、责任会计的概念

　　责任会计是20世纪初产生并逐渐发展起来的管理会计的一个重要构成部分，是西方国家"Responsibility Accounting"的直译。20世纪初随着经济的不断发展，企业间的竞争越来越激烈，企业的规模也越来越庞大，传统的集权式的管理模式已经无法满足实际的需要，于是产生了分权管理。分权管理的最直接表现是将生产经营决策权在不同层次的管理人员之间进行适当的划分，决策权随同相应的经济责任下放给不同层次的管理人员，使其能够作出更及时、更有效的决策。

　　分权管理使得企业内部的各分权单位的相对独立性提高，同时使得企业最高决策层对企业整体的控制有赖于对各分权单位的目标规划、控制及对各分权单位的责任履行情况的考核。所有这一系列包括分权单位的划分、对各分权单位的分工负责的经济活动进行规划与控制的一套专门系统，即称为责任会计。

　　需要明确的是责任会计的主体与财务会计的主体不同，财务会计的主体是指为之记账、报账的特定核算单位，划分的前提是应当满足对外披露财务状况及经营成果的需要。责任会计产生于分权管理的需要，责任会计的主体是企业内部的各个分权单位，即后面内容将要涉及的责任中心。

　　另外，责任会计的对象是各分权单位能够控制的以价值表现的资金运动。责任会计的对象在不同性质的分权单位有不同的具体表现形式。例如，供应部门表现为采购成本、保管费用；生产部门表现为各种料、工、费的消耗；销售部门表现为各种销售费用等。

二、责任会计的产生与发展

责任会计作为管理会计的重要组成部分，其产生和发展与西方企业的管理理论是密不可分的。

（一）经验管理阶段萌生了责任会计的思想

从18世纪下半叶到19世纪末期，西方国家相继开始了工业革命。在这一期间，企业间的竞争日趋激烈，企业规模不断扩大，但当时管理方法相对落后，主要是经验管理，在一定程度上制约了企业的发展，因此有一些企业的管理者意识到进行科学管理的重要性。

例如，19世纪中期，美国的丹尼尔·克雷格·麦卡勒姆（Daniel Craig McCallum）在担任伊利铁路公司总监这一职务的期间，便倡导了责任管理，他认为：良好的管理是要以严格的纪律，具体和详细的职务，经常准确地报告任务完成情况，根据成绩确定工资和提升，明确规定上下级权利层次以及在整个组织机构中贯彻个人责任和下级对上级报告的责任等为基础的。

（二）科学管理阶段形成了责任会计的原始形态

19世纪末期，西方国家的科学技术得到了进一步发展，生产社会化程度也越来越高，传统的经验管理方式已经不能适应生产力发展的要求。因此，出现了新的管理方式，并主要以泰罗（Frederick W. Taylor）为代表，一般称该阶段的管理方法为"科学管理"。

泰罗的"科学管理"，根本目的在于提高工人的劳动生产率，主要方法是在动作研究的基础上，采用标准化、定额化管理。另外，泰罗还将责任划分为计划职责和执行职责两大类，要求对费用做出严格分类，对每项费用都制订计划，并将计划落实到工人；同时要求将实际执行结果与计划进行对比，并且按照例外管理原则做出成本报告。所有这些做法反映了责任会计的基本思想，但范围有限，仅仅局限于责任成本制度。

（三）现代管理阶段发展并完善了责任会计

1. 行为科学使责任会计得到发展。由于企业规模的进一步扩大及分权管理制度的实施，泰罗的科学管理已经不能满足现实的需要，于是出现了众多流派的现代管理思想，并以行为科学最具有代表性，如马斯洛的"需求层次论"、赫茨伯格的"双因素理论"、麦格雷戈的"X-Y理论"、佛隆的"期望理论"等。行为科学的产生与发展,促使企业开始注重责任、权力与利益的有效结合,注重目标的科学设立与有效分解。

2. 管理科学使责任会计进一步得到完善。随着社会的不断发展进步,信息技术飞速发展并大量应用到企业的管理活动中,使企业的管理更为科学,从企业目标的设立、到有关活动的控制、业绩评价及各项预测、决策行为的有效性大大提高,责任会计体系也日趋完善。

总之,西方责任会计的产生和发展与西方企业的管理理论是密不可分的。在我国,责任会计的出现则开始于我国20世纪50年代初期的内部经济责任制,该阶段主要是企业内部各车间、班组,乃至个人的计划设立与计划完成情况的核算,该阶段是我国责任会计的原始形态;60年代初期,我国的责任会计有了进一步的发展,在车间、班组核算的基础上,实行了资金、成本指标的归口分级管理方法;70年代末期,以大庆油田为代表的大型企业开始实施统一领导、分级管理的内部经济核算制;80年代以后,我国企业内部管理的问题得到进一步的重视,企业内部经济核算制的内容、方法不断发展完善,责、权、利的结合更加合理有效,有一部分企业开始实施内部银行制度,责任会计得到了更好的发展,近年来更是发展迅速。

三、责任会计的基本内容和作用

(一) 责任会计的基本内容

责任会计的具体内容包括以下几方面:

1. 设立责任中心。随着企业规模的不断扩大和管理理论的发展,企业逐渐建立起分权管理的经济责任制度,作为配合经济责任制度的贯彻而提出的责任会计管理制度,首先应当根据企业内部经营管理的需要,把企业所属各部门、各单位划分为若干责任中心,同时明确相关责任中心对其负责的成本、收入、利润或投资效果承担的经济责任及享有的权利和经济利益。

2. 编制责任预算。为企业在一定期间内的生产经营活动编制的"总预算"或"全面预算",为整个企业及其生产经营的方方面面设定总的目标和任务。为了保证其实现,还必须把"总预算"中确定的指标按照企业内部生产经营上划分的各个责任中心进行分解,形成所谓的"责任预算",使各个责任中心据以明确各自的目标和任务,并作为日后控制和评价各责任中心经济活动及业绩的主要依据。

3. 建立跟踪记录系统。各责任中心的责任预算确定后,应当对责任预算的执行情况及执行结果给予适当的记录,以便评价和考核各责任中心责任预算的完成情况。为了达到这一目的,必须为各责任中心建立一套责任预算执行情况的跟踪记录系统,一般包括：记录有关经济活动的数据；在规定的时间内编制"业绩报告"或称"责任报告"，并将实际数字与预算数字进行比较，借以评价和考核各责任中心的工作成绩，并分别揭示它们取得的成绩和存在的不足。

4. 进行反馈控制。企业在生产经营过程中，应当根据各责任中心的业绩报告，经常分析实际执行数字与预算数字产生差异的原因，并及时通过信息反馈控制和调节各责任中心的经济活动，并督促各责任中心及时采取有效措施，巩固成绩、改进不足，不断挖掘潜力。

5. 进行业绩考评。责任会计作为分权管理条件下进行管理控制的有效手段，业绩评价起着非常重要的作用。如果仅仅设立各责任中心的责任、权利，而没有配套的有效的业绩考评措施，其他所有环节的工作都将流于形式，起不到应有的作用。进行业绩考评，首先应当对各责任中心的预算执行情况进行分析，查找实际与预算产生差异的原因，确定各责任中心的真实业绩；其次，根据事先制定的奖惩制度，进行奖优罚劣、奖勤罚懒，并力求客观公正。

（二）责任会计的作用

责任会计的作用主要体现在以下方面：

1. 有利于贯彻企业内部经济责任制。由于分权管理的普遍存在，企业大多实行了"责、权、利"相结合的内部经营管理制度，即内部经济责任制。实行和贯彻经济责任制是改善企业经营管理，提高经济效益的一个重要途径。通过实行责任会计制度，可以使企业各级管理人员目标明确、责任分明，并且责任者有责有权，把他们范围内的各项活动严格地管理起来，同时以责任单位为主体记录和归集有关信息，并据以评价和考核各该单位的工作成绩，做到功过分明，奖惩有据。因此，责任会计制度的实施情况，在很大程度上决定了企业内部经济责任制的贯彻执行情况。

2. 有利于保证经营目标的一致性。企业各部门的利益往往相互间以及与企业总体利益间存在一定程度的冲突，实施责任会计后，各责任单位的经营目标就是整个企业经营目标的具体体现。因此，在日常经济活动过程中，责任会计的记录系统可以随时反映各责任单位的经营目标是否与企业的总体目标保持一致，若有冲突应当及时进行调整。如此，便于各责任单位为保证总体目标的实现而协调地工作，保证经营目标的一致性。

四、建立责任会计制度的原则

责任会计制度的建立，具体做法多种多样，但应当遵循以下基本原则：

(一) 责权利相结合的原则

由分权管理而产生的经济责任制,其特点便是责权利相结合。作为经济责任制贯彻执行的最有力的一项措施,责任会计制度的建立也必须遵循责权利相结合的原则。责权利相结合的原则,就是指要明确各个责任中心应承担的责任,同时赋予他们相应的管理权力,并根据其责任的履行情况给予适当的奖惩。其中:各责任中心承担的责任是实现企业总体目标的保证,是衡量各责任中心工作成果的标准;赋予各责任中心相应的管理权力,是其能够顺利履行责任的前提条件;而根据各责任中心的责任履行情况给予适当的奖惩,又是调动其积极性、提高企业经济效益的动力。

(二) 可控性原则

可控性原则是指为责任中心规定的责任必须是责任中心可以控制的成本、收入、利润和资金,即每个责任单位只能对其权责范围内可以控制的成本、收入、利润和资金负责。由于责任会计以责任单位为主体来组织会计工作,并通过有关记录来反映各责任部门的工作结果,因而可控性原则显得尤为重要。贯彻可控性原则,首先要分清同一级别责任中心之间的责任界限,即同一级别的其他责任中心的责任不能由本责任中心负担;其次,要分清上下级责任中心之间的责任界限,即不能让下级责任中心承担上级责任中心的责任,而上级责任中心则应向其上级责任中心承担下属责任中心的责任,任何一个责任中心对其下属责任中心的责任都有间接可控性。

(三) 目标一致性原则

责任会计制度的建立,必须遵循目标一致性原则,即必须保证各责任中心的目标与企业总体目标一致,防止各责任中心单纯从本中心的利益出发,违背企业的整体利益。为了能够遵循一致性原则,在编制责任预算时,应当保证各责任中心的责任预算是企业整体预算的具体化;在经营运转过程中,应当保证各责任单位的日常生产经营活动必须符合企业的整体利益最大化要求,并随时调整偏离企业整体目标的行为;在进行业绩考评时,应当选择有利于企业整体利益的考评标准和奖惩制度。

(四) 反馈性原则

反馈性原则是指各责任单位在执行预算过程中,应当对各项经济活动发生的信息,要及时、准确地进行计量、记录、计算和反馈,以便发现问题,解决问题,达到强化管理的目的。在责任会计制度中,首先必须对责任预算的执行情况建立一套健全的跟踪记录系统,使各个责任单位能保持良好的记录和报告制度;其次,应当通过跟踪记录系统的数据来及时掌握预算的执行情况,并通过实际数字与预算数字的对比、分析,控制和调节各责任单位的经济活动,以保证目标的最终实现。

（五）及时性原则

责任会计的跟踪记录系统及信息的反馈系统是否能够有效地发挥作用，在很大程度上取决于信息的时效性。因此，各责任中心应当及时记录、处理、传递相关信息，以便于迅速地调节、控制相关的经济活动；同时，也有利于企业的决策部门做出及时、正确的决策。

第二节 责任中心及其类型

一、责任中心的意义及设置原则

（一）责任中心的意义

实施责任会计制度的企业，必须使每个责任单位对它们所进行的经济活动有十分明确的权责范围，以保证责权相互结合。在管理会计中称这种权责范围为"责任中心"。即责任中心是各个责任单位能够进行控制的活动区域，是指承担规定的经管责任，并行使相应职权的企业内部管理单位。

责任中心的设置，是企业进行分权管理的结果。划分责任中心的目的是为了充分调动一切积极因素，使各责任中心在其权责范围内恪尽职守、努力工作，并按照业绩进行奖惩，避免职责不清的"大锅饭"现象。

责任中心的划分并不是依据成本、利润或投资额的多少，而是根据成本、利润或投资额发生与否和是否能够分清责任。凡是能够分清责任、辨明成绩的单位，无论是大到分厂，还是小到班组，都可以确定为责任中心。责任中心按其责任对象和权责范围的大小，一般划分为成本中心、利润中心和投资中心三大类。

（二）责任中心的设置原则

责任中心的设置应当遵循以下原则：

1. 与企业组织结构相适应的原则。责任会计是为了使企业的生产经营活动更加有序、有效地进行，而在分权管理的要求下产生的规划、控制会计，责任中心的设置是责任会计的首要内容。因此，责任中心的设置必须考虑企业组织结构的职权划分情况，从而满足企业经营管理的需要。一般来说，应当在对企业的组织结构进行综合衡量、研究之后，再进行适当调整的基础上来确定责任中心。

企业的某一机构组织能否成为一个责任中心，取决于多种因素。一般，管理层次较高的机构组织，如分厂、车间、职能部门等，都可以成为一个责任中心；管理层次较低的机构组织能否成为一个责任中心,则要视具体情况而定,如企业的生产班组,如果能够满足建立责任中心的要求,就可以成为一个责任中心,否则就不能。

2. 能够划清责任、单独核算的原则。责任中心的设立,是对企业经营运转活动的划分,也是对企业目标的划分。这种划分的目的是使各分权单位能够具有相对的独立性,而这种相对的独立性是以责任的划分为前提,以单独核算来实现的。只有既能划清责任又能进行单独核算的企业内部单位,才能作为一个责任中心。责任中心的设置必须使得企业生产经营活动的每一个环节都有责任的承担者,同时又不能够存在不同责任中心间的责任交叉问题,因为共同承担责任的结果往往是都不承担责任。责任中心的单独核算是为了反映各责任中心的责任履行情况。

3. 使责、权、利紧密结合的原则。责任中心要履行其职责必须要有配套的权利,否则责任的履行没有任何保障,这种保障便是与管理职能相适应的管理决策权;同时,为了激发职工的积极性,使得职工的潜力得到最充分的挖掘,必须给予相应的利益,这种利益是职工履行职责的回报和内在动力。因此,责任中心的设置必须遵循责、权、利紧密结合的原则。

二、成本中心

(一) 成本中心的概念及其分类

成本中心是只对其区域内发生的成本负责的单位,通常成本中心没有收入,也无须对收入、利润或投资负责。成本中心是企业最基本的责任中心,凡是企业内部有成本发生、需要对成本负责,并能进行控制的单位,都是成本中心。如分厂、车间、班组都是成本中心。另外,企业中不进行生产经营而只提供一定专业服务的单位,如人事部门、财务部门、法律部门等,一般称为"费用中心",属于广义的成本中心。

一般地,可将成本中心划分为基本成本中心和复合成本中心两种,企业通过各成本中心完成成本控制工作。基本成本中心是指没有下属成本中心的成本中心,如一个班组是一个成本中心,若不再进一步下分,则为基本成本中心。复合成本中心是指有若干个下属成本中心的成本中心,如一个车间是一个成本中心,如果车间下面有若干个班组,且班组被划分为责任中心,则车间便是复合的成本中心。

(二) 成本中心的责任目标

成本中心的责任目标是责任成本,是其可以直接控制或间接控制的成本,不是传统的产品成本。

1. 可控成本。成本中心所发生的成本有些是成本中心能够控制的,有些则是成本中心不能控制的。成本中心的责任成本首先必须是成本中心的可控成本,如果责任成本超出了成本中心的控制范围，那么无论成本中心采取何种措施、做出多大的努力都不能影响责任成本的执行效果，这本身有悖于责任中心及责任目标设立的目的。其中，可控成本应当满足以下条件，否则便是不可控成本。

（1）成本中心有办法知道将发生什么性质的耗费；
（2）成本中心有办法计量它的耗费金额；
（3）成本中心有办法控制并调节它的耗费水平。

当然，成本的可控与不可控是相对的，责任中心的层次越高，其可控成本的范围越大，较低层次责任中心的可控成本一定是其所属的较高层次责任中心的可控成本。另外，一定要注意的一点是，属于同一层次的责任中心的可控成本是不能够相互可控的，否则责任中心间的责任便有了交叉，致使责任不明确。

2. 责任成本。一般地，基本成本中心的责任成本即是其可控成本，并仅就其中心的可控成本向上级责任中心负责；复合成本中心的责任成本既包括本中心的可控成本，也包括其间接控制的下属成本中心的责任成本，并就本中心的可控成本和下属成本中心的责任成本向上一级责任中心负责。

三、利润中心

（一）利润中心的概念及其分类

利润中心是对其区域内的成本、收入，乃至对利润负责的单位，在该类责任中心中，既可以控制成本，又可以控制收入，从而控制利润。利润中心是较高层次的责任中心，通常指企业中有独立收入来源的单位，如分公司、分厂等。

一般将利润中心划分为自然利润中心和人为利润中心两类。自然利润中心是指在外界市场上有销售业务，有单独的收入来源，并可以通过收入与成本的核算得到利润数字的责任中心，其运转像一个企业。人为利润中心是指在企业内部各责任中心间进行销售，并进行内部结算，人为核算利润的责任中心。许多成本中心都可以根据管理的需要划分成人为的利润中心，如向下一个工序提供半成品的车间。

无论是自然利润中心，还是人为利润中心，通常都包含若干个不同层次的成本中心。

（二）利润中心的责任目标

利润中心的责任目标是各利润中心的不同形式的目标利润水平。利润中心的目标利润应当按照企业的总体利润目标及对责任中心的收入、责任成本的分解来确定。另外，考虑到影响利润指标的因素本身的可控性，对目标利润的衡量有以下几种：

1. 可控利润。由于成本分为可控的成本和不可控的成本两类，与此相对应的利润中心的目标利润应当是可控利润,而不应当包含利润中心不能控制的成本项目,此时的利润便为可控利润。

2. 直接利润。直接利润是指利润中心对总管理费用和对公司利润的贡献。该指标的计算包含全部与利润中心相关的费用,不管这些费用项目是否完全在利润中心的控制之下,而企业总部发生的费用不分配给利润中心。

3. 边际贡献。由于利润中心无法控制固定成本,因此对利润中心设立的责任目标应当是边际贡献。

四、投资中心

(一)投资中心的概念

投资中心是指,既要对成本、收入、利润负责,又要对投入的资金使用效果负责的责任中心。投资中心是最高层次的责任中心,是企业范围内有权进行投资的单位,如事业部、分公司、分厂。由于投资中心需要对投资的效果负责,因此一般拥有充分的经营决策权和投资决策权。

为了准确地核算各投资中心的经济效益,各投资中心共同使用的资产应当划分清楚,共同发生的成本应当合理分配,相互间的资金调剂应当计收利息。

(二)投资中心的责任目标

投资中心的责任目标是相应的反映投资效果的指标,主要是投资报酬率和剩余收益两项指标。

1. 投资报酬率。投资报酬率是全面评价投资中心各项经营活动的综合性指标,既能反映投资中心的销售利润水平,又能反映资产的使用效果,其计算公式如下:

$$投资报酬率(ROI) = 营业利润/投资额$$

或

$$\begin{aligned}投资报酬率(ROI) &= 营业利润/营业资产 \\ &= 营业利润/销售收入 \times 销售收入/营业资产 \\ &= 销售利润率 \times 资产周转率\end{aligned}$$

上述公式中的营业利润是指未扣除利息及税金之前的利润,即息税前利润,之所以采用息税前利润,是为了扣除利息和税金对企业资产运用效果的影响,因为利息和税金与企业资产的运用效果无关。营业资产是指经营所用全部资产,一般以期初、期末余额的平均额为准。

从公式的进一步分解可以看出,提高投资报酬率的途径包括两个方面:一是提高销售利润率,即通过增加销售收入、降低销售成本的途径实现销售利润率的提高;二是加快资产的周转速度,降低营业占用资产水平。

【例10-1】 某公司有一个投资中心,本年度销售收入为5 000 000元,营业资产期初余额为2 200 000元,营业资产期末余额为2 800 000元,营业利润为600 000元。则该投资中心的投资报酬率计算如下:

投资报酬率(ROI) = 营业利润/营业资产
　　　　　　　　 = 600 000/[(2 200 000 + 2 800 000) ÷ 2] = 24%

也可以进一步分解为:

投资报酬率(ROI) = 营业利润/销售收入 × 销售收入/营业资产
　　　　　　　　 = 销售利润率 × 资产周转率
　　　　　　　　 = 600 000/5 000 000 × 5 000 000/[(2 200 000 + 2 800 000) ÷ 2]
　　　　　　　　 = 12% × 2 = 24%

投资中心可以通过提高销售利润率或加快资产的周转速度来提高投资报酬率。

使用投资报酬率作为对投资中心的业绩考评标准,应当注意以下问题:

(1) 各投资中心所占用的营业资产以及发生的各项收入和成本数据,都应当建立在可比的基础上。即营业资产、销售收入和成本的范围应当限于各投资中心实际占用和可控制的区域内,必须把各种不可控的因素排除在外,如各投资中心共同使用的资产、不可控的成本等。

(2) 营业资产的计价要建立在客观、可比的基础上。如对存货的计价应当采用统一的计价方法,以免由于计价方法的不一致,而导致营业资产的低估或虚增,从而使相关指标失去可比性。另外,需要特别注意的是固定资产的计价,营业资产中的固定资产应当按照原价计算。因为,如果采用固定资产净值计价的话,在固定资产投资额小于当期折旧额的情况下,即使当期营业利润不变,投资报酬率也会呈现出上升的趋势,如此便不能反映真实的投资效果。

投资报酬率是一个能反映各方面经营成果的综合性指标,便于理解和计算,也便于比较不同投资中心、不同投资项目的投资效果。但该指标也存在其固有的缺陷,尤其是作为对投资中心进行考核评价的标准时,其缺陷更明显。具体表现在:当一个投资项目的投资报酬率高于某投资中心的投资报酬率,而低于整个企业的投资报酬率时;或当一个投资项目的投资报酬率低于某投资中心的投资报酬率,而高于整个企业的投资报酬率时,投资中心往往只顾本中心的利益,而忽视企业整体的利益,接受对整个企业不利的投资项目或放弃对整个企业有利的投资项目。例如,企业某投资中心的投资报酬率为20%,企业整体的投资报酬率为16%,如果某个投资项目的投资报酬率为18%,该投资中心从本中心的利益出发,极有可能放弃该投资项目,因为该投资项目会降低该投资中心的投资报酬率,事实上该投资项目将会使企业整体的投资报酬率有所提高。再如,企业某投资中心的投资报酬率为12%,企业整体的投资报酬率为16%，如果某个投资项目的投资报酬率为13%，该投资中心从本中心的利益出发，极有可能接受该投资项目，因为该投资项目会提高该投资中心的投资报酬率，事实上该投资项目将会使企业整体的投资报酬率有所降低。

2. 剩余收益。剩余收益指标是针对投资报酬率指标的缺陷而提出的一个考核指标，该指标弥补了投资报酬率指标的缺陷，其计算公式如下：

$$剩余收益 = 营业利润 - 营业资产 \times 预期最低投资报酬率$$

公式中的预期最低投资报酬率，通常可按整个企业各个投资中心的加权平均投资报酬率计算，也可以是企业为该投资中心所规定的预期投资报酬率。

从公式中可以看出，只要投资项目的投资报酬率高于预期的最低投资报酬率，投资中心的剩余收益就会增加，企业的整体利益也会增加，相反则会同时减少，从而保证了各投资中心的利益与企业整体利益的一致性。

【例10-2】 某公司有一个投资中心，营业资产平均余额为500 000元，营业利润为80 000元，该公司各投资中心的加权平均投资报酬率为10%，计划期间该公司有两个投资项目：

项目（1）：预计投资额为250 000元，预期营业利润为24 100元。

项目（2）：预计投资额为300 000元，预期营业利润为36 000元。

要求：

（1）计算该投资中心的目标剩余收益、目标投资报酬率。

（2）用目标剩余收益和投资报酬率来评价两个项目是否可以接受。

为了看起来清楚，编制目标投资报酬率及剩余收益分析表如表10-1所示。

表10-1

摘要	增加投资项目前	接受项目（1）	接受项目（2）
营业利润	80 000	80 000 + 24 100 = 104 100	80 000 + 36 000 = 116 000
营业资产	500 000	500 000 + 250 000 = 750 000	500 000 + 300 000 = 800 000
投资报酬率	16%	13.88%	14.5%
平均投资报酬率	10%	10%	10%
预期基本利润额	50 000	75 000	80 000
剩余收益	30 000	29 100	36 000

从表10-1中数据可以看出，如果以投资报酬率作为评价标准，两个项目都会使该投资中心的投资报酬率降低，因此该投资中心不会接受任何一个项目；如果以剩余收益作为评价指标，项目（2）可以接受，因为该项目使该投资中心的剩余收益有所增加；相反，项目（1）不能接受，因为项目（1）会使该投资中心的剩余收益减少。

从上例中我们可以进一步看出投资报酬率指标的缺陷。需要注意的是，剩余收益指标也有其固有的缺陷，即不便于规模不同的投资中心之间的比较和分析。

五、各责任中心之间的相互关系

企业的责任中心按照控制区域和权责范围的大小,分为成本中心、利润中心和投资中心。三类责任中心间存在着内在的联系,每个责任中心必须就其分工负责的指标对其上一级责任中心承担责任。即:基本成本中心就其可控成本对复合成本中心负责;复合成本中心就其责任成本对利润中心负责;利润中心就其利润对投资中心负责;投资中心就其投资效果对企业的最高管理当局如董事会负责。

例如,最基层的班组作为基本成本中心就其可控成本向复合的成本中心车间负责,车间就其责任成本向作为利润中心的分厂负责,分厂就其利润向作为投资中心的事业部负责,事业部就其投资效果向董事会负责。

正是由于责任中心间的内在联系,才使得企业成为一个责任链条,使企业的目标通过不同层级的责任中心的目标的实现而得以最终实现。

第三节 责任预算及责任报告

一、责任预算的作用

责任预算是指以责任中心为预算单位,以其可控的成本、收入、利润等为内容编制的预算,是企业总预算的具体化。实行责任会计制度,必须为每个责任中心编制责任预算,责任预算是每个责任中心的责任目标的表现形式,是对有关经济活动进行调节、控制的标准,也是日后进行业绩考评的标准。

责任预算的编制过程是企业目标得以具体化的过程。同时,在预算执行过程中,应当通过建立起来的跟踪记录系统,及时地把各责任中心发生的成本、收入以及各责任中心间的相互转账和相互结算业务,记入它们单独设立的责任会计编号账户内。为了简化工作,企业也可以不另设专门的责任会计账册,而是在传统财务会计的各种明细账内为各责任中心分别设置专栏进行登记。其中,前一种做法称为责任会计运行的"双轨制",后一种做法称为责任会计运行的"单轨制"。

二、责任预算的编制

(一)责任预算的编制方法

责任预算的编制有两种方法,一种是自上而下的方式,另一种是自下而上的方式。

1. 自上而下的方式。在自上而下方式下，以企业总预算为基础，从责任中心的角度，对总预算进行层层分解，从而形成各责任中心的责任预算。在该方式下，企业总预算的目标，按照企业内部各责任中心进行划分，落实到企业的各个部门和各级责任单位，从而确保企业总体目标的实现。

这种方式在实际中使用得较多，优点是使得各责任中心相互协调，便于统一控制；缺点是没有充分发挥各责任中心的能动性，有时会遏止责任中心的积极性和创造性。

2. 自下而上的方式。在自下而上方式下，各个责任中心首先自行设立各自的预算目标，之后，层层汇总，最后由企业负责人或预算委员会等机构进行汇总和调整，形成企业的总预算。

这种方式在实际中使用得不多，优点是能够发挥各责任中心的积极性；缺点是各责任中心往往只注意本中心的具体情况，从而彼此协调性很差，且工作量很大。

（二）责任利润预算的编制

企业的利润预算指标确定以后，应采取一定的方法对其进行分解，落实到各个利润中心，形成各个利润中心的责任利润预算。

1. 利润构成内容的分解（自然利润中心的责任预算）。企业的利润预算一般以利润总额来表示，利润预算的分解首先是对利润按其构成内容进行分解。利润总额由营业利润、投资收益、补贴收入、营业外收支净额等构成，分解的重点是营业利润，其中以产品销售利润为主。

产品销售利润预算一般由利润中心负责，利润中心的责任利润一般是其可控的利润。由于利润中心责任利润与企业产品销售利润计算口径的不同，利润中心的责任利润预算数一般要大于企业产品销售利润的预算数，两者的差额是利润中心不可控的成本、费用。

【例10-3】 某公司确定的利润预算数为10 000 000元，其中投资收益确定为1 000 000元，营业外收支净额为500 000元，由财务部门负责；营业利润为8 500 000元，全部为产品销售利润，其他业务利润为0；公司级别的可控成本，即下属利润中心不能控制的成本为200 000元。如果该公司有两个利润中心，即甲分厂和乙分厂。则有关利润预算分解如表10-2、表10-3所示。

表10-2　　　　　　　　　　　责任利润预算汇总表

项目	年度预算	季度预算	责任中心
产品销售利润	8 500 000	2 125 000	甲、乙分厂
投资收益	1 000 000	250 000	财务部门
营业外收支净额	500 000	125 000	财务部门
合计	10 000 000	2 500 000	

表 10 – 3　　　　　　　　　　　　产品销售利润预算表

项　目	销售收入	销售成本及税金	销售利润
甲分厂	100 000 000	94 800 000	5 200 000
乙分厂	87 500 000	84 000 000	3 500 000
合计	187 500 000	178 800 000	8 700 000

2. 内部利润预算的确定及分解（人为利润中心的责任预算）。如果企业内部除了设立有自然利润中心外，还设立有人为的利润中心，则应当在自然利润中心的利润预算基础上进一步确定人为利润中心的利润预算。需要注意的是，由于当期生产量与销售量之间的差异，内部利润预算数字与产品销售利润预算数字间有一定的差异。一般，如果预计期初与期末产成品存货的数量相差不大，获利能力也相差不大，就可以直接将产品销售利润预算分解到各人为利润中心；如果相差较大，则应当先将产品销售利润预算转化为内部利润预算，然后才能按照产品生产计划分解落实到各人为利润中心。

（1）内部利润预算的确定。内部利润预算的确定公式如下：

$$\text{内部利润预算} = \text{产品销售利润预算} - \text{期初库存产成品可实现利润} + \text{期末库存产成品可实现利润}$$

【例 10 – 4】　自然利润中心甲分厂的利润预算为 5 200 000 元，甲分厂下设两个生产车间即 Ⅰ 车间和 Ⅱ 车间，均为人为利润中心。甲分厂只生产一种产品，需要经过 Ⅰ 车间与 Ⅱ 车间的先后加工，即 Ⅰ 车间向 Ⅱ 车间提供半成品 A，Ⅱ 车间生产产成品 B。企业预算年度预计期初产成品为 100 件，期末产成品为 150 件，假设单位产品的获利能力稳定不变，均为每件可实现利润 200 元。则甲分厂的内部利润预算确定如下：

$$\text{内部利润预算} = \text{产品销售利润预算} - \text{期初库存产成品可实现利润} + \text{期末库存产成品可实现利润}$$

$$= 5\ 200\ 000 - 100 \times 200 + 150 \times 200 = 5\ 210\ 000（元）$$

我们可以进一步得到产成品的产量计划为：5 210 000 ÷ 200 = 26 050（件）

（2）分解内部利润预算。在确定了内部利润预算后，应当根据各人为利润中心的产量计划和单位产品的内部利润预算进行分解。如果企业设有不同从属层次的人为利润中心，则需要按照不同层次的人为利润中心逐层分解。

【例 10 – 5】　承上例中有关资料，单位产品可实现利润 200 元，产品加工的工时定额情况如表 10 – 4、表 10 – 5 所示。

表 10 - 4　　　　　　　　　　　　工时定额情况表

责任单位	半成品与产成品名称	工时定额（小时/件）	单位工时利润预算
Ⅰ车间	半成品 A	25	200÷（25+15）
Ⅱ车间	产成品 B	15	=5（元/小时）
合计		40	

表 10 - 5　　　　　　　　　　　单位产品利润预算分配表

责任单位	半成品与产成品名称	工时定额（小时/件）	单位产品利润预算（元）
Ⅰ车间	半成品 A	25	5×25=125
Ⅱ车间	产成品 B	15	5×15=75
合计		40	200

如果半成品 A 与产成品 B 的产量相同，即均为 26 050 件，则内部责任利润预算分解如表 10 - 6 所示。

表 10 - 6　　　　　　　　　　人为利润中心利润预算分配表

责任单位	半成品与产成品名称	产量计划（件）	单位产品利润预算（元）	内部利润预算（元）
Ⅰ车间	半成品 A	26 050	125	3 256 250
Ⅱ车间	产成品 B	26 050	75	1 953 750
合计				5 210 000

另外，如果上例中在Ⅰ车间和Ⅱ车间下设立了下属的人为利润中心，则需要按照上述方法将车间的利润责任预算进一步分解为下属人为利润中心的责任利润预算。

（三）责任成本预算的编制

企业在确定了利润预算及销售成本预算后，应当根据预计期初、期末库存量的变化来确定当期的目标生产成本，并在此基础上分解确定有关成本中心的责任成本预算。需要注意的是，由于期初、期末库存量的变化，当期目标生产成本与当期预算产品销售成本间存在差异，如果期初、期末库存量相同或变化不大，可以认为当期目标生产成本与当期预算产品销售成本相同。

一般，可以采用完全成本分解法与变动成本分解法两种方法来分解确定成本中心的责任成本预算。

1. 完全成本分解法。完全成本分解法就是将成本中心当期的费用预算，按照各项消耗定额在各种产品及其零部件之间进行分配。如果最后生产工序的产成品总成本预算不大于目标生产成本,就说明各车间成本中心的成本预算能够满足企业成本预算的约束,如果大于产品目标生产成本,则应当对各成本中心的成本预算进行调整,直到能满足企业目标成本预算的约束条件。

【例 10-6】 某企业下设两个生产车间,均为成本中心,该企业按照销售利润预算及利润预算分解确定的目标成本为 400 000 元。若该企业只生产一种产品,需要经过 I 车间与 II 车间的先后加工,即 I 车间向 II 车间提供零部件 A、B,II 车间生产产成品甲。假设甲与零部件 A、B 的产量预算均为 2 000 件。则:

(1) I 车间责任成本预算。

① 材料责任成本预算表(见表 10-7)。

表 10-7　　　　　　　　　　　　　责任单位:I 车间

零件名称	计划产量	耗用材料	消耗定额	材料计划单价	单位零件材料成本	总成本预算
A	2 000	毛坯	1(个)	20	20	40 000
B	2 000	钢材	10(千克)	5	50	100 000
合计						140 000

② 直接人工责任成本预算表(见表 10-8)。

表 10-8　　　　　　　　　　　　　责任单位:I 车间

零件名称	计划产量	工时定额	定额总工时	单位零件工资成本预算 (每小时工资为:2 元)	工资总成本预算
A	2 000	10	20 000	20	40 000
B	2 000	8	16 000	16	32 000
合计					72 000

③ 制造费用责任成本预算表(见表 10-9)。

表 10-9　　　　　　　　　　　　　责任单位:I 车间

零件名称	计划产量	工时定额	定额总工时	单位零件制造费用预算 (每小时费用为:3 元)	制造费用总成本预算
A	2 000	10	20 000	30	60 000
B	2 000	8	16 000	24	48 000
合计					108 000

④ I 车间半成品责任成本预算表(见表 10-10)。

表 10-10　　　　　　　　　　责任单位：Ⅰ车间

零件名称	计划产量	单位成本预算（内部转移价格）				总成本预算			
		原材料	直接人工	制造费用	合计	原材料	直接人工	制造费用	合计
A	2 000	20	20	30	70	40 000	40 000	60 000	140 000
B	2000	50	16	24	90	100 000	32 000	48 000	180 000
合计						140 000	72 000	108 000	320 000

（2）Ⅱ车间责任成本预算。

① 半成品责任成本预算（见表 10-11）。

表 10-11　　　　　　　　　　责任单位：Ⅱ车间

产品名称	计划产量	耗用半成品名称	单位产品耗用数量（个）	内部转移价格	单位产品半成品成本预算	总成本预算
甲	2 000	A	2 000	70	70	140 000
		B	2 000	90	90	180 000
	小计			160	160	320 000

② 直接人工责任成本预算表（见表 10-12）。

表 10-12　　　　　　　　　　责任单位：Ⅱ车间

产品名称	计划产量	工时定额	定额总工时	单位零件工资成本预算（每小时工资为：2元）	工资总成本预算
甲	2 000	12	24 000	24	48 000

③ 制造费用责任成本预算（见表 10-13）。

表 10-13　　　　　　　　　　责任单位：Ⅱ车间

产品名称	计划产量	工时定额	定额总工时	单位零件制造费用预算（每小时费用为：1元）	制造费用总成本预算
甲	2 000	12	24 000	12	24 000

④ Ⅱ车间责任成本预算表（见表 10-14）。

表 10-14　　　　　　　　　　　　　責任单位：Ⅱ车间

产品名称	计划产量	单位成本预算（内部转移价格）				总成本预算			
		半成品	直接人工	制造费用	合计	半成品	直接人工	制造费用	合计
甲	2 000	160	24	12	196	320 000	48 000	24 000	392 000

（3）产品总成本预算（见表 10-15）。

表 10-15　　　　　　　　　　　　　　产品总成本预算

产品名称	计划产量	单位成本预算				总成本预算			
		原材料	直接人工	制造费用	合计	原材料	直接人工	制造费用	合计
甲	2 000	70	60	66	196	140 000	120 000	132 000	392 000

2. 变动成本分解法。变动成本分解法就是将各生产车间成本中心的全部费用预算，按照成本性态划分为变动成本预算和固定成本预算两部分，并将变动成本预算按照各项消耗定额在各种产品及零部件之间进行分配，将固定成本预算按照可控区域直接在各责任中心间进行分配；然后由各成本中心将本中心生产的产品及零部件所分配的变动成本及本中心可控的固定成本进行汇总，编制成责任成本预算。

变动成本分解法中的变动成本预算一般可以根据预算期的产量计划和单位产品或零部件的变动成本预算来编制；固定成本预算则只需要编制总成本预算，不再在各种产品或零部件之间进行分配。如果最后生产工序的产成品变动成本预算与各车间成本中心的固定成本预算之和不大于目标生产成本，就说明各车间成本中心的成本预算能够满足企业成本预算的约束，如果大于产品目标生产成本，则应当对各成本中心的成本预算进行调整，直到能够满足企业目标成本预算的约束条件。

【例 10-7】 某企业下设两个生产车间，均为成本中心。若该企业只生产一种产品，需要经过Ⅰ车间与Ⅱ车间的先后加工，即Ⅰ车间向Ⅱ车间提供零部件 A、B，Ⅱ车间生产产成品甲。假设甲与零部件 A、B 的产量预算均为 2 000 件。如果企业采用变动成本法计算产品成本，确定的目标成本为 400 000 元。则：

（1）Ⅰ车间责任成本预算。该车间的直接材料、直接人工都属于变动成本，因此，直接材料责任成本预算、直接人工责任成本预算同上例中完全成本分解法。只有车间的制造费用，既包括变动成本，也包括固定成本，需要进一步按照成本性态进行分解。如果该车间固定制造费用为 64 800 元，变动制造费用定额为 1.2 元/小时，则有关责任预算编制如下：

① 直接材料责任成本预算表（见表 10-16）。

表 10-16　　　　　　　　　　　责任单位：Ⅰ车间

零件名称	计划产量	耗用材料	消耗定额	材料计划单价	单位零件材料成本	总成本预算
A	2 000	毛坯	1（个）	20	20	40 000
B	2 000	钢材	10（千克）	5	50	100 000
合计						140 000

② 直接人工责任成本预算表（见表 10-17）。

表 10-17　　　　　　　　　　　责任单位：Ⅰ车间

零件名称	计划产量	工时定额	定额总工时	单位零件工资成本预算（每小时工资为：2 元）	工资总成本预算
A	2 000	10	20 000	20	40 000
B	2 000	8	16 000	16	32 000
合计					72 000

③ 制造费用责任成本预算表（见表 10-18）。

表 10-18　　　　　　　　　　　责任单位：Ⅰ车间

零件名称	计划产量	工时定额	定额总工时	变动制造费用		固定制造费用
				单位零件变动制造费用预算（每小时费用为：1.2 元）	变动制造费用总成本预算	
A	2 000	10	20 000	12	24 000	
B	2 000	8	16 000	9.6	19 200	
合计					43 200	64 800

④ Ⅰ车间半成品责任成本预算表（见表 10-19）。

表 10-19　　　　　　　　　　　责任单位：Ⅰ车间

成本性态	零件名称	计划产量	单位成本预算				总成本预算			
			原材料	直接人工	制造费用	合计	原材料	直接人工	制造费用	合计
变动成本	A	2 000	20	20	12	52	40 000	40 000	24 000	104 000
	B	2 000	50	16	9.6	75.6	100 000	32 000	19 200	151 200
	小计						140 000	72 000	43 200	255 200
固定成本									64 800	64 800
合计							140 000	72 000	108 000	320 000

(2) Ⅱ车间责任成本预算。该车间的半成品、直接人工都属于变动成本,因此半成品责任成本预算、直接人工责任成本预算的编制方法同上例中完全成本分解法,需要注意的是:在变动成本方法下,半成品的内部转移价格一般是半成品的变动制造成本。该车间的制造费用,既包括变动成本,也包括固定成本,需要进一步按照成本性态进行分解。如果该车间固定制造费用为14 400元,变动制造费用定额为0.4元/小时,则有关责任预算编制如下:

① 半成品责任成本预算(见表10-20)。

表10-20　　　　　　　　　　　　责任单位:Ⅱ车间

产品名称	计划产量	耗用半成品名称	单位产品耗用数量(个)	内部转移价格	单位产品半成品成本预算	总成本预算
甲	2 000	A	2 000	52	52	104 000
		B	2 000	75.6	75.6	151 200
	小计			127.6	127.6	255 200

② 直接人工责任成本预算(见表10-21)。

表10-21　　　　　　　　　　　　责任单位:Ⅱ车间

产品名称	计划产量	工时定额	定额总工时	单位零件工资成本预算(每小时工资为:2元)	工资总成本预算
甲	2 000	12	24 000	24	48 000

③ 制造费用责任成本预算(见表10-22)。

表10-22　　　　　　　　　　　　责任单位:Ⅱ车间

零件名称	计划产量	工时定额	定额总工时	变动制造费用		固定制造费用
				单位零件变动制造费用预算(每小时费用为:0.4元)	变动制造费用总成本预算	
A	2 000	12	24 000	4.8	9 600	
合计					9 600	14 400

④ Ⅱ车间责任成本预算表(见表10-23)。

表 10-23　　　　　　　　　　　责任单位：Ⅱ车间

成本性态	产品名称	计划产量	单位成本预算				总成本预算			
			半成品	直接人工	制造费用	合计	半成品	直接人工	制造费用	合计
变动成本	甲	2 000	127.6	24	4.8	156.4	255 200	48 000	9 600	312 800
固定成本									14 400	14 400
合计							255 200	48 000	24 000	327 200

（3）产品总成本预算（见表 10-24）。

表 10-24　　　　　　　　　　　产品总成本预算

成本性态	产品名称	计划产量	单位成本预算				总成本预算			
			原材料	直接人工	制造费用	合计	原材料	直接人工	制造费用	合计
变动成本	甲	2 000	70	60	26.4	156.4	140 000	120 000	52 800	312 800
固定成本									79 200	79 200
合计							140 000	120 000	132 000	392 000

三、责任报告

对各责任中心经济活动的记录是对责任中心进行业绩考评的依据，责任会计制度同时要求，应当定期根据跟踪记录系统所形成的数据编制各责任中心的业绩报告或称责任报告，以便对各责任中心的实绩进行考评。

责任报告的内容主要包括有关责任指标的预算数字、实际执行数字及差异数字几个部分。需要注意的是，不同企业的组织结构下，责任报告的编制程序有所不同。

企业的组织结构一般可以分为纵向型组织结构和横向型组织结构两种。纵向型组织结构也称为垂直型组织结构，属于相对集权形式的组织结构；横向型组织结构也称为并列式组织结构，属于相对分权形式的组织结构。在不同类型的组织结构下，责任预算的形式与责任报告的编制都有所不同。

（一）纵向组织结构

1. 纵向组织结构形式（见图 10-1）。

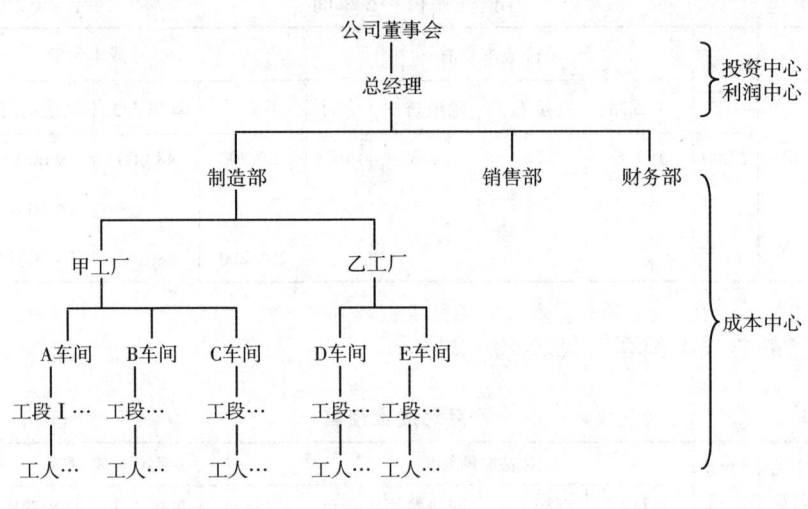

图 10-1

2. 纵向组织结构下的责任预算。在纵向组织结构下建立责任预算，首先应当按照责任中心的层次，从最高层把全面预算逐级向下分解，形成各责任单位的责任预算，一直到最基本的成本中心。

为了叙述方便，下述表反映了责任预算的形成过程。

（1）公司总预算（见表 10-25）。

表 10-25

项 目	金额（元）
公司息税前利润	236 200
其中：	
销售收入	750 000
责任成本	513 800
其中：	
制造部责任成本	370 250
销售部责任成本	56 550
财务部责任成本	36 250
总经理处可控成本	50 750

（2）制造部责任成本预算（见表 10-26）。

表 10-26

项　目	金额（元）
制造部责任成本	370 250
其中：	
甲工厂责任成本	161 500
乙工厂责任成本	175 000
制造部可控成本	33 750

（3）甲工厂责任成本预算（见表 10-27）。

表 10-27

项　目	金额（元）
甲工厂责任成本	161 500
其中：	
A 车间责任成本	29 000
B 车间责任成本	35 000
C 车间责任成本	50 000
甲工厂的可控成本	47 500

乙工厂的责任成本预算从略。

（4）A 车间责任成本预算（见表 10-28）。

表 10-28

项　目	金额（元）
A 车间责任成本	29 000
其中：	
工段 Ⅰ 的责任成本	18 250
工段 Ⅱ 的责任成本	7 500
A 车间可控成本	3 250

其余车间责任成本预算从略。

（5）工段 Ⅰ 责任成本预算（见表 10-29）。

表 10 – 29

项　目	金额（元）
Ⅰ工段责任成本	18 250
其中：	
直接材料	6 250
直接人工	7 500
制造费用	4 500

3. 纵向组织结构下的责任报告。 在确定了各责任中心的责任预算后，应当建立预算执行情况跟踪记录，记录预算的实际执行情况，并定期由最基本的成本中心把责任成本的实际数字逐级向上汇总，直到最高层的利润中心和投资中心。

纵向组织结构下的责任报告及形成程序如表 10 – 30 所示。

表 10 – 30

	预算	实际	差异
成本中心：Ⅰ工段的业绩报告：			
直接材料	6 250	5 750	–500（F）
直接人工	7 500	7 750	+250（U）
制造费用	4 500	5 000	+500（U）
Ⅰ工段责任成本合计	18 250	18 500	+250（U）
成本中心：A车间的业绩报告：	↓	↓	↓
Ⅰ工段责任成本	18 250	18 500	+250（U）
Ⅱ工段责任成本	7 500	8 000	+500（U）
A车间可控成本	3 250	3 000	–250（F）
A车间责任成本合计	29 000	29 500	+500（U）
成本中心：甲工厂的业绩报告：	↓	↓	↓
A车间责任成本	29 000	29 500	+500（U）
B车间责任成本	35 000	37 250	+2 250（U）
C车间责任成本	50 000	48 500	–1 500（F）
甲工厂的可控成本	47 500	47 250	–250（F）
甲工厂责任成本合计	161 500	162 500	+1 000（U）
成本中心：制造部业绩报告：	↓	↓	↓
甲工厂责任成本	161 500	162 500	+1 000（U）
乙工厂责任成本	175 000	177 000	+2 000（U）
制造部的可控成本	33 750	32 500	–1 250（F）
制造部可控成本合计	370 250	372 000	+1 750（U）
利润中心 投资中心：公司业绩报告：			
销售收入	750 000	747 500	–2 500（U）
制造部责任成本	370 250	372 000	+1 750（U）
销售部责任成本	56 550	58 550	+2 000（U）
财务部责任成本	36 250	34 750	–1 500（F）
总经理处可控成本	50 750	49 750	–1 000（F）
责任成本合计	513 800	515 050	+1 250（U）
公司息税前利润	236 200	232 450	–3 750（U）

（二）横向组织结构

1. 横向组织结构（如图 10 – 2 所示）。

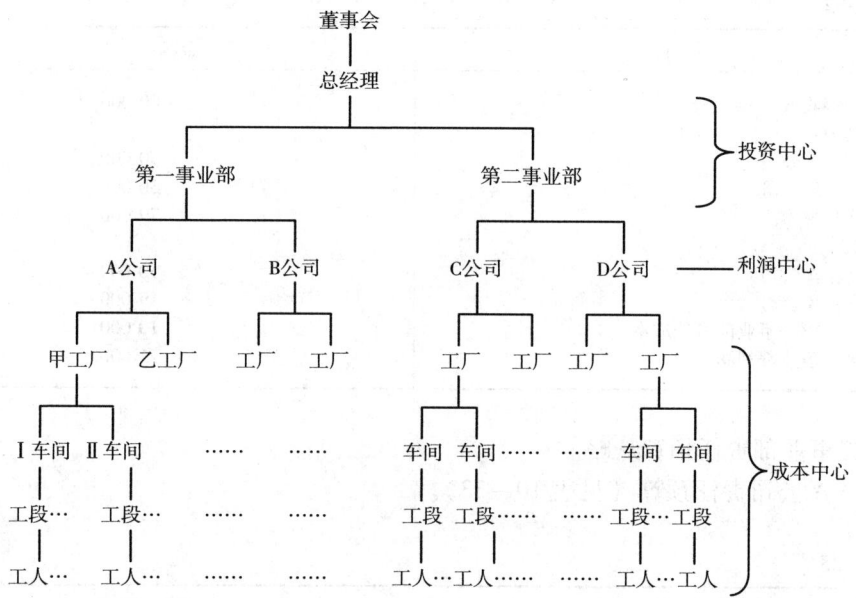

图 10 – 2

2. 横向组织结构下的责任预算。横向组织结构的特点是在总公司下设有多个投资中心，其责任预算的编制如下例所示：

（1）公司总预算（见表 10 – 31）。

表 10 – 31

项　目	金额（元）
公司息税前利润	46 950
其中：	
销售收入	150 000
其中：	
第一事业部	100 000
第二事业部	50 000
责任成本	103 050
其中：	
第一事业部责任成本	79 000
第二事业部责任成本	17 200
总公司可控成本	6 850

（2）第一事业部责任预算（见表 10 – 32）。

表 10－32

项　目	金额（元）
销售收入	100 000
其中：	
A 公司	70 000
B 公司	30 000
责任成本	79 000
其中：	
A 公司	50 000
B 公司	19 000
第一事业部可控成本	10 000
第一事业部利润	21 000

第二事业部责任预算从略。

(3) A 公司责任预算（见表 10－33）。

表 10－33

项　目	金额（元）
销售收入	70 000
责任成本	50 000
其中：	
甲工厂责任成本	32 300
乙工厂责任成本	12 700
A 公司可控成本	5 000
A 公司息税前利润	20 000

B 公司责任预算从略。

(4) 甲工厂责任成本预算（见表 10－34）。

表 10－34

项　目	金额（元）
甲工厂责任成本	32 300
其中：	
Ⅰ车间责任成本	12 800
Ⅱ车间责任成本	10 000
甲工厂可控成本	9 500

其余预算从略。

3. 横向组织结构下的责任报告。横向组织结构下的责任报告及形成程序如表

10-35 所示。

表 10-35

	预算	实际	差异
成本中心：甲工厂的业绩报告：			
Ⅰ车间责任成本	12 800	13 350	+550（U）
Ⅱ车间责任成本	10 000	9 700	-300（F）
甲工厂的可控成本	9 500	9 450	-50（F）
甲工厂责任成本合计	32 300	32 500	+200（U）
利润中心：A公司业绩报告：			
销售收入	70 000	70 300	+300（F）
甲工厂责任成本	32 300	32 500	+200（U）
乙工厂责任成本	12 700	12 550	-150（F）
A公司的可控成本	5 000	5 050	+50（U）
责任成本合计	50 000	50 100	+100（U）
A公司息税前利润	20 000	20 200	+200（F）
投资中心：第一事业部业绩报告：			
A公司销售收入	70 000	70 300	+300（F）
B公司销售收入	30 000	29 500	-500（U）
销售收入合计	100 000	99 800	-200（U）
A公司责任成本	50 000	50 100	+100（U）
B公司责任成本	19 000	19 150	+150（U）
第一事业部可控成本	10 000	9 800	-200（F）
责任成本合计	79 000	79 050	+50（U）
第一事业部息税前利润	21 000	20 750	-250（U）
投资中心：总公司业绩报告：			
第一事业部销售收入	100 000	99 800	-200（U）
第二事业部销售收入	50 000	49 700	-300（U）
销售收入合计	150 000	149 500	-500（U）
第一事业部责任成本	79 000	79 050	+50（U）
第二事业部责任成本	17 200	17 100	-100（F）
总公司的可控成本	6 850	7 150	+300（U）
责任成本合计	103 050	103 300	+250（U）
总公司息税前利润	46 950	46 200	-750（U）

第四节　责任中心的业绩考评

一、成本中心的业绩考评

由于成本中心只对成本负责，责任预算的主要内容是责任成本，因此对成本中心进行业绩考评的重点是各成本中心的责任成本。对成本中心进行考评的依据是各成本中心的业绩报告，同时需要分析实际与预算间出现差异的原因，并在此基础上进行奖惩。

业绩报告通常按照成本中心可控成本的各明细项目，分别列示预算数、实际数和差异数三栏。现实中，有些企业在"差异"栏后面增设"差异原因分析"一栏，以便确定责任履行的真实情况并进行信息反馈。业绩报告中的"成本差异"是考核和评价成本中心工作实绩的重要依据，凡是预算数超过实际数的差异，表示成本节约额，称为"有利差异"，通常在数字后面用 F 表示；凡是预算数小于实际数的差异，表示成本超支额，称为"不利差异"，通常在数字后面用 U 表示。

成本中心的业绩报告和责任预算一样，除了最基本成本中心的责任成本就是其本身可控成本项目之和外，其他层次的复合成本中心的责任成本一般都应当包括两个部分：一部分是本成本中心的可控成本项目之和，另一部分是下属成本中心转来的责任成本。对于各成本中心发生的不可控成本，在编制业绩报告时，有两种不同处理方式：一种是全部省略，以便业绩报告突出重点；另一种是作为业绩报告的参考资料，以便高层管理当局能全面了解各成本中心在一定期间内消耗的全貌。

下面以复合成本中心为例，编制成本中心业绩报告，如表 10-36 所示。

表 10-36　　　　　　　　××成本中心业绩报告

×年×月

项　目	预算数	实际数	差异数	差异原因
本车间的可控成本：				略
间接材料	5 000	4 800	-200（F）	
间接人工	4 000	4 100	+100（U）	
管理人员工资	6 000	6 300	+300（U）	
设备折旧费	8 000	8 000	—	
设备维修费	2 000	1 900	-100（F）	
小　计	25 000	25 100	+100（U）	
下属成本中心成本：				
Ⅰ工段	20 000	21 000	+1 000（U）	
Ⅱ工段	30 000	28 500	-1 500（F）	
小　计	50 000	49 500	-500（F）	
本车间责任成本合计	75 000	74 600	-400（F）	

二、利润中心的业绩考评

由于利润中心对利润负责，责任预算的内容包括收入、成本、利润三部分，因此对利润中心进行考评的内容也包括收入、成本、利润三部分。由于利润中心的责任成本大部分是下属成本中心的责任成本，只有推销及管理费用是利润中心本身的可控成本，因此利润中心业绩考评的重点是利润中心不同表现形式的利润，如直接利润、息税前净利、贡献毛益等。

对利润中心进行考评的依据是利润中心的业绩报告,利润中心的业绩报告一般按照收入、成本、利润各项目,分别设预算数、实际数和差异数三栏。需要注意的是,业绩报告中的"差异"是考核和评价利润中心工作实绩的重要依据,凡是预算数超过实际数的差异,表示"不利差异",通常在数字后面用 U 表示;凡是预算数小于实际数的差异,表示"有利差异",通常在数字后面用 F 表示。

另外,如果存在应由几个利润中心共同负担的联合固定成本,由于利润中心无法控制联合固定成本的数额,所以对联合固定成本的处理有两种方法:一种方法是将其在利润中心间分配,在该方法下,利润中心的业绩报告中有利润额,但是,在对利润中心进行考核时,要剔除这部分固定成本的影响;另一种方法是不分配联合的固定成本,在该方法下,利润中心的业绩报告中只有不完全的贡献毛益额或创利额,业绩报告中也没有"上级分配来的固定成本"项目。

以分配联合固定成本的处理方法为例,利润中心的业绩报告如表 10-37 所示。

表 10-37　　　　　　　××利润中心业绩报告
×年×月

项　目	预算数	实际数	差异数
销售收入	500 000	550 000	+50 000（F）
变动成本:			
变动生产成本	250 000	275 000	+25 000（U）
变动推销及管理成本	50 000	58 000	+8 000（U）
变动成本小计	300 000	333 000	+33 000（U）
贡献毛益	200 000	217 000	+17 000（F）
期间成本:			
直接发生的固定成本	60 000	62 000	+2 000（U）
上级分配来的固定成本	50 000	55 000	+5 000（U）
期间成本小计	110 000	117 000	+7 000（U）
息税前净利	90 000	100 000	+10 000（F）

三、投资中心的业绩考评

投资中心不仅需要对成本、收入、利润负责,还要对所占用资金的投资效果负责,因此对投资中心进行考评的侧重点是各投资中心的投资效果。对投资效果的考核与评价,一般通过"投资报酬率"与"剩余收益"来进行。

投资中心的业绩报告,除了要列出销售收入、销售成本、营业利润等项目的预算数、实际数和差异数外,还要列出营业资产、投资报酬率、基本利润及剩余收益等指标,以全面反映投资中心的业绩。

【例10-8】 某公司有一个投资中心,该公司为这一投资中心设定的最低投资报酬率为10%,根据有关资料,编制该投资中心业绩报告如表10-38所示。

表10-38　　　　　　　　　××投资中心业绩报告
××年度

项　目	预算数	实际数	差异数
1. 销售收入	2 000 000	2 400 000	+400 000（F）
2. 销售成本	1 900 000	2 250 000	+350 000（U）
3. 营业利润（1－2）	100 000	150 000	+50 000（F）
4. 营业资产平均余额	500 000	800 000	+300 000（U）
5. 销售利润率（3÷1）	5%	6.25%	+1.25%（F）
6. 资产周转率（1÷4）	4次	3次	－1次（U）
7. 投资报酬率（5×6）	20%	18.75%	－1.25%（U）
8. 基本利润额（4×10%）	50 000	80 000	+30 000（U）
9. 剩余收益（3－8）	50 000	70 000	+20 000（F）

从表中相关数据可以看出,在销售利润率提高的情况下,该投资中心的实际投资报酬率比预算数要低,主要原因是资产周转速度减慢,预算的周转次数为4次,实际只周转了3次;剩余收益有所增加,表明该投资中心与企业整体利益同时比预算增加了20 000元。

第五节　内部转移价格

一、内部转移价格的意义和作用

企业内部各责任中心之间,往往会由于各种原因发生责任的转移和债权债务的结算,为了分清经济责任,调动各责任单位的积极性,必须及时进行转账处理。这种转账包括责任成本的相互结转和责任中心间相互提供产品或劳务的结算转账两种情况。

责任成本的相互转账,一般是在出现以下两种情况时进行:一是各责任中心之间由于责任成本发生的地点与承担责任的地点不同,需要进行转账。如生产车间和采购部门都是成本中心,若生产车间耗用的材料质量不符合规定,从而使得消耗量超过定额,这部分成本差异就应当由采购部门负责,而不是由生产部门负责。二是责任成本发生的地点与应承担责任的地点一致,但责任成本在发生地点显示不出来,只有在下一道工序才能被发现时，需要进行转账。如企业生产产品需要经过多道工序，各工序加工部门都属于成本中心，当下一道工序加工时才能发现上一道工序的残次品，对残次品进行修补发生的费用，应当由上一道工序负责，而不是由加工工序负责。

企业内部各责任中心间相互提供产品或劳务，属于企业内部转账业务中的经常性业务，结算的计价标准一般称为"内部转移价格"。内部转移价格制定得合理与否直接关系着各责任中心间的责任划分、业绩评价、积极性的调动，因为内部转移价格在以下方面起着重要作用：

1. 明确划分各责任中心的经管责任，激励中心负责人有效经营，并充分调动各责任中心的积极性。
2. 使管理当局对各责任中心的评价与考核，建立在客观、公正、可比的基础上。
3. 使管理当局能根据各责任中心提供的相关信息进行相关决策，并保证各个责任中心与整体企业目标的一致性。

二、制定内部转移价格的原则

企业制定内部转移价格应当力求做到以下几点：
1. 力求使内部转移价格有利于分清各责任中心的成绩和不足；
2. 力求使内部转移价格的制定建立在客观的基础上，避免主观随意性；
3. 力求使内部转移价格为供求双方乐于接受。

在上述前提下，内部转移价格的制定应当遵循以下原则：

1. 凡是成本中心之间相互提供产品或劳务，应以"成本"作为内部转移价格。其中"成本"是指"标准成本"或"标准费用分配率"，避免采用实际成本作为内部转移价格。因为以实际成本作为转移价格，会使供应单位的功过全部转嫁给产品或劳务的使用单位，从而造成责任不明、双方控制成本的积极性不高等后果。
2. 凡是企业内部产品或劳务的转移，有一方涉及利润中心或投资中心，则应当尽可能地选择客观的"市场价格"作为内部转移价格，或者采用"协商价格"、"双重价格"或"成本加成"等作为内部转移价格。

三、内部转移价格的种类及其适用范围和条件

内部转移价格一般有标准成本、标准成本加成、市场价格、协商价格、双重价格等几种。

（一）标准成本

在企业采用标准成本制度的情况下，产品或劳务的标准成本资料容易取得，而且

以标准成本作为内部转移价格具有使用方便、避免成绩或不足的相互转嫁等多方面的好处。标准成本一般适用于成本中心之间相互提供产品或劳务的结算。

(二) 标准成本加成

标准成本加成是根据产品或劳务的标准成本再加上一定的合理利润率作为基础的内部转移价格。其优点是能保证卖方单位有利可得，从而调动他们的积极性，另外也有利于划分卖方和买方的经济责任。需要注意的是，在确定加成率时应从客观的角度出发。标准成本加成适用于企业采用标准成本制度的情况下，涉及利润中心或投资中心时的内部结算。

(三) 市场价格

以市场价格作为内部转移价格具有客观性，可以避免主观随意性，同时可以促使责任中心通过降低成本来增加盈利，从而调动有关部门的积极性。市场价格适用于涉及利润中心或投资中心时的内部结算。

在采用市场价格作为内部转移价格时，为了保证各责任中心的竞争建立在与企业的总体目标一致的基础上，企业内部的买卖双方一般应当遵守一条基本原则，即各责任中心之间应当尽可能进行内部转让，除非责任中心有充分理由说明对外交易比内部转让更为有利。

另外，以市场价格作为内部转移价格时，必须注意以下问题：

（1）以市场价格作为内部转移价格并不等于直接用市场价格结算，而是应当在市场价格基础上做必要的调整。一般，应从外部市场销售价格中扣除广告费、运输费等推销费用，因为这些费用在内部销售时有时并不发生。

（2）以市场价格作为内部转移价格的前提是"卖方"没有闲置的生产能力。否则的话，买方如果从市场上购入产品或劳务，则卖方的生产能力得不到充分利用，企业整体利益将达不到最大化。解决这一问题的途径是采用协商价格，以促使买方从企业内部购入产品或劳务。

(四) 协商价格

协商价格是指买卖双方以正常的市场价格为基础，定期协商、确定出的双方都愿意接受的内部结算价格。采用协商价格作为内部结算的计价标准，前提条件是责任中心相互转让的中间产品应有非竞争性的市场可以买卖，且买卖双方有权决定是否买卖某种中间产品。

协商价格通常要低于市场价格，因为对于卖方来讲不必支出相关的推销及管理费用；而且只要价格高于卖方的单位变动成本，卖方就会获得收益。因此，协商价格的上限是市场价格，下限是单位变动成本，具体价格由买卖双方协商。

另外,当产品或劳务没有适当的市场价格的情况下,也只能采用协商价格。因此,协商价格适用于卖方有剩余生产能力或没有市场价格情况下的内部结算。

(五) 双重价格

双重价格是指买卖双方分别采用不同的内部转移价格作为计价基础。由于内部转移价格的使用目的主要在于确定各责任中心的业绩,所以买卖双方的转移价格并不需要完全一致,可以分别选用对本责任中心最有利的价格作为计价基础。采用双重价格的好处是既可以较好地满足买卖双方不同的需要,也便于激励双方在生产经营上充分发挥其主动性和积极性。

采用双重价格的前提条件为:内部转让的产品或劳务有外界市场,卖方单位有剩余生产能力,而且它的单位变动成本要低于市场价格;特别是当采用单一的内部转移价格不能达到激励责任中心的有效经营和保证责任中心与整个企业的经营目标一致时,双重价格是有效的结算价格。

四、内部经济仲裁

在实行责任会计的过程中,由于企业内部经济关系错综复杂,各责任中心之间不可避免地会出现一些有关责、权、利方面的经济纠纷,以及内部转移价格的争议事项。因此,需要在企业内部有一个权威性的机构,能够进行调停和裁决。这种由企业内部权威机构针对各责任中心间的经济纠纷进行的调停和裁决就称为内部经济仲裁。

企业的内部经济仲裁通常由企业的"经济仲裁委员会"来进行,其中"经济仲裁委员会"大多由企业的最高管理当局与各部门的负责人组成,专门负责调查研究、协商处理各种经济纠纷或进行裁决。另外,有些中小企业大多由企业的最高领导指派有关人员负责内部经济仲裁。无论内部仲裁机构如何设置,都应具有一定的权威性、独立性和公正性。其中,权威性是指内部仲裁机构所进行的调停必须能得到所有责任中心的信赖,做出的裁决能得到认真执行;独立性是指内部仲裁机构在调查和处理问题时,应当不受任何部门或人员的影响;公正性是指内部仲裁机构进行的仲裁应当不偏不倚,客观公允。

另外,为了尽量减少经济纠纷,企业管理当局应及时明确有关部门的责、权、利,并以内部规范制度的形式确定下来,以便各责任部门能够照章行事。

思考与练习题

一、思考题

1. 什么是责任会计?责任会计的基本内容有哪些?

2. 责任会计的作用体现在哪些方面？责任会计制度的设立应当遵循哪些原则？
3. 什么是责任中心？责任中心有哪几类？相互之间存在什么样的关系？
4. 什么是责任预算？有何作用？如何编制？
5. 什么是可控成本？与责任成本及产品成本有何区别与联系？
6. 对投资中心进行考核的责任指标有哪些？各有什么优、缺点？
7. 什么是内部转移价格？作用是什么？
8. 制定内部转移价格应当遵循的原则是什么？
9. 内部转移价格有哪几种？各自的适用范围和条件是什么？
10. 什么是内部经济仲裁？

二、练习题

习题一

［目的］通过本练习，掌握剩余收益及投资报酬率的确定方法。

［资料］某公司有一个投资中心，营业资产平均余额为 1 000 000 元，营业利润为 150 000 元，该公司各投资中心的加权平均投资报酬率为 10%，计划期间该公司有两个投资项目：

项目一：预计投资额为 500 000 元，预期营业利润为 67 500 元。

项目二：预计投资额为 600 000 元，预期营业利润为 78 000 元。

［要求］

（1）计算该投资中心的目标剩余收益、目标投资报酬率。

（2）用目标剩余收益和投资报酬率来评价两个项目是否可以接受。

习题二

［目的］通过本练习掌握分析投资中心实际业绩与预算产生差异的原因。

［资料］假定某公司有一个投资中心，有关预算及实际资料如表所示。

项　目	预算数	实际数
1. 销售收入	4 000 000	4 100 000
2. 销售成本	3 700 000	3 800 000
3. 营业资产平均余额	1 000 000	1 200 000

［要求］编制该投资中心的业绩报告，并分析产生差异的原因。

第十一章

业绩评价与激励机制

【本章学习目的】

本章的重点是学习业绩评价的理论和技术,以及业绩评价与激励机制的联系。通过本章学习,你将理解业绩评价系统及其构成要素;理解业绩评价指标的特征、分类、设计原则,及其与生命周期的关系;理解业绩评价标准的种类、选用时的考虑因素;掌握业绩评价方法中对逆指标、适度指标的处理;掌握定量指标的计分方法;理解定性指标的计分方法;理解指标权数的确定方法;掌握多指标综合计分方法中的综合计分法、综合指数法和功效系数法;了解将薪酬与业绩挂钩的各种方式;了解典型激励方案的构成要素;掌握联合基数确定法、经济增加值和平衡计分卡在激励机制中的应用。

第一节 业绩评价系统

一、业绩评价系统构成要素

业绩评价就是按照企业目标设计相应的评价指标体系,根据特定的评价标准,采用特定的评价方法,对企业一定经营期间的经营业绩做出客观、公正和准确的综合判断。

企业业绩评价系统作为企业管理系统的一个相对独立的子系统,其构成要素应包括:评价主体、评价客体、评价目标、评价指标、评价标准、评价方法和评价报告。如图11-1所示。

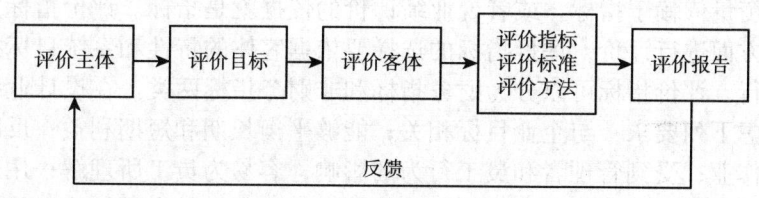

图11-1 业绩评价系统

（一）评价主体

评价主体，是指谁需要对客体进行评价。从业绩评价的产生及发展来看，它是为解决经济活动过程中存在的委托代理矛盾而建立的，这些矛盾主要包括资产所有者（委托人）和经营管理者（代理人）之间的矛盾，也包括政府部门以及其他利益相关主体和企业的矛盾等，这些矛盾的双方构成了系统的主客体。对企业进行业绩评价的主体包括资产所有者、经营管理者、政府部门以及其他相关利益主体。

（二）评价客体

评价客体简单地说是指对什么进行评价，客体是由评价主体根据需要确定的，是与主体相对应的矛盾的另一方。由主体需求可以看出评价客体主要包括整个企业、部门、经营管理者和普通员工，等等。不同的客体具有不同的特性，这些特性在设计具体系统时直接影响着指标体系的确立。

从责任会计的角度来看，业绩评价客体是指责任中心。确定责任中心是业绩评价的前提。在企业集团内部，责任中心可能是个人、班组、车间、部门，也可能是子公司、事业部，甚至是整个企业。根据不同责任中心的控制范围和责任对象的特点，可将其分为成本中心、利润中心和投资中心。

（三）评价目标

评价目标是根据主体的需求确定的，是从一定量的主体需求中归纳总结出来的，它也是系统设计的指南，整个系统设计和运行都是围绕着目标来进行。系统的目标可以由它的功能体现出来。目标是可以随着时间和社会经济环境的变化而改变的，经济体制的变革、企业制度的演变都影响目标的确定。战略管理下的业绩评价系统目标就是为管理者制定最优战略及实施战略提供有用的信息。在战略制定阶段，通过业绩评价反映各部门的优势与弱点，有助于企业最佳战略的制定；在战略实施阶段，业绩评价的反馈信息有助于管理者及时发现问题，采取措施以保证预定战略的顺利实现。

（四）评价指标

业绩的衡量依赖于指标，或者说业绩评价的依据就是指标。评价指标是指对评价客体的哪些方面进行评价，评价指标的选择要依据客体的特性和系统目标按照系统设计的原则进行。评价指标可以分为财务指标和非财务指标两类。在设计业绩评价指标时，必须考虑下列要求：与企业目标相关；能够平衡长期和短期利益；反映管理层的关键行动和作业；受到管理者和员工行为的影响；容易为员工所理解；用来对管理者和员工进行评价和奖励；基本客观、方便计量；保持一贯并合乎规律。作为战略管理的有用工具，业绩评价系统关心的是评价客体与战略目标相关的方面。评价指标的选择要尽量避免重复或相互涵盖，在不影响评价结果的情况下，数量越少越好，这样才能符合简便性的要求。

（五）评价标准

评价标准是对评价客体进行分析评判的标准。某项指标的具体评价标准是在一定前提条件下产生的，具有相对性。由于评价的目标、范围和出发点不同，必然要有相应的评价标准与之相适应。随着社会不断进步，经济不断发展以及外部条件的变化，作为评判尺度的评价标准也就不可能一成不变，因此评价标准是相对的、发展的、变化的。目前常见的业绩评价的标准有：经验标准、年度预算标准、历史水平标准和竞争对手标准，等等。为了全面发挥企业业绩评价系统的功能，在实际工作中应综合运用各种不同的标准。在具体选用标准时，应与评价客体密切联系。一般来讲，评价客体为经营者时，采用年度预算标准较为恰当；而评价客体为企业时，通常采用历史水平标准和竞争对手标准。

（六）评价方法

评价方法是企业业绩评价的具体手段。有了评价指标和评价标准，还要采用一定的评价方法来对评价指标和评价标准进行实际运用，以取得公正的评价结果。没有科学、合理的评价方法，评价指标和评价标准就成了孤立的评价要素，从而也就失去了存在的意义。到目前为止，已经出现了多种评价方法，如功效系数法、综合分析判断法、模糊评价法、主成分法、因子分析法，等等。

（七）评价报告

企业业绩评价分析报告是系统的输出信息，也是系统的结论性文件，它主要对评价主体产生影响。评价报告应集中体现评价的原则和目标，形式应力求规范。评价报告一般包括评价主体、评价客体、评价执行机构、数据资料来源、评价指标体系和方法、评价标准、评价责任等；还应包括企业基本情况、评价结果和结论、企业主要财务指标对比分析、影响企业经营的环境、对企业未来发展状况的预测以及企业经营中存在的问题和改进建议等内容。

二、业绩评价系统的内部逻辑关系

从图11-1可以看出，业绩评价系统各要素之间是相互联系的，箭头标明了各要素之间联系的方向。评价主体和评价客体的相互作用是业绩评价系统的基础，由评价指标、评价标准和评价方法构成的评价指标体系是业绩评价系统的核心，评价指标体系的科学性直接决定了评价报告的内容与可信度。

业绩评价系统的内部逻辑关系可以总结以下几点：

1. 评价主体的需求经过总结，形成了评价目标，以主观的形式对评价指标体系的具体设计做出规定。

2. 评价客体依靠自身的特点，从客观的角度限制评价指标体系的内容，使其符合实际。

3. 为了平衡主观性要求与客观实际的矛盾，在评价指标体系时应做到：使其保持与企业目标相一致、财务指标与非财务指标相结合、定量指标与定性指标相结合、评价指标数量要适当且尽可能可计量。

第二节　典型业绩评价系统

一、平衡计分卡业绩评价系统

1992 年，哈佛商学院教授罗伯特·卡普兰和复兴方案咨询公司总裁大卫·诺顿创造性地提出了平衡计分卡理论。平衡计分卡以客户、内部业务流程、学习与成长三类非财务指标来补充财务指标，形成了一个全面的企业业绩评价指标体系。可以说，早期的平衡计分卡重点在于解决财务评价指标在企业管理中的不足，经过十几年的发展，目前的平衡计分卡已成为一个完善的战略执行理论。该理论包括战略地图、平衡计分卡和战略中心型组织三个具体组成部分或战略执行要素。卡普兰和诺顿已经给出了战略执行的新等式，即：突破性成果 = 战略地图 + 平衡计分卡 + 战略中心型组织。战略地图的核心是"描述"战略，平衡计分卡则强调"衡量"战略，战略中心型组织关注的是"管理"战略。三个战略执行要素之间的关系是："如果你不能衡量，那么你就不能管理；如果你不能描述，那么你就不能衡量"。至今，《财富》1 000 强企业已有 70% 运用了平衡计分卡，《哈佛商业评论》更是将平衡计分卡评为 75 年来最伟大的管理工具。近年来，平衡计分卡的应用范围已超越了营利组织，在政府机构、医疗机构、教育机构等非营利组织得到了广泛应用。

（一）战略地图：描述企业如何创造价值

通用的战略地图（见图 11-2）提供了一个描述战略的统一方法，以至于战略目标和评价指标可以被构建和管理。可以说，战略地图为战略制定和战略执行之间的鸿沟搭起了一座桥梁。

通过绘制战略地图，管理者能够阐明他们的战略，即如何从学习与成长层面改进某些新技术工作岗位上员工的能力和技能，从而使关键业务流程得到改善。改善后的流程将增强传送给目标客户的价值主张，带来客户满意度、客户保持率和客户业务增长。于是，改善后的客户成果指标将带来收入的增加，以及最为重要的股东价值提高。

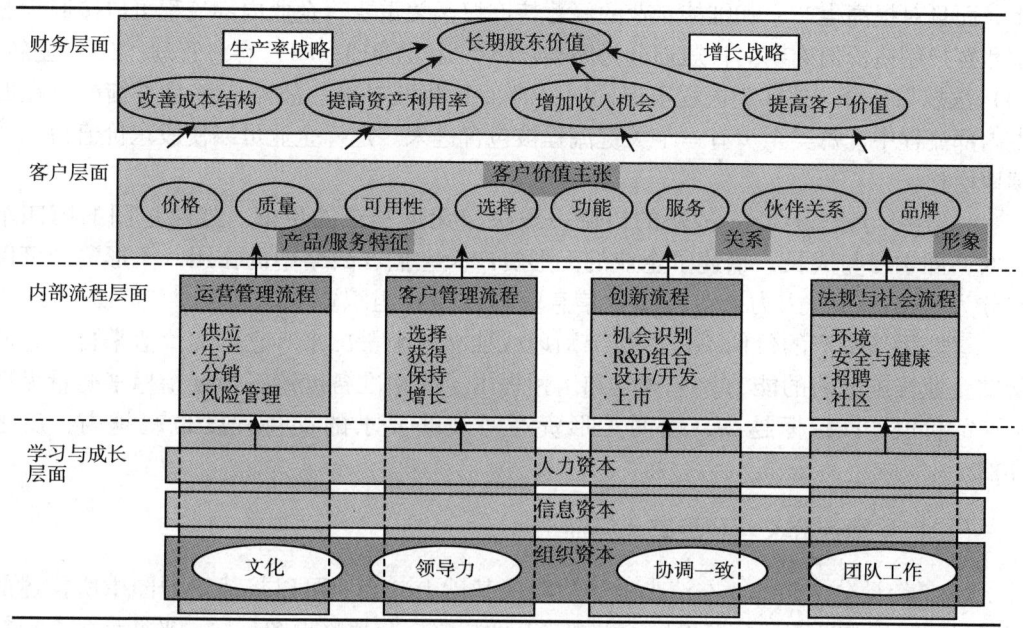

图 11-2 战略地图模板

绘制战略地图通常建立在如下几项原则之上：

1. 财务层面：长短期矛盾的战略平衡。企业投资于无形资产是为了长期的收入增长，削减成本是为了实现短期财务业绩，但这两者常常是相互冲突的。私营企业的主要目标是创造持续增长的股东价值，它意味着一种长期承诺。同时，企业必须展示出改善的短期业绩。短期结果总是以牺牲长期投资为代价来实现的，通常采用隐性的方法。因此，描述战略以平衡并连接短期财务目标（削减成本和生产率提高）和长期目标（盈利收入的增长）为起点。

2. 客户层面：战略以差异化的客户价值主张为基础。满意的客户是持续价值创造的源泉。战略要求在目标细分客户和令他们愉悦的价值主张之间建立清晰的联系。清晰的价值主张是一个最重要的战略维度，它可以分为三个方面：(1) 产品/服务特征，具体包括价格、质量、可用性、可选择性和功能；(2) 客户关系，具体包括服务和伙伴关系；(3) 形象，主要指企业的品牌。客户价值主张清晰地界定了企业与竞争对手之间的差异化特征，即为使客户满意而必须传送的价值。

3. 内部业务流程：价值通过内部业务流程来创造。战略地图的财务和客户层面描述了结果，也就是企业希望实现什么；内部流程层面以及学习与成长层面的流程驱动了战略,它们描述企业如何实施他们的战略。高效协调的内部流程决定了价值的创造和持续。企业必须关注少数几个关键内部流程,因为这些流程不但传递了差异化的价值主张,而且对提高生产率和维持企业的经营特许权至关重要。企业内部流程可以按照为股东和客户创造价值周期的长短划分为四类:(1)运营管理;(2)客户管理;(3)创新;(4)法规与社会。这四类流程不但同时并存而且相互补充。战略应该是平衡的,在四类内部流程中,每类至少有一个关键流程被包含进来。这样企业可以使股东价值得以持续地增长。

4. 学习与成长层面:战略的协调一致决定无形资产的价值。战略地图的第四个层面,即学习与成长,描述了企业的无形资产及它们在战略中的作用。无形资产可以被分为三类:(1)人力资本;(2)信息资本;(3)组织资本。

这些无形资产的价值不可能被个别地或独立地衡量出来。它们的价值来自于它们帮助企业实施战略的能力。卡普兰和诺顿提出了战略准备度这一衡量指标来衡量无形资产的价值,该指标越高,表明无形资产对战略要求的支持程度也就越高,反之亦然。

(二)平衡计分卡:化战略为行动

1. 平衡计分卡结构。在清晰描述战略的基础上,企业可以将战略地图中所描述的战略目标转化为平衡计分卡指标,以衡量企业战略。与战略地图一样,平衡计分卡包括了具有因果关系的四个层面,即财务、客户、内部业务流程、学习与成长(如图11-3所示)。

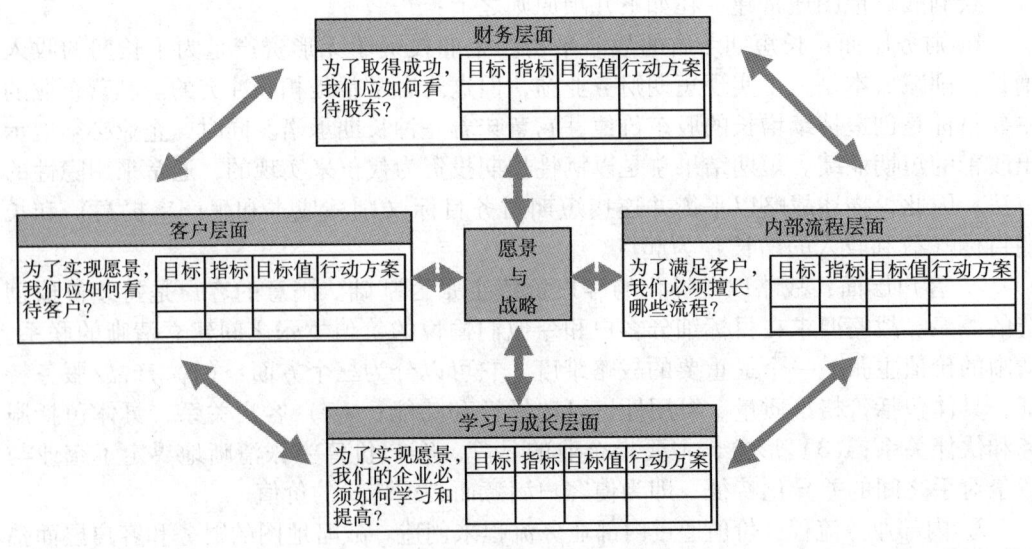

图 11-3 平衡计分卡框架

从图 11-3 中可以看出，平衡计分卡的每个层面都有一个结构化的模式，即每个层面都是由目标（objective）、指标（measure）、目标值（target）和行动方案（initiative）组成。这几个关键词是理解化战略为行动的关键。下面我们通过一个例子来说明这几个关键词之间的关系。比如，企业的一个重要战略目标是"收入增长"，对于这个目标的衡量可以采用"销售收入增长率"这个指标，但是指标只是对目标的衡量，目标能否实现还必须通过目标值来反映。比如销售收入增长率为10%，这里的10%就是目标值，为了实现销售收入增长率10%，企业必须采取行动方案。不同的企业可能对行动方案的理解也不同。比如，在制药行业中，可以通过广告投入这一行动方案来实现10%的销售收入增长率。而手机行业，可能需要通过不断开发新产品来实现收入增长。针对不同的行动方案，企业配置不同的人力、物力和财力资源。通过"战略目标→指标→目标值→行动方案→预算"这一系列关键要素，使企业的战略转化为行动。

2. 平衡计分卡指标设计。在财务层面，财务指标不但可以衡量企业是否为股东持续地创造价值，而且也是衡量企业战略是否得到有效执行的标志。在平衡计分卡中常用的财务指标有投资报酬率、销售收入增长率、现金流量等指标。

在客户层面，关键的问题是明晰企业的目标客户以及不同目标客户的需求。针对不同目标客户的需求，企业有针对性地提出差异化的客户价值主张，也就是企业以何种方式来满足目标客户的需求。这里需要强调的是，企业并非要满足所有客户的需要，而是通过调查分析后，满足目标客户的需要。在客户层面，通用的指标有客户满意度、客户保持率、客户增长率等指标，而目标细分客户价值主张则包括了产品或服务的特征、客户关系以及品牌形象等个性化指标。

在内部业务流程层面，主要是根据目标客户的需求来选择关键的内部流程。这里需要强调的是，选择内部流程要体现"有所为，有所不为"的思想，因为企业在客户层面已明晰了目标客户的需求（客户价值主张），这就使企业明确了自身应该擅长哪些流程。内部流程是创造价值的关键，主要包括运营流程、客户管理流程、创新流程、法规与社会流程。因为不同企业所处行业不同，因此这一层面的指标是最为个性化的指标，可以清晰地反映出企业的行业特征。在内部业务流程层面，常用的指标包括：交付及时率、周转期、质量、成本、战略客户数量、新产品开发周期、环境事件指数等指标。

在学习与成长层面，卡普兰和诺顿明确地将无形资产划分为人力资本、信息资本和组织资本三大类。并且特别强调，无形资产本身不会创造价值，它们必须与已经选定的关键内部流程相配合，才能为股东和客户创造价值。在学习与成长层面，常用的指标包括：战略工作准备度、信息组合准备度、核心价值观实现情况、领导力差距、战略认知度、最佳实践共享数量等指标。

上述四个层面形成了一条因果关系链，通过协调一致的无形资产确保高效的内部流程，进而驱动客户和股东目标的实现，也就是战略得以成功执行。表 11-1 为某企业的平衡计分卡指标体系。

表 11-1　　　　　　　　　　　　某企业平衡计分卡指标体系

	战略目标	衡量指标
财务层面	F1 资本运用回报率	• 资本运用回报率
	F2 现有资产利用	• 现金流量
	F3 获利	• 净毛利与竞争者比较的排名
	F4 成本优势	• 单位售油成本（与竞争者比较）
	F5 获利成长	• 销售量增长（与竞争者比较）
		• 高级品所占销售比例
		• 非油类产品的营收与毛利
客户层面	C1 使目标顾客群有愉悦购买体验	• 目标市场占有率
		• 神秘客访查评价
	C2 建立与经销商的双赢关系	• 经销商毛利成长
		• 经销商问卷调查
内部流程层面	I1 创新的产品与服务	• 新产品的投资回报率
		• 新产品被市场接受的比率
	I2 业界最佳经销团队	• 经销商品质评价
	I3 炼油厂绩效	• 良品率落差（下降水平）
		• 非计划性停工
	I4 库存管理	• 存货水准
		• 缺货率
	I5 成本优势	• 运营成本（与竞争者比较）
	I6 符合规格与交期	• 零缺失订单
	I7 提升工作环境的安全卫生	• 环境意外事件发生次数
		• 工时数
学习与成长层面	L1 利于行动的组织气氛	• 员工满意度调查
	L2 员工核心能力与技术	• 完成个人计分卡的比率（%）
	L3 战略信息的获取	• 战略性员工技能
		• 战略性信息（系统）的完备率

（三）平衡计分卡业绩评价系统分析

1. 强调业绩评价与企业战略结合。平衡计分卡把企业战略和业绩评价系统联系起来，是企业战略执行的基石。平衡计分卡的评价指标根源于组织的战略目标和竞争需要，以前许多公司用形形色色的具体的业务指标来评价活动，但这些局部性的评价指标是由下而上产生的并来自特定程序，而 BSC 通过客户（如客户满意度和市场占有率）、内部业务流程（如产品质量和交货时间）、学习和创新（如员工技能）方面的业绩评价指标来补充传统的财务指标。而且，平衡计分卡要求管理者从四种角度选择数量有限的关键指标，因而有助于把注意力集中到战略愿景上来。但是，我们也应注意，平衡计分卡不是一块适合于所有企业或整个行业的模板。不同的市场地位、产品战略和竞争环境，要求有不同的平衡计分卡，设计不同的评价指标体系。各单位应当设计出各有特点的平衡计分法，以便使之与自己的使命、战略、技术和文化相符。

2. 强调整体最优。平衡计分卡建立了财务指标与非财务指标相结合的业绩评价指标体系，它强调企业从整体上来考虑营销、生产、研发、财务、人力资源等部门之间的协调统一，而不再将它们割裂开来；它以实现企业的整体目标为导向，强调整体最优而非局部最优；它全面地考虑了各利益相关者；它强调企业从长期和短期、结果和过程等多个视野来思考问题。平衡计分卡认为使用财务指标设计激励机制将导致企业行为短期化，追求局部利益最优而忽视企业整体利益最优。因而，平衡计分卡在激励机制设计中，一方面强调非财务指标对短期行为的纠正，另一方面强调评价标准对于资源分配、企业目标实现的作用。

3. 有助于建立团队协作。平衡计分卡能够帮助公司有效地建立跨部门团队合作，促进流程的顺利进行。平衡计分卡迫使管理者把所有的重要业绩评价指标放在一起考虑，从而使其能注意到某一方面的改进是否以牺牲另一方面为代价；如果是这样，即使最好的目标，也可能是以很糟糕的方式实现的。例如，公司为减少生产准备支出，既可通过缩短生产准备时间实现，也可通过增大批量实现。但批量增大的背后隐藏的是公司生产的标准化、易生产但毛利较低的产品产量增加了。

4. 及时评价战略执行。平衡计分卡帮助公司及时评价战略执行的情况，根据需要（每月或每季度）实时调整战略、目标和评价指标。而传统的业绩评价1年只做1~2次，和企业的战略执行脱节。

5. 评价工作难度增加。平衡计分卡引入了非财务指标，这些指标有的来自于企业内部，有的来自于企业外部，因而在使用时增加了数据获取的难度。非财务指标不仅超出了会计信息系统的"势力"范围，尤其是市场占有率、客户满意度等外部数据的获得更对企业的管理信息系统提出了挑战。但这只是一种理论的推断，并不能成为许多企业采用平衡计分卡的障碍。平衡计分卡一般要使用十几个或更多的评价指标，对于指标的权重确定问题无法回避。

二、经济增加值业绩评价系统

1982 年，斯特恩·斯图尔特（Stern Stewart）公司提出了经济增加值（Economic Value Added，EVA）指标。EVA 也称为经济利润，是指扣除了股东所投入的资本成本之后的企业真实利润。斯特恩·斯图尔特公司用这种方法征服了包括可口可乐和新加坡政府投资公司等在内的一大批机构，也成了高盛、JP 摩根和瑞士信贷第一波士顿等一大批投资银行分析公司价值的基本工具。斯特恩·斯图尔特公司认为，这一基于股东价值创造的企业管理和投资评价学说，真正揭示了 20 世纪 90 年代美国经济获得成功的主要秘密。

（一）经济增加值的计算原理

EVA 是公司经过调整的营业净利润（NOPAT）减去该公司现有资产经济价值的机会成本后的余额，其公式为：

$$EVA = NOPAT - k_W \times (NA)$$

其中，k_W 是企业的加权平均资本成本，它考虑了公司股东和债权人对公司的资本投入情况。NA 是公司资产期初的经济价值，是对公司会计账面价值进行调整的结果。NOPAT 是以报告期的营业利润为基础，经过下述调整得到的：（1）加上坏账准备的增加；（2）加上 LIFO（后进先出法）计价方法下存货的增加；（3）加上商誉的摊销；（4）加上净资本化研究开发费用的增加；（5）加上其他营业收入（包括投资收益）；（6）减去现金营业税；等等。企业的加权平均成本通过下列公式得出：

$$k_W = \frac{D_M}{D_M + E_M} \times (1 - T) \times k_D + \frac{E_M}{D_M + E_M} \times k_E$$

式中：D_M——公司负债总额的市场价值；E_M——公司所有者权益的市场价值；k_D——负债的税前成本；T——公司的边际税率；k_E——所有者权益的成本。

运用 EVA 指标可以对企业业绩和股东财富是否增加做出解释：这里假设公司的投资者可以自由地将他们投资于公司的资本变现，并将其投资于其他资产。因此，投资者从公司至少应获得其投资的机会成本。这意味着，从经营利润中扣除按权益的经济价值计算的资本的机会成本后，才是股东从经营活动中得到的增值收益。

(二) 经济增加值的调整思路

在计算 EVA 的过程中,斯特恩·斯图尔特公司站在经济学的角度对财务数据进行了一系列调整(最多可达 160 多项)。会计调整的潜在可能性很多,因而无法一一详述。然而,各种各样的调整都包括对以下项目的处理:确认支出和营业收入的时间;对可转让证券的消极投资;证券化资产和其他表外融资项目;重组费用;通货膨胀;外币折算;存货估价;各项准备;坏账确认;无形资产;税收;年金;退休后支出;营销费用;商誉和其他收购问题,以及战略性投资。有些调整是为了避免把经营决策和融资决策混同起来;有些调整是为了提供一个长期视角;有些则是为了避免把存量和流量相混同;有些调整是将公认会计准则的权责发生制项目转换为收付实现制项目,而其他调整则把公认会计准则的现金流量项目转换为资本的加项;还有一些调整(比如管理费用分摊和转移定价问题)改变了内部会计处理,以便解决造成决策扭曲的组织层面上的问题。

现在举例说明以上内容。

【例 11-1】 假定某公司在 2016 年 1 月 1 日,投资 400 万元用于一种产品的研发,该产品已经被证明寿命周期会长达 4 年(2016 年到 2019 年)。在发生这笔研发费用之前,每年的经营利润是 1 200 万元,资本是 5 000 万元。这家公司的资本成本率是 10%。为了简化起见,我们在这里忽略了所得税。

通常财务报告要求该公司将全部 400 万元当期费用化而不增加资产负债表上任何资产项目余额。简单地说,公认会计准则假定这些支出不能给企业带来未来价值。但是就需要实施 EVA 的企业而言,他们将用于研发的支出作为一项资本投资。出于计算 EVA 的目的,这家公司将这笔支出资本化并在其产品寿命周期内费用化。另外,公司会从当年的经营利润中减去一笔资本费用,这笔资本费用是以当年的平均资本余额的 10% 计算得到的。利润与资本对财务会计报告的影响以及对 EVA 计算的影响的比较如下(以百万计):

表 11-2 经济增加值计算 单位:百万元

年份	会计经营利润	调整后经营利润	会计资本	调整后平均资本**	EVA 资本(以调整后平均资本的 10% 计算)	EVA
2016	8	8+4-1=11*	50	53.5	5.35	5.65
2017	12	12-1=11	50	52.5	5.25	5.75
2018	12	12-1=11	50	51.5	5.15	5.85
2019	12	12-1=11	50	50.5	5.05	5.95

* 经营利润 + 研发费用 - 研发费的摊销额 = 8 + 4 - 1 = 11;

** 调整后平均资本:2016 年,1/2 × (54 + 53);2017 年,1/2 × (52 + 53);以此类推。

实质上，从以上对 EVA 的计算我们可以看到，在该项目为企业所有者增加或创造任何经济价值之前，公司都需要将这个超过 480 万元的投资项目的成本从收入中减去，其中的 400 万元是研发所发生的研发成本，另外的 80 万元是资本利息。我们注意到，如果不存在研发投资，以上 4 年的资本支出将为 $4 \times 50\,000\,000 \times 10\% = 20\,000\,000$，这不同于以上为研发投资支出的 20 800 000 元。但在传统会计方式下，只要累计收入减去经营成本后的数额超过 400 万，公司就要在财务报告中披露正的产品寿命收入。

（三）对经济增加值的评价

1. 满足股东和资本市场的需要。从股东的角度来看，他们最为关注自身的财富是否得到了增长。EVA 可以提供一种最可靠的尺度，来反映管理行为是否增加了股东财富，以及增加股东财富的数量。一般来说，EVA 大于零，意味着从经营利润中减去整个公司的资本成本后，股东投资得到的净回报。EVA 的值越大，表明管理者的业绩越大。企业 EVA 持续地增长意味着公司市场价值的不断增加和股东财富的增长，从而实现股东财富最大化目标。

2. 满足内部评价和管理需要。从评价主体角度来看，经济增加值不仅可以作为投资者评价企业整体业绩以及高层管理者业绩的评价指标，而且可以作为高层管理者评价内部各部门及相应管理者业绩的评价指标。EVA 采用统一的衡量指标来建立模型、监测、评价、沟通和激励，从而为所有经营单位和职能部门的员工提供一种共同语言。用一个指标作为一切决策的依据，这是所有其他财务管理系统无法做到的。用一种共同的语言来沟通，将使所有员工为创造价值这样一个目标而共同奋斗。

在 EVA 体系下，从公司战略到日常业务决策，都将以它们对 EVA 的影响来加以考虑，从而消除了以往的冲突和迷惑。管理决策的所有方面全都囊括在内，包括战略企划、资本分配，并购或撤资的估价，制定年度计划——甚至包括每天的运作计划。EVA 公司的管理人员清楚知道增加价值只有三条基本途径：一是可以通过更有效地经营现有的业务和资本，提高经营收入；二是投资所期回报率超出公司资本成本的项目；三是可以通过出售对别人更有价值的资产或通过提高资本运用效率，比如加快流动资金的运转，加速资本回流，而达到把资本沉淀从现存营运中解放出来的目的。

3. 便于沟通和联系。在 EVA 制度下，所有财务营运功能都从同一基础出发，为公司各部门员工提供了一条相互交流的渠道。EVA 为各分支部门的交流合作提供了有利条件，为决策部门和营运部门建立了联系通道，并且根除了部门之间互有成见、互不信任的情况，这种互不信任特别会存在于运营部门与财务部门之间。

4. 有效的激励机制。如今许多针对管理人员的激励报偿计划过多强调报偿，而对激励不够重视。无论奖金量是高还是低，都是通过每年讨价还价的预算计划确定的。在这种体制下，管理人员最强的动机是制定一个易于完成的预算任务——并且因为奖金是有上限的,他们不会超出预算太多,否则会使来年的期望值太高,甚至使其信誉受损。EVA体系提出现金奖励计划和内部杠杆收购计划。现金奖励计划能够让员工像股东一样得到报酬,而内部杠杆收购计划则可以使员工对企业的所有者关系真实化。正是EVA体系蓬勃生命力的源泉,使得股东价值最大化。

5. 单一的业绩评价指标。经济增加值是一种广义上的财务指标,只不过是对严格意义上的财务指标进行了适当的调整。它的调整依据是公司的财务数据,这就保证了评价数据的易获得性。此外,由于经济增加值采用了单一评价标准,从而回避了业绩评价系统中最为困难的问题——权重。作为一种基于战略管理的业绩评价方法,经济增加值也强调非财务指标在沟通和联系中的作用,它将非财务指标作为部门和员工易于理解的价值创造动因,只不过是没有将其作为评价指标而已(Jensen, 2001)。实践中,由于权益资本成本难以确定,因而也可能会影响经济增加值的应用。

第三节 业绩评价标准

一、评价标准种类

业绩评价是通过一系列的评价指标来进行的。那么,计算出的评价指标实际值必须与一定的标准值进行对比,才能判断经营业绩的好坏,因此选择评价指标的判别标准,便成为一个十分重要的问题。通常,评价标准有以下几种。

(一)历史标准

历史标准是企业根据过去的业绩制定的标准。在进行业绩评价时,历史标准的具体运用方式有三种,即与上年实际比较、与历史同期实际比较、与历史最好水平比较。在与历史数据进行对比时,要注意剔除因物价变动、会计核算方法变更等带来的一系列不可比因素,以便合理评价企业经营业绩。

(二)预算标准

预算标准是企业力争达到的业绩标准。企业事先确定的目标、计划、预算、定额、标准等都可以看做是预算标准。通过与预算标准对比,可发现实际业绩与目标业绩之间的差距。预算标准与激励机制联系最为紧密。

(三)经验标准

经验标准是在长期的实践中总结出来、被实践证明是比较合理的标准。有绝对标准和相对标准之分。比如,全部收入应大于全部成本、资产总额大于负债总额、流动资产总额大于流动负债总额等都属于绝对标准；而流动比率等于 2 最好，速动比率等于 1 最好，负债比率在 50%～70%之间为比较合适则属于相对标准。

（四）行业标准

行业标准就是以企业所在行业的特定指标数值作为业绩评价的标准。在实际工作中的具体做法有多种：(1) 本企业的业绩指标与同行业公认的标准指标对比；(2) 与同行业的先进水平指标对比；(3) 与同行业的平均水平指标对比。通过行业标准指标比较，有利于揭示本企业与同行业的差距。

（五）竞争标准

竞争标准是企业基于竞争战略的需要而制定的评价标准。在企业的实践中，"标杆（benchmarking）"成为竞争标准的代名词。标杆管理由施乐公司于 20 世纪 70 年代末首创，当时具有世界复印机市场垄断地位的施乐公司遭遇到佳能、NEC 等公司的强劲挑战。面对竞争威胁，施乐公司在全公司开展标杆管理，对竞争对手进行全方位的比较分析，找出与竞争对手的差距，调整战略、战术，改进经营管理，从而重新夺回了失去的市场份额。竞争标准与行业标准有许多相似之处，但是它强调的是与同行中最优秀的公司比较、与本公司最主要的竞争对手比较。

二、评价标准选用

（一）内部标准和外部标准

一项研究表明，"内部决定的评价标准（以下简称内部标准）"受到当前或以前年度管理活动的直接影响；而"外部决定的评价标准（以下简称外部标准）"却不易受到影响。上述前两种评价标准属于内部标准，后三种属于外部标准。与采用外部标准的公司相比，采用内部标准的企业更容易平滑各年的利润，从而使各年的奖金变化不大。内部标准往往带有一定程度的主观性，因此"企业在业绩评价中所用的主观标准越多，且强调单一结果的评价，或者行为和评价之间的时间拖得过长，则员工参与政治行为且蒙混过关的可能性越大"。竞争标准是一项外部标准，它是在企业收集同行业最好公司的财务、市场、经营等相关资料的基础上制定出来的，是为了实现战略成功而制定的评价标准。在竞争日益激烈的时代，企业必须关注外部的竞争对手的变化，学习竞争对手的长处，才能生存、发展和壮大。

（二）业绩评价标准的档次

在设计业绩评价标准时，有些管理者就提出了问题，达到什么标准算优秀？达到什么标准算合格？这就要求在设置业绩评价标准时不能只设置一档标准，而应设置多档业绩评价标准。

许多企业将业绩评价标准值设定为优秀值、良好值、平均值、较低值和较差值 5 个档次。在实际工作中，许多企业采用"递进平均法"来划分业绩评价标准值的档次。所谓递进平均法，就是采用层层递进方式，分别确定不同档次标准值。具体测算过程如下：

（1）计算所有测算指标样本数据的平均值，将其作为评价标准值的"平均值"；

（2）在所有测算指标样本数据中，筛选出大于"平均值"的样本数据，计算出这些样本数据的平均值，作为评价标准值的"良好值"；

（3）对样本数据进行进一步筛选，挑选出大于"良好值"的样本数据，计算其平均值，作为评价标准值的"优秀值"；

（4）同样计算出评价标准值的"较低值"和"较差值"。

下面，以某企业集团公司的总资产周转率为例，来说明该指标标准值的制定。

【例 11 -2】 某企业集团公司有 8 家下属子公司，各家子公司 2015 年的总资产周转率实际数如表 11 -3 最左列所示。其标准值确定过程如表 11 -3 其他部分所示。

表 11 -3 采用递进平均法计算 5 档标准值

总资产周转率	优秀	良好	平均	较低	较差
0.389	0.477	0.477	0.477	0.338	0.254
0.416	0.416	0.416	0.416	0.254	0.189
0.382	0.893	0.389	0.389	0.189	0.443
0.254	0.446	0.382	0.382	0.781	0.222
0.361		0.361	0.361	0.260	
0.338		2.026	0.338		
0.189		0.405	0.254		
0.477			0.189		
			2.807		
			0.351		

表 11 -3 中，最左侧一列为该集团公司所属 8 个子公司的总资产周转率 2015 年实际值。5 档标准值的确定过程如下：

（1）计算 8 个实际值的平均数，得到实际值为 0.351。

(0.477 +0.416 +0.389 +0.382 +0.361 +0.338 +0.254 +0.189)÷8 =0.351

（2）在 8 个实际值中筛选出 5 个超过平均值 0.351 的实际值，计算其平均数得到良好值为 0.405。

(0.477＋0.416＋0.389＋0.382＋0.361)÷5＝0.405

(3) 在 8 个实际值中筛选出 2 个超过良好值 0.405 的实际值，计算其平均数得到优秀值为 0.446。

(0.477＋0.416)÷2＝0.446

同理得出总资产周转率的较低值为 0.260；较差值为 0.222。

第四节　业绩评价方法

一、定量指标预处理

根据企业目标选取的评价指标，可以分为正指标、逆指标和适度指标三类。指标值越大越好的指标为正指标，反之为逆指标，适度指标是指距离某一最合适的值偏差越小越好的指标。比如，销售利润率、资产利润率属于正指标；应收账款周转期为逆指标；资产负债率为适度指标。通常情况下，在评价时要将逆指标和适度指标转化为正指标后再予以评价。

（一）逆指标的处理

逆指标（记为 x，其 n 个样本值为 x_1，…，x_n）转换为正指标，可选用的简单变换是（x_i' 表示转换后的指标）：

对 $i=1, 2, \cdots, n$，取 $x_i' = \dfrac{1}{x_i}$（假定 $x_i > 0$，$i=1, 2, \cdots, n$）或

$$x_i' = \dfrac{1}{k + \max\limits_{1 \leq i \leq n} |x_i| + x_i}$$（x_i 可以是负值，$i=1, 2, \cdots, n$）

其中，k 是选定的常数，且 $k>0$。

（二）适度指标的处理

对适度指标值 x_1，…，x_n，假定最合适的值是 a，离 a 偏差越大越不好，因此，$|a-x_i|$ 就反映了 x_i 不好的程度，它就相当于一个逆指标，于是

$$x_i' = \dfrac{1}{1 + |a - x_i|}, \quad i=1, 2, \cdots, n$$

就是一个正指标。

如果适度指标的偏差在正负方向的作用是不对称的，那么用 $|a-x_i|$ 来衡量就会有问题，可以用 $(a-x_i)$ 或 $(a-x_i)^3$ 乘以适当的系数来调整，例如用 $2(a-x_i) + 3|a-x_i|$

在 $x_i < a$ 时，得 $5|a-x_i|$；当 $x_i > a$ 时，得 $|a-x_i|$。反映了偏小时影响大得多，偏大时影响要小一些。用这些方法就可以比较合适地处理适度指标的转换。

二、定量指标计分方法

（一）分等评分

它是将各项评价指标的实际数值同评价标准数值相比较，按其实现程度划分等级，根据每等级规定的分数评定各项评价指标的分数。例如，根据实际数值比标准数值升降的情况，划分为进步、持平和退步三个等级。如评价指标实际数值好于评价标准为进步，规定评 10 分；评价指标实际数值和评价标准持平的评 5 分；评价指标实际数值劣于评价标准的为退步，评 0 分。

（二）比率评分

它是按各项评价指标分别规定标准分数，根据评价指标实际数值实现标准数值的程度计算实现比率，评定各项评价指标应得分数。其计算公式如下：

$$某项评价指标分数 = 某项评价指标标准分数 \times \frac{某项评价指标实际数值}{某项评价指标标准数值}$$

按比率评分，也可按评价指标实际值脱离标准数值的差距程度大小依一定比率扣分。比如规定差距在 10% 以内，给标准分数的 60%~90%，差距大于 10% 的，给标准分数 60% 以下的分数，或按比标准数值降低 1 个百分点扣 1 分等评分方法。

（三）功效系数法

功效系数法是指根据多目标规划原理，把所要评价的各项指标分别对照各自的标准，并根据各项指标的权数，通过功效函数转化为可以度量的评价分数，再对各项指标的单项评价分数进行加总，求得综合评价分数。功效系数法是一种常用的定量评价方法。其计算公式为：

$$单项指标评价分数 = 60 + \frac{该指标实际值 - 该指标不允许值}{该指标满意值 - 该指标不允许值} \times 40$$

企业业绩评价体系在计分方法上采用功效系数法时，可根据需要灵活运用。比如，增加评价标准档次，将上述公式中的满意值和不允许值两档评价标准值，增加到优秀值、良好值、平均值、较低值和较差值 5 档评价标准值。也可将上述公式中的基础分 60 分和调整分 40 分的固定比重，发展为变动的分配比重，从整体上提高评价的灵敏度和准确性。其计算公式为：

$$\text{单项指标评价分数} = \text{本档基础分} + \frac{\text{该指标实际值} - \text{该指标不允许值}}{\text{该指标满意值} - \text{该指标不允许值}} \times (\text{上档基础分} - \text{本档基础分})$$

三、定性指标计分方法

综合分析判断法属于定性评价方法，指评价人员秉着独立、客观、公正的原则，利用其已有的知识、经验和分析判断能力，参照一定的标准，从不同侧面对评价对象进行质的分析，描绘出评价对象的总体特征。

企业业绩评价体系中所应用的综合分析判断法，指评价人员根据评价对象的实际情况，按照评价工作制度的规定，充分发挥其知识、经验和聪明才智，综合考虑影响企业经济效益和经营者业绩的各种潜在因素或非计量因素，参照评价参考标准，对企业业绩评价指标体系中定性指标所反映的内容及其他相关因素进行深入、广泛的研究和分析，并以此形成评判意见，然后对评价人员意见进行综合，形成评价对象全部情况的总体判断。

四、权数确定

（一）概念与分类

指标的权数就是在综合评价时，对指标重视的程度。目前，关于权数的确定方法有数十种之多，根据计算权数时原始数据的来源不同，这些方法大致可分为两类：主观赋权法和客观赋权法。主观赋权法是指利用专家或个人的知识或经验来确定指标的权数，其原始数据主要由专家根据经验主观判断得到。比如德尔菲法、层次分析法（AHP法）等。客观赋权法是从指标的统计性质上来考虑，由调查所得的数据决定，不需征求专家的意见，其原始数据由各指标在被评价单位中的实际数据形成。比如主成分分析法、均方差法、离差最大化法、熵值法、代表计数法、组合赋权法等。这两种方法各有优缺点：主观赋权法客观性较差，但解释性强。客观赋权法确定的权数在大多数情况下精度较高，但有时会与实际情况相悖，而且解释性较差，对所得结果难以给出明确的解释。

（二）主观赋权法

目前对主观赋权的研究比较成熟，这些方法的共同特点是：各评价指标的权重是由专家根据自己的经验和对实际的判断给出。选取的专家不同，得出的权数也不同；这类方法的主要缺点是主观随意性大，这一点并未因采取诸如专家数量、仔细挑选专家等措施而得到根本改善。因而，在某些个别情况下应用单一一种主观赋权法得到的权重结果可能会与实际情况存在较大差异。

该类方法的优点是专家可以根据实际问题,较为合理地确定各指标之间的排序,也就是说尽管主观赋权法不能准确地确定各指标的权数,但在通常情况下,主观赋权法可以在一定程度上有效地确定各指标按重要程度给定的权数的先后顺序。

(三) 客观赋权法

客观赋权法的原始数据来源于评价矩阵的实际数据,使系数具有绝对的客观性,视评价指标对所有的评价方案差异大小来决定其权数的大小。下面举例说明层次分析在赋权中的应用。

【例 11 - 3】 某企业设计了 A、B、C、D、E、F 共 6 项业绩评价指标,利用层次分析法确定权重过程如下:

1. 建立评价量化等级表。评价者要对 6 项指标进行两两比较,指标之间比较的结果可以采用表 11 - 4 的等级进行量化。

表 11 - 4　　　　　　　　　评价量化等级表

比较情况	比较结果	量　化
两个指标同等重要	同等重要	1
据经验一个指标比另外一个指标略微重要	略微重要	3
据经验一个指标比另一个指标更为重要	更为重要	5
事实证明一个指标比另一个指标更为重要	确实重要	7
理论经验与事实均表明其中一个指标比另一个明显重要	绝对重要	9
两个指标的情况介于上述相邻情况之间,并需要折中	取中间值	2, 4, 6, 8

2. 填写比较表。评价者对指标进行两两比较,并将比较结果填入表 11 - 5。

表 11 - 5　　　　　　　　　指标权重一览表

	A	B	C	D	E	F	权重
A	1	1/2	1/3	1/3	1/2	1/5	0.06
B	2	1	1/4	1/4	2	1/4	0.08
C	3	4	1	1	7	1	0.26
D	3	4	1	1	7	1	0.26

续表

	A	B	C	D	E	F	权重
E	2	1/2	1	1/7	1	1/5	0.09
F	5	4	1	1	5	1	0.26
合计	16	14	4.6	3.7	22.5	3.65	

填表说明：

如果我们认为 B 比 A 稍微重要时，则在 B 行 A 列交叉处给 B 记 2，在 A 行 B 列交叉处给 A 记 1/2。

A 的权重 =（1/16+0.5/14+0.33/4.6+0.33/3.7+0.5/22.5+0.2/4.3）/6=0.07

其余依此类推。

这类方法的突出优点是权数客观性强，但有时会与实际不符。管理者可以基于该方法确定的权重，结合经验后最终确定出权重。

五、多指标综合计分方法

前面讲过的各种业绩评价指标体系，除了经济增加值外，财务评价指标体系和平衡计分卡评价指标体系都是多指标评价体系。对于多个指标的评价一般要使用多指标综合评价方法。多指标综合评价方法具有三个特点：第一，它的评价包含了若干个指标；第二，这多个评价指标分别说明着被评价对象的不同方面，彼此间往往是异度量的，而且不存在一个统一的同变量因素；第三，这种评价方法最终要对被评价对象做出一个整体性的评判，用一个总指标来说明被评价对象的一般水平。常用的多指标综合评价方法包括综合计分法、综合指数法和功效系数法。

（一）综合评分法

综合评分法，是按照各项评价指标符合评价标准的程度，计算各项指标的评价分数，然后综合计算评价总分，据以综合评价的方法。其具体步骤为：（1）选择具有代表性的评价指标；（2）确定各项评价指标的标准值与标准评分值；（3）计算各项评价指标的得分；（4）综合计算评价总分；（5）得出评价结论。下面重点介绍步骤（3）和（4）中所涉及的评分方法。

在计算出各项评价指标得分的基础之上，对各项指标得分进行综合，得到评价总分。评价总分越高，评价结果越好。

1. 加法评分法。它是将各项评价指标所得分数累计相加，根据总得分的多少综合评价。其计算公式如下：

$$S = \sum_{i=1}^{n} S_i$$

式中：S——评价总分；S_i——某项指标的评价分数；n——评价指标项目数。

2. 连乘评分法。它是将各项评价指标所得分数相乘，根据乘积的多少综合评价。其计算公式如下：

$$S = \prod_{i=1}^{n} S_i$$

3. 简单平均评分法。它是将各项评价指标所得分数，应用简单算术平均法计算平均分数，根据平均分数的多少综合评价。其计算公式如下：

$$S = \frac{1}{n} \sum_{i=1}^{n} S_i$$

4. 加权平均评分法。它是按照各项评价指标在评价总体中的重要程度给予权数，应用加权算术平均法计算平均分数，根据加权平均分数的多少综合评价。其计算公式如下：

$$S = \frac{\sum_{i=1}^{n} S_i W_i}{\sum_{i=1}^{n} W_i}$$

式中：W_i——某项评价指标的权数。

加权平均方法，突出评价重点，考虑各项评价指标对评价总体优劣的影响程度，有利于对企业经营业绩进行评价，因而应用较为广泛。

【例11-4】 假定甲企业从4个方面采用10项指标进行业绩评价，采用加权平均评分法综合评价企业的经营业绩。各项指标应用比率评分法评分。评分结果如表11-6所示。

表11-6　　　　　　　　　甲企业业绩评价综合得分表

指　　标	标准值 ①	实际值 ②	评分比率(%) ③=②÷①	权数 ④	加权分数 ⑤=③×④
偿债能力指标				28	29.64
流动比率	2	2.11	105.5	8	8.44
利息周转倍数	4	4	100	8	8
所有者权益比率	0.4	0.44	110	12	13.2

续表

指 标	标准值 ①	实际值 ②	评分比率% ③=②÷①	权数 ④	加权分数 ⑤=③×④
盈利能力指标				36	38.9
销售净利率	8%	9%	112.5	10	11.25
投资报酬率	16%	18%	112.5	10	11.25
所有者权益报酬率	40%	41%	102.5	16	16.4
资产周转指标				28	25.07
存货周转率（次）	5	4	80	8	6.4
应收账款周转率（次）	6	5	83.33	8	6.67
总资产周转率（次）	2	2	100	12	12
发展能力指标				8	10.67
销售增长率	15%	20%	133.33	8	10.67
合　　计	—	—		100	104.28

由表 11-6 可见，该企业综合得分为 104.28 分，超过标准值（目标数或同业平均水平等），说明其经营业绩较好。其中，偿债能力指标、盈利能力指标和发展能力指标均超过评价标准值；资产周转指标低于评价标准值。具体来说，流动比率、所有者权益比率、销售净利率、投资报酬率和所有者权益报酬率、销售增长率 6 项指标超过评价标准值；利息周转倍数、总资产周转率 2 项指标与评价标准值持平；应收账款周转率低于评价标准值。因而，需要改进的是应收账款周转率指标。

（二）综合指数法

综合指数法是根据指数分析的基本原理，计算各项经济指标的单项评价指数和加权评价指数，据以进行综合评价的方法。应用综合指数法进行企业业绩评价的具体步骤是：

1. 根据评价目的的要求不同，选择各项经济效益指标对比的标准数值。可选用各项目标数、计划数、上期数或同行业先进值作为评价标准值。

2. 将各项经济指标的实际数值与标准数值进行对比，计算各项指标的评价指数。在计算指数时，要区分评价指标的类型。评价指标可以分为正指标、逆指标和适度指标。正指标是越大越好，如资产报酬率；逆指标是越小越好，如存货周转天数；适度指标是适度最好，过大或过小都不好，如资产负债率。

3. 根据各项评价指标在企业经营业绩评价中的重要程度确定相应的权数。各项指标的权数不是固定不变的，可以根据不同时期的评价目的适当调整。

4. 用加权算术平均数指数公式计算综合评价指数，依据其数值大小综合评价企业经营业绩的高低。其计算公式如下：

$$S = \frac{\sum_{i=1}^{n} S_i W_i}{\sum_{i=1}^{n} W_i}$$

式中：S——综合评价指数；S_i——某项评价指标指数；W_i——某项评价指标的权数；n——评价指标项目数。

当 $\sum_{i=1}^{n} W_i = 1$ 时，$S = \sum_{i=1}^{n} S_i W_i$

【例 11-5】 以表 11-6 数据为例，应用综合指数法对该企业进行业绩评价的结果如表 11-7 所示。

表 11-7　　　　　　甲企业业绩评价综合得分表

指　　标	标准值 ①	实际值 ②	权数 ④	单项指数(%) ③=②÷①	加权指数(%) ⑤=③×④
偿债能力指标			28		29.64
流动比率	2	2.11	8	105.5	8.44
利息周转倍数	4	4	8	100	8
所有者权益比率	0.4	0.44	12	110	13.2
盈利能力指标			36		38.9
销售净利率	8%	9%	10	112.5	11.25
投资报酬率	16%	18%	10	112.5	11.25
所有者权益报酬率	40%	41%	16	102.5	16.4
资产周转指标			28		25.07
存货周转率（次）	5	4	8	80	6.4
应收账款周转率（次）	6	5	8	83.33	6.67
总资产周转率（次）	2	2	12	100	12
发展能力指标			8		10.67
销售增长率	15%	20%	8	133.33	10.67
合　　计	—	—	100		104.28

(三) 功效系数法

前面所述的综合计分法和综合指数法最典型的特征就是设置单一评价标准值,单项指标的计分方法为:指标实际值/指标标准值。以综合指数法为例,单项指标的得分可能超过 100%,也有的指标得分可能极低,但最终加权后的综合指数仍可能超过 100%。这种结果就违背了多指标综合评价从不同角度看问题的初衷,有可能掩盖企业在某一方面存在的严重不足。而功效系数法可以避免综合计分法和综合指数法的不足。传统功效系数法的计算公式为:

$$单项指标评价分数 = 60 + \frac{该指标实际值 - 该指标不允许值}{该指标满意值 - 该指标不允许值} \times 40$$

上述公式把全部 100 分分为两个部分:一部分是固定的 60 分,另外 40 分则根据指标实际值在该指标满意值和不允许值之间所处的位置决定得分的多少,指标实际值距满意值越近则得分就越多,距不允许值越近则得分就越少。但是,功效系数法将评价档次划分为满意值和不满意值两档,达不到不允许值就得到最低得分为 60 分,这是一般 60 分及格意义上的人为设定,缺乏科学性。尤其是不允许值和满意值的设定对评价结果的影响太大,使评价计分失去了客观性和准确性。因此,在企业业绩评价实践中,功效系数法根据管理需要得到了两方面的改进。一方面是增加评价标准的档次,比如将原来的两档标准改为优秀、良好、平均、较低和较差五档标准,每档的标准系数分别为 1.0、0.8、0.6、0.4 和 0.2;另一方面,将评价得分由 60 分和 40 分的固定分配根据多档评价标准变为动态分配。改进以后的功效系数计分公式为:

$$单项指标得分 = 本档基础分 + \frac{实际值 - 本档标准值}{上档标准值 - 本档标准值} \times (上档基础分 - 本档基础分)$$

$$综合得分 = \sum (单项指标得分 \times 权数)$$

下面举例说明功效系数法的应用。

【例 11-6】 某企业的销售收入增长率指标评价标准值如下表所示:

档次	优秀	良好	合格	较低	较差
标准值	20%	15%	12%	8%	5%
系数	1.0	0.8	0.6	0.4	0.2

该企业本年度实际值为 18%。
计算结果如下:
该指标得分 = [0.8 + (18% - 15%)/(20% - 15%) × 0.2] × 100 = 92(分)

改进后的功效系数法不但使评价结果更为客观公正科学,而且也提升了业绩评价结果的灵敏度。从计算原理来看,某项指标的最高得分就是 100 分,因而不论采用何种合成方式，总体评价得分最多得分为 100 分。因而，各被评价单位要想提高综合得分，就必须平衡发展，关注各项业绩评价指标实际值的改善。如果个别指标得了高分，另外一些指标得了低分，综合得分也不会太高。采用功效系数法对业绩评价指标的选取提出了要求，即必须使业绩评价指标全面地反映企业战略目标。目前，国资委开展的企业业绩评价工作采用的就是功效系数法。

在制定业绩评价标准时，功效系数法将业绩评价标准分为多个档次，但是每一档次如何制定，管理者完全可以根据管理的需要来设定。比如，将优秀值定为世界一流，良好值定为国内一流，平均值定为行业最优，较低值定为上年实际值，较差值定为预警值。

第五节 激励方式

一、将薪酬与业绩挂钩

基于业绩的薪酬体系又称为绩效工资体系、激励计划等，它体现了为业绩付酬的薪酬理念。最常见的激励机制是现金奖金、利润分享、增益分享、股票期权和员工持股计划（一般称为 ESOPs）等形式。

（一）现金奖金

现金奖金计划称为一揽子奖励，根据业绩用现金支付。这种奖金是一次性奖励，不会成为员工日后基础工资的一部分。现金奖励可以有固定数目，一旦超过评价标准便支付给员工，也可以按目标产量的一定比例进行支付。它可以给予个体或团体业绩，也可以支付给个体或团体。

（二）利润分享

利润分享是按照企业公布利润的百分比支付的现金奖金。利润分享是团体激励补偿计划，重点在于短期业绩。所有利润分享计划都会规定可用于分配的企业公布利润的比例、分配公式、有资格参与该计划的员工和每个员工分配份额的计算公式。很多利润分配计划给予剩余利润或经济增加值。在这些计划中，公布利润要减去股东对企业投资的一定比例（比如 12%）。这种分配保障了股东要求的资本回报。剩余部分按一定比例在员工和股东之间分配，比如 30% 归员工，70% 归股东。计划还会规定可分配给员工的利润上限。最后，利润分配计划确定怎样对有资格的员工进行分配。一些计划采用平均分配；另一些计划根据个人业绩目标的完成情况分配奖金。

在这种激励方案下，一种可行的方法是：员工得到一个反映他们当年特定目标完成情况的分数。员工分数除以所有员工得分，便是个人在利润分享总额中应占的份额。一些利润分享计划按照基本工资或薪酬比例分配利润给每个员工，因为这些系统设计者相信这种分配反映了员工在企业中贡献的大小。

利润分享计划需要企业会计系统的支持，尤其需要管理会计系统的支持。第一，企业必须具有计算利润的系统，这个过程通常需要一个外部审计系统进行监督证明。第二，当要把所有者投资部分的一定百分比从利润总额中扣除时，需要管理会计系统计算投入资本。第三，如果利润分享计划时基于某种业绩评价指标体系（如一个反映员工达到一系列目标的能力的综合得分），需要管理会计系统提供业绩评价指标和最终评价得分。

（三）增益分享

增益分享是以某个业绩目标函数作为可分配总额的现金奖金分配计划。例如，某个指定部门的员工业绩超过业绩目标值时，得到一笔奖金。增益分享是一种团体激励，而不是个体激励。这种形式的特殊之处在于，它以企业业绩决定奖金分配，通常应用到企业内一组员工身上，如一个部门。该系统有确定奖励分配的公式和一个基期，用于以后各期比较。除非组织流程和技术发生重大变化，这个基期不轻易改变。当团体业绩超过基期业绩时，增益分享计划就形成一笔奖金。

增益分享计划要求管理者、员工和管理会计人员共同参与确定作为业绩评价标准的基期比率。此外，要使该计划发挥效果，企业文化必须培养团体内部的凝聚力和团体之间、管理者之间的凝聚力。管理会计系统在增益分享计划中发挥了重要作用，为其提供业绩评价指标。大多数增益分享计划重点使用管理会计中的人工成本、实际人工成本与标准人工成本水平差异等指标。因此，业绩评价的关键问题在于准确和始终如一地衡量人工成本，确定一套员工认为公平的成本标准。

二、股权激励

（一）股权激励的含义

传统的激励机制，如工资和奖金，都在一定程度上刺激了经营者的短期行为。工资主要根据经理人的资历条件和公司情况预先确定，在一定时期内相对稳定，因此与公司业绩的关系并不非常密切。奖金一般以财务指标的考核来确定经理人的收入，因此与公司的短期业绩表现关系密切，但与公司的长期价值关系不明显，经理人有可能为了短期的财务指标而牺牲公司的长期利益。

为了取得相应的奖励，经营者可能会为了追求达到企业的短期目标，而置企业的长期利益于不顾。但是从股东投资角度来说，他们关心的是公司长期价值的增加。尤其是对于成长型的公司来说，经理人的价值更多地在于实现公司长期价值的增加，而不仅仅是短期财务指标的实现。

为克服传统激励机制对经营者长期激励的不足，在各国的理论与实务中出现了一种创新的激励机制——股权激励。它是企业经营者和职工通过持有企业股权的形式，来分享企业剩余索取权的一种激励行为。通过使经理人在一定时期内持有股权，享受股权的增值收益，并在一定程度上承担风险，股权激励将经营者和职工对个人利益最大化的追求转化为对企业利益最大化的追求或者使这两种追求方向一致，对引导其长期行为具有较好的激励和约束作用，对传统的激励机制进行了完善和补充。

（二）我国企业常用股权激励方式

近年来，股权激励方式在我国的部分地区和企业也得到了应用，主要有以下几种形式。

1. 股票期权。股票期权是指企业所有者向其经营者提供的一种在一定期限内按照某一既定价格购买一定数量本公司股份的权利。被授予人可以行使这种权利，也可以放弃这种权利。在行权前被授予人没有任何现金收益，行权后市场价格与行权价格之间的差价是被授予人获得的期权收益。

2. 限制性股票。限制性股票是指企业按照预先确定的条件授予激励对象一定数量的本企业股票。激励对象只有在业绩目标和工作年限符合股权激励计划规定的条件下，才可以出售限制性股票并从中获益。

3. 实股激励。实股激励是让企业管理人员或关键岗位员工实际持有企业股份，以实现其经营激励的方式。实股激励的具体形式又分为股票赠与计划和股票购买计划。前者主要指企业为吸引并留住高级管理人员和技术人才，向他们赠送股票作为一种激励措施。后者是指企业要求高级管理人员或员工在其工作期间，按照一定的标准购买一定数量的股票。股票购买计划的目的在于将员工与企业真正地绑在一起，生死与共，同舟共济。

4. 期股激励。期股介于"实股"和"期权"之间，有"期"和"股"两种含义。虽然期股是一种股票，但其持有人不是完全意义上的现期股东，其股东权利的形式仍然受到一定程度的限制。实际中，有两种做法：其一是国有上市公司主管部门将经营者年薪和奖金中的一部分用于购买本公司的股票，并委托第三方持有，经营者拥有股票的分红权，但没有处置权，只有满足一定条件以后，经营者的期权才会变成"实股"；其二是有企业出资人与经营者达成书面协议，允许经营者在任期内按既定价格用各种方式获得本企业一定数量的股份，先行取得所购股份的分红等部分权益，然后在分期支付购股款项，购股款项一般以分红所得分期支付，在既定时间内支付完购股款项后，取得股份的完全所有权。

5. 员工持股计划。员工持股计划的做法是：企业对其符合计划参与条件的受雇员工，依其薪资总额，每年摊提一定比例存入员工股份信托基金中，透过基金的部分提存或者向银行借款,以公平市价购入所服务企业的股票,股票放在闲置账户内,随着借款的偿还,再按照确定的比例分次转入员工个人账户。员工退休或离职时,企业必须将股票交付员工。

6. 管理层收购。管理层收购(MBO)主要是指高级管理人员通过外部融资机构帮助收购其所服务企业的股权,从而完成有单纯的企业管理者到股东的转变。国外的管理层收购在激励内部员工的积极性、降低代理成本、改善公司治理结构等方面发挥了积极作用,因而得到了广泛应用。

第六节 激励方案

一、典型激励方案

尽管在不同公司和行业间存在着差异,经营者奖金计划还是能够按照三个基本要素进行分类的:业绩评价指标、业绩评价标准和薪酬与绩效之间的关系。图 11-4 显示了一个典型奖金计划中的三个基本要素。

在典型激励计划中,经营者达不到业绩下限(通常表示为业绩评价标准的百分比)将不会获得奖金,在达到业绩下线时经营者可以获得最小奖金(通常表示为目标奖金的百分比)。达到业绩评价标准时,经营者将获得目标奖金,并且典型地有一个"封顶"奖金(通常表示为目标奖金的百分比或倍数)。下限和上限之间的区域被称为"激励区域",表示业绩逐步提高与奖金逐步提高之间的变动范围。

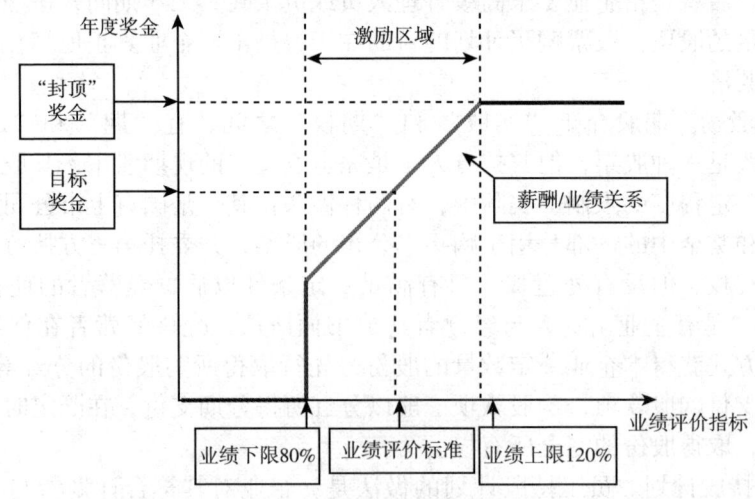

图 11-4 典型年度激励计划构成

在典型的年度激励计划中，一般使用单一的财务指标如净利润，与财务指标配合的业绩评价标准往往与企业年度预算相结合。这种做法会使管理者在业绩下限和业绩上限两个拐点处产生与激励机制进行博弈的强烈动机。只要他们相信他们能够达到下限标准，自然就会尽其所能提高业绩水平。首先利用合法手段，如果刺激很大，他们也可能铤而走险采取非法手段。例如，把今年的费用递延到明年（延迟进货或推迟招聘），或者把未来的收入提早到今年来实现（例如让客户提前订货或给予客户特殊折扣），从而以牺牲下一年度的业绩为代价来虚增当年的利润。另外，如果管理人员认为自己无法达到下限标准，他的动机就会180度大转变。此时，他会想方设法把当年的利润转移到下一年。毕竟，一旦达不到最低业绩标准，不管这个差距是大还是小，他的基本薪酬都不受影响，仍然拿全工资（当然，前提是他不会被解雇）。但是，通过预付各种费用、提前冲销资产，或者延迟实现收入等方法，他就可以将当年利润转移至下个年度，从而大大提高下一年获得高额奖金的概率。这与公司财务报告"洗大澡"的操作手法如出一辙：如果要报亏，不妨一次亏个够。最后，如果管理者当年一帆风顺，业绩水平接近预算目标的上限，他也会产生将利润转至下个年度的动机。这是因为，即使实际业绩超出了封顶线，他也不会因此获得更多的奖金，而加大开支或推迟销售并不会对当年的利润产生太大的影响，而且可以提高来年获得高额奖金的概率。尤其是当年的业绩水平被用来设定下一年度的业绩目标值时（事实常常如此），他的动机就会更加强烈。

为了消除管理者的博弈行为，西方学者维茨曼教授在研究苏联激励方案的同时，提出了真实诱导激励法。在该方法下，只有管理者报出的预算目标值（业绩评价标准）与实际完成情况相符时，才能获得最大数额的奖金。我国学者胡祖光教授在此基础上，又经过改进，提出了"联合基数确定法"。此外，针对传统激励方案引发的博弈行为，迈克尔·詹森教授推荐采用经济增加值解决方案。在经济增加值激励机制中，采用了单一业绩评价指标，并且奖金"上不封顶，下不保底"。针对财务指标的缺陷，卡普兰提出了平衡计分卡解决方案，用财务指标和非财务指标相结合的多业绩评价指标体系，在设定业绩评价标准时，采用外部标准，而不是预算标准等内部标准。下面的部分将分别介绍"联合基数确定法"、经济增加值和平衡计分卡与激励机制的结合。

二、联合基数确定法

联合基数确定法以经济人有限理性和信息不对称性理论为前提，承认委托人与代理人处于不对称的公司信息状态。为了防止代理人利用自己的内部人地位进行信息控制而达到与委托人谈判的有利地位，产生损害委托人利益的后果，这样通过设计一种激励相容的剩余权分享机制，使代理人在这种制度安排中能够发生自动努力，达到委托人与代理人效用目标均衡，便是业绩考核中需要解决的一个重要的机制设计问题。联合基数确定法正是为解决此一难题而进行的一种制度创新努力。

联合基数确定法，其主要内容可以用一个20字口诀来概括，即："各报基数，算术平均，少报罚五，多报不奖，超额奖七"。"各报基数、算术平均"是指年初确定利润基数时，首先由上、下级（总公司与分公司、董事会与总经理）各自提出一个认为合适的利润基数，然后对这两个基数进行算术平均，作为承包合同基数。在实际操作中，上级为了简化起见，一般还可以用下级的自报数乘以80%作为上级的要求基数，两个数字进行简单算术平均后，形成利润承包基数。"少报罚五、多报不奖"是联合基数确定法的成功关键。"少报罚五"是指到年终实际完成数（假定为100万）超过其年初自报数（假定为80万）时，对少报部分要收取五成罚金，即20万×50%=10万。"超额奖七"是指当年终实际完成的利润数（假定为100万）超过了合同承包基数（假定为90万）时，则利润超额完成部分的70%，即该例的10万×70%=7万归代理人所有；30%的部分为委托人所有。对于年终不能完成基数的，企业可以根据实际情况对代理人进行处罚或免予处罚。

根据以上陈述，设委托人要求数为D（Demand），代理人自报数为S（Self-offered），最终的利润承包基数为C（Contract）。为简便起见，委托人要求数与代理人自报数各取50%权数的算术平均，即权数$w=50\%$。联合基数确定法公式即可以表示为：

$$C = 0.5S + 0.5D$$

在实际操作中，甚至可以进一步将上式简化为：

$$C = S \times 80\%$$

即合同基数（C）=下级自报数（S）×80%。换句话说，上级可以把下级的自报数打8折，即成为下级的利润承包基数。

当然，算术平均只是联合基数确定法中一种特殊的平均方法，更加一般的平均方法是加权平均：

$$C = wS + (1-w)D$$

经过严格的数学方法证明，如果委托人在给代理人确定承包基数时采用上述联合基数确定法，代理人一定会自觉地报出一个他自己通过努力可以达到的最大基数。而委托人则只需提出个保底数或把代理人的自报数打八折作为委托人的要求数就行了。

需要说明的是，联合基数确定法中的少报受罚系数 Q、超额奖励系数 P、代理人权数 w 等是重要的参数，它们的数值不是唯一确定的，而是可以根据企业的实际情况灵活地制定。但是，这三个参数必须满足如下的关系式：

$$P > Q > wP$$

即：超额奖励系数 > 少报受罚系数 > 代理人权数 × 超额奖励系数

只要上式得到满足，下级一定会报出一个他能够实际完成的最大数。这样，上级也就没有必要在确定利润额时抬高基数，而只要提出一个基本数就可以了。

【例 11-7】 假设某代理人能够完成利润的实际能力为 80 万元，承包合同基数按自报数的 90% 确定，超合同基数部分全部留归代理人，按少报部分罚款 95%。代理人分析了五种自报数下最终的净奖励数额，如表 11-8 所示。

表 11-8　　　　　　　　联合基数确定法应用举例　　　　　　　　单位：万元

自报数的五种情况	一	二	三	四	五
①年初下级自报实现利润数	60	70	80	90	100
②合同利润数（自报数打九折）	54	63	72	81	90
③年终下级预计实际完成利润能力	80	80	80	80	80
④超合同利润数（奖给下级）	26	17	8	-1	-10
⑤年初数与年终数差距 = ① - ③	-20	-10	0	多报	多报
⑥少报罚款 = ⑤ × 95%	-19	-9.5	0	0	0
⑦净奖励 = 超额奖励④ + 少报罚款⑥	7	7.5	8	-1	-10

显然，在上面的例子中，100% > 95% > 0.9 × 100%。代理人通过分析发现：当其自报数为 60 万元（第一种情况）时，合同基数为 54 万元。由于他的实际完成收入能力为 80 万元，他可以超基数而获奖 26 万元；但同时他也将面临 19 万元的"少报罚款"。因此，他的净奖励只有 7 万元。而当自报数为 80 万元时（第三种情况），尽管超基数奖励只有 8 万元，但由于他的自报数（第一行中的 80 万元）正好等于其实际完成利润能力（第三行中的 80 万元）而避免了受罚，从而净奖励最大。经过上述分析，下级决定：他将实事求是地报出一个自报数 80 万元，这样他可以获得最大奖励 8 万元。

通过这一方法，可以改变委托人与代理人之间的不合作博弈关系，形成一种激励相容机制，大大降低谈判、监督等交易费用，并使基数确定过程变得简单、友好。

三、经济增加值激励系统

因为经济增加值的计算结果直接反映了股东目标的实现程度,所以通过经济增加值股东可以衡量出企业到底是在创造价值还是在毁灭价值。因而,将经济增加值与薪酬挂钩,更利于企业战略目标的实现。

(一)建立 EVA 奖励基金

按照计划目标设定奖金,只对每年 EVA 的增量部分提供奖励,每年度的 EVA 改进目标一般 5 年左右确定一次,而不是 1 年谈判 1 次。随着实际业绩的变化,计算 EVA 计划改进目标的基数每年自动调整一次。由于奖金上不封顶,下不保底,所以通过设立奖金库来缓冲奖金的大幅度变动,推迟这种变动带来的影响,直到可以确定这种奖金变动与股东财富的持久变化相关联。EVA 奖金计算公式如下所示:

$$奖金 = 目标奖金 + y\% (\Delta EVA - EI)$$

式中:ΔEVA——EVA 增量;EI——预期 EVA 增量;($\Delta EVA - EI$)——超额 EVA 增量;y——对超额 EVA 增量奖励的百分比。

经营者所得奖金总额等于目标奖金额加上超额 EVA 增量与一个固定百分比的乘积(超额 EVA 增量的数值既可以为正也可以为负)的总和。目标奖金额是在取得了预期 EVA 值后获得的(只达到预期 EVA 时,超额 EVA 增量为零)。因此,奖金所得既可以为正值,也可以为负值,且没有最高和最低限额。这对经营者具有极为强烈的激励作用。

(二)建立 EVA 奖金库

对于经营者的奖金,采用延期支付方式,以激励经营者从公司的长期发展来规划企业的发展计划,避免即期支付引发的经营者行为短期化倾向。所以,每个经营期间以 EVA 为基准计算的奖金应采取当期支付与延期支付相结合的办法。

公司设立专门的账号来处理奖金。奖金额将被存入奖金库,奖金的发放额是依据奖金库的累计奖金余额确定的,而不是依据当年的奖金数额确定的。通常,奖金库的支付规定是:如果累计奖金额(当年奖金额 + 奖金库余额)为正数,则进行奖金分配,奖金发放额上限为目标奖金额加上累计奖金额超过目标奖金部分的 1/3。当累计奖金额为负时,则不进行奖金分配。表 11-9 说明了 EVA 奖金计划的实施过程。所采用的奖金计算公式如下:奖金额 = 100 万元 + 2%(ΔEVA - 5 000 万元);第 0 年的 EVA 为 -30 000 万元。

表 11-9　　　　　　　　　　　　EVA 奖金计划　　　　　　　　　　　　单位：万元

项　目	第 1 年	第 2 年	第 3 年
EVA	-15 000	-20 000	-5 000
ΔEVA	15 000	-5 000	15 000
EI	5 000	5 000	5 000
ΔEVA - EI	10 000	-10 000	10 000
目标奖金	100	100	100
y%	2%	2%	2%
当年奖金额	300	-100	300
累计奖金额	300	33	300
当年奖金发放额	167	33	167
奖金库余额	133	0	133

（三）建立基于 EVA 的杠杆股票期权制度

杠杆股票期权与传统股票期权的不同在于：传统股票期权的执行价格等于当前市场价格，对比之下，杠杆股票期权的执行价格每年以相当于公司资本成本的比例上升。这一点的意义在于如果在期权有效期内股票价格不能产生高于公司资金成本的收益率，则期权是没有价值的。也就是说，除非股东获得最低的投资收益率，经营者才能获得期权收益。

（四）杠杆股票期权方案与公司的 EVA 奖金计划相联系

某一年份根据杠杆化的 EVA 购股期权计划与当年 EVA 奖金支出直接相关，一旦确定了奖金数量，经营者除了现金奖励外，还有大量的公司股票期权。将股票期权奖励与 EVA 奖金结合起来，使得股票期权本身成为一种可变的报酬，提高了整个激励制度的杠杆化程度。实践证明，将 EVA 融入企业战略管理中来，是发挥 EVA 激励机制有效性的关键。在薪酬方案中，EVA 奖金计划必须达到风险、成本及激励之间的均衡。由于 EVA 奖金计划采用相对固定的奖金计算公式，这可以使管理者的目标与股东的目标保持一致，也就是说，随着股东价值的增加，管理者的奖金也会随之增加。采用奖金库的形式来递延奖金发放，可以对那些想要离开公司并通过损害远期 EVA 值以达到现期 EVA 值最大化的管理人员进行约束。成本和风险之间的权衡问题，可以通过支付足以留住管理者的合适报酬得以解决。EVA 奖金计划建立了以业绩为基础的激励机制，管理者有动力去关心企业业绩和股东价值。通过分析，将支付给管理者的薪酬控制在竞争性薪酬的范围之内，可以使股东成本控制在合理的范围之内。

（五）EVA 激励机制的作用

将经营者个人收益与 EVA 的改善挂钩，EVA 作为一种激励机制便显现出它的诸多优越性：

1. EVA 激励机制的结构是经营管理者的个人收益与 EVA 的持续改善挂钩，是动态的，是随时间而延续的激励机制。因而将 EVA 的提高与管理者、员工个人收益挂钩，是一种独特的激励机制，能激发经营管理者和员工的积极性和创造性，引导和塑造员工的行为方式，使他们能更好地为企业的长远发展考虑。经营管理者作为理性的经济人，为了得到最大化的个人收益，其决策也必然要把 EVA 的持续改善作为首要考虑条件，从而也就保证了股东的权益资本不断得到更好的回报，因而会促使经营管理者更加注重企业的长远发展。

2. EVA 激励机制使经营者和股东的利益一致起来，经营者增进自己利益的唯一方式就是使 EVA 持续不断得到改善，为股东创造更多的财富，促进企业的长远发展，因而能促使经营管理者按照股东财富最大化原则，按照促进企业长远发展的原则选择方案和制定经营决策。在 EVA 激励机制下，经营者要为所拥有及使用的资本付相应的费用，所以他们会更加英明地使用资本，将不能创造价值的运营项目和资产放弃，而集中在那些能创造价值的业务和资产上，使经营管理者想方设法地加速资本运营速度并降低存货，更加有效地运用资本。从而，经营管理者在使用股东的权益资本时，不能再随心所欲，必须考虑它的成本，因而使管理者能够站在股东的立场上进行经营管理。当我们把 EVA 激励机制细化到企业每一位员工身上时，EVA 便把企业经营管理者、员工和股东凝聚在一起，在利益一致的激励下，用团队精神最大限度地调动企业各种力量，挖掘企业的潜能，促进企业长远发展。

3. EVA 奖金方案的基础不是 EVA 绝对值，而是其改变量。因此，EVA 为负时企业如果能减少负值，与 EVA 明星企业进一步提高正值同样能有效提高业绩、创造价值。EVA 激励机制以业绩的改善为标准支付奖金，因而使企业经营管理者们站在了同一起跑线上，有利于吸引有才能的管理者和员工进行问题企业的转型、重组和改造。EVA 激励机制将一部分超额 EVA 作为奖金分配给经营者，超额越多，奖励越多。因而，EVA 激励机制对企业经营者的奖金不封顶，能增加经营管理者创造超额 EVA 的动力，能够促使经营管理者制定一些激进计划，鼓励创新和增加科研投入，使他们的思想能跳出框框，眼光放得更长远，有利于企业在未来更加激烈的市场竞争中增加竞争力，促进企业的长远发展。

EVA 激励机制奖金方案的另一个特点是"奖金库"的设置。奖金库中留置了部分超额 EVA 奖金，只有 EVA 在未来数年内维持原有增长水平，这些奖金才发还给经营者。如果 EVA 下降了，滚入下一年度的奖金就会被取消，"奖金库"使经营者承担奖金被取消的风险,能鼓励他们做有利于企业长期发展的经营决策,并谨慎地权衡收益与风险,从而有效地避免了短期行为。

4. EVA 激励机制能限制去职风险,一些有价值、有能力、有抱负的经营管理人才会被 EVA 激励机制赋予他的有挑战性的工作所吸引,使他们能为了实现自我价值而更加努力工作,促进企业长远发展。

四、平衡计分卡激励系统

基于财务指标设计的激励方案会使管理者产生行为扭曲,或者管理者通过盈余管理(获利润操纵)来影响财务业绩。平衡计分卡可以使管理者从多个角度来全面地看待企业经营业绩,促进企业战略有效执行。比如,有一家公司改变了高层管理者的奖金计算方法。以前是以年度占用资本报酬率指标来计算,现在改为 50% 的奖金与 3 年经济增加值挂钩,另外 50% 的奖金与平衡计分卡中三个层面的非财务指标的计算结果相挂钩。这个做法有一个明显的优点,就是把业务单位的战略目标完成情况与高层管理者的薪酬联系在一起。

先锋石油公司在薪酬激励方面转变得更迅速,它将平衡计分卡指标作为计算高层管理者奖金的唯一基础。如表 11-10 所示,管理层 60% 的奖金与财务业绩挂钩。不过,先锋石油公司计算这部分奖金并非只根据一个数字,而是根据 5 个指标的加权平均值。这些指标是:相对于竞争标准的经营利润和资本报酬率,相对于计划的成本降低,已有市场和新市场的增长率。与另外 40% 的奖金相挂钩的是:客户、内部流程和学习与成长方面的指标,包括一个涉及社区与环境责任的重要指标。先锋石油公司的 CEO 掩饰不住内心的喜悦,他说:"如今我们的企业已实现了战略的协同一致。据我所知,没有哪个竞争对手能够达到这种程度的协同一致。这种方法确实带来了效果。"

表 11-10　　　　　　　　基于平衡计分卡的奖金制度

层　面	指　标	权　重
财务(60%)	相对于竞争者的利润	18.0%
	相对于竞争者的资本报酬率	18.0%
	相对于计划的成本下降	18.0%
	新市场的增长率	3.0%
	已有市场的增长率	3.0%
客户(10%)	市场占有率	2.5%
	客户满意度调查	2.5%

续表

层　面	指　标	权　重
客户（10%）	经销商满意度调查	2.5%
	经销商获利率	
内部流程（10%）	社区和环境指数	10.0%
学习与成长（20%）	员工士气调查	10.0%
	战略技能得分	7.0%
	战略信息准备度	3.0%

把奖金与平衡计分卡指标结合在一起的做法，显然具有很大的吸引力，但也会带来一些风险。平衡计分卡选择的指标是否正确？这些指标依据的数据是否可靠？追求目标的手段会不会违背指标设计的初衷，或者会不会产生意料之外的后果？如果最初的平衡计分卡指标不能如实地代表战略目标，或者改善短期指标的行动与实现长期目标有所抵触，那么奖金与平衡计分卡指标挂钩的缺点就会暴露无遗。

有些公司对这些问题有所顾虑，同时也意识到薪酬是一个强有力的杠杆，于是不希望在刚实施平衡计分卡的时候就草率地更改薪酬激励制度。对这些公司来说，起初阶段的平衡计分卡代表一个试探性的业务单位战略声明。平衡计分卡是他们为了创造杰出的长期财务业绩，而对指标之间的因果关系所做的一系列假设。当管理者把战略转化为指标，并阐明了这些指标之间的因果关系时，他们可能对已选的正确指标还拿不准。因此这些公司不愿意让一群主动性高（且待遇好）的管理者竭尽全力地去追求这些试探性指标的最高分。出于这个原因，许多公司采取了谨慎的态度，不轻易地把薪酬制度中的计算公式建立在计分卡指标基础上。当然，如果不把薪酬明确地与计分卡指标挂钩，就应该先停止传统的以短期财务结果为计算依据的奖励制度。否则，就会出现一方面要求业务单位的高层管理者专心追求一套平衡的战略目标，另一方面又以实现短期财务业绩来奖励他们的矛盾现象。

第二个顾虑与传统机制处理薪酬功能中的多重目标有关。从先锋石油公司的例子可以看到，这个机制给每一个个人目标分配了一个权重，奖金根据每个目标完成的百分比来计算。因此，即使业绩表现不平衡，仍然可以拿到一大笔奖金；换句话说，业务单位可能只超额完成了少数几个目标，其他目标可能完成得一塌糊涂，而管理者一样可以照拿奖金。对于这一问题，可以通过设置多档业绩评价标准，并且使单个指标计分封顶的方式来解决。

至于何种情况下发放奖金，平衡计分卡提供了另外一种选择。总公司的管理者可以制定所有战略指标（或其中一组关键指标）在下一期的下限，作为发放奖金的最低门槛。如果其中任何一个指标的实际结果未能达到门槛，管理者就拿不到任何奖金。这一限制手段对财务、客户、内部业务流程以及学习与成长四层面目标的平衡进行激励。同时，门槛限制也应该平衡短期结果指标和未来经济价值的业绩驱动因素。如果所有指标都达到了最低门槛的要求时，则可以把奖金与其中一小部分指标的卓越业绩挂钩。这组用来决定奖金数额多少的指标，应该是从四个层面中挑选出来的，并被认为是企业在下个时期最需要表现卓越的指标。

有些企业允许业务单位管理者亲自制定平衡计分卡指标的目标值，然后由总公司的高级管理层来判断这些指标实现的困难程度。就像跳水比赛的计分一样，当管理者完成了自己定下的目标值之后，指标本身的困难程度可以影响奖金的多少。高层管理者可以综合外部标准和本身主观判断，评价业务单位目标值的难易程度。

这种以主观判断决定奖金多寡的做法，反映了一种理念：基于结果的薪酬制度未必是激励管理者的理想方案。许多不受管理者控制或不在其影响范围内的因素，也会影响业绩报告。此外，许多管理行为创造（或毁灭）经济价值，但是未必能够衡量出来。理想的做法应该是，根据管理者的能力、努力以及他们的决策和行动质量，计算他们的薪酬。但是正式的薪酬计划通常不会把能力、努力和决策质量考虑在内，因为这些因素难以观察和衡量。因此，按业绩付酬可以说是在不得已的情况下比较可行的做法，也是被普遍使用的方法。

令人感兴趣的是，相对于传统的概括性财务指标，积极使用平衡计分卡可以更有效地透视管理者的能力、努力和决策质量。已经抛弃或至少在短期内搁置公式化奖金制度（基于财务指标的奖金制度）的公司往往会发现，管理层与执行层之间关于平衡计分卡的对话，不论是讨论目标、指标、目标值的制定，还是解释目标与实际执行结果之间的差异，都能提供许多观察管理者表现和能力的机会。因此，即使是主观决定的奖金制度，这时也变得更易于执行和更便于解释。同时，主观评价也能较少地遭受公式化的游戏规则的不利影响。

进一步来讲，奖金是一种典型的外在激励制度。外在激励要求员工奉命行事，因为他们完成一些清晰明确的目标值后，将会得到奖金。外在激励是重要的，奖金与认可应该与业务单位和企业的目标实现情况相联系。但是，仅靠外在激励，不足以鼓励有创造性的问题解决方法和有新意的决策方案。一些研究发现，内在激励可以促使员工根据个人偏好和信念采取行动，因而产生更大的创造力和创新精神。从平衡计分卡的角度来看，当员工个人目标和行动与业务单位的目标和指标相一致时，内在激励就发生了。凡是内在激励的员工，早已把企业的目标化为自己的目标。即使奖励制度不能清晰地与这些目标联系，他们也会全力以赴地完成这些目标。实际上，外在的奖金反而会削弱或排斥内在激励。

在一些企业中，由于平衡计分卡阐明了业务单位的战略目标，并将这些目标与相关的业绩驱动因素相联系，从而使许多员工茅塞顿开，明白了自己的行动与企业长期目标之间的关系。过去他们像机器人一样，只求做好本职工作，领到奖金，现在他们深刻地认识到自己应该在什么地方表现卓越，才能帮助企业实现战略目标。明确地阐述个人工作如何与业务单位的整体目标协调一致，已为大批员工创造了内在激励。即使没有明显的奖金酬劳，他们的创新和解决问题的能量也已释放出来了。但外在激励仍然重要，如果企业实现或超额完成了战略指标的挑战性目标值，就应该好好地表扬和奖励有贡献的员工。例如，先锋石油公司已经对所有非工会员工实施变动薪酬方案，使个人报酬同业务单位和企业的业绩挂钩。该公司相信，把员工薪酬与业务单位的计分卡指标结合在一起，能使公司上下更加投身于实现公司的战略目标。

此外，还有几种有吸引力的方法是值得探索的。比如，在短期内，把所有高层管理者的奖金与一套平衡的业务单位计分卡指标挂钩，有助于他们全力投身于企业的整体目标，避免职能部门的次优化行为。管理层和执行层之间就如何规划目标和行动的对话，往往会彰显管理者的能力和努力，因此在奖金的计算中，不妨将主观判断与定量的结果指标结合起来。

思考与练习题

一、思考题

1. 业绩评价系统的构成要素有哪些？
2. 平衡计分卡业绩评价系统的特点有哪些？
3. 经济增加值业绩评价系统的特点有哪些？
4. 业绩评价指标体系设计应遵循哪些原则？
5. 业绩评价指标分解有哪些方法？
6. 业绩评价指标与企业生命周期有何关系？
7. 业绩评价标准有哪些种类？应如何选用？
8. 对于逆向指标和适度指标如何处理？
9. 设定业绩评价指标权重的方法有哪些？
10. 多指标综合计分方法有哪些？
11. 功效系数法有何特点？
12. 将薪酬与业绩挂钩的形式有哪些种类？
13. 股权激励有哪些形式？
14. 典型的年度奖金计划中包含哪些要素？
15. 经济增加值激励系统有哪些优点？
16. 将平衡计分卡与激励机制挂钩应考虑哪些问题？

二、练习题

习题一

［目标］用递进平均法制定业绩评价标准值。

［资料］某企业有 10 家子公司，2005 年的销售收入增长率分别为：18.3%、17.6%、15.4%、14.8%、13.5%、12.7%、11.9%、10.8%、9.5%、8.4%。

［要求］请用递进平均法为该企业的销售收入增长率设置 5 档标准值。

习题二

［目标］练习功效系数法。

［资料］假定上题中 5 档业绩评价标准值的标准系数分别为 1.0、0.8、0.6、0.4 和 0.2。该企业的某家子公司的销售收入增长率为 13.5%。

［要求］按照功效系数法计算该子公司销售收入增长率指标的得分。

习题三

［目标］练习平衡计分卡业绩评价系统。

［资料］某企业的平衡计分卡资料如下表所示。

层 面	指 标	权 重	目标值	实际值
财务（60%）	资本报酬率	18.0%	7%	7.8%
	销售利润率	18.0%	10%	12.2%
	成本降低率	18.0%	5%	4.6%
	新市场的增长率	3.0%	10%	11.3%
	已有市场的增长率	3.0%	6%	7.5%
客户（10%）	市场占有率	5.0%	20%	21%
	客户满意度调查	2.5%	80%	85%
	经销商获利率	2.5%	10%	10.5%
内部流程（10%）	优质供应商比率	4.0%	85%	82%
	产品质量优良率	3.0%	90%	92%
	环境友好指数	3.0%	8.5	9.1
学习与成长（20%）	员工士气调查	10.0%	88%	90%
	战略技能得分	7.0%	8.8	7.8
	战略信息准备度	3.0%	4.6	3.9

［要求］计算该企业平衡计分卡评价的综合得分。

习题四

［目的］计算经济增加值。

［资料］某企业 2015 年税后净利润为 500 万元，资产总额为 10 000 万元。本年研发费用 400 万元作费用化处理。该企业计算经济增加值的调整规则为：研发费用分 5 年摊销，未摊销部分调增资产总额，所得税税率为 33%。该企业加权平均资本

为12%。

[要求] 计算该企业2015年经济增加值。

习题五

[目的] 练习联合基数确定法。

[资料] 假设某代理人能够完成利润的实际能力为400万元，承包合同基数按自报数的80%确定，超合同基数部分全部留归代理人，按少报部分罚款90%。代理人想知道100万元、200万元、300万元、400万元和500万元5种自报数下最终的净奖励数额，并给予计算结果做出决策。

[要求] 帮助代理人计算5种自报数下的净奖励金额，他应该如何作出决策。

习题六

[目的] 练习经济增加值激励方案。

[资料] 某企业按照每年超额EVA增量部分的5%为管理者提供奖励，2016年预计EVA增量为2 000万元，实际EVA增量为3 000万元。本年年初奖金库累计余额为35万元。当年奖金部分中有40万元可以直接以现金形式发放，超出部分进入奖金库，再按照奖金库中累计金额的1/3以现金形式支付。

[要求] 计算2016年管理者可领取的奖金数额，以及年末奖金库的余额。

第十二章

内部控制与风险管理

【本章学习目的和要求】

通过本章的学习,应理解公司治理的概念与内涵,掌握公司内部治理机制和外部治理机制的含义以及三种典型的公司治理模式。了解内部控制的演进过程、理解内部控制的内涵;掌握内部控制的基本框架、控制方式;掌握内部控制设计的原则和流程。了解风险管理产生和发展的过程,掌握风险管理的概念、框架和目标;正确运用风险识别、风险评估的技术方法;了解企业如何应对风险、保证风险管理计划的执行;理解企业风险监控及风险管理的持续发展。

第一节 公司治理

一、公司治理的缘起

公司治理(Corporate Governance)这一术语在20世纪80年代正式出现在英文文献中。20多年来,它不仅在理论研究中越来越重要,而且还成为实务界关注的焦点。无论是学者、企业家,还是监管机构、新闻媒体,都对公司治理表现出了空前高涨的热情。无怪乎有学者指出:"从来没有一个问题像公司治理那样,由一个为人所忽视的问题变成了专家和决策者日思夜想的焦点。"

其实,公司治理中所研究的基本问题早已存在于经济与管理实践中,公司治理结构也已经过几个世纪的演变。应该说,公司治理的每一步发展往往都是针对公司失败或者系统危机做出的反应。例如,最早记载的治理失败是1720年英国的南海泡沫,这一事件导致了英国商法和实践的革命性变化。1929年美国的股市大危机又使得美国在其后推出了证券法。1997年的亚洲金融危机使人们对东亚公司治理模式有了清醒的认识,2001年以安然、世界通信事件为代表的美国会计丑闻又暴露了美国公司治理模式的重大缺陷。这些治理失败的案件往往都因舞弊、欺诈或不胜任等引起,而这些事件又促进了公司治理结构的改进。这些持续的演进造就了今天的各种与公司治理有关的法律、管制措施、机构、惯例,甚至还有市场等。

二、公司治理的基本问题

(一) 公司治理的概念

什么是公司治理？对此并没有一个严格的统一定义。有的学者从公司治理的具体形式角度进行定义，有的学者从公司治理的制度功能角度进行定义，有的学者从公司治理的理论基础角度进行定义。

公司治理可以从不同的角度来理解，它是一个内涵非常丰富的概念，不可能用只言片语就将其阐释清楚。而且，随着对公司治理的进一步深入研究，还可能会对公司治理赋予新的含义。因此，费方域在《企业的产权分析》中认为，公司治理概念应该是一个知识体系，可以用一系列互为补充的判断来加以说明：(1) 公司治理的本质是一种关系合同（指合同各方不求对行为的详细内容达成协议，而是对目标、总的原则、遇到情况时的决策机制、谁享有控制权以及解决可能出现的争议的机制等达成协议），它以简约的方式，规范公司各利益相关者的关系，治理他们之间的交易，来实现公司节约交易成本的比较优势。(2) 公司治理的功能是配置责、权、利。(3) 公司治理的起因在产权分离，因为有了产权分离，才有了股东与管理层的关系，也才有了权力的分配和冲突，进而才有了协调他们之间关系的公司治理。(4) 公司治理的形式有多种多样，比如对应于外源融资的两种不同方式（保持距离型融资和控制导向型融资）有目标性治理方式和干预性治理方式；按照投资者行使权力的情况有外部体系和内部体系。

(二) 公司治理的内涵

公司治理是一个多角度多层次的概念，很难用简单的术语来表达。学者们对公司治理内涵的界定，主要从狭义和广义两个角度展开。

狭义的公司治理是基于股东财富最大化的理财目标，即企业经营的目标是股东价值的最大化。狭义的公司治理认为，公司是股东的公司。在这个导向下，公司治理就是股东对经营者进行监督和制衡的一整套机制。其主要是通过股东大会、董事会、监事会等对经营者进行监督和激励，防止经营者利用自身的信息优势侵害股东利益，保证经营者的行为符合股东利益。

广义的公司治理是基于企业价值最大化的理财目标，即企业经营的目标是企业整体价值的最大化。广义的公司治理认为，公司不仅仅是股东的公司，而是一个利益共同体。在这个导向下，公司治理是通过一套包括正式或非正式的、内部的或外部的制度或机制来协调公司与所有利害相关者之间的利益关系，以保证公司决策的科学化，从而最终维护公司各方面的利益。在广义的公司治理中，公司治理的主体不仅有股东和经营者，还包括与公司有利益关系的广泛群体，如债权人、供应商、员工、社区及政府等。

(三) 公司治理的主体与客体

1. 公司治理的主体。关于公司治理的主体应该包括哪些参与者，学者们持有不同的意见。归根结底，这些不同的意见根源于对公司治理的内涵存在不同的认识。狭义的公司治理认为，公司的唯一所有者就是股东，因此公司治理的主体就是股东。广义的公司治理认为，公司是一个利益相关方共同参与的利益共同体，那么公司治理的主体就不仅仅是股东，还应该包括债权人、供应商、员工、社区及政府等。

从传统公司法律的角度来说，股东是理所当然的所有者，股东的所有者地位受到各国的法律保护。从这个意义说，公司存在的目的就是追求股东利益最大化。然而传统的公司法是建立在以下假定基础之上：市场没有缺陷、具有完全竞争性，可以充分地发挥优化资源配置的作用。这样，公司在追求股东利益最大化过程中，就会实现整个社会的帕累托最优。然而，在现实中市场机制并不是万能的，股东的利害作为一种个体利害在很多场合与社会公众的整体利害是不相容的。另外，支撑现代公司资产概念的不再是唯一的货币资本，人力资本成为不可忽视的因素，而且它同货币资本和实物资本在公司的运行中具有同样的重要性。公司就是人力资本和非人力资本缔结而成的合约。再者，公司是社会的公司，社会中公司广泛的利害相关者对公司的生存与发展都会产生不同程度的影响。由于利害相关者的利益与公司息息相关，公司必须体现他们的利益。当前很多公司把本应内化的成本予以外化，转嫁给社会，并造成一系列社会问题。如污染环境、滥用经济优势垄断价格、排挤中小竞争者、欺诈消费者、寻租、法人犯罪等。从整个世界的发展趋势来看，公司的经济力量越来越强，社会财富越来越向公司集中。据一份报告显示，1996 年在世界最大的经济 100 强中，51 个是公司，国家只占 49 个；全球公司 200 强的销售总额高于 182 个国家的全部国民生产总值。公司的经济力量对经济、政治、环境、科教、文艺等领域产生了重要影响。所以，强化公司的社会责任已经成为当务之急。从这个角度来说，公司不仅要追求股东的利害，而且要维护利害相关者的利益。同时，公司既是商事主体也是利益的聚焦点。除了股东利害之外，公司的设立与运营还会编织成一张非股东的利害关系网，这些股东之外的社会主体对于公司的存在具有利害关系。为确保公司的繁荣与发展，股东及其代理人必须与职工、债权人、消费者、客户、社区密切合作。成功的公司既需要对外增强对用户和消费者的凝聚力，也需要对内调动职工的劳动积极性。因此，我们认为，公司治理的主体不仅局限于股东，而是包括股东、债权人、雇员、顾客、供应商、政府、社区等在内的广大公司利害相关者。作为所有者，股东处于公司治理主体的核心。

债权人，如银行，尽管不一定是公司的资产所有者，但它向公司发放贷款后，出于防范自身风险的考虑，要求对债务人的资本经营进行监督或参与治理，这种权利来自债权。根据产权内涵的逻辑延伸，仅仅具有人力资本的劳动者也应是产权主体，所以公司雇员通过提供人力资本而拥有了参与公司治理的权利。此外，由于消费者、供应商等其他利害相关者与公司之间存在程度不同的利益关系，这就为他们参与或影响公司治理提供了可能，但这种可能性变成现实性还需要其他条件，如利害关系的专用性，企业的制度环境等。值得指出的是，在完全竞争的市场环境中，公司治理主体各组成部分之间的关系是建立在合作基础上的平等、独立的关系。但从他们对公司治理客体的影响看，有着核心与外围的区分。

2. 公司治理的客体。公司治理客体就是指公司治理的对象。追溯公司的产生，其主要根源在于因委托—代理而形成的一组契约关系，问题的关键在于这种契约关系具有不完备性与信息的不对称性，因而才产生了公司治理。所以，公司治理的实质在于股东等治理主体对公司经营者的监督与制衡，以解决因信息的不对称而产生的逆向选择和道德风险问题。在现实中所要具体解决的问题就是决定公司是否被恰当地决策与经营管理。从这个意义上讲，公司治理的对象包括两层：经营者和董事会。对经营者的治理来自董事会，目标在于公司经营管理是否恰当，判断标准是公司的经营业绩。对董事会的治理来自股东及其他利益相关者，目标在于公司的重大战略决策是否恰当，判断标准是股东及其他利益相关者的投资回报率。

在公司的整个委托代理链条中，股东及其他利益相关者是初始委托人，董事会是股东及其他利益相关者的受托人；但同时，董事会作为股东的代表对经营者进行监督和管理，因此董事会又是经营者的委托人。经营者作为公司经营管理的直接执行人，处于代理链条的末端。公司治理在现实中所要具体解决的问题是决定公司是否被恰当地决策与经营管理，也就是要选择适宜的董事和经营者，并确保其尽职工作以实现委托人的利益。

三、公司治理的机制

（一）公司内部治理机制

公司内部治理是指通过法人治理结构实施的治理活动。我们常说的公司治理结构指的就是法人治理结构，法人治理结构的核心内容是公司内部的公司治理机构设置及其权力分布。在现代公司中，公司权力结构配置是确保公司正常经营和科学决策的重要内容。根据权力制衡的思想，现代公司要设立相互制衡的组织机构，这就是公司治理机构。设立这些公司治理机构的目的是保证公司的健康运作，形成一套健全的激励约束机制。常见的公司治理机构包括股东大会、董事会、执行机构、监事会等。一般认为，内部治理是公司治理的核心。从目前的国内外发展态势来看，加强内部治理是健全公司治理的重中之重。加强内部治理，就是以更恰当的方式组织好董事会、监事会以及相关的审计委员会，争取有责任心的大股东对公司的关注，保证企业的报告系统和审计系统向股东大会、董事会、监事会以及外界提供和披露系统的、及时的和准确的信息，保障经营者很好地履行对股东的说明责任，尽到作为受托者的义务。

公司内部治理在性质上有两个特点：第一，内部治理的作用主要是通过董事会、监事会和股东自己来实现的。股东通常保留了对诸如董事、监事、审计师的选择权和合并、增资及新股发行等事项的审查权和否决权。其他的管理控制职能由股东授权给了董事会，监督职能授予了监事会，董事会再把大多数的决策管理功能和许多决策控制功能给予了公司经理阶层。但董事会依然保留了对经理人员的控制权力，包括公司的决策酝酿、决策审批和对高层经理人员的聘用、解雇及决定他们工资水平的权力。第二，内部治理通过设计科学的公司治理机构，将形成互相配合、协调制衡的机制，以保证企业经营者经营管理指挥协调顺利。要做到这一点，企业管理的自我调控机制的到位，特别是企业内部管理规章制度的约束是至关重要的，它是将企业经营者与企业有效整合，使企业经营者与企业群体的行为、与法律及规章保持一致。在本章中，我们对内部治理的介绍重点围绕股东大会与董事会展开。

(二) 公司外部治理机制

公司外部治理一般指证券市场、经理市场、产品市场、机构投资者以及债权人、雇员、顾客、供应商以及政府等外部力量对企业管理行为的监督。外部治理是内部治理的补充，其作用在于使经营行为受到外界评价，迫使公司管理层自律和自我控制。例如证券市场，尤其是公司控制权市场可以对公司管理层施加压力。如果市场是有效的，那么股价会对有关公司的信息作出反应，管理层的不良行为就会导致股价下滑。这样，证券市场就给股东们提供了公司经营的相对清楚的信息。业绩不佳的公司就有可能招致股东采取进一步的行动，如小股东"用脚投票"，卖掉公司股票；大股东在股东大会中作出反应，改组公司管理层；甚至公司可能被收购，管理层将面临被更换的危险。在这种机制下，该公司管理层就被迫选择能够增加公司财富的决策。当然，这种作用取决于证券市场的发达程度。再如，有效的经理市场也会对公司管理层形成约束。在有效的经理市场中，不负责的或低能的经理得到的是低工资和低职位。而勤奋的和有能力的经理会得到较快的提升和较优越的报酬。有了这种利益激励机制，经理会更有动力去改善公司的绩效，提升自己的声誉。同样，债权人、员工、供应商、社区与政府等利益相关者也会通过各种机制施加对公司的影响，并对企业的管理行为进行监督。

四、典型的公司治理模式

由于各国经济制度、历史传统、市场环境、法律观念及其他条件的不同,公司治理的模式也不尽相同。当前主流的公司治理模式可分为三类:一是以英美为代表的外部控制主导型模式;二是以德日为代表的内部控制主导型模式;三是以东南亚为代表的家族控制型模式。

(一) 英美模式

英美公司的内部治理机制一般遵循决策、执行、监督三权分立的原则,分为股东大会、董事会和首席执行官(CEO)三个层次。

理论上讲,股东大会是公司的最高权力机构。但由于公司股权非常分散,由股东大会实施公司管理的成本高昂,因此股东大会不是常设机构,股东们一般是将管理公司的权力委派给了董事会。所以,股东们只是在法律术语上拥有对公司事务的控制权,他们实际的参与与其重要的法律地位并不相符,结果就是所有权和控制权的分离。

不过,在大多数情况下,股东大会保留着挑选进入董事会人士的权力。股东大会与董事会之间的关系可以理解成委托代理关系。股东们委托董事会来负责公司的日常管理,董事会则向股东承诺公司的健康运转和给股东带来满意的利润。

董事会是股东大会的常设机构,公司往往通过公司章程将管理公司的权力授予董事会。在英美国家,公司的董事包括内部董事和外部董事。内部董事一般是公司的高级管理人员。外部董事是不参与公司的日常管理事务的个人,他们一般有三种来源:与本公司有着紧密业务联系和私人联系的外部人员;公司聘请的外部人员;其他公司的经理人员。外部董事主要有两种作用:一是为全职执行董事提供支持和协助,包括提供专门的建议和培养与其他组织的关系;二是监督执行高级管理人员的决策。自20世纪70年代以来,英美公司中的外部董事比例呈上升趋势。英美公司一般在董事会下设置提名委员会、薪酬委员会和审计委员会等机构。而且有的委员会必须由外部董事组成。

首席执行官是公司政策执行机构的最高负责人。首席执行官及其领导的高级管理人员队伍负责确定公司的未来远景并制定公司发展战略,他们将决定公司应努力开发哪些市场,决定公司应提供哪些产品与服务和确定公司的基本组织结构。很多公司的首席执行官由董事长兼任,即使不是由董事长兼任,担任此职的也几乎必是公司的执行董事并且是董事长的候选人。还有的公司设立总裁(President)职位,总裁是首席执行官的副手,公司的第二号行政长官。

需要注意的是,英美公司中没有监事会,而是由公司聘请专门的审计事务所负责有关公司财务状况的年度审计报告。公司董事会内部虽然也设立审计委员会，但它只是起协助董事会或总公司监督子公司财务状况和投资状况等的作用。由于英美等国是股票市场非常发达的国家，股票交易又在很大程度上依赖于公司财务状况的真实披露，而公司自设的审计机构难免在信息发布的及时性和真实性方面有所偏差，所以英美等国很早便出现了由独立会计师承办的审计事务所，由有关企业聘请他们对公司经营状况进行独立审计并发布审计报告，以示公正。英美等国公司每年的财务报告书都附有审计事务所主管审计师签发的审计报告。这种独立审计制度既杜绝了公司的偷税漏税行为，又在很大程度上保证了公司财务状况信息的真实披露，有助于公司的守法经营。

由于英美国家股权结构的高度分散，导致英美公司的外部治理机制中呈现以下特点：银行难以在英美公司的外部治理中发挥作用；机构投资者在外部治理中的作用有限；个人投资者"用脚投票"的现象非常普遍。

（二）德日模式

德日公司的治理结构是典型的内部控制主导型公司治理模式。这种治理模式来源于"日耳曼"式资本主义，以后起的工业化国家为代表。这些国家一般都经历过一个相对人为的资本主义急速发展时期，受政府、工会、管理机构或银行的影响较深，资本流通性较弱，证券市场相对不活跃。

1. 商业银行是公司的主要股东。目前德日两国的银行处于公司治理的核心地位，在经济发展过程中，银行深深涉足其关联公司的经营事务中，形成了颇具特色的主银行体系。所谓主银行是指某企业接受贷款中居第一位的银行，而由主银行提供的贷款叫作系列贷款，包括长期贷款和短期贷款。

商业银行虽然是德日公司的最大股东，呈现公司股权相对集中的特点，但是二者仍然存在一些差别。在日本的企业集团中，银行作为集团的核心，通常拥有集体企业较大的股份，并且控制了这些企业的外部融资的主要渠道。德国公司则更依赖于大股东的直接控制，由于大公司的股权十分集中，使得大股东有动力去监控经理层。而且，由于德国公司更多地依赖于内部资金融通，所以德国银行不像日本银行那样能够通过控制外部资金来源对企业施加有效的影响。

2. 日本公司的法人持股。日本市场经济运行的基础是法人资本主义，法人持股是日本股权结构的基本特征。据统计，从1949年到1984年，日本个人股东的持股率从69.1%下降为26.3%，而法人股东的持股率则从15.5%上升为67%；到1989年，日本个人股东的持股率下降为22.6%，法人股东的持股率则进一步上升至72%。不仅如此，法人相互持股也非常普遍。据日本商事法务研究会1990年的一项调查，在日本的实业法人中，存在相互持股关系的公司占92%，其中相互持股率达到10%以上的公司占70.3%。这种相互持股关系有两种形式：一是"放射型相互持股",如丰田、住友公司,它们通过建立母子公司的关系,达到密切生产、技术、流通和服务等方面相互协作的目的;二是"环状矩阵行相互持股",如三菱公司、第一劝银集团等,其目的是相互之间建立稳定的资产和经营关系。总之,公司相互加强了关联企业之间的联系,使企业之间相互依存、相互渗透、相互制约,在一定程度上结成了"命运共同体"。

3. 严密的股东监控机制。德日公司的股东监控机制是一种主动性的模式,公司股东主要通过一个能信赖的中介机构或股东中有行使股东权力的人或组织,通常是一家银行来代替他们控制与监督公司经理的行为,从而达到参与公司控制与监督的目的。当然,德国与日本具体的监控机制也有一些不同之处。

(1) 德国公司的监控机制。德国公司中的业务执行职能与监督职能是分开的,实行双重委员会制度,即设置执行董事会(即管理董事会)和监督董事会(即监事会)双重机关。执行董事会由监事会任命并向监事会负责,经理人员负责日常经营。

监事会是公司股东和职工利益的代表和监督机构,其成员一般不包括现任公司的经理们。监事会依共同决策制度运行,所谓共同决策制度,是指一定比例的监事会成员既不是由股东选举也不是由股东任命。在超过 500 人的公司里,1/3 的监事由雇员选举或由行业工会任命;在超过 2 000 人的公司里,这一比例升至半数。监事会的主要权责有:任命和解聘执行董事,监督执行董事是否按公司章程经营;对诸如超量贷款而引起公司资本增减等公司的重要经营事项做出决策;审核公司的账目,核对公司资产,并在必要时召集股东大会。由于银行本身持有大量的投票权和股票代理权,因而在公司监事会的选举中必然占有主动的地位,他们在大多数公司的监事会中占有席位,有的还担任监事会主席。

执行董事会是执行监事会决议、负责公司日常运作的执行机构,对外是公司的法人机构。执行董事会成员一般不少于 10 人,他们必须在生产经营管理方面学有专长。执行董事会成员可以是股东,也可以不是股东;可以是本公司员工,也可以从社会上公开招聘。监事会有权对执行董事会的工作提出意见和建议,但不能干预执行董事会的工作。在执行董事会和监事会不能达成一致意见时,必须交由股东大会裁决。

职工参与制是德国公司监控机制的重要特征。其主要内容是:本企业的职工与行业工会的代表有权在公司监事会和执行董事会中占有一定的席位参与决策;监督已经制定的维护职工利益的法规执行情况和劳资协议的执行情况;在社会福利方面有与资方对等的表决权;享有对企业生产经营状况的知情权和质询权。这种职工参与制深深根植于德国的政治、经济、文化土壤,历来是社会各派力量对比与妥协的产物。它对缓解劳资双方的摩擦和对立,强化职工的参与意识,改善企业的经营状况,都发挥了一些良好的作用,并对欧美国家的公司治理发展产生了深远的影响。

(2) 日本公司的监控机制。日本公司的董事会成员一般是由企业内部产生,通常是经过长期考察和选拔,在本企业中一步步升迁上来的,大多数董事由公司各事业部部长或分厂的领导兼任。日本公司中普遍设立由主要董事组成的常务委员会，作为总经理的辅助机构，具有执行机构的功能。这样，以总经理为首的常务委员会成员，既作为董事参与公司的重大决策，又作为公司内部的行政领导人掌握执行权。这种决策权与执行权相统一的公司，占了日本股份有限公司总数的92.8%，构成了日本公司权利构造的一大特色。这说明，日本公司的管理不是强调个人决策和突出个人经营思想，而是注重集体决策和共同负责。

日本公司的监控机制主要有两个方面：一是来自主银行的监控，这在前面的章节已作了详细介绍；二是由公司间相互持股而形成的相互约束。相互持股带来了企业集团化或系列化，使相关企业间产生紧密的相互依赖性。一家企业的失误可能给整个集团或系列带来不良后果，因此任何一家企业的经营者都不允许关联企业的经营者在经营上玩忽职守。如果经营者出现大的失误，导致公司业绩恶化，或损坏企业声誉，就会在企业内部或集团内被追究责任，甚至被撤职。

4. 日本独特的激励机制。在日本，公司的高层经理与一般职员在收入上的差距并不很大，而且经营者的持股率也较低，但是就整体而言，日本公司的经理人员工作的努力程度是有口皆碑的。原因在于日本独特的激励机制：（1）终身雇佣制使得劳动力市场的流动性受到削弱，在追求对企业忠诚的文化背景下，经常改换门庭，会大大降低自身的忠诚信用度，这在日本将几乎是致命性打击。（2）在年功序列制下，只有不断地努力工作，才有可能一步一步往上得到高升。如果放弃在公司逐渐积累的知识和经验，离开公司的代价就会很高。（3）日本公司经理要以个人财产为公司的贷款承担连带责任。当然公司为经理人员营造的环境也是激励的主要来源。

（三）家族模式

韩国是家族主导型或者说家族控制型公司治理的典型代表。这种模式在东南亚较为盛行，其主要特点是公司的所有权和经营权不分离或不完全分离，公司与家族合一，公司的主要控制权在家族成员中配置，是家族管理的传统观念与现代企业组织形式相混合的产物。

1. 家族成员控制了企业主要的股权和经营管理权。在韩国，家族成员控制着公司的股权。一般来说，发起人和他的家族拥有韩国前10家财阀公司10%的股份，通过交叉持股，又能控制30%~40%的股份。根据一项调查发现，在1996年，如果以持股10%作为分界线，14%的公司属公众持股公司，68%为家族控制。如果以30%为分界线，则76%的公司为公众持股公司，20%为家族控股。家族成员同时也控制着公司的主要经营管理权，这又可分为两种情况。一种情况是公司经营管理权主要由有血缘关系的家族成员控制，另一种情况是公司经营管理权主要由有血缘关系的家庭成员和由亲缘、姻缘关系的家族成员共同控制。

2. 公司决策家长化。对韩国文化影响最大的是儒家思想，渗透在韩国人的意识深处。这使得公司的决策也被纳入了家族内部序列,公司的重大决策如创办新企业、开拓新业务、人事任免、决定公司的接班人等都由家族中同时也是公司创办者的家长一人做出,家族中其他成员做出的决策也需得到家长的首肯。即使这些家长已经退出公司经营的第一线,由家族第二代成员做出的重大决策,也必须征询家长的意见或征得家长的同意。在韩国,几乎每一个企业都有一个权威核心,这个核心就是家族的家长或其家族。如三星集团的李氏家族、现代集团的郑氏家族、LG集团的具氏家族等。

3. 亲情式的激励约束与家庭式的管理。在韩国的家族企业中,经营者受到了来自家族利益和亲情的双重激励和约束。对于家族第一代创业者而言,他们的经营行为往往是为了光宗耀祖或使自己的家庭更好地生活,以及为自己的子孙后代留下一份家业。对于家族企业的第二代经营者来说,发扬光大父辈留下的事业、对作为公司股东的家族成员资产保值增值的责任、维持家族成员的亲情,是对他们的经营行为进行激励约束的主要机制。

在管理方式上,韩国家族企业不仅把儒家关于"和谐"和"泛爱众"的思想用于家族成员的团结上,而且还推广应用于对员工的管理,在企业中创造和培育一种家庭式的氛围,使员工产生一种归属感和成就感。这种家庭式的管理不仅增强了员工对于企业的忠诚感,提高了企业经营管理者与员工之间的亲和力和凝聚力,而且还减少和削弱了员工和企业间的摩擦和矛盾,保证了企业的顺利发展。另外,韩国企业中还常采用爱国主义精神来激励管理者和员工。

4. 政府对企业的发展有重大作用。在韩国,政府积极引导和支持家族企业的发展,对家族企业的发展有重大作用。凡家族企业的经营活动符合国家宏观经济政策和产业政策要求的,政府会在金融、财政、税收等方面给予各种优惠政策。否则,政府就会在诸多方面进行限制。所以,韩国的家族企业为了生存和发展,都纷纷围绕政府的政策创办企业和开展经营活动。这样家族企业就获得了银行的大量优惠贷款,而且银行对企业并没有多少监督效力。实际上,除了筹资功能外,银行在韩国只是一个发放贷款的工具。

(四)三种公司治理模式的比较

表12-1对外部控制主导型模式、内部控制主导型公司治理模式和家族控制型公司治理模式中的典型代表美国、日本和韩国作了比较分析。我们可以看到,各种公司治理模式的差异,主要是由于各个国家或地区经济发展的轨迹有所不同。公司治理模式的选择表现出了路径依赖的特征。而且一国的历史和文化传统等也对公司治理的选择有较大影响。

表 12-1 三国公司治理模式比较一览表

项目 \ 模式		美国	日本	韩国
经济发展模式		政府宏观调控	政府间接管理加行政指导	政府主导
股权结构		相对分散，单个法人持股比例受限制	相对集中，法人相互持股	相对集中，主要控制在家族手中
资本结构		证券市场是主要资金来源，负债率较低	银行是企业筹资的主要来源，负债率较高	负债率较高
决策方式		偏向个体决策	偏向集体决策	个体决策或家族决策
文化特征	不确定性规避	低	高	高
	权力距离	小	中等	大/中
	个人主义指数	中	低	低
	价值观念男性度	高	中等	低
监控方式		市场监控力度很大，监控主要来自企业外部各市场体系	市场监控力度相对较小，监控主要来自企业各利益相关主体	市场监控力度较小，监控主要来自以血缘为纽带的家族
治理结构	董事会的作用	小	相对较小	支配作用
	对利益相关者的关注	中	较高	较少
	对经营者的激励	主要问题	不是主要问题	基本不存在
	委员会的设置	三大委员会（审计、报酬和提名）	有些企业有	无
市场治理机制	敌意接管的频率	经常	很少	很少
	银企关系	无控制关系	主银行	
	证券市场的作用	很大	不大	不大
面临的主要挑战		对利益相关者的关注；敌意接管的频繁等	经济自由化；金融市场的开放；政企和银企关系的转型等	对资本（人力和非人力）的外部需求
发展或变化的趋势		逐渐转向内部或外部控制	完善和强化外部控制	强化内部控制

第二节 内部控制

一、内部控制概念及演进

（一）内部控制在西方的发展

内部控制理论最早由西方产生，其中以美国最具有代表性，各界普遍认为内部控制是从内部牵制发展而来，大致经历了 5 个阶段，即内部牵制阶段、内部控制阶段、管理控制和会计控制阶段、内部控制结构阶段、一体化结构阶段。

1. 内部牵制阶段。L. R. Dicksee 最早于 1905 年提出内部牵制（internal check）这个概念，他认为，内部牵制由职责分工、会计记录、人员轮换构成。随后，George E. Bennett 发展了内部牵制这一概念，他于 1930 年给内部牵制下的定义为：内部牵制是账户和程序组成的协作系统，这个系统使得员工在从事本身工作时，独立地对其他员工的工作进行连续性的检查，以确定其舞弊的可能性。

2. 内部控制阶段。1947 年，美国注册会计师协会（简称"AICPA"）下属的审计程序委员会在其《审计准则暂行公告》中第一次正式提出了内部控制这个概念。1949 年，审计程序委员会发布了一份题为"内部控制———一种协调制度要素及其对管理当局和独立审计人员的重要性"的特别报告，该报告首次对内部控制进行了权威的定义：内部控制包括组织的组成结构及该组织为保护其财产安全、检查其会计资料的准确性和可靠性，提高经营效率，保证既定的管理政策得以实施而采取的所有方法和措施。该定义当时被普遍认为是对内部控制这一概念的重大贡献，因为在此之前内部控制概念从未受到如此的重视。

3. 管理控制和会计控制阶段。1958 年，审计程序委员会发布的第 29 号《审计程序公告》对内部控制重新进行表述，指出内部控制既包括会计控制，又包括管理控制。1972 年 AICPA 下属的审计准则委员会发布的第 1 号《审计准则公告》中给管理控制和会计控制所下的定义是比较权威的，其中指出："管理控制包括但不限于确保交易由管理当局授权的组织结构、程序及有关记录。这种授权是与实现组织目标这个责任相联系的管理功能，并且是建立交易的会计控制的起点。会计控制是与资产安全、财务记录及下列事项提供合理保证的组织结构、程序及记录：A. 交易的实施是依据管理当局一般授权或特别授权。B. 交易的记录需要满足以下需要：能按一般公认会计原则或应用于会计报告的其他标准来编制财务报表；保持资产的经管责任。C. 只能根据管理当局的授权才能接近资产。D. 账面数定期与实际数相核对，并对差异采取恰当行动。"（上述概念中将管理控制和企业目标相联系，但未将会计控制与企业目标相联系。)

4. 内部控制结构阶段。1988年审计准则委员会发布第55号《审计准则公告》，正式提出"内部控制结构"这一概念，并于1990年1月起取代1972年发布的第1号《审计准则公告》中的内部控制的相关内容。即，从1990年1月起由内部控制结构取代了内部管理控制和内部会计控制。

第55号《审计准则公告》中的定义为：内部控制结构是指为了对实现特定公司目标提供合理保证而建立的一系列政策和程序构成的有机总体，包括控制环境（control environment）、会计系统（accounting system）、控制程序（control procedures）三个要素（elements）。

5. 一体化结构阶段。20世纪80年代以来，虚假财务报告时有发生。为此，美国成立了"反对虚假财务报告委员会"（Treadway委员会）。随后，AICPA、IIA（内部审计协会）、FEI（财务经理协会）、AAA（美国会计学会）、IMA（管理会计学会）等多个专业团体共同发起组成COSO（Treadway委员会发起委员会），COSO从属于Treadway委员会，专门致力于内部控制研究。COSO于1992年提出了题为"内部控制———一体化结构"的研究报告，这就是著名的COSO报告。

1996年美国注册会计师协会发布的《审计准则第78号》全面接受COSO报告的内容，并从1997年起取代1988年发布的《审计准则公告55号》。COSO委员会在其于1994年修改的《内部控制——整体框架》中对内部控制的定义为：企业的内部控制是受企业董事会、管理当局和其他职员的影响，目的在于取得经营效果和效率、财务报告的可靠性、遵循适当的法规等目标而提供合理保证的一种过程，应由控制环境、风险评估、控制活动、信息沟通、监督五个方面的内容（components）构成。从该阶段起，控制环境正式纳入内部控制范畴，也从该阶段起，不再区分会计控制和管理控制，而统一由要素来表述内部控制。因为人们逐渐发现两者往往是不可分割的。

从上述内部控制的发展历程及有关内部控制的概念中可以看出，内部控制的内涵越来越广泛，尤其以COSO报告最具有广泛的适用性，提供了内部控制的整体框架。总的来讲，内部控制的发展体现出以下特点：

1. 内部控制的内涵越来越广泛；
2. 内部控制各个构成部分不断融合，内部控制成为一个不可分割的系统；
3. 将内部控制与企业的经营者联系起来；
4. 内部控制的目标体现出企业的经营目标。

（二）内部控制在中国的发展

中国企业内部控制的发展时间不长，1986年财政部颁布的《企业会计工作基础工作基本规范》中只提内部会计控制，1997年实施的第9号独立审计准则中，明显地套用了AICPA在1988年提出的内部控制结构的定义。财政部2001年发布的《内部会计控制基本规范（试行）》（2001）中指出，内部会计控制应当达到以下基本目标：规范单位会计行为，保证会计资料真实、完整；堵塞漏洞、消除隐患，防止并及时发现、纠正错误及舞弊行为，保护单位资产的安全、完整；确保国家有关法律法规和单位内部规章制度的贯彻执行。

中国证监会发布的《证券公司内部控制指引》（2001）中指出，公司内部控制的总体目标是要建立一个决策科学、运营规范、管理高效和持续、稳定、健康发展的证券经营实体。其目标具体包括：严格遵守国家有关法律法规和行业监管规章，自觉形成守法经营、规范运作的经营思想和经营风格；健全符合现代企业制度要求的法人治理结构，形成科学合理的决策机制、执行机制和监督机制；建立行之有效的风险控制系统，确保各项经营管理活动的健康运行与公司财产的安全完整；不断提高经营管理的效率和效益，努力实现公司价值的最大化，圆满完成公司的经营目标和发展战略。

中国人民银行发布的《商业银行内部控制指引》（2002）中指出，内部控制是商业银行为实现经营目标，通过制定和实施一系列制度、程序和方法，对风险进行事前防范、事中控制、事后监督和纠正的动态过程和机制。其中，商业银行内部控制的目标包括：确保国家法律规定和商业银行内部规章制度的贯彻执行；确保商业银行发展战略和经营目标的全面实施和充分实现；确保风险管理体系的有效性；确保业务记录、财务信息和其他管理信息的及时、真实和完整。

上交所发布的《上海证券交易所上市公司内部控制指引》（2006）中指出，内部控制是指上市公司为了保证公司战略目标的实现，而对公司战略制定和经营活动中存在的风险予以管理的相关制度安排。并同时指出在上交所上市的公司应当按照法律、行政法规、部门规章以及股票上市规则的规定建立健全内部控制制度，保证内控制度的完整性、合理性及实施的有效性，以提高公司经营的效果与效率，增强公司信息披露的可靠性，确保公司行为合法合规。

深交所发布的《深圳证券交易所上市公司内部控制指引》（2006）中指出，内部控制的相关目标包括：遵守国家法律、法规、规章及其他相关规定；提高公司经营的效益及效率；保障公司资产的安全；确保公司信息披露的真实、准确、完整和公平。

另外，《中国注册会计师审计准则第1211号——了解被审计单位及其环境并评估重大错报风险》（2006）中也有关于内部控制的内涵和要素部分的定义，从中可以看出，其所定义的内部控制目标包括合理保证财务报告的可靠性、经营的效率和效果以及对法律法规的遵守。

2008年5月22日，财政部、证监会、审计署、银监会及保监会联合发布《企业内部控制基本规范》，其中指出，内部控制是由董事会、监事会、经理层和全体员工实施的、旨在实现控制目标的过程；内部控制的目标则是合理保证企业经营管理合法合规、资产安全、财务报告及相关信息真实完整，提高经营效率和效果，促进企业实现发展战略。

总的来讲，中国内部控制的发展受国外内部控制理论实务的影响比较大，受我国经济发展状况的影响也比较大。

二、内部控制基本框架

内部控制基本框架主要包括内部控制的目标及内部控制构成，以对内部控制描述最为全面的 COSO 报告为例，内部控制的基本框架如下：

（一）内部控制目标

COSO 委员会在其于 1994 年修改的《内部控制——整体框架》中对内部控制的定义为：企业的内部控制是受企业董事会、管理当局和其他职员的影响，目的在于取得经营效果和效率、财务报告的可靠性、遵循适当的法规等目标而提供合理保证的一种过程，应由控制环境、风险评估、控制活动、信息沟通、监督五个方面的内容构成。可以看出 COSO 委员会提出内部控制目标包括与企业营运有关的目标、与财务报告可靠性有关的目标、与法规遵守性有关的目标三个方面的目标。

（二）基本构成

按照 COSO 报告的观点，内部控制由以下 5 个方面的要素构成：

1. 控制环境。控制环境是内部控制的基础，因为它设定了组织管理的基调和特色，影响着员工的控制意识，是其他 4 项要素的基础；同时，它为其他要素提供了约束和控制结构。控制环境因素包括：企业每个人的诚信、道德价值观和能力；管理层的管理理念和经营风格；管理层授权方式和发展其员工的方法；董事会成员对企业的关注和指导。

2. 风险评估。每一个企业都要面对各种不同的内部和外部风险，因此必须对这些风险进行评估。风险评估就是确定和分析企业实现其目标过程中的相关风险。风险评估的一个前提条件就是企业已经确立目标，这些目标在各个层次上相互关联并且在企业内部是一致的。由于经济、行业、政策法规和经营条件持续地变化，因此需要建立机制以确定和处理与这些变化相关的特定风险。

3. 控制活动。控制活动是协助管理层确保有关经营指导方针得以落实的政策制度和程序。它帮助确保管理层采取必要的措施以处理企业在实现其目标过程中所面临的风险。它在整个公司范围、所有层次以及所有职能中实施。控制活动包括：审批；授权；核实查证；对账；检查；资产的安全；权责分离。

4. 信息与沟通。必须通过某种方式，在一定时间之内明确、获得并传达沟通相关信息以确保人们能够履行其职责。而且信息系统提供有关财务、经营和法律法规的遵守等信息的报告，这些信息使企业的管理控制成为可能。信息系统不仅仅处理企业内部产生的信息，也包括企业做出决策所需要的外部信息。有效的沟通包括企业上下的沟通，也包括横向的沟通。应确保所有员工必须从高级管理层获得明确的信息指令，即所有人都必须认真看待和履行控制职责。

5. 监督。监督是评估系统质量的程序，内部控制系统需要监督。内部控制系统的监督通过以下工作实现：进行中的监督工作；单独的评估；两者的结合；内部控制的不足应当逐级向上汇报，重大问题要报告最高管理层和董事会。

（三）框架基本结构

内部控制框架结构可以描述如图 12 – 1 所示。

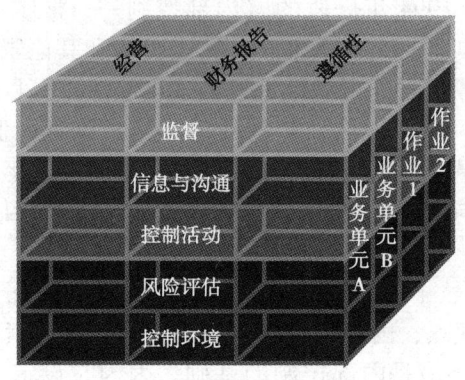

图 12 – 1

资料来源：COSO 报告。

从图可以看出，COSO 框架可以从三个维度进行分解：目标、要素和组织结构。
（1）COSO 的三大目标：运营的效果和效率、财务报告的可靠性、法规的遵循性；
（2）COSO 的五大要素：控制环境、风险评估、控制活动、信息和沟通、监督；
（3）COSO 的组织结构：COSO 与其他管理模式一样，可以按照企业的组织结构细分到业务单元，进而细分到各个流程以及作业层次。COSO 在企业的操作层次上可以描述为：五大要素在组织结构的各个层次发生作用，从而共同达到三大控制目标。

三、内部控制的方式

内部控制的实现方式包含了多方面的内容，而不仅仅是分工、授权审批等，具体包括：

（一）制度安排控制

企业的制度安排包括多方面的内容，如企业治理层面的制度安排，包括股东大会、董事会、监事会及经理层间的制衡制度；企业经营运转过程中的各项管理制度等。

(二) 组织结构控制

企业的组织结构决定了有关部门和人员的职责及关系模式，组织结构控制包括：通过设置恰当的组织结构模式来提高企业运转的效率；通过各职能部门或责任中心的设立来实现企业经营的目标；通过人员的职责分工及岗位设计来完成企业的各项具体活动，并避免潜在的人为弊端等。

(三) 程序控制

企业的经营由连续不断的各项业务活动构成，为了确保各项活动的有序、有效进行，需要设立一定的控制程序，包括授权审批、操作流程、文件记录、实物保管等不同业务环节的控制与衔接活动。

(四) 目标控制

由于现代企业存在不同程度的分权管理，为了通过各分权部门来实现企业的经营目标，必须采取有效的目标管理及控制措施。包括：企业整体目标的设立及分解；各分权部门乃至具体操作人员的责任目标的确认及考核等。

(五) 监督控制

尽管企业设立各项制度安排、进行权责分工、进行目标管理、采取各项控制程序，但监督是必需的。企业必须设立各项内部监督措施，如内部审计、内部稽核等。

(六) 激励控制

企业目标的实现有赖于企业经营者、各管理层、具体员工的一致努力，但由于客观存在的人的固有特性，使得仅仅采取各项监督措施是不够的，而必须同时采取激励措施，即进行激励控制。包括：高层管理人员的激励性报酬契约；普通管理人员及员工的业绩奖励制度等。

(七) 信息系统控制

企业的运行依赖于对企业内、外信息的取得、分析与使用，同时企业也有责任对外披露关于企业内部经营运转状况和结果的信息。总的来讲，企业对有关信息的需要体现在以下方面：关于市场、客户、供应商、法规等方面的外部信息；企业的内部信息，如内部业务数据、内部报告等；企业需要对外披露的信息。企业必须采取有力的控制措施，以客观地形成相关的信息，并保证对外披露信息的充分性和透明度。

（八）人员素质控制

无论制度本身如何完善，制度的执行最终还是由企业不同岗位的员工来完成，如果没有一支具有良好素质的员工队伍，企业的目标便不能得以实现。因此，企业必须采取一定的控制措施以保证员工素质满足其岗位的要求，满足企业生存、发展的要求，具体控制措施包括：合理的招聘程序；具有针对性的员工培训计划；岗位轮换制度等。

四、内部控制设计

（一）内部控制设计的原则

一套完整有效的内部控制体系才有助于实现内部控制的目标，进而实现企业的目标。完整有效的内部控制体系除了应当满足相关规范的要求外，还应当体现出其所应具备的系统性、适当性及预防性功能。因此，在进行内部控制设计时应当遵循以下原则：

1. 系统性原则。现代企业是一系列契约的集合体，是一个具有多个环节的代理链条，企业的内、外监控机制是使其能够有序、有效运转的保障。国内外对内部控制的定义和描述很多，企业内部控制是区别于企业外部监控体系的控制体系，可以将其描述为：企业内部控制是包括股东、经营者、管理者等不同层次的控制主体，为了达到预期的目的，而对企业的经营者、管理者及相应的经营管理业务等相关对象所采取的所有制度安排及程序和方法体系。

内部控制的发展体现出内涵越来越广泛、与企业的经营者及企业的经营目标联系越来越密切、各个构成部分不断融合为一个不可分割的系统等特点。因此，内部控制的设计首先要遵循系统性原则，即内部控制系统应当涵盖企业所有的层面，并相互协调，使企业的治理层次、管理层次有效地整合为内部控制体系。

（1）企业组织结构。将企业的治理层次、管理层次进行整合，使其相互协调，成为有效运转的内部控制体系，首先必须认真分析、考虑企业的组织结构。按照哈罗德·孔茨的观点，组织结构的设计应当明确谁去做什么，谁要对什么结果负责，并且消除由于分工含糊不清造成的执行中的障碍，还要提供能反映和支持企业目标的决策和沟通网络。另外，根据罗伯特·安东尼的观点，企业的计划和控制系统包括战略规划、管理控制和作业管理三个层次。因此，我国现代企业的组织结构可以简单描述如图 12 – 2 所示。

可以看出，委托代理关系条件下的现代企业内部表现为不同层次的权责分派。按照权责的不同，企业的权责分派体系应当主要包括决策权的分派和监督权的分派两个方面。内部控制体系应当涵盖各个层面的决策与监督，从而使企业能够良好地运转并实现预期目标。

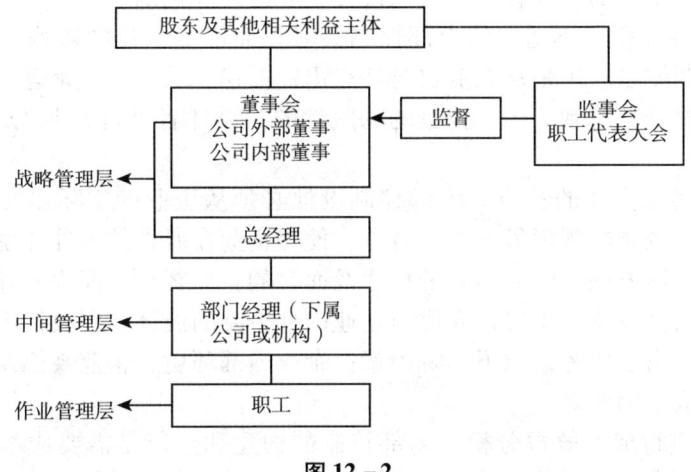

图 12-2

(2) 权利的分派。

① 决策权的分派。按照决策影响范围的大小和影响时间的长短，企业的决策权一般划分为经营决策权、管理决策权和业务决策权。其中：第一，经营决策权。企业的经营决策权，是企业全局性、长期性、战略性的决策，主要包括：确定或改变企业的经营方向和经营目标、新产品开发、企业上市、企业并购、开拓新的市场、扩展生产能力等。企业的经营决策权一般掌握在高层经营管理者手中，如董事会、总经理等。第二，管理决策权。企业的管理决策权，是指对企业的人力、资金、物资等资源进行合理配置，以及经营组织结构加以改变的决策，具有局部性、中期性和战术性的特点。管理决策的制定必须为实现企业战略目标服务。企业的管理决策权一般掌握在企业的中层管理者手中。第三，业务决策权。业务决策是在一定的企业运行机制基础上，处理日常业务的决策，具有琐细性、短期性与日常性的特点，主要包括：日常的对供应、生产、销售等活动的处理权。业务决策权一般掌握在企业的基层管理者手中。

② 监督权的分派。企业的整个监控体系包括监事会、审计委员会及内部审计部门。由于监事会直接向股东大会负责，因此监事会的监督职责在于监督董事会及企业的高层管理人员，即我们经常提到的对企业经营者的监督。而审计委员会作为董事会下的监督机构更多的是对企业管理当局的监督，因此审计委员会的主要职责是对管理层进行监督。企业的内部审计部门则主要是针对企业有关内部制度执行情况进行监督，涉及企业经营的各个方面，包括企业经营的效果、效率；企业财务报告信息的真实性及企业运转的合法性、合规性，等等。

内部控制系统的设计应当体现出企业不同层次的委托代理关系，及由此而产生的相互制衡机制，从而保障企业不同层次目标的实现及企业长远目标的实现。内部控制设计者应当按照企业的不同权责层次来设计企业的内部控制。

2. 可操作性原则。不适当的内部控制会对企业产生不良的影响，一套具有可操作性的内部控制体系一定是从企业自身特点出发而建立的，一定是遵循成本效益原则的，也一定是充分考虑到了内部控制的局限性。设计者进行企业内部控制设计时，应当：

（1）充分考虑企业的特点。内部控制设计必须从企业的实际出发。由于每个企业所处的行业、经营的规模等方面的特点，使得企业在所处的内外环境方面、职责分工方面、组织结构方面、业务运转的程序及面对的企业客户方面都是存在差别的。注册会计师应当从企业实际出发，来进行企业内部控制的设计。在设计内部控制时，内部控制设计者应当主要考虑以下影响因素：企业内部环境、企业规模及行业特征、企业经营战略、成本因素等。

（2）认真进行成本效益分析。内部控制的构建和运行是需要成本的。贯彻成本效益原则，即要求力争以最小的控制成本取得最大的控制效果。因此，在设计和实施内部控制花费的成本和由此而产生的经济效益之间要保持适当的比例。也就是说，因实行内部控制所花费的代价不能超过由此而获得的效益，否则应舍弃该控制措施，或采取其他相应的替代性控制措施。

（3）正确认识内部控制的固有局限性。进行内部控制设计应当正确认识内部控制的局限性。内部控制的局限性主要体现在以下方面：内部行使控制职能的管理人员滥用授权；内部承担不相容职务的人员串通舞弊；内部行使控制职能的人员素质不适应岗位要求；由于遵循实施内部控制的成本/效益原则而影响内部控制的效能；适用于经常而重复的业务等。

3. 预防性原则。内部控制设计的合理性和执行的有效性是防止错弊发生的关键，也是使企业能够有序运转的关键，因此内部控制设计应体现出其预防性功能。预防性功能主要表现为对各类风险的分析和防范。预防性功能的实现主要有赖于企业风险管理机制的设立、内部牵制制度的实施及业务活动的流程化设计。因此，设计内部控制时，企业应当：

（1）建立风险管理机制。由于各种不确定性因素的存在，企业面临着客观存在的各种风险。国内外一系列重大企业经营失败案例的出现，促使人们一次又一次地从不同角度来研究企业的风险管理问题。美国COSO在（Internal Control—Integrated Framework）（1994）中指出风险评估是内部控制的构成要素之一，并于2004年9月正式发布了（Enterprise Risk Management—Integrated Framework）。英国FRC（Financial Reporting Council）的（Internal Control：Revised Guidance for Directors on the Combined Code）（October，2005）在其目标部分中指出公司的董事会应当采用以风险为基础的方法来建立内部控制系统。我国的国资委于 2006 年 6 月发布了《中央企业全面风险管理指引》。

一般来讲，企业的风险管理体系，主要由风险管理机制、风险识别、风险衡量、风险处理几个环节构成。其中，企业的风险管理机制是企业进行风险管理的基础，良好的风险管理机制是企业风险管理是否有效的前提。企业风险管理机制应当包括风险管理组织机构和风险预警系统。

① 风险管理组织机构。企业必须根据企业规模大小、管理水平、风险程度以及生产经营的性质等方面的特点，在企业全体员工参与合作和专业管理相结合的基础上，建立一个包括风险管理负责人、一般专业管理人、非专业风险管理人和外部的风险管理服务等规范化风险管理的组织体系。该体系应根据风险产生的原因和阶段不断地进行动态调整，并通过健全的制度来明确相互之间的责、权、利，使企业的风险管理体系成为一个有机整体。

② 风险预警体系。企业应当建立风险预警系统，即通过对风险进行科学的预测分析，预计可能发生的风险，并提醒有关部门采取有力的措施。企业风险预警体系的建立，将促使企业风险管理机构和人员密切注意与本企业相关的各种内外因素的变化发展趋势，从对因素变化的动态中分析预测企业可能发生的风险，进行风险预警。

（2）实施内部牵制制度。如前文所述，L. R. Dicksee 最早于 1905 年提出内部牵制（internal check）这个概念，他认为，内部牵制由职责分工、会计记录、人员轮换构成。随后，George E. Bennett 发展了内部牵制这一概念，他于 1930 年给内部牵制下的定义为：内部牵制是账户和程序组成的协作系统，这个系统使得员工在从事本身工作时，独立地对其他员工的工作进行连续性的检查，以确定其舞弊的可能性。

实践证明，内部牵制机制确实有效地减少了错误和舞弊行为。因此，在现代内部控制理论中，内部牵制仍占有重要的地位，成为有关组织机构控制、职务分离控制的基础。

（3）设计流程化的业务活动。企业实际运转中相关业务活动的控制，在企业内部控制系统中占有举足轻重的位置，从对现实内部控制失败案例的分析中可以发现，业务活动基本内部控制的缺失或执行的无效是企业内部控制失败的关键性诱因。因此，内部控制体系中，非常重要的一部分便是企业各项业务活动的内部控制设计。

企业业务活动控制应当按照业务循环来设计，对于企业的主要经济业务应当设计流程化的内部控制制度，并与企业的信息系统相结合。内部控制设计人员应当对重要经济业务进行流程分析，找出关键控制点，作为日常管理控制的重点。

（二）内部控制设计的流程

内部控制设计的流程是用以指导内部控制设计者有序、有效地完成内部控制设计的每一个环节和步骤。规范化的内部控制设计流程应当包括内部控制设计的规划阶

段、内部控制设计的实施阶段和内部控制的试运行及完善阶段,并按照以下程序进行:

1. 内部控制设计的规划阶段。

(1) 界定内部控制设计的需求。不同的企业有自己的特点,企业运行的特点在一定程度上决定了企业内部控制设计的需求是有差别的。对内部控制设计需求的界定,也是对内部控制设计目标的界定。

一般来讲,企业的内部控制设计需求包括:①设计或完善企业的整个内部控制体系。有的企业需要建立并完善企业的整个内部控制系统,以满足相关部门对企业建立、评价以及披露内部控制系统运行状况的需要。②分析和控制企业的风险。由于各种不确定性因素的存在,企业面临着客观存在的各种风险,企业能否对风险进行有效的管理和控制,是企业能否生存发展、能否实现企业预期目标的关键。因此,有的企业进行内部控制设计,目的主要在于分析和控制企业的风险。③改进企业的商业流程或企业的绩效。有的企业进行内部控制设计可能是局部性的,具有一定的针对性。如改进企业的特定商业流程或提高企业的绩效。这种情况下的内部控制设计注重的是对企业商业流程的分析或影响企业绩效的诸多要素的分析。

(2) 评价内部控制环境。不同企业间存在的差异也体现在内部控制环境方面。控制环境是内部控制的基础,它设定了企业管理的基调和特色,影响着员工的控制意识,是其他控制要素的基础,同时也为其他要素提供了约束和控制结构。因此,不同的内部控制环境将直接影响到内部控制设计的很多方面,如内部控制程序的实施、控制方式的选择等。

对企业控制环境的评价,内部控制设计者应当主要对以下问题进行判断:①是否存在总裁独裁;②是否是行政化或家族化管理组织;③法人治理机制是否规范;④内部审计的权威性程度;⑤管理模式是否成熟;⑥是否存在管理人员的违规;⑦是否存在越权接触实物、现金和重要凭证;⑧是否存在企业文化危机等。

(3) 评估内部控制成本。由于内部控制设计应当遵循成本效益原则,因此内部控制设计者应当对企业现行的内部控制系统进行描述,调查内部控制现状,从而确定满足内部控制设计需求、实现内部控制设计目标,需要付出的内部控制成本。包括:①调查内部控制现状。内部控制设计者应当:向有关人员询问有关内部控制的情况;查阅有关内部控制的管理制度和文件;查阅以前年度有关内部控制评价的档案。②评价内部控制健全程度。内部控制设计者应当将内部控制的现状与内部控制标准进行对比,确定内部控制的缺陷和潜在风险,并进一步评价内部控制的健全程度。③评估内部控制成本。在对企业现行内部控制体系进行了解和评价后,内部控制设计者应当初步评估达到预期目标将要发生的控制成本,从而决定内部控制设计阶段将要采取的控制措施。

(4) 制订内部控制设计实施计划。经过对内部控制设计需求的界定,确定了内部控制设计的目标，以及评估了内部控制环境和内部控制评估成本后，注册会计师应当制订内部控制设计实施计划，包括人员、时间及具体设计活动安排等。

2. 内部控制设计的实施阶段。企业内部控制设计应当分层进行，因此以一套完整的内部控制系统为例，内部控制设计者应当按照下列顺序和内容来完成内部控制设计实施阶段的工作。

（1）分解企业内部控制的目标。内部控制目标的设立是构建企业内部控制系统的关键。但是，过于笼统宽泛的内部控制目标定义不便于进行内部控制设计，内部控制目标应当具体且便于理解。内部控制设计者应当对企业内部控制的目标进行分解，以便于进行内部控制的设计。内部控制设计者应当根据企业各方面的特点来定义企业不同层次的内部控制目标，以便设计达到预期控制目标的控制活动和程序。内部控制的分解过程可以简单描述为：企业目标和股东目标→董事会目标→公司层面内部控制目标→经营活动控制目标。

（2）设计公司层面的内部控制。正如前文所做的分析，确定了企业不同层次的内部控制目标后，应当根据所确定的各层次内部控制目标，进行内部控制的设计。一般将公司的内部控制设计分为两个层面，即公司层面的内部控制设计和业务活动内部控制设计。其中，公司层面内部控制的设计应当包括：公司治理机制；公司组织机构与权责分派；公司预算与业绩考评；对公司下属部门及附属公司的管理控制；内部审计；信息系统管理控制制度。

（3）设计业务活动环节的内部控制。对各业务活动环节内部控制的设计应当包括业务活动控制的目标、控制的方式和业务控制流程几个方面。企业所处行业不同，业务活动的性质也有很大的差异。设计业务层面的控制，必须首先确定控制的目标；其次识别可能存在的哪些风险可能导致目标不能实现，然后针对这些风险设计控制活动；最后通过信息交流与沟通将目标、风险、控制活动连为一体。这种从目标到风险到控制活动到整合的思路称为 ORCA 模式（Objective/Risk/Control/Alignment）。

需要注意的是，内部控制设计阶段初步完成后，应当进行内部控制的试运行，从而对内部控制系统合理性和有效性进行评价，并进行必要的完善，最后内部控制系统才能进行实际的运行。

第三节　风险管理

一、风险管理概述

在 21 世纪的经济环境中，企业的经营模式时常受到竞争对手和一些能导致潜在风险的事件的挑战。为了保证企业成长和发展，公司通过从事具有一定风险的活动来获取利润和增加利益相关者的价值。如果企业无法识别、评估并且有效地管理组织所面临的重要风险，就会导致企业和利益相关者遭受重大意外损失。因此，企业必须关注风险管理，实施一定的程序来有效地管理所面临的重要风险。

(一) 风险管理的产生和发展

风险管理作为一门新兴学科发展较晚，20世纪30年代，风险管理的思想理论开始萌芽。由于受到1929~1933年的世界性经济危机的影响，美国约有40%的银行和企业破产，经济倒退了约20年。面对经济衰退、社会财富的巨大损失，人们开始思考采用有效的措施减少或者消除风险给人类带来的灾难和后果，采取科学的方法防范控制和处理风险。1931年，在美国经营者协会（AMA）的大会上，明确了对企业风险进行管理的重要意义，并设立保险部门作为美国经营者协会的独立机构，开展有关风险的研究和咨询事务。从此，管理企业风险的人被称为风险管理人或风险经理（Risk Manager）。1938年以后，美国企业对风险管理开始采用科学的方法，并逐步积累了丰富的经验。

20世纪50年代风险管理发展成为一门学科，并形成了独立的理论体系。1950年，加拉格尔在调查报告《费用控制的新时期——风险管理》中，首次使用了风险管理一词。从此，许多学者开始研究风险管理的方法。1963年，美尔和赫奇斯撰写的《企业的风险管理》(Risk Management in the Business Enterprise) 一文发表在美国出版的《保险手册》中，1964年，威廉姆斯和汉斯出版了《风险管理与保险》(Risk Management and Insurance) 一书，引起了欧美各国的广泛重视。

进入20世纪70年代逐渐掀起了全球性的风险管理运动，随着企业面临的风险复杂多样和风险费用的增加，法国从美国引进了风险管理并在法国国内传播开来。与此同时，日本也开始了风险管理研究。近20年来，美国、加拿大、英国、法国、德国、日本等国家先后建立起全国性和地区性的风险管理协会。1983年在美国召开的风险和保险协会年会上，世界各国专家学者云集纽约，共同讨论并通过了"101条风险管理准则"，它标志着风险管理的发展进入了一个新的发展阶段。

20世纪80年代后，企业的经营环境以价格风险、利率风险、汇率风险等为代表的财务风险开始给企业带来了巨大的威胁，使得企业开始寻求规避财务风险的工具。但企业在这方面的努力仅限于一些孤立的实践活动，并没有形成相对完整的理论和方法体系。到20世纪末，随着大型企业，特别是那些大型跨国公司面临的风险环境日趋多样和复杂，开始出现了将企业的所有风险，包括纯粹风险和财务风险综合起来进行管理的需要。这种需求使得在历史上不同时期出现、并沿着两条不同轨迹发展起来的传统风险管理和金融/财务风险管理终于在进入新世纪的时候走到了一起，出现了一个崭新的概念——整体化风险管理。整体化风险管理也就是我们今天所指的全面风险管理，全面风险管理冲破了传统风险管理对风险的狭隘理解，将风险看成一个整体进行研究。

近 10 年来，国内外大公司各类重大风险事故频发，例如美国安然（Enron）、世通（WorldCom）的财务风险引发的财务丑闻导致的公司破产，日本的八佰伴公司由于错误的战略定位引起的投资风险和扩张风险最终导致八佰伴破产，以及其他各种风险，引起的企业破产和巨额亏损敲响了世界各国政府和跨国公司对全面风险管理的警钟。1992 年和 2004 年由 COSO 发布的《内部控制综合框架》和《风险管理综合框架》是对风险管理研究及实践的良好总结和发展。

中国对于风险管理的研究始于 20 世纪 80 年代。一些学者将风险管理和安全系统工程理论引入中国，并在企业中运用这些理论和方法进行风险识别、计量和监控，取得了较好的成效。但中国大部分企业缺乏对风险管理的认识，也没有建立专门的风险管理机构。作为一门学科，风险管理学在中国仍旧处于起步阶段。2006 年 6 月国务院为了进一步加强和完善国有资产监管工作，深化国有企业改革，加强风险管理，促进企业持续、稳定、健康发展，国有资产监督管理委员会出台了《中央企业全面风险管理指引》（以下简称《指引》）。《指引》对中央企业开展全面风险管理工作的总体原则、基本流程、组织体系、风险评估、风险管理策略、风险管理解决方案、监督与改进、风险管理文化、风险管理信息系统等方面进行了详细阐述。同时借鉴了发达国家有关企业风险管理的法律法规、国外先进的大公司在风险管理方面的通行做法，以及国内有关内控机制建设方面的规定，对于中央企业建立健全风险管理长效机制，促进企业稳步发展，防止国有资产流失，保护投资者利益，都具有一定的意义。

（二）风险管理的概念

在风险管理学形成和发展的过程中，学者们对其出发点、目标、手段和管理范围都有一个认识的过程，并形成不同的侧重点。目前在理论界有代表性的观点包括以美国为代表的纯粹风险说和以德国、英国为代表的企业全部风险说。

纯粹风险说将企业风险管理的对象放在企业静态风险的管理上，将风险的转嫁与保险密切联系起来。该学说认为风险管理的基本职能是对威胁企业的纯粹风险的确认和分析，并通过分析在风险自保和进行保险之间选择最小成本获得最大保障的风险管理决策方案。该学说是保险型风险管理的理论基础。

企业全部风险说将企业风险管理的对象设定为企业的全部风险，包括了企业的静态风险（纯粹风险）和动态风险（投机风险），认为企业的风险管理不仅要把纯粹风险的不利性减到最小，也要把投机风险的收益性达到最大。该学说认为风险管理的中心内容是与企业倒闭有关的风险的科学管理。企业全部风险说是经营管理型风险管理的理论基础。

本书中采用 COSO 对风险管理的定义：企业风险管理（ERM）是一个过程，受企业的董事会、管理层和其他人员的影响，应用于企业的战略制定及各个方面，旨在确定影响企业的潜在重大事件，将企业的风险控制在可接受的程度内，从而为实现企业的目标提供合理保证。

为了深入地理解风险管理的概念，还需要明确以下问题：

1. 企业的风险管理是一个过程。企业风险管理不是静止、一成不变的，而是一个持续改进的过程，它与企业日常的经营活动息息相关。只有当企业的风险管理机制和企业的基本制度相结合，并成为企业经营中一个不可分割的部分时，才有可能发挥出最大效用。

2. 企业风险管理受组织中各层员工的影响。企业风险管理机制是由公司的董事会、管理层和其他员工建立并执行的。同时，企业的风险管理体系也对公司各层人员的行为产生相应的影响。

3. 企业风险管理应当运用于战略的制定。每个企业都有自己的使命、远景，以及相应的战略目标。企业需要建立一系列的战略来实现其战略目标。除战略目标外，企业还应有一些相关的、具体的目标，这些目标源自企业的战略，渗透到企业的各个业务单元、分部和流程之中。

4. 企业风险管理涉及企业的各个方面。企业的风险管理运用于企业的各项活动中，包括公司战略计划、资源配置；市场活动与人力资源管理；流程方面的生产与新客户信用的审视等。企业的风险管理还可应用于一些特定的项目或新的举措。

5. 企业风险管理与风险偏好（risk appetite）。所谓风险偏好，广义地讲，就是企业在追求其价值增值过程中所愿意接受的风险数量。它反映了一个企业的风险管理哲学，反过来也会对企业文化与经营风格产生影响。许多企业定性地考虑风险偏好问题，将风险分为高、中、低三个大类；另外一些企业采用定量方法，在增长、收益与风险之间进行平衡。风险偏好与企业的战略直接相关。不同的战略伴随不同的风险，因此企业风险管理有助于管理层选择一种预期价值创造与公司风险偏好相一致的战略。企业的风险承受与企业的目标相关，风险承受指偏离某一具体目标的可接受程度。在确定风险承受度时，管理层需要考虑各具体目标的相对重要性，并将风险承受与风险偏好相协调。

6. 企业风险管理仅对目标的实现提供合理的保证（reasonable assurance）。设计与运行良好的企业风险管理体系可以给管理层和董事会在企业目标的实现方面提供一个合理的保证。之所以只能提供合理的保证而非绝对的保证是因为不确定性，风险与未来有关无法准确地加以估计。

综上所述，风险管理和一般管理、保险管理、危机管理等其他类型管理是有区别的，它是一门正在不断发展、完善的管理学科。

（三）企业风险管理的目标

风险管理是企业经营活动的一部分，风险管理的目标是以最少的成本获得最大的安全保障，减少灾害事故的损失和对风险管理组织造成的不良影响。风险管理需要支付一定的费用，其带来的安全保证是否同风险管理的成本相适应，是风险管理的重要问题。从企业价值最大化的角度考虑，企业风险管理的目标就是实现包括风险损失成本和风险控制成本在内的风险总成本最小化。但是，为了构建和谐企业，基于利益相关者理论，除考虑股东价值最大化外，还要求管理层不断扩大包括股东、企业职工、用户、债权人以及社会公众在内的利益。

二、企业风险管理流程

为了有效控制风险，组织经营者在风险管理过程中需要遵守一定的步骤，完成一系列活动。《中央企业全面风险管理指引》提出的风险管理程序如下：

（一）收集风险管理初始信息

实施全面风险管理，企业应广泛、持续不断地收集与本企业风险和风险管理相关的内部、外部初始信息，包括历史数据和未来预测。应把收集初始信息的职责分工落实到各有关职能部门和业务单位。

1. 进行风险评估

企业应对收集的风险管理初始信息和企业各项业务管理及其重要业务流程进行风险评估，包括风险辨识、风险分析、风险评价三个步骤。风险评估应由企业组织有关职能部门和业务单位实施，也可聘请有资质、信誉好、风险管理专业能力强的中介机构协助实施。风险辨识是指查找企业各业务单元、各项重要经营活动及其重要业务流程中有无风险，有哪些风险。风险分析是对辨识出的风险及其特征进行明确的定义描述，分析和描述风险发生可能性的高低、风险发生的条件。风险评价是评估风险对企业实现目标的影响程度、风险的价值等。

在进行风险评估时，应将定性与定量方法相结合。定性方法可采用问卷调查、集体讨论、专家咨询、情景分析、政策分析、行业标杆比较、管理层访谈、由专人主持的工作访谈和调查研究等。定量方法可采用统计推论（如集中趋势法）、计算机模拟（如蒙特卡罗分析法）、失效模式与影响分析、事件树分析等。

企业在评估多项风险时，应根据对风险发生可能性的高低和对目标的影响程度的评估，绘制风险坐标图，对各项风险进行比较，初步确定对各项风险的管理优先顺序和策略。企业应对风险管理信息实行动态管理，定期或不定期实施风险辨识、分析、评价，以便对新的风险和原有风险的变化重新评估。

2. 制定风险管理策略。风险管理策略是指企业根据自身条件和外部环境，围绕企业发展战略，确定风险偏好、风险承受度、风险管理有效性标准，选择风险承担、风险规避、风险转移、风险转换、风险对冲、风险补偿、风险控制等适合的风险管理工具的总体策略，并确定风险管理所需人力和财力资源的配置原则。

一般情况下，对战略、财务、运营和法律风险，可采取风险承担、风险规避、风险转换、风险控制等方法。对能够通过保险、期货、对冲等金融手段进行理财的风险，可以采用风险转移、风险对冲、风险补偿等方法。企业应根据不同业务特点统一确定风险偏好和风险承受度，即企业愿意承担哪些风险，明确风险的最低限度和不能超过的最高限度，并据此确定风险的预警线及相应采取的对策。确定风险偏好和风险承受度，要正确认识和把握风险与收益的平衡，防止和纠正忽视风险、片面追求收益而不讲条件、范围，认为风险越大、收益越高的观念和做法；同时，也要防止单纯为规避风险而放弃发展机遇。

企业应根据风险与收益相平衡的原则以及各风险在风险坐标图上的位置，进一步确定风险管理的优选顺序，明确风险管理成本的资金预算和控制风险的组织体系、人力资源、应对措施等总体安排。

企业应定期总结和分析已制定的风险管理策略的有效性和合理性，结合实际不断修订和完善。其中，应重点检查依据风险偏好、风险承受度和风险控制预警线实施的结果是否有效，并提出定性或定量的有效性标准。

3. 风险管理解决方案。企业应根据风险管理策略，针对各类风险或每一项重大风险制定风险管理解决方案。方案一般应包括风险解决的具体目标，所需的组织领导，所涉及的管理及业务流程，所需的条件、手段等资源，具体应对措施以及风险管理工具。

4. 风险管理的监督与改进。企业应以重大风险、重大事件和重大决策、重要管理及业务流程为重点，对风险管理初始信息、风险评估、风险管理策略、关键控制活动及风险管理解决方案的实施情况进行监督，采用压力测试、返回测试、穿行测试以及风险控制自我评估等方法对风险管理的有效性进行检验，根据变化情况和存在的缺陷及时加以改进。图 12-3 说明了《指引》中提出的 ERM 思想。

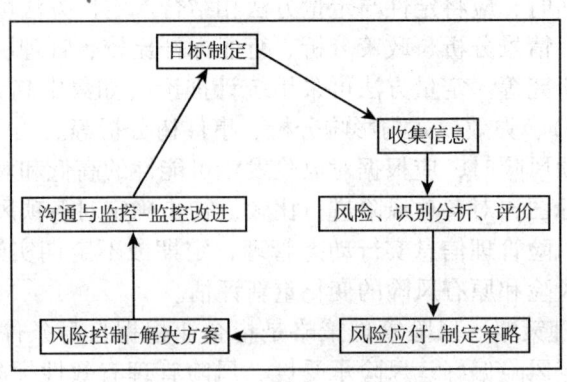

图 12-3　风险管理流程图

三、企业风险管理整合框架

(一) 基本框架的要素和意义

1992年COSO委员会发布的《内部控制——整合框架》得到了各国监管机构和国际组织的认可与采纳。随着时间的推移、竞争的加剧和衍生金融工具的不断涌现,人们越来越认识到风险管理的重要性。内部控制因其只能防范风险,不能转嫁、承担、化解或分散风险而受到越来越多的指责。因此,COSO委员会于2004年在《内部控制整体框架》的基础上,结合《萨班斯—奥克斯利法案》报告方面的要求,同时吸收各方面风险管理的研究成果,制定了《企业风险管理——整合框架》,其目的是希望新框架能够成为企业董事会和管理者的一个有用工具,用来衡量企业的管理团队处理风险的能力,并希望这个框架能成为衡量企业风险管理有效性的一个标准。

COSO确定企业风险管理由内部环境、目标制定、事件识别、风险评估、风险反应、控制活动、信息和沟通、监控8个要素构成,各要素贯穿在企业的管理过程之中。

1. 内部环境。企业的内部环境是其他所有风险管理要素的基础,为其他要素提供规则和结构。企业的内部环境不仅影响企业战略和目标的制定、业务活动的组织及对风险的识别、评估和反应,还影响企业控制活动、信息和沟通系统以及监控活动的设计和执行。董事会是内部环境的重要组成部分,对其他内部环境要素有重要的影响。

2. 目标制定。企业的目标有4个,即战略目标、经营目标、报告目标和合规目标。管理者必须首先确定企业的目标,才能够确定对目标实现有潜在影响的事项。而企业风险管理就是提供给企业管理者一个适当的过程,既能够帮助制定企业的目标,又能够将目标与企业的任务或预期联系在一起,并且保证制定的目标与企业的风险偏好相一致。

3. 事件识别。不确定性的存在,使得企业的管理者需要对这些事项进行识别。而潜在事项对企业可能有正面的影响、负面的影响或者两者同时存在。有负面影响的事项是企业的风险,要求企业的管理者对其进行评估和反应。因此,风险是指某对企业目标的实现可能造成负面影响的事项发生的可能性。对企业有正面影响的事项,或者是企业的机遇,或者是可以抵消风险对企业的负面影响的事项。机遇可以在企业战略或目标制定的过程中加以考虑,以确定有关行动抓住机遇。可能潜在地抵消风险的和负面影响的事项,则应在风险的评估和反应阶段予以考虑。

4. 风险评估。风险评估可以使管理者了解潜在事项如何影响企业目标的实现。管理者应从两个方面对风险进行评估——风险发生的可能性和影响。风险发生的可能性是指某一特定事项发生的可能性，影响则是指事项的发生将会带来的影响。对于风险的评估应从企业战略和目标的角度进行。

5. 风险反应。风险反应可以分为规避风险、减少风险、共担风险和接受风险四类。规避风险是指采取措施退出会给企业带来风险的活动。减少风险是指减少风险发生的可能性，减少风险的影响或两者同时减少。共担风险是指通过转嫁风险或与他人共担风险，降低风险发生的可能性或降低风险对企业的影响。接受风险则是不采取任何行动而接受可能发生的风险及其影响。

6. 控制活动。控制活动是帮助保证风险反应方案得到正确执行的相关政策和程序。控制活动存在于企业的各个部分、各个层面和各个部门，通常包括两个要素：确定应该做什么的政策和影响该政策的一系列程序。

7. 信息和沟通。来自企业内部和外部的相关信息必须以一定的格式和时间间隔进行确认、捕捉和传递，以保证企业的员工能够执行好各自的职责。有效的沟通也是广义上的沟通，包括企业内自上而下、自下而上以及横向的沟通。有效的沟通还包括将相关的信息与企业外部相关方的有效沟通和交换，如客户、供应商、行政管理部门和股东等。

8. 监控。对企业风险管理的监控是指评估风险管理要素内容的运行，以及一段时期的执行质量的一个过程。企业可以通过两种方式对风险管理进行监控——持续监控和个别评估。持续监控和个别评估都是用来保证企业的风险管理在企业内部管理层面和各部门得到持续执行。监控还包括对企业风险管理的记录。对企业风险管理进行记录的程度根据企业的规模、经营的复杂性和其他因素的影响而有所不同。适当的记录通常会使风险管理的监控更为有效。当企业管理者打算向外部相关方提供关于企业风险管理效率的报告时，他们应考虑为企业风险管理设计一套记录模式并保持有关的记录。

（二）风险管理和企业目标的关系

COSO 指出企业风险管理是企业管理程序中的一部分，企业通过评判风险管理在四个层面的目标（战略目标、经营目标、报告报告、合规目标）中的有效性可以得到实现企业经营目标的合理保证。评判的内容包括：了解企业战略目标实现的进度，了解企业经营目标实现的进度，确定企业的报告是可靠的，相关的法律得到遵守。COSO 指出企业 4 个层面的目标与这 8 个部分之间的关系是：企业风险管理的每一个要素都适用于 4 个层面的目标，每个目标都与 8 个基本要素有关。

企业风险管理的 8 个要素都是为企业的 4 个目标服务的，是实现企业目标的保证；企业各个层面都要坚持同样的 4 个目标；风险管理框架强调在企业整个范围内进行风险管理，每个层面都必须从以上 8 个方面进行风险管理。相关人员的角色和责任，企业中的每个人都对风险管理负有责任，COSO 提出了相关责任人的角色和责任。董事会和企业的首席执行官负有最终的责任;其他管理人员要支持企业的风险管理,并负责职责范围内的风险控制程序的有效运作,负责执行制定的风险管理指示。COSO 进一步详细说明了财务执行官、风险执行官和内部审计人员的责任。董事会负责监督企业的风险管理,外部审计师、执法人员、顾客、供应商、商业伙伴、财务分析师、债券等级评价机构、新闻媒体等可以提供有用的信息给企业。最后,COSO 提出了各方应采取的行动:董事会要与管理层讨论企业风险管理的状况并进行监督;高层管理人员、首席执行官、财务执行官及主要部门的负责人要讨论企业风险管理的能力和有效性,并确保存在持续的监控程序;企业的其他人员要考虑如何执行风险管理及加强风险管理;执法人员可以考虑采用本企业风险管理框架的定义和内容对企业的管理加以规范;对财务管理、审计等提供指导的专业组织应根据本框架的精神考虑他们的标准和指引;教育者应考虑将本报告中的概念作为课程的内容。

四、企业风险的识别和分析

风险识别(risk idintification)是对企业面临的以及潜在的风险加以判断、归类和鉴定风险性质的过程,风险识别和风险分析的过程是一个循环往复的过程。风险无处不在,有效地识别风险就会使风险的控制有的放矢。风险的识别涵盖了各个管理层,包括整个公司、战略业务单元、职能部门、项目、流程和活动等。由于风险会阻碍特定战略目标的实现,因此风险识别中首先要明确目标,在理解了企业战略和目标的前提下寻找哪些因素阻碍企业目标的实现。在风险识别过程中,企业有关人员不应把风险当作突发事件,及时识别并讨论企业面临的问题有助于防范风险。

企业风险可分解为外部风险和内部风险两部分,两大风险下又包含了多种具体风险。在逐个分解分析风险前需要对风险因素的概念进行一下界定。风险因素是指能够增加或引起风险事故发生频率和大小的因素,它是风险事故发生的潜在原因,是造成损失的间接的和内在的原因。

(一) 外部风险

外部风险又称环境风险,是指因企业外部的政治经济环境、法律政策、市场和自然灾害等企业无法控制的因素发生变动带来的风险,包括政治风险、经济风险、法律政策风险、市场风险和其他风险 5 类。识别外部风险时我们主要运用环境分析法。

1. 政治风险。政治风险是指由于政局变化、政权更迭、战争、动乱、武斗等政治因素而使企业蒙受各种损失的可能性。政治风险一般对跨国经营的企业影响较大。由于一个社会的政治环境往往能影响其经济环境(例如政府行动可以影响国际资本市场和引致通货膨胀),所以在风险管理中要注意政治风险和经济风险、市场风险的相互作用。由于我国政府长期实行稳定压倒一切的政策,国内政治环境稳定,没有国际业务的企业所面临的政治风险并不大，但企业必须有未雨绸缪的观念，在风险管理中要考虑到这种风险。

2. 经济风险。经济风险是指由于经济周期波动、通货膨胀、金融危机等国家或国际经济生活中的宏观经济因素变动而给企业带来的风险。考虑到我国的具体国情和国际经济状况，能够导致我国企业经济风险的风险因素主要有：经济周期波动、通货膨胀/紧缩、金融危机、社会诚信、国际收支状况、经济改革措施的出台与实施、政府经济管理部门关键的人事变动等。其中需要说明的是后三项：目前我国社会诚信危机严重，已经成为我国经济健康发展的瓶颈，相对于别国企业，我国企业承担着巨大的信用风险。由于我国目前正处于经济体制改革时期，社会主义市场经济体制还没有形成健全稳定的模式，各种经济改革措施频频出台，每项措施的出台都可能对企业形成有利或不利的影响，所以企业在识别风险时必须考虑到经济改革措施的出台与实施。现阶段我国政府职员变动还没有完全法制化，相关部门的人事变动很可能会给企业带来影响，所以应该把政府经济管理部门关键的人事变动作为一项风险因素加以考虑。

3. 法律政策风险。是指由于企业适用的相关法律政策的变动而给企业带来的风险。目前我国法律制度还不够健全，给企业和投资者增加了不少风险，如果一国的商业行动得不到法律保障，企业经常被迫进行"台底交易"或行贿受贿行为，这不但增加生意的交易成本，甚至冒刑事风险。法律的不健全还表现为各种法律政策的不稳定性，相关法律政策的变动往往给企业带来或好或坏的影响，使企业承受一定的风险。

4. 市场风险。是指由于市场供求变动、竞争、市场价格波动等市场因素变动给企业带来的风险。市场是企业生产的起点和终点，所以市场风险对于企业来说是至关重要的风险。导致市场风险的因素主要有：市场供求变动、竞争、消费者消费习性变化、价格波动、供应链失调等。

5. 其他风险。除上述四类主要外部风险外，企业还面临着许多非常规的、偶然性的因素造成的风险，如暴雨、洪水、地震、交通事故等自然灾害和意外事故等。我们把这类无法预料的风险归入其他风险一类。

(二) 内部风险

内部风险绝大多数是企业可以管理和控制的，是企业内部控制活动和风险管理的对象。我们运用分解分析法把企业的内部风险分解为组织风险、决策风险、营运风险、财务风险、创新风险（研发风险）、人事风险（人力资源风险）和信息系统风险 7 类。

1. 组织风险。凡是由于企业组织结构、管理层道德、企业文化、内部控制等组织因素不当或未发挥应有的功能而给企业带来的风险都属于组织风险。

2. 决策风险。由于管理当局决策不当所造成的风险归于此类。决策风险又可以分为：决策目标不当造成的风险、决策行为及信息反馈不当造成的风险、重大决策（并购、拆分、改组等）风险等。

3. 营运风险。指采购、生产、销售等企业营运的各个环节产生的风险，例如，供应商出现问题、企业的存货控制不利、成本控制不利、技术落后、销售渠道萎缩等，都会给企业带来风险。营运风险又可分解为采购风险、生产风险和销售风险。

4. 财务风险。财务风险是企业最重要和最具有综合性的风险，所以应把财务风险作为管理和控制的一个关键点。我们用分解分析法把财务风险分解为流动性风险、筹资风险、投资风险、收益分配风险、偿债能力风险、经营绩效风险、财务预算风险、成长能力风险、信用风险、创新风险（研发风险）、人事风险（人力资源风险）、信息系统风险等。

（三）风险识别方法

在明确了风险分类的基础上，我们来研究风险识别方法。风险识别方法很多，如风险清单分析法、环境风险法、财务报表分析法、SWOT分析法、流程图法、分解分析法、层次分析法、幕景分析法、决策分析法、动态分析法、文献检查法、实地勘察法、专家调查法等。每一种方法都具有自己的优势和局限性，可以根据具体情况综合使用，下面介绍一些常用方法。

1. 风险清单分析法。风险（事件）清单是指一些由专业人员设计好的标准表格和问卷，上面全面地列示了一个企业可能面临的风险。这些清单都很长，因为它们试图囊括所有可能的损失暴露。咨询公司和出版机构已经发布了很多各种各样的一般风险清单。使用者要压缩这一清单，使其仅包括与公司相关的风险，并对照清单上的每一项回答："我们公司会面临这种危险吗？"在回答这些问题的过程中，风险管理者逐渐形成本公司的风险框架。

2. 环境分析法。企业环境的构成极其复杂。自然、经济、政治、社会等环境构成宏观环境，而企业的微观环境主要包括投资者、消费者、供应商、竞争者等。环境分析法是指通过对环境的分析，明确机会与威胁，发现企业的优势与弱势，找出这些环境可能引发的风险与损失。运用环境分析法，重点是分析环境的不确定性及变动趋势。例如，市场是否有新的竞争对手介入？竞争对手的变动趋势是什么？市场需求因素对企业的产品销售将产生什么影响？等等。同时，要分析环境中的变动因素及其相互作用的产生对企业的各种制约和影响。此外，还应从整体角度，分析外部环境与内部环境的相互作用及其影响程度。

3. 财务报表分析法。财务报表分析法是以企业的财务报表数据和财产目录等资料为依据，对企业过去的财务状况和经营成果及未来前景的一种评价，可以为评估企业未来的财务风险和经营风险提供广泛的帮助。该方法是由A. H. 克里德尔于1962年提出的一种风险识别方法。由于财务报表的特点，可以使管理人员便于掌握资料，提高风险识别工作效率；报表集中反映了企业财务状况和经营成果。因此通过报表分析，可以为发现风险因素提供线索和指示重点，这种方法成为风险识别的有力手段。财务报表分析识别风险的主要三种方法是：

（1）资本结构与资金分布分析。企业正常运行的资本金不仅要有合理的来源，还要有合理的构成。如果企业资金来源及其构成混乱，各种风险就会发生。如企业的周转资金速度缓慢而且缺乏，那么就可能造成大量资金停滞在生产领域而又得不到正常补充，从而可能引发整个企业生产中断的损失和风险。

（2）财务报表趋势分析。趋势分析是根据一个企业连续数期的利润表和资产负债表的各个项目进行比较，求出各个项目增减变动的方向和幅度，以揭示当期财务状况和经营状况增减变化的性质及其趋向。

（3）财务报表的比率分析。比率分析就是把财务报表的某些项目同其他项目进行比较。主要有：经营成果的比率分析；权益状况的比率分析；流动资产状况的比率分析。

财务报表分析法方便有效，但也存在局限性，主要是它不能反映以非货币形式存在的问题，如人员素质、创新能力、体制改革和其他经济因素的变化等。所以，还需要辅以其他识别方法和手段。

4. 流程图法。流程图法是指通过建立一系列流程图，对每一个环节逐一进行调查分析，将风险主体按照生产经营的过程、按照活动内在的逻辑联系绘成流程图，针对流程中的关键环节和薄弱环节调查风险，从中发现潜在风险的一种风险识别方法。这种流程图在识别关系到整个生产过程的关键活动中的风险时特别有用。但由于流程图分析只注重过程，难以鉴别每一个环节可能发生的风险损失，这是该方法的不足之处。从企业的价值流角度来看，企业的流程可分为外部流程和内部流程。内部流程是企业内部生产制造或服务提供的流程。例如：某钢铁制造企业的铁矿粉造块与炼焦、高炉炼铁、转炉炼钢、钢水连铸、轧钢等；外部流程是指原辅材料的采购、产品的销售以及材料与产品的运输、仓储等。内部流程分析能够有效辨识营业中断的风险，外部流程分析能够有效辨识连带营业中断风险。连带营业中断风险主要有供应商风险和客户风险。供应商风险是由于供应商的原因不能提供企业正常生产经营所需的原辅材料或机器设备及备品备件而导致无法正常生产，发生营业中断风险；客户风险是产品的主要消费市场终止购买企业的产品或因为客户财务困难不能按时支付货款而产生的风险。如：铁矿石的大幅度涨价、海运费率的大幅度上涨、铁路运力的紧张导致产品无法运出等都可能带来连带营业中断的风险。

5. SWOT分析法。SWOT（优势—劣势—机会—威胁）分析师测定制定战略的过程中经常使用的一种技术。优势和劣势是公司内部因素，包括公司文化、组织结构、财务资源和人力资源。公司的主要优势形成其核心竞争力，这是公司取得竞争优势的基础。机会和威胁包括各种各样的公司外部变量如政治、社会、环境和行业风险，这些变量在短期内对公司来讲是不可控的。

利用 SWOT 分析法进行风险识别时，需要暂时在优势和机会分析上少花时间，将更多时间花在深入思考企业的劣势和威胁，在深入讨论所形成一致意见的基础上编制风险矩阵（Risk Map），从而保证分析的有效性。

6. 分解分析法。企业是一个大系统，将大系统分解为按一定标志构成的子系统，使系统内部的各要素更具同质性，这样有利于探明企业风险的生产源。分解分析法就是将复杂的事物分解成简单的容易识别的事物，从而识别可能存在的风险的方法。例如，我们可以把投资项目风险分解为市场需求风险、价格风险、设计风险、生产风险、资金风险等。然后再对每一种风险进行分析。这种分析可以从不同角度、不同层次进行，并有不同的形式。

7. 层次分析法（AHP 法）。层次分析法是美国著名运筹学家匹兹堡大学教授 T·L·Saaty 在 20 世纪 70 年代初提出来的。它把复杂问题中的各种因素通过划分相互联系的有序层次使之条理化，根据对一定客观现实的判断就每一层次的相对重要性给予定量表示，利用数字方法确定每一层次的全部因素相对重要性次序的权值，并通过排序结果来分析解决问题。该方法自 20 世纪 80 年代被引入到我国以来，以其定性和定量相结合地处理各种决策问题因素的特点，以及其系统灵活简洁的优点，迅速地在我国能源系统分析、经济管理、城市规划、科研评价等社会经济领域内运用和推广。图 12-4 评价创业投资宏观风险度的层次分析模型，它包括目标层 A、子目标层 B_i、因素层 B_{ij} 和待评实验层 C。

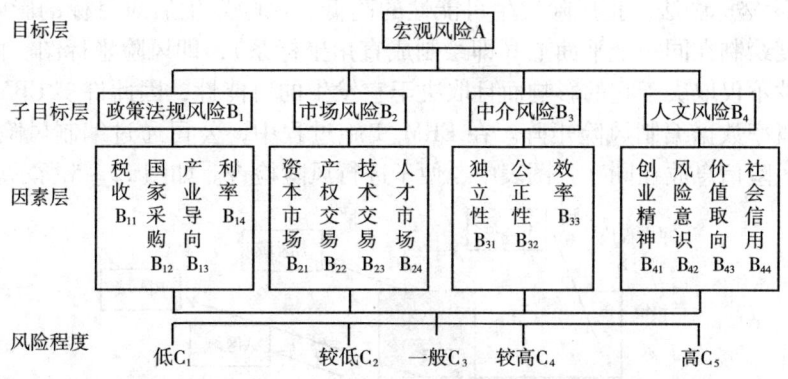

图 12-4 评价创业投资宏观风险度的层次分析模型

使用应用层分析法应注意，如果选用的要素不合理或要素之间的关系不正确则会降低 AGP 法的结果质量。因此应注意，分解简化问题时主要因素不多不漏，元素之间相差太悬殊的要素不能放在同一层次比较。

五、风险评估和度量

(一) 风险评估概念

风险评估（Risk Estimation）是将内部和外部风险分析确认后，依据损失发生的可能性及可能产生的幅度，予以数据化的统计过程。风险评估应遵循一定的程序和方法，应重点关注风险发生的可能性和风险对企业实现目标产生影响的严重程度。风险评估包括风险辨识、风险分析、风险评价三个步骤。

风险辨识是指查找企业各业务单元、各项重要经营活动及其重要业务流程中有无风险，有哪些风险。风险分析是对辨识出的风险及其特征进行明确的定义描述，分析和描述风险发生可能性的高低、风险发生的条件。风险评价是评估风险对企业实现目标的影响程度、风险的价值等。

(二) 风险评价方法

进行风险辨识、分析、评价，应将定性与定量方法相结合。定性方法可采用问卷调查、集体讨论、专家咨询、情景分析、政策分析、行业标杆比较、管理层访谈、由专人主持的工作访谈和调查研究等。定量方法可采用统计推论（如集中趋势法）、计算机模拟（如蒙特卡罗分析法）、失效模式与影响分析、事件树分析等。下面介绍几种常用方法：

1. 风险坐标图法。把风险发生可能性的高低、风险发生后对目标的影响程度，作为两个维度绘制在同一个平面上（即绘制成直角坐标系），即风险坐标图。由于一个事件的重要性不仅取决于它的影响而且取决于它发生的可能性，因此许多 ERM 组织都利用影响和概率数据编制风险矩阵。在 ERM 实施过程中，公司通过编制风险管理矩阵，将大量的风险信息放在同一张图表中，便于进行风险检查。如图 12-5 所示。

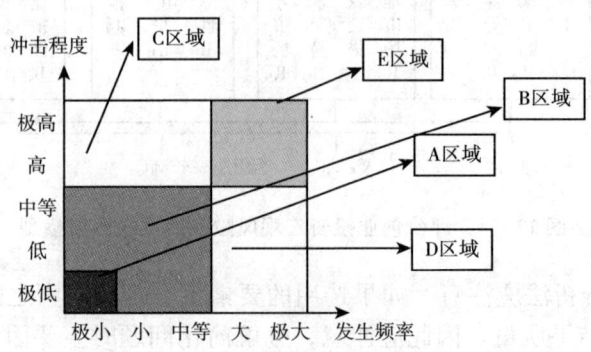

图 12-5 风险坐标图

图中横坐标是风险发生的频率,纵坐标是风险对目标的冲击程度,可以将该图划分为 A、B、C、D、E 五个区域:A 区域风险低、冲击程度小;B 区域为中等;C 区域风险发生概率小,但冲击大;D 区域风险发生概率大但冲击程度较小;E 区域发生概率大而且冲击大。图 12-5 中的风险坐标可以同时反映风险的影响度和风险发生的可能性。

2. 压力测试。压力测试评估那些具有极端影响的事项的风险影响,其关注点是单个事项在极端情况下的变化所产生的直接影响。该方法作为概率度量法的补充,用来分析那些通过与概率技术一起使用的分布假设不能充分捕获到的低可能性、高影响事项的结果。压力测试通常用来评估经营事项或金融市场活动中各种变化的影响,目的是避免重大意外和损失。压力测试包括下列事项的变化对企业的影响:产品生产缺陷的增加;汇率变动;固定收益投资组合价值的利率增加;能源价格提高。

3. 旋风图。旋风图(Tornado Charts)反映多个风险分别对收益、净利润或每股收益率指标的影响。该法虽然不反映风险的相关性和分布,但能够把对某个指标有影响的所有风险放在一起从而发现影响企业的最大风险,图 12-6 是旋风图的例子。

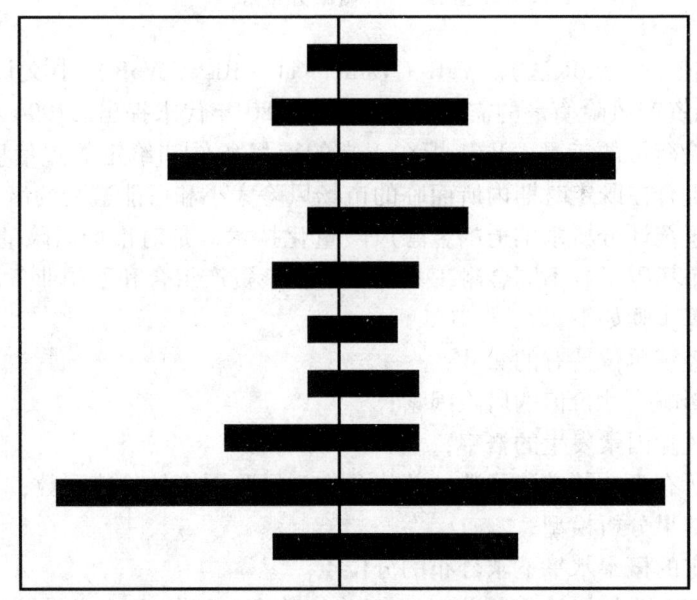

图 12-6　旋风图(样本风险对每股收益的影响)

4. 概率分析法。分析风险的概率分布重要方法之一是直方图法。直方图形象地反映了数据分布的情况,通过直方图可以观察和分析风险与概率分布。一些企业在 ERM 中应用一种概率模型处理风险收益,通过模型分析收益围绕期望收益波动的情况。人们分析各种变量对收益的影响,例如按月份分解总体风险收益可以帮助企业找到风险最大的月份（见图 12-7）。这些方法的缺点是它们需要很多的时间、数据和分析，而且是建立在各种假设的基础上的。实践中人们发现在风险管理中能够结合其他方法来使用概率模型能够得到更好的效果。

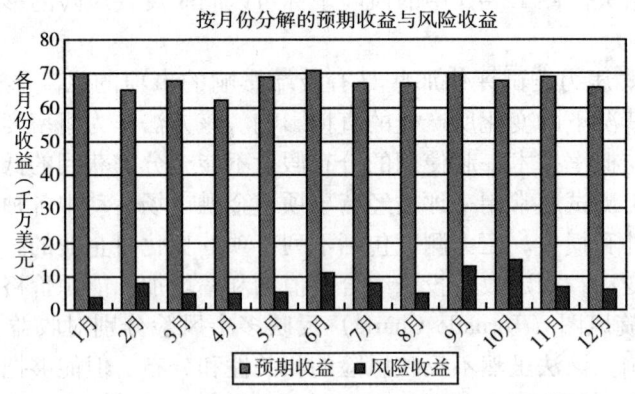

图 12-7　概率分布法

5. 风险价值法（VaR 法）。VaR（Value-at-Risk，VaR）中文译为"风险价值"，是应金融资产风险衡量的需要，于 20 世纪 80 年代末提出。1994 年 J.P 摩根首先将其作为风险衡量的工具。VaR 指在正常的市场条件和给定的置信度内，某种金融资产或资产组合在既定时期内所面临的市场风险大小和可能遭受的潜在最大价值损失。VaR 是基于统计分析基础上的金融风险量化技术，是对市场风险的总体性评估，可以测量不同市场因子、不同金融工具构成的复杂资产组合和不同业务部门的总体市场风险。其计算步骤如下：

（1）确定经济单位持有的头寸；
（2）确认影响头寸价值的风险因素；
（3）确定风险因素发生的概率；
（4）建立所有头寸的定价函数，并将此作为风险因素的价值函数；
（5）建立结果分析模型；
（6）在给定的概率水平下求分布的分位点。

VaR 方法把企业的风险概括为一个简单的数字，以指定的货币计量单位，来表示风险管理的核心——潜在亏损，实际上是要回答在概率给定情况下，企业在下一阶段最多可能损失多少。传统的风险矩阵等级评定以及方差方法、杠杆分析法等只能给出风险的相对严重程度。利用 VaR 方法，能够将设备、原料和资金等环节的风险，具体量化为与收益相配比的一个货币数字，管理者对风险的心理感受得到量化，有利于准确实施风险管理决策。银行、保险公司、投资基金、养老金基金及非金融公司采用 VaR 方法作为金融衍生工具风险管理的手段。

六、企业风险管理策略

在对公司的风险进行了逐一识别和评估之后，管理当局就要确定如何应对风险。公司需要树立风险组合观，按照"避免（avoidance）风险，降低（reduction）风险，分担（sharing）风险，接受（acceptance）风险"原则，对公司的风险实施有效控制。

1. 避免风险。避免风险是指企业在风险发生的可能性较高以及风险的影响性较大的情况下，采取终止、放弃某种决策方案或调整、改变某种方案的风险处理方法。例如：经过评估后企业采取禁止、减少或限制交易量，离开市场等方式避免风险的发生。风险避免是处置风险最彻底的一种方法，能够在风险事件发生之前完全消除某一特定的风险所造成的损失。但这一方法也有局限性，风险回避往往伴随着放弃某些经营计划的发生，而且回避了某一风险之后，又可能产生另一种风险。因此，这一方法是有一定的使用条件的，主要适用于：（1）某一特定风险导致的损失频率和损失幅度都相当高；（2）采用其他风险管理方法的成本大于收益。

2. 降低风险。降低风险是指减少风险发生的可能性，减少风险的影响或两者同时减少。主要用于不想放弃也不想转嫁的风险。风险控制包括两个内容：一是损失预防控制，也称风险因素控制，即控制导致风险发生的因素，尽可能减少风险的发生；二是减少损失控制，也称损失控制，即尽可能减少已发生损失的严重程度和不利后果。

3. 风险分担。分担风险是指通过转嫁风险或与他人共担风险，降低风险发生的可能性或降低风险对企业的影响。例如，ABC 企业在识别和评估与职工宿舍相关的风险后得出结论，本公司不具备有效管理大型居住物业所必需的服务能力，于是公司将职工住宅管理外包给了一家物业管理公司，从而更好地降低了与物业相关的风险的影响和可能性。

4. 接受风险。接受风险是指不采取任何行动而接受可能发生的风险及其影响。被动承担风险，在全部或部分没有准备的情况下被动接受风险带来的损失。例如，政府某机构识别、评估其在不同地区的基础设施发生火灾的风险，并评估规避风险可能发生的相关成本。该机构得出的结论是保险及相关的费用所增加的成本超过重置成本，于是决定承受这项风险。

回避风险意味着所确定的应对方案都不能把风险的影响和可能性降到一个可以接受的水平。降低和分担应对把剩余风险降低至与期望的风险承受度相协调的水平，而承受应对表明固有风险已经在风险承受度之内。分析固有风险和评价应对的目的在于使剩余风险水平与主体的风险承受度相协调。通常，某些应对中的任何一个都将带来与风险承受度相一致的剩余风险,而有时应对的组合能带来最佳的效果;相反,有时一个应对能够影响多重风险,在这种情况下管理机构可以决定不需要再采取其他的措施来处理某个特定的风险。

风险管理要求企业从整个主体范围或组合的角度去识别风险,如果从组合的角度看待风险,企业的管理层就可以考虑它是否处于既定的风险偏好之内。此外,他可以重新评价企业所愿意承担的风险性质和类型。在组合观显示风险显著低于主体风险偏好的情况下,管理当局可以决定鼓励各个业务单元的管理人员去承受目标领域的更大风险,从而增进主体的整体增长和收益。

七、企业风险管理的实施

企业风险管理除了具有目标和制度外,后续的监控和改进在风险管理中具有更重要的意义。风险评价的范围和频率取决于对风险的评估和持续监控程序的有效性,因此,企业应以重大风险、重大事件和重大决策、重要管理及业务流程为重点,对风险管理初始信息、风险评估、风险管理策略、关键控制活动及风险管理解决方案的实施情况进行监督,采用压力测试、返回测试、穿行测试以及风险控制自我评估等方法对风险管理的有效性进行检验,根据变化情况和存在的缺陷及时加以改进。风险监控和改进的基本要点包括:

(一) 建立企业风险管理文化

企业应注重建立具有风险意识的企业文化,促进企业风险管理水平、员工风险管理素质的提升,保障企业风险管理目标的实现。风险管理文化建设应融入企业文化建设全过程。大力培育和塑造良好的风险管理文化,树立正确的风险管理理念,增强员工风险管理意识,将风险管理意识转化为员工的共同认识和自觉行动,促进企业建立系统、规范、高效的风险管理机制。

(二) 树立全面风险管理理念,营造风险管理执行文化氛围

企业风险管理要求有统一的风险管理战略、统一的风险管理政策、统一的风险管理制度、统一的风险管理文化。在操作上不但要重视传统的经营风险的管理,而且要全面考虑市场风险、操作风险等风险因素的管理。风险管理必须逐步应用于目标制定、资本配置、产品定价、经营绩效考核等方面,贯穿于业务经营管理的全过程。对所有机构、所有业务、所有过程中蕴涵的各种风险加以识别,在通盘考虑各种风险的状况和影响的基础上,采取相应的风险管理与控制措施。在树立全面风险管理理念的基础上,加强在全员、全过程、全方位的执行力度,大力弘扬风险管理执行文化,是确保企业核心竞争力的关键环节之一。

(三) 创建风险计量模型，构筑信息数据平台

科学、合理的风险辨认和评估方法是充分揭示风险的基本前提，发达国家在长期的风险管理过程中积累了丰富的经验，形成了一套比较先进的技术、方法和模型。借鉴国内外企业的评级技术和经验，积极探索适合我国国情的风险评估和度量体系，是建立和完善我国风险管理体系的关键所在。

(四) 提高风险管理的制度化水平，增强风险预警能力

一是注重建设风险管理的体系标准。全力打造风险管理环境、风险管理执行工具，使风险的监测评价、信息交流和反馈都在一个运转良好的运行机制中得到实现。二是要突出风险的预警。把风险的监测管理从单一向全面、从静态到动态、从事后向事前转变，为此必须运用风险预警技术，整合大量数据信息，通过构建经济分析、数理统计和金融工程等模型和方法，从行业、区域、产品、客户和债项等多个纬度进行标准化的评级和预警，达到实现深层次挖掘风险成因、准确捕捉风险变化、及时制定有效的风险控制措施、全面提高风险管理水平的目的。

(五) 通过标杆管理推动风险管理的持续改进

企业风险管理的过程是一个建立、发展和不断改进完善的过程，风险管理的持续发展过程可以通过标杆管理来实现。标杆管理是一种能引发新观点、激起创新的管理工具。企业在风险管理的持续发展过程中必须有一个参考标准，这个标准可以称为风险管理标杆。企业可以将自己内部最佳的风险管理实践，作为风险管理标杆，也可以与其他组织比较，采用其他组织的企业风险管理作为标杆。标杆管理可以分为以下4类：

(1) 内部标杆管理——以企业内部最佳风险管理实践为基准的标杆管理。它是最简单且易操作的标杆管理方式之一。辨识内部风险管理的绩效标杆的标准，即确立内部标杆管理的主要目标，可以做到企业内信息共享。辨识企业内部最佳风险管理职能或流程及其实践，然后推广到组织的其他部门，不失为提高企业风险管理绩效最便捷的方法之一。除非用作外部标杆管理的基准，单独执行内部风险管理标杆管理的企业往往持有内向视野，容易产生封闭思维。因此在实践中内部风险标杆管理应该与外部风险标杆管理结合起来使用。

(2) 竞争标杆管理——以竞争对象风险管理绩效为基准的标杆管理。

(3) 竞争标杆管理的目标是与有着相同市场的企业在产品、服务和工作流程等方面的绩效与实践进行比较，直接面对竞争者。这类风险标杆管理的实施较困难，原因在于除了公共领域的信息容易接近外，其他关于竞争企业的信息不易获得；职能标杆管理——以行业领先者或某些企业的优秀风险管理作为基准进行的标杆管理。

（4）流程标杆管理——以最佳工作流程为基准进行的标杆管理。标杆管理是类似的工作流程，而不是某项业务与操作职能或实践。这类标杆管理可以跨不同类组织进行。它一般要求企业对整个工作流程和操作有很详细的了解。

思考与练习题

1. 什么是公司治理？如何理解其在企业管理中的作用？
2. 你认为哪种公司治理模式比较适合中国的企业？
3. 西方内部控制的发展经历了哪些过程？有什么特点？
4. 什么是内部控制？控制方式有哪些？其基本框架包括哪些部分？
5. 进行企业内部控制设计应当遵循哪些原则？设计流程包括哪些环节？
6. 风险等于不确定性吗？为什么？区别风险和不确定性有何意义？
7. 在人类的风险管理水平不断加强的同时，为什么对诸如美国的"9·11"、中国的"非典"、"汶川大地震"等危机事件，表现得如此脆弱？
8. 试利用流程图法分析金融企业潜在风险。
9. 风险识别有哪些方法？各有什么特点？
10. 企业风险监控的重点有哪些方面？
11. COSO确认的企业风险管理的4个目标和8个相关要素是什么？

附　表

复利终值系数表（FVIF 表）

n/i（%）	1	2	3	4	5	6	7	8	9	10	11
1……	1.010	1.020	1.030	1.040	1.050	1.060	1.070	1.080	1.090	1.100	1.110
2……	1.020	1.040	1.061	1.082	1.103	1.124	1.145	1.166	1.188	1.210	1.232
3……	1.030	1.061	1.093	1.125	1.158	1.191	1.225	1.260	1.295	1.331	1.368
4……	1.041	1.082	1.126	1.170	1.216	1.262	1.311	1.360	1.412	1.464	1.518
5……	1.051	1.104	1.159	1.217	1.276	1.338	1.403	1.469	1.539	1.611	1.685
6……	1.062	1.126	1.194	1.265	1.340	1.419	1.501	1.587	1.677	1.772	1.870
7……	1.072	1.149	1.230	1.316	1.407	1.504	1.606	1.714	1.828	1.949	2.076
8……	1.083	1.172	1.267	1.369	1.477	1.594	1.718	1.851	1.993	2.144	2.305
9……	1.094	1.195	1.305	1.423	1.551	1.689	1.838	1.999	2.172	2.358	2.558
10……	1.105	1.219	1.344	1.480	1.629	1.791	1.967	2.159	2.367	2.594	2.839
11……	1.116	1.243	1.384	1.539	1.710	1.898	2.105	2.332	2.580	2.853	3.152
12……	1.127	1.268	1.426	1.601	1.796	2.012	2.252	2.518	2.813	3.138	3.498
13……	1.138	1.294	1.469	1.665	1.886	2.133	2.410	2.720	3.066	3.452	3.883
14……	1.149	1.319	1.513	1.732	1.980	2.261	2.579	2.937	3.342	3.797	4.310
15……	1.161	1.346	1.558	1.801	2.079	2.397	2.759	3.172	3.642	4.177	4.785
16……	1.173	1.373	1.605	1.873	2.183	2.540	2.952	3.426	3.970	4.595	5.311
17……	1.184	1.400	1.653	1.948	2.292	2.693	3.159	3.700	4.328	5.054	5.895
18……	1.196	1.428	1.702	2.206	2.407	2.854	3.380	3.996	4.717	5.560	6.544
19……	1.208	1.457	1.754	2.107	2.527	3.026	3.617	4.316	5.142	6.116	7.263
20……	1.220	1.486	1.806	2.191	2.653	3.207	3.870	4.661	5.604	6.727	8.062
25……	1.282	1.641	2.094	2.666	3.386	4.292	5.427	6.848	8.623	10.835	13.585
30……	1.348	1.811	2.427	3.243	4.322	5.743	7.612	10.063	13.268	17.449	22.892
40……	1.489	2.208	3.262	4.801	7.040	10.286	14.974	21.725	31.409	45.259	65.001
50……	1.645	2.692	4.384	7.107	11.467	18.420	29.457	46.902	74.358	117.39	184.57

续表

n/i (%)	12	13	14	15	16	17	18	19	20	25	30
1	1.120	1.130	1.140	1.150	1.160	1.170	1.180	1.190	1.200	1.250	1.300
2	1.254	1.277	1.300	1.323	1.346	1.369	1.392	1.416	1.440	1.563	1.690
3	1.405	1.443	1.482	1.521	1.561	1.602	1.643	1.685	1.728	1.953	2.197
4	1.574	1.630	1.689	1.749	1.811	1.874	1.939	2.005	2.074	2.441	2.856
5	1.762	1.842	1.925	2.011	2.100	2.192	2.288	2.386	2.488	3.052	3.713
6	1.974	2.082	2.195	2.313	2.636	2.565	2.700	2.840	2.986	3.815	4.827
7	2.211	2.353	2.502	2.660	2.826	3.001	3.185	3.379	3.583	4.768	6.276
8	2.476	2.658	2.853	3.059	3.278	3.511	3.759	4.021	4.300	5.960	8.157
9	2.773	3.004	3.252	3.518	3.803	4.108	4.435	4.785	5.160	7.451	10.604
10	3.106	3.395	3.707	4.046	4.411	4.807	5.234	5.696	6.192	9.313	13.786
11	3.479	3.836	4.226	4.652	5.117	5.624	6.176	6.777	7.430	11.642	17.922
12	3.896	4.335	4.818	5.350	5.936	6.580	7.288	8.064	8.916	14.552	23.298
13	4.363	4.898	5.492	6.153	6.886	7.699	8.599	9.596	10.699	18.190	30.288
14	4.887	5.535	6.261	7.076	7.988	9.007	10.147	11.420	12.839	22.739	39.274
15	5.474	6.254	7.138	8.137	9.266	10.539	11.974	13.590	15.407	28.422	51.186
16	6.130	7.067	8.137	9.358	10.748	12.330	14.129	16.172	18.488	35.527	66.542
17	6.866	7.986	9.276	10.761	12.468	14.426	16.672	19.244	22.186	44.409	86.504
18	7.690	9.024	10.575	12.375	14.463	16.879	19.673	22.091	26.623	55.511	112.46
19	8.613	10.197	12.056	14.232	16.777	19.748	23.214	27.252	31.948	69.389	146.19
20	9.646	11.523	13.743	16.367	19.461	23.106	27.393	32.429	38.338	86.736	190.05
25	17.000	21.231	26.462	32.919	40.874	50.658	62.669	77.388	95.396	264.70	705.64
30	29.960	39.116	50.950	66.212	85.850	111.07	143.37	184.68	237.38	807.79	2620.0
40	93.051	132.78	188.88	267.86	378.72	533.87	750.38	1051.7	1469.8	7523.2	36119.0
50	289.00	450.74	700.23	1083.7	1670.7	2566.2	927.4	5988.9	9100.4	70065.4	97929.0

复利现值系数表（PVIF 表）

n/i (%)	1	2	3	4	5	6	7	8	9	10	11	12	13
1	0.990	0.980	0.971	0.962	0.952	0.943	0.935	0.926	0.917	0.909	0.901	0.893	0.885
2	0.980	0.961	0.943	0.925	0.907	0.890	0.873	0.857	0.842	0.826	0.812	0.797	0.783
3	0.971	0.942	0.915	0.889	0.864	0.840	0.816	0.794	0.772	0.751	0.713	0.712	0.693
4	0.961	0.924	0.888	0.855	0.823	0.792	0.763	0.735	0.708	0.683	0.659	0.636	0.613
5	0.951	0.906	0.863	0.822	0.784	0.747	0.713	0.681	0.650	0.621	0.593	0.567	0.543
6	0.942	0.888	0.837	0.790	0.746	0.705	0.666	0.630	0.596	0.564	0.535	0.507	0.480
7	0.933	0.871	0.813	0.760	0.711	0.665	0.623	0.583	0.547	0.513	0.482	0.452	0.425
8	0.923	0.853	0.789	0.731	0.667	0.627	0.582	0.540	0.502	0.467	0.434	0.404	0.376
9	0.914	0.837	0.766	0.703	0.645	0.592	0.544	0.500	0.460	0.424	0.391	0.361	0.333
10	0.905	0.820	0.744	0.676	0.614	0.558	0.508	0.463	0.422	0.386	0.352	0.322	0.295
11	0.896	0.804	0.722	0.650	0.585	0.527	0.475	0.429	0.388	0.350	0.317	0.287	0.261
12	0.887	0.788	0.701	0.625	0.557	0.497	0.444	0.397	0.356	0.319	0.286	0.257	0.231
13	0.879	0.773	0.681	0.601	0.530	0.469	0.415	0.368	0.326	0.290	0.258	0.229	0.204
14	0.870	0.758	0.661	0.577	0.505	0.442	0.388	0.340	0.299	0.263	0.232	0.205	0.181
15	0.861	0.743	0.642	0.555	0.481	0.417	0.362	0.315	0.275	0.239	0.209	0.183	0.160
16	0.853	0.728	0.623	0.534	0.458	0.394	0.339	0.292	0.252	0.218	0.188	0.163	0.141
17	0.844	0.714	0.605	0.513	0.436	0.371	0.317	0.270	0.231	0.198	0.170	0.146	0.125
18	0.836	0.700	0.587	0.494	0.416	0.350	0.296	0.250	0.212	0.180	0.153	0.130	0.111
19	0.828	0.686	0.570	0.475	0.396	0.331	0.277	0.232	0.194	0.164	0.138	0.116	0.098
20	0.820	0.673	0.554	0.456	0.377	0.312	0.258	0.215	0.178	0.149	0.124	0.104	0.087
25	0.780	0.610	0.478	0.375	0.295	0.233	0.184	0.146	0.116	0.092	0.074	0.059	0.047
30	0.742	0.552	0.412	0.308	0.231	0.174	0.131	0.099	0.075	0.057	0.044	0.033	0.026
40	0.672	0.453	0.307	0.208	0.142	0.097	0.067	0.046	0.032	0.022	0.015	0.011	0.008
50	0.680	0.372	0.228	0.141	0.087	0.054	0.034	0.021	0.013	0.009	0.005	0.033	0.002

续表

n/i (%)	14	15	16	17	18	19	20	25	30	35	40	50
1……	0.877	0.870	0.862	0.855	0.847	0.840	0.833	0.800	0.769	0.741	0.714	0.667
2……	0.769	0.756	0.743	0.731	0.718	0.706	0.694	0.640	0.592	0.549	0.510	0.444
3……	0.675	0.658	0.641	0.624	0.609	0.593	0.579	0.512	0.455	0.406	0.364	0.296
4……	0.592	0.572	0.552	0.534	0.516	0.499	0.482	0.410	0.350	0.301	0.260	0.198
5……	0.519	0.497	0.476	0.456	0.437	0.419	0.402	0.320	0.269	0.223	0.186	0.132
6……	0.456	0.432	0.410	0.390	0.370	0.352	0.335	0.262	0.207	0.165	0.133	0.088
7……	0.400	0.376	0.354	0.333	0.314	0.296	0.279	0.210	0.159	0.122	0.095	0.059
8……	0.351	0.327	0.305	0.285	0.266	0.249	0.233	0.168	0.123	0.091	0.068	0.039
9……	0.300	0.284	0.263	0.243	0.225	0.209	0.194	0.134	0.094	0.067	0.048	0.026
10……	0.270	0.247	0.227	0.208	0.191	0.176	0.162	0.107	0.073	0.050	0.035	0.017
11……	0.237	0.215	0.195	0.178	0.162	0.148	0.135	0.086	0.056	0.037	0.025	0.012
12……	0.208	0.187	0.168	0.152	0.137	0.124	0.112	0.069	0.043	0.027	0.018	0.008
13……	0.182	0.163	0.145	0.130	0.116	0.104	0.093	0.055	0.033	0.020	0.013	0.005
14……	0.160	0.141	0.125	0.111	0.099	0.088	0.078	0.044	0.025	0.015	0.009	0.003
15……	0.140	0.123	0.108	0.095	0.084	0.074	0.065	0.035	0.020	0.011	0.006	0.002
16……	0.123	0.107	0.093	0.081	0.071	0.062	0.054	0.028	0.015	0.008	0.005	0.002
17……	0.108	0.093	0.080	0.069	0.060	0.052	0.045	0.023	0.012	0.006	0.003	0.001
18……	0.095	0.081	0.069	0.059	0.051	0.044	0.038	0.018	0.009	0.005	0.002	0.001
19……	0.083	0.070	0.060	0.051	0.043	0.037	0.031	0.014	0.007	0.003	0.002	0
20……	0.073	0.061	0.051	0.043	0.037	0.031	0.026	0.012	0.005	0.002	0.001	0
25……	0.038	0.030	0.024	0.020	0.016	0.013	0.010	0.004	0.001	0.001	0	0
30……	0.020	0.015	0.012	0.009	0.007	0.005	0.004	0.001	0	0	0	0
40……	0.005	0.004	0.003	0.002	0.001	0.001	0.001	0	0	0	0	0
50……	0.001	0.001	0.001	0	0	0	0	0	0	0	0	0

年金终值系数表（FVIFA 表）

n/i（%）	1	2	3	4	5	6	7	8	9	10	11
1……	1.000	1.000	1.000	1.000	1.000	1.000	1.000	1.000	1.000	1.000	1.000
2……	2.010	2.020	2.030	2.040	2.050	2.060	2.070	2.080	2.090	2.100	2.110
3……	3.030	3.060	3.091	3.122	3.153	3.184	3.215	3.246	3.278	3.310	3.342
4……	4.060	4.122	4.184	4.246	4.310	4.375	4.440	4.506	4.573	4.641	4.710
5……	5.101	5.204	5.309	5.416	5.526	5.637	5.751	5.867	5.985	6.105	6.228
6……	6.152	6.308	6.468	6.633	6.802	6.975	7.153	7.336	7.523	7.716	7.913
7……	7.214	7.434	7.662	7.898	8.142	8.294	8.654	8.923	9.200	9.487	9.783
8……	8.286	8.583	8.892	9.214	9.549	9.897	10.260	10.637	11.028	11.436	11.859
9……	9.369	9.755	10.150	10.583	11.027	11.491	11.978	12.488	13.021	13.579	14.164
10……	10.462	10.950	11.464	12.006	12.578	13.181	13.816	14.487	15.193	15.937	16.722
11……	11.567	12.169	12.808	13.486	14.207	14.972	15.784	16.645	17.560	18.531	19.561
12……	12.683	13.412	14.192	15.026	15.917	16.870	17.888	18.977	20.141	21.384	22.713
13……	13.809	14.680	15.618	16.627	17.713	18.882	20.141	21.495	22.953	24.523	26.212
14……	14.947	15.974	17.086	18.292	19.599	21.015	22.550	24.215	26.019	27.975	30.095
15……	16.097	17.293	18.599	20.024	21.579	23.276	25.129	27.152	29.361	31.772	34.405
16……	17.258	18.639	20.157	21.825	23.657	25.673	27.888	30.324	33.003	35.950	39.190
17……	18.430	20.012	21.762	23.698	25.840	28.213	30.840	33.750	36.974	40.545	44.501
18……	19.615	21.412	23.414	25.645	28.132	30.906	33.999	37.450	41.301	35.599	50.396
19……	20.811	22.841	25.117	27.671	30.539	33.760	37.379	41.446	46.018	51.159	56.939
20……	22.019	24.297	26.870	29.778	33.066	36.786	40.995	45.762	51.160	57.275	64.203
25……	28.243	32.030	36.459	41.646	47.727	54.865	63.249	73.106	84.701	98.347	114.41
30……	34.785	40.588	47.575	56.085	66.439	79.058	94.461	113.28	136.31	164.49	199.02
40……	48.886	60.402	75.401	95.026	120.80	154.76	199.64	259.06	337.89	442.59	581.83
50……	64.463	84.579	112.80	152.67	209.35	290.34	406.53	573.77	815.08	1163.9	1668.8

续表

n/i (%)	12	13	14	15	16	17	18	19	20	25	30
1……	1.000	1.000	1.000	1.000	1.000	1.000	1.000	1.000	1.000	1.000	1.000
2……	2.120	2.130	2.140	2.150	2.160	2.170	2.180	2.190	2.200	2.250	2.300
3……	3.374	3.407	3.440	3.473	3.506	3.539	3.572	3.606	3.640	3.813	3.990
4……	4.779	4.850	4.921	4.993	5.066	5.141	5.215	5.291	5.368	5.766	6.187
5……	6.353	6.480	6.610	6.742	6.877	7.014	7.154	7.297	7.442	8.207	9.043
6……	8.115	8.323	8.536	8.754	8.977	9.207	9.442	9.683	9.930	11.259	12.756
7……	10.089	10.405	10.730	11.067	11.414	11.772	12.142	12.523	12.916	15.073	17.583
8……	12.300	12.757	13.233	13.727	14.240	14.773	15.327	15.902	16.499	19.842	23.858
9……	14.776	15.416	16.085	16.786	17.519	18.285	19.086	19.923	20.799	25.802	32.015
10……	17.549	18.420	19.337	20.304	21.321	22.393	23.521	24.701	25.959	33.253	42.619
11……	20.655	21.814	23.045	24.349	25.733	27.200	28.755	30.404	32.150	42.566	56.405
12……	24.133	25.650	27.271	29.002	30.850	32.824	34.931	37.180	39.581	54.208	74.327
13……	28.029	29.985	32.089	34.352	37.786	39.404	42.219	45.244	48.497	68.760	97.625
14……	32.393	34.883	37.581	40.505	43.672	47.103	50.818	54.841	59.196	86.949	127.91
15……	37.280	40.417	43.842	47.580	51.660	56.110	60.965	66.261	72.035	109.69	167.29
16……	42.753	46.672	50.980	55.717	60.925	66.649	72.939	79.850	87.442	138.11	218.47
17……	48.884	53.739	59.118	65.075	71.673	78.979	87.068	96.022	105.93	173.64	285.01
18……	55.750	61.725	68.394	75.836	84.141	93.406	103.74	115.27	128.12	218.05	371.52
19……	63.440	70.749	78.969	88.212	93.603	110.29	123.41	138.17	154.74	273.56	483.97
20……	72.052	80.947	91.025	102.44	115.38	130.03	146.63	165.42	186.69	342.95	630.17
25……	133.33	155.62	181.87	212.79	249.21	292.11	342.60	402.04	471.98	1054.8	2348.8
30……	241.33	293.20	356.79	434.75	530.31	647.44	790.95	966.7	1181.9	3227.2	8730.0
40……	767.09	1013.7	1342.0	1779.1	2360.8	3134.5	4163.21	5519.8	7343.9	30089	120393
50……	2400.0	3459.5	4994.5	7217.7	10436	15090	21813	31515	45497	280256	165976

年金现值系数表（PVIFA 表）

n/i(%)	1	2	3	4	5	6	7	8	9	10	11	12
1	0.990	0.980	0.971	0.962	0.952	0.943	0.935	0.926	0.917	0.909	0.910	0.893
2	1.970	1.942	1.913	1.886	1.859	1.833	1.808	1.783	1.759	1.736	1.713	1.690
3	2.941	2.884	2.829	2.775	2.723	2.673	2.624	2.577	2.531	2.487	2.444	2.402
4	3.902	3.808	3.717	3.630	3.546	3.465	3.387	3.312	3.240	3.170	3.102	3.037
5	4.853	4.713	4.580	4.452	4.329	4.212	4.100	3.993	3.890	3.791	3.696	3.605
6	5.795	5.601	5.417	5.242	5.076	4.917	4.767	4.623	4.486	4.355	4.231	4.111
7	6.728	6.472	6.230	6.002	5.786	5.582	5.389	5.206	5.033	4.868	4.712	4.564
8	7.652	7.325	7.020	6.733	6.463	6.210	5.971	5.747	5.535	5.335	5.146	4.968
9	8.566	8.162	7.786	7.435	7.108	6.802	6.515	6.247	5.995	5.759	5.537	5.328
10	9.471	8.983	8.530	8.111	7.722	7.360	7.024	6.710	6.418	6.145	5.889	5.650
11	10.368	9.787	9.253	8.760	8.306	7.887	7.499	7.139	6.805	6.495	6.207	5.938
12	11.255	10.575	9.954	9.385	8.863	8.384	7.943	7.536	7.161	6.814	6.492	6.194
13	12.134	11.384	10.635	9.986	9.394	8.853	8.358	7.904	7.487	7.103	6.750	6.424
14	13.004	12.106	11.296	10.563	9.899	9.295	8.745	8.244	7.786	7.367	6.982	6.628
15	13.865	12.849	11.938	11.118	10.380	9.712	9.108	8.559	8.061	7.606	7.191	6.811
16	14.718	13.578	12.561	11.652	10.838	10.106	9.447	8.851	8.313	7.824	7.379	6.974
17	15.562	14.292	13.166	12.166	11.274	10.477	9.763	9.122	8.544	8.022	7.549	7.102
18	16.398	14.992	13.754	12.659	11.690	10.828	10.059	9.372	8.756	8.201	7.702	7.250
19	17.226	15.678	14.324	13.134	12.085	11.158	10.336	9.604	8.950	8.365	7.839	7.366
20	18.046	16.351	14.877	13.590	12.462	11.470	10.594	9.818	9.129	8.514	7.963	7.469
25	22.023	19.523	17.413	15.622	14.094	12.783	11.654	10.675	9.823	9.077	8.422	7.843
30	25.808	22.396	19.600	17.292	15.372	13.765	12.409	11.258	10.274	9.427	8.694	8.055
40	32.835	27.355	23.115	19.793	17.159	15.046	13.332	11.925	10.757	9.779	8.951	8.244
50	39.196	31.424	25.730	21.482	18.256	15.762	13.801	12.233	10.962	9.915	9.042	8.304

续表

n/i(%)	13	14	15	16	17	18	19	20	25	30	35	40	50
1……	0.885	0.887	0.870	0.862	0.855	0.847	0.840	0.833	0.800	0.769	0.741	0.714	0.667
2……	1.668	1.647	1.626	1.605	1.585	1.566	1.547	1.528	1.440	1.361	1.289	1.224	1.111
3……	2.361	2.322	2.283	2.246	2.210	2.174	2.140	2.106	1.952	1.816	1.696	1.589	1.407
4……	2.974	2.914	2.855	2.798	2.743	2.690	2.639	2.589	2.362	2.166	1.997	1.849	1.605
5……	3.517	3.433	3.352	3.274	3.199	3.127	3.058	2.991	2.689	2.436	2.220	2.035	1.737
6……	3.998	3.889	3.784	3.685	3.589	3.498	3.410	3.326	2.951	2.643	2.385	2.168	1.824
7……	4.423	4.288	4.160	4.039	3.922	3.812	3.706	3.605	3.161	2.802	2.508	2.263	1.883
8……	4.799	4.639	4.487	4.344	4.207	4.078	3.954	3.837	3.329	2.925	2.598	2.331	1.922
9……	5.132	4.946	4.772	4.607	4.451	4.303	4.163	4.031	3.463	3.019	2.665	2.379	1.948
10……	5.426	5.216	5.019	4.833	4.659	4.494	4.339	4.192	3.571	3.092	2.715	2.414	1.965
11……	5.687	5.453	5.234	5.029	4.836	4.656	4.486	4.327	3.656	3.147	2.752	2.438	1.977
12……	5.918	5.660	5.421	5.197	4.988	4.793	4.611	4.439	3.725	3.190	2.779	2.456	1.985
13……	6.122	5.842	5.583	5.342	5.118	4.910	4.715	4.533	3.780	3.223	2.799	2.469	1.990
14……	6.302	6.002	5.724	5.468	5.229	5.008	4.802	4.611	3.824	3.249	2.814	2.478	1.993
15……	6.462	6.142	5.847	5.575	5.324	5.092	4.876	4.675	3.859	3.268	2.825	2.484	1.995
16……	6.604	6.265	5.954	5.668	5.405	5.162	4.938	4.730	3.887	3.283	2.834	2.489	1.997
17……	6.729	6.373	6.047	5.749	5.475	5.222	4.988	4.775	3.910	3.295	2.840	2.492	1.998
18……	6.840	6.467	6.128	5.818	5.534	5.273	5.033	4.812	3.928	3.304	2.844	2.494	1.999
19……	6.938	6.550	6.198	5.877	5.584	5.316	5.070	4.843	3.942	3.311	2.848	2.496	1.999
20……	7.025	6.623	6.259	5.929	5.628	5.353	5.101	4.870	3.954	3.316	2.850	2.497	1.999
25……	7.330	6.873	6.464	6.097	5.766	5.467	5.195	4.948	3.985	3.329	2.856	2.499	2.000
30……	7.496	7.003	6.566	6.177	5.829	5.517	5.235	4.979	3.995	3.332	2.857	2.500	2.000
40……	7.634	7.105	6.642	6.233	5.871	5.548	5.258	4.997	3.999	3.333	2.857	2.500	2.000
50……	7.675	7.133	6.661	6.246	5.880	5.554	5.262	4.999	4.000	3.333	2.857	2.500	2.000

主要参考文献

1. Institute of Management Accountants, IMA's Statements on Management Accounting (SMAs), 刘霄仑主译, 美国《管理会计公告》编审委员会审校:《管理会计公告》(第1、2、3、4辑), 人民邮电出版社2013年版。
2. RayH. Garrison, Eric W. Noreen, Peter C. Brewer):《管理会计》(第14版)(英文版), 王满译注, 东北财经大学出版社2012年版。
3. AnthonyA. Atkinson, Rober S. Kaplan, Ella Mae Matsumura, S. Mark Young, 刘曙光等译, 清华大学出版社2011年版。
4. CharlesT. Horngren, Gary L. Sundem, William O. Stratton, David Burgstahler, Jeff Schatzberg,《Introduction to Management Accounting》(Edition 15)(Global Edition), Pearson, 2010.
5. Christopher S. Champman, Anthony G. Hopwood, Michael D. Shields, 王立彦等译:《管理会计研究》(Handbook of Management Accounting Research), 中国人民大学出版社2009年版。
6. (日) 久恒启:《图解德鲁克管理精粹》, 电子工业出版社2007年版。
7. (美) 查尔斯．亨格瑞:《管理会计教程》(12版), 人民邮电出版社2006年版。
8. 余绪缨:《管理会计》, 首都经贸大学出版社2004年版。
9. (美) 爱德华．布洛克:《战略成本管理》(第2版), 人民邮电出版社2004年版。
10. 李维安等:《现代公司治理研究》, 中国人民大学出版社2002年版。
11. (美) 迈克尔．波特:《竞争战略》华夏出版社1997年版。
12. 李天民:《现代管理会计学》, 立信会计出版社1996年版。